王同祯 著

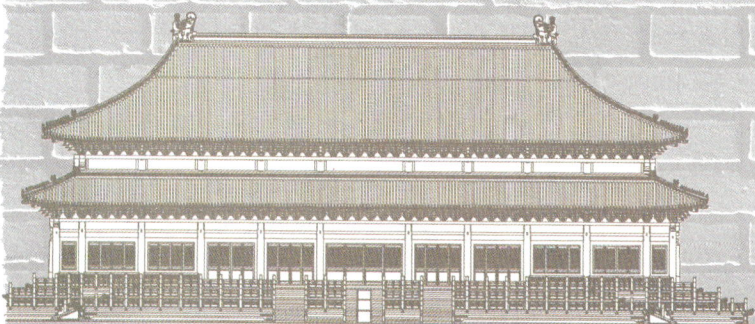

寺庙北京

文物出版社

封面设计：张希广
责任编辑：王　铮
责任印制：张　丽

**图书在版编目（CIP）数据**

寺庙北京/王同祯著.—北京：文物出版社，
2009.11
　　ISBN 978-7-5010-2871-9

　　Ⅰ.①寺... Ⅱ.①王... Ⅲ.①寺庙—简介—北京市
Ⅳ.①K928.75
　　中国版本图书馆CIP数据核字（2009）第193363号

# 寺　庙　北　京

王同祯　著

\*

文　物　出　版　社　出　版　发　行

（北京东直门内北小街2号楼）

http://www.wenwu.com

E-mail:web@wenwu.com

**北京君升印刷有限公司印刷**

**新　华　书　店　经　销**

787×1092　1/16　印张：29.25　插页：1
2009年11月第1版　2009年11月第1次印刷

ISBN 978-7-5010-2871-9　定价：.80.00元

太　庙

1. 法源寺大雄宝殿

2. 白云观三清阁

1. 牛街清真寺

2. 东四清真寺

1. 孔庙大成殿

2. 国子监辟雍

1. 雍和宫万福阁

2. 智化寺正殿

1. 广济寺山门

2. 广化寺

1. 碧云寺全景

2. 真觉寺金刚宝座塔

1. 碧云寺山门及金刚宝座式塔

3. 云居寺辽代北塔

2. 慈寿寺塔

1. 银山塔林

2. 潭柘寺大雄宝殿

1. 大觉寺全景

2. 东岳庙岱宗殿

1．天坛祈年殿

2．历代帝王庙崇圣殿

1. 宣武门基督教堂

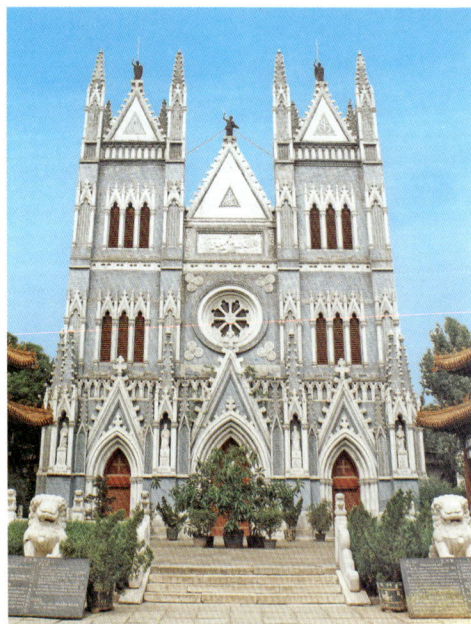

2. 西什库教堂

3. 西堂

1. 东堂

2. 圣米厄尔教堂

1. 珠市口基督教堂

2. 袁崇焕祠堂

# 目　录

# 一 寺庙与宗教

## （一）宗教缘起

宗教是一种社会意识形态，是对客观世界的一种虚幻的反映，要求人们相信上帝、神道、精灵、因果报应等，把希望寄托于所谓天国或来世①。"上帝"是西方宗教（基督教等）崇拜的偶像，"神道"是中国道教等教派中主要的精神大餐，"佛"是佛家的最高寄托，"因果报应"是佛教教义的精髓。宗教既然是一种意识形态，各种涵盖的社会精神意识决不只是佛、道、基督几种教派的教义精神，在北京四千多座类宗教的建筑中供奉的神灵偶像和他们所代表的信仰和寄托，有着悠久又繁杂的历史渊源。

宗教起源于原始的巫教，巫教的产生与地球及宇宙空间当时的自然状况有着极其密切的关系，许多例如生死、昼夜、冷热、风雨雷电等自然现象不可能做出科学合理的解释，于是各式巫师应运而生，他们编造出种种预言咒语，进而施展阴招巫术，笼络获取人们的信任，从而稳定其氏族的经济和政治权利。由于生产力的进步和发展，逐步形成了有系统的理论和组织活动，这就是有多神信仰的原始宗教。经过数千甚至上万年的蹉跎岁月，许多宗教组织也逐渐成熟起来，他们有了明晰的教义和严格的规定，他们的活动场所及其标识也逐渐趋于正规，他们的活动也更加完善有序。

宗教是个世界性文化现象和社会现象，一支支宗教文化之花盛开在世界各地，没有哪个民族不与宗教相关联，全世界六十亿人口中信教群众过半，他们分布在数百个宗教组织中，部分人相信已经进化了的人文

---

① 引自《现代汉语词典》（商务印书馆 1988 年版）。

宗教，部分人相信自然宗教，少数偏远落后地区信徒仍停留在原始状态下的宗教习俗。在中国这块古老的土地上曾经并正在流行佛、道、伊斯兰、基督、天主等教派，来源于更加古老的巫教的萨满教虽然作为一种教派组织已不存在，但它的习俗和影响仍在农村和边远地区深深扎下根。有统计数字说，中国信教群众高达一亿之众，其中信仰伊斯兰教1700多万人，信仰基督新教100多万人，信仰藏传佛教800多万人，信仰天主教400多万人，信仰南派汉传佛教150多万（1996年统计资料），北派汉传佛教因信众广泛无法统计具体数字，另有些虽不具备完整宗教形态但有某种信仰及不去寺庙的信众数量也很庞大。北京的宗教文化也经历了蹉跎岁月的考验，生生不息地根植、繁衍在这块古老的土地上。凡中国曾经有过的宗教北京几乎样样都有，北京的信教群众就其数量、密度、规模及与历朝历代统治阶级关系密切程度讲，是任何地区无法与之比拟的。

根据我国的实际情况，我国宗教管理事业目前有佛教、道教、伊斯兰教、基督教、天主教五种教派组织，也有些类宗教性质的有形或无形的事物，例如由儒家理论学说形成的组织和活动，对某些特殊人物或人群的祭奠和崇拜，民间对某些认为会对人形成影响的生物、自然现象等的信奉活动等，有些信奉既不属佛教也不属道教，或二者兼有之，其规模和活动范围尚形不成宗教派别，当然也不归属宗教管理机构管辖，我们暂把这些现象、活动和有形建筑都纳入类宗教性事物讨论。

## （二）寺与庙

在我国宏浩灿烂的文化百花园中，有一种历史悠久的文化叫宗教文化；在我国博大浩繁的建筑群中，有一种建筑叫寺庙。寺庙与宗教是一对天生的鸳鸯神。何为寺？何为庙？在最权威的典籍解释中也很难找到满意的答案。古代指官吏办公场所为寺，在影视中常见大理寺这一官署，它是北齐始置的九寺之一，负责中央级的刑事审判，明初将大理寺与刑部和都察院合称三法司，有点像今天的公检法机关。《辞海》（上海辞书出版社1979年缩印版）对与宗教有关的"寺"条目中解释为：僧众供佛的场所，僧人所居称寺，道士所居称观。佛僧所居或从事佛事活动之地称为寺，也是来源于官署这一概念，汉代时佛教传入中国，为了表示朝廷对佛教及僧人的尊重，将远方来的传教士安排在官署居住，之后演变为凡僧教供佛及从事佛事活动的地方都称为寺。东汉永平十年（公元99年）汉明帝邀请印度高僧摄摩腾和竺法兰来中国传法，在官署鸿胪寺热情接待，并安排暂住。第二年又在洛阳雍门西面修建了几座专供印度高僧居住的房屋，这些房屋也称为寺，可见佛教地位之高，因为从印度带来的经书是用白马驮来的，所以这座寺院称白马寺。后来寺又衍生或翻译出香刹、寺院、禅林、香院等佛教建筑名称。

但在现实生活中寺的概念并非如上一种解释，例如清真寺既不是道士居住地，又不是僧人供佛的场所，也称为寺。清真寺由阿拉伯文 Masjid（麦斯吉德）翻译而来，意为聚会礼拜的地方，在我国也称为礼拜寺、礼拜堂、真教寺、清修寺、回回寺、回回堂等名称。伊斯兰教是穆罕默德创建的，清真寺是穆斯林教民从事庆祝宗教节日、供教民参谒祈福之地。虽然也是从境外传入，但与佛教的寺有着完全的区别。

在中国，庙的历史比寺更早，最早的"庙"是奉祀祖宗、神佛或前贤的地方，故又称宗庙。习惯上皇家的祖庙称为太庙，百姓家庙又称祠堂，有些名人或先贤的庙也称祠堂。在最初的意义上，寺是纯宗教性质的产物，庙本与宗教无关，但词典上的解释又把"神佛"混在一起，神是纯中国道教概念，佛是外来文化产物，这样就把庙的概念又与宗教扯到了一块。在所有的字典和辞典中都没有"寺庙"这一条目，这说明寺和庙不是一种事物，不属于同一类建筑。但在现实生活中，人们只要见到与神灵、僧佛、宗祖、先贤等有关的房屋都称为庙。孔庙是祭祀孔子及其弟子的祠堂，它与宗教毫无关联，通常生众也把它与所有供神佛的寺或庙视为同类事物（图一）。虽然我国还没有承认儒教这一教派，但也有部分著作强烈的将其列为儒教论述。道教建筑多数称为观，但在中国的道观中常有佛像出现，佛寺中也常见到道神，外来佛教和本土道教已经深深融合在一起，在百姓眼中，佛即道，道即佛，所以道教建筑也可以称为庙。这第一可以认为生众百姓没有明确的教派意识，也说明世界上没有绝对"纯粹"的事物，任何事物总是发展变化着的，既有个性区别又有共性关联，两者互为渗透。至于像天主教、基督教、东正教等这些因传入较晚，被称作洋教的宗教建筑叫教堂，也有时被叫作庙。1927年北平特别市政府发布的《监督寺庙条例》第一条定义："凡有僧道住持之宗教建筑物，不论用何名称均为寺庙。"这就给我们的理论和文字专家们提出一个严格问题，究竟何为

图一　曲阜孔庙大成殿

寺、何为庙尚需进一步斟酌定义。根据现实生活中寺和庙说得清又道不明的实际情况，本书所称的寺庙为广泛意义上的概念，或者称为类宗教性建筑，而不是原始严格意义上的寺和庙。

## （三）宗教与寺庙

宗教与寺庙在形态上是完全不同的两件事物，宗教是无形的抽象概念，而寺庙是有形的具体建筑物，两者因为都有一个共同的主宰对象，这个主宰对象就是客观世界里的人。人即是信仰和意识的宣扬者和践行者，又是宗教建筑的修建者和信奉者。人与神只差"鬼门关"一步之遥，生者为人，死后为神。活人修建寺庙、制造神鬼，死后变成神鬼"端坐"在寺庙里受后人膜拜，这种轮回催生了生生不息的宗教文化。当然也有"活神仙"的个例，例如佛寺中的活佛和修建生祠的"贵人"等。无论是"活神仙"，还"死神仙"，他们在人间都享有一份"家产"，这份产业就是我们统称的寺庙建筑。无论这些宗教建筑规模多大、构造形式如何、供奉什么神灵、管辖部门有何不同，他们都是宗教信仰的承载体和外在表现形式，宗教信仰的扩大会催生宗教建筑的修建数量和规模，寺庙修建得越多越大，会招徕越来越多的信众。近年来由于旅游事业飞速发展，使得寺庙修建呈现出飞速发展的景象。与此同时，不伦不类的假寺庙和假大佛大量涌现，对我国宗教事业的发展孰好孰坏，历史自有公断。

初期的宗教信仰并没有任何专门的处所，更没有后来那么辉煌复杂的建筑物，大都在其居住或生活地议事，或搞些简单活动。例如早期的道教在教义和仪制方面还很不成熟，也没有道观和其他专门活动场所，一些不定期的活动则在家里进行，后来有了专门的处所也很简单，称为庐和静室，南北朝时称为仙馆，北周时已有了观的称呼。产生于巫教的萨满教是部分民族信仰的宗教，没有创始人，没有严密的组织形式，也没有脱产的巫师，活动场所也很随便。

在佛教的诞生地印度，早期的佛教建筑也并不是今天我们在北京所见到的寺庙那么复杂，一般是在石壁上开凿石洞供奉佛祖，简单的石窟只有一间方形小洞，洞的正面开一扇门，洞内三面凿刻佛像，洞内面积仅能容纳僧人打坐。还有一种面积较大的支提窟，洞中正面后部立有石塔，前面可供僧众从事佛事活动。佛教刚刚传入中国时，寺庙也没有那么复杂正规，中国为礼仪之邦，为了表示对传教徒的友好与尊重，把接待高僧居住的地方称为寺，因为在秦代时官吏治所称为寺，后来凡是和尚居住及从事佛事活动的地方都称为寺，随着封建制度的巩固和发展，佛教受到封建统治阶级重视，佛教建筑规模越来越大，建筑形式越来越复杂，豪华程度越来越高级，逐步与中国文化融合，出现了中国化的佛教建筑。

五大宗教之一的伊斯兰教堂在中国称为清真寺，在创教初期，也没有专门的礼拜场所，穆罕默德迁徙麦加后的礼拜场所就是一座有围墙的院子，院子四周有先知妻室及其他人居住的棚屋，教徒门在这个院子里做礼拜，商讨本教和其他社会方面的重大事项。后来随着穆斯林军对外征战的不断胜利和所占领土的不断扩大，凡有穆斯林教民居住的地方都建有礼拜寺。伊斯兰教传入中国后，渗透着中国元素的清真寺逐步在南北各地建立起来。在五大宗教中，尽管伊斯兰教教民数量占首位（1996 年为 1700 万人），但因为伊斯兰教对入教身份要求严格，而且始终没能与统治阶级取得有效结合，所以清真寺教堂规模一直没有像佛教寺院及道观那样大的规模，基本样式也没有太大的变化。

惯指"西方洋教"的基督教和天主教本出一家之门，自七世纪开始就

拍打中国大门，宋、元、明、清时期又几次锲而不舍地来到中国，传播基督精神，并修建西方式教堂。基督洋教创建于公元一世纪中叶的巴勒斯坦，起初也没有什么像样的教堂，只有简单的石刻像和临时聚会点，后来又有了尖顶的石雕纪念亭。唐初，基督教刚刚进入中国，不敢公开承认自己的真实目的，只是进行小规模的组织活动，当然也无法修建什么洋式教堂，只好修建一些类似佛寺的小型所谓教堂。元代时出现的天主教堂和东正教堂基本上还是采用中国古典建筑形势。明末基督教第三次来华，澳门出现了大三巴教堂（图二），利玛窦在北京宣武门外也建起了具有中国传统样式的礼拜堂，一座座尖顶欧式洋教堂矗立在中国城乡土地上。肩负重任的利玛窦当初来华时，仔细研究了中国的历史和文化，认为"传道必先获华人之心"，刚开始并未修建洋式教堂，在民宅和旧有寺庙里向北京人传教，后来才把中国传统建筑稍加洋式改造，作为简单教堂使用，到了十八世纪初的清前期则大大方方将十字架立在完全欧式教堂尖顶上。

人类社会由客观和主观两个世界组成，每个人都游弋于这两个有形和无形世界之间，而且要受这两个世界的支配和影响。五彩缤纷的客观世界

图二 澳门大三巴牌坊

里的万物生灵都离不开阳光、空气和水这三大基本要素，而支撑主观世界存在和发展的是信仰。信仰是什么？是灵魂深处那挥之不去的追求和精神依靠，客观世界里有许多人类未知的万象万物，而在主观世界里又一时找不到答案，于是最原始的宗教信仰应运而生，它可以安抚人们的心灵，给人们信心和继续生活下去的力量，它可以使得周围世界和谐安宁。如果人们失去了信仰就失去了灵魂，就会混同于猪狗牛羊，社会就不会有发展和进步。当然除了宗教信仰外后来又出现了许许多多科学或似是而非的信仰和理论。宗教的推崇者们为了让人们永远相信那个摸不着的"神"的存在，于是就修建了各式各样的宗教建筑，寺和庙（广义）是宗教信仰的外在形态和承载体，寺庙里的神可以游走于阴阳两界间，将天地人串通为一体。寺庙就是天地两界的分界线，是天上的神在人间的宿营地，是人与神的联谊站，在这里神可以了解人间万象，人的灵魂可以得到升华，可以求得精神抚慰和心灵的安宁。所以，抓住了寺庙就找到了寻找主观世界源头的捷径。不管是本地道教还是外来的洋教，或者是类宗教式祭奠活动和组织，教义、教徒和宗教建筑是体现宗教存在的三大要素，我们泛称的"寺庙"（宗教建筑）是进行宗教活动的必备场所，任何宗教建筑都是由无到有、由小到大、由简单到复杂，这种发展变化不仅大大丰富了中国传统建筑宝库，也留下了一大笔宗教文化遗产。

# 二　寺庙中的各路神仙

善良虔诚的老百姓，见寺烧香，见庙磕头，如果问他拜的是哪路神仙，神仙能解决什么问题，可能百分之七十的香客不能正确回答，如进一步追问这些神仙的出身来历那就更难为他们了，为此有必要将寺庙中常见的神仙作一简要介绍。

神，是一种宗教概念，有着超凡的能力。在中国传统文化中，神最早出现在原始道教理念里，后来西方的基督教传入中国，翻译家们把西方宗教中的造物主也翻译成神，但国人仍习惯地把道教中的崇偶称为神，将佛教崇拜的精神领袖统称为佛，至于西方洋教中的偶像称谓甚杂，本章为了叙述方便，不妨将各宗教建筑中的偶像统称为"神仙"。

## （一）佛教诸神

**佛**　在佛教中，"佛"既是笼统的概念，又是一个具体的人物和"神位"。佛是"佛陀"的简称，佛陀是梵文 Buddha 的音译，中文意思是"觉者"、"知者"和"觉"的综合概念，佛教中有以上三种功能的"神仙"很多，所以佛教中有许多"佛"，大乘教认为一切觉行圆满者都是佛，在北京的佛寺中凡是佛教的"神"一般都称"佛"。

小乘教一般专尊佛祖释迦牟尼为佛。释迦牟尼之所以被各教派都尊称为佛祖，是因为他创建了佛教。关于释迦牟尼的生辰履历学界有不同的说法，大约是与中国的孔子同时代的一位智者，传说他是古印度国净饭王的太子，出生后七天母亲就去世，由姨母抚养成长大。幼年时虽然接受了系统的婆罗门传统教育，但看到婆罗门教并不能解除百姓的生、老、病、死的痛苦，于是逐渐疏远了他的启蒙教派，29 岁舍弃优越的太子生活，离家外出成为一个苦行僧，在尼连禅河附近丛林中过着苦行、独修六年的艰苦日子，后来觉得这样并不能解决根本问题，于是转而到菩提迦耶毕波罗树下静坐静思，经过多年认真思考，35 岁时终于达到大彻大悟的境地，然后又到各地讲经说法，宣传他的主张，八十岁时逝世于拘尸那迦城，这位先觉者被后人尊为佛陀，他的教义精神以后流传到世界各地，成为佛教的佛鼻祖。汉代时佛教流传到中国，东汉时的北京寺庙里已经有了释迦牟尼的佛像。我们看到寺庙正殿里坐在最显赫位置、体量最大的"神仙"就是佛祖释迦牟尼。

**阿弥陀佛** 又称弥陀佛，佛教诸佛中的一位，是梵文 Amitābha（无量寿佛）、Amitāyus（无量光佛）的音译写法，还有观自在佛、甘露王等称呼，是西方极乐世界的总教主（图三），他与观音菩萨和大势至尊菩萨合称为西方三圣。弥陀佛能接引念佛的人去往西方净土，因此又称为接引佛。弥陀佛愿以无尽之力誓渡芸芸众生，以无量光明照亮去往西方净土人的道路，凡有如此愿望和行动者，生前可获佛保佑、逢凶化吉、消除灾难，死后可以顺利到达极乐世界。这位佛过去当菩萨时名法藏，曾发四十八愿，因长期修行终于升为佛。在佛教寺庙中其塑像常与释迦、药师并列而坐，世称三尊。

僧人之间或僧人与俗众见面打招呼时，常双手合十念声"阿弥陀佛"，因为阿弥陀佛可以引领你到达极乐世界，所以阿弥陀佛就成了永远幸福康寿的象征，这句问候语的含义就是"祝你健康幸福"之意。我们又经常听

图三　阿弥陀佛

到"南无阿弥陀佛"的颂歌声，"南无"是梵文 Namas 的音译，应读作"那谟"或"南谟"，汉语的意思为"归命"或"致敬"，翻译成俗语即"向阿弥陀佛致敬"或"决心皈依佛门"之意。在广义上也可理解为向一切有觉悟的人致敬。

**如来佛** 平时在庙里经常见到如来佛的塑像，其实"如来佛"与"佛"为同一意思，称释迦牟尼佛或称释迦牟尼如来都可以。佛有三身，分别为法身佛、报身佛和应身佛。

法身佛即大日如来，是密宗尊崇为至高无上的佛，"大日"是能照遍宇宙所有角落，利养世间万物生灵的神物，大日胜过太阳，大日之光永生不灭。"如来"即佛，如来日光普照法界，能开发终生智慧和慈悲之心，大日如来是光明和智慧的象征。

报身佛为卢舍那佛，"卢舍那"为智慧广大、光明普照之意，"卢舍那"与"毗卢遮那"是不同翻译的简称，都是指如来佛，都是释迦牟尼的化身。报身是佛修行依感召而来的报应身，是修行圆满达到大彻大悟的表现。

应身佛为释迦牟尼的生身称呼，应身佛又可称应身，指佛为度脱世间众生，随三界六道状况之不同而显现之身，"众生机感，义如呼唤，如来示化，事同响应"就是对"应身"的形象解释。应身有时又指变现于人间的天、人、鬼、龙等。

**药师佛** 又称药师如来或药师琉璃光如来，有时也称大医王佛，日光遍照菩萨和月光遍照菩萨是药师佛的两大胁士，药师佛是东方净琉璃世界的教主，他希望满足众生所有欲望，去除给众生带来痛苦的所有疾病，佛寺中常与释迦佛和弥陀佛并坐。寺中的药师佛形象为左手持药器，右手执三界印，身穿袈裟，盘坐于莲花台上，台下十二神将护卫。也有的塑造成左手持药瓶，右手执无畏印，日光、月光两菩萨左右胁侍，这种排列称药师三尊。

**燃灯佛** 因灯足称锭，有时也翻译成锭光佛。通州的燃灯塔上供奉燃灯佛。传说佛出生时四周如万盏灯光照耀，释迦牟尼前世曾用五茎莲花献奉燃灯佛而受记。佛经中说灯下所有佛和菩萨都是他的弟子。佛有过去、现在和未来三世，分别对应寺庙中的燃灯佛、释迦牟尼、弥勒佛。燃灯佛为过去佛中最为著名的佛，关于燃灯佛的传说和解释有很多种版本。

**五方佛** 佛教崇拜的五种佛。中央佛为毗卢遮那佛，代表法界体性智；东方佛为阿閦佛，代表大圆静智，又可称金刚智，有文献将其解释为无动佛或无怒佛；南方佛为宝生佛，代表妙观察智，又称转法轮智或莲花智；西方佛为无量光佛，代表平等性智；北方佛为不空成就佛，代表成所作智或羯磨智。佛教中五佛代表五智，意思是欲修行成佛，仅靠念经诵咒是不够的，还必须具备五智才行。佛寺中的五方佛形象为一佛静坐中间，其他四佛围坐四周，中央佛体量较大。

**菩萨**　是地位仅次于佛的佛教"神仙"，是佛传播佛法的助手，在印度菩萨是男人形象，到了中国就变成了慈眉善目的女人模样。菩萨为菩提萨垂的简称，菩提萨垂是梵文 Bodhisattva 的音译，意思即"觉有情"、"道心众生"。菩萨有一般形象，也有专门的菩萨，例如观音菩萨、地藏菩萨、弥勒菩萨、大势至菩萨、普贤菩萨、文殊菩萨，在中国通常把文殊菩萨、普贤菩萨、地藏菩萨和观世音菩萨称为"四大菩萨"，这四大菩萨的声誉位居各大菩萨首，是我国及北京佛教信徒最崇奉的"神仙"，所以北京大量佛寺中都有这四位菩萨塑像。

**观世音**　也是菩萨，有时称光世音菩萨或观自在菩萨（图四）。观世音是阿弥陀佛的左胁侍，为西方三圣之一。她手持净瓶杨柳，端庄慈祥的面孔中透露着无量的智慧和神通，她以大慈大悲的心怀拯救人世间受苦受难的人们，无论在哪里遇到灾难时，只要反复念诵她的名字，菩萨就会前去救度。观音菩萨本无男女之分，但在我国都将观音塑造成女性形象，当需要救助的人们呼唤她时，菩萨可以根据不同场合以男像或女像前往。佛教流传到唐朝后，因太宗的名字叫李世民，为了避讳与皇帝名字重字，就隐去了"世"字，简称"观音"。观音菩萨的出生日为农历二月十九，成道日是农历六月十九，涅槃日农历九月十九，我国观音菩萨道场在浙江舟山，一般在这些日子都会举行祭奠活动。

图四　观音菩萨

**千手千眼观音**　也称千眼千臂

观音，简称千手观音。传说观世音曾是东周妙庄王的三女儿，她关心世间所有生众的生死冷暖，立誓出家修行要长出千手千眼，为众生解除一切困苦，庄妙王坚决不同意，命她拔剑自刎，剑出剑落，不仅没有伤害到女儿，剑反而断为千节，庄妙王又想将她闷死后把灵魂葬入地狱，但地狱官听到她的善举十分感动，不仅没有伤害她，反而将她救活安置在普陀山附近的莲花山上。她为附近百姓治病从不收报酬，当听说父王病重难愈时，她挖出自己的双眼，砍下自己的双手制成药给父亲医病，父亲听后万分感动，病愈后让工匠为女儿塑造一座千眼千手的塑像。寺庙中塑造的形象一般为左右两眼两手下又各长出 20 只手，每只手心又都生一眼，成 40 只手、40 只眼，每只手中又有 25 只手、25 只眼，合计为千手千眼。

**药王**　也称药王菩萨，是阿弥陀佛的二十五菩萨之一，他可以为生众施药医病，解除身、心所有病痛，因此备受生众尊崇。关于药王的来历有多种文献记载，其差异不大。寺中药王一般为顶戴宝冠，握拳的左手放置腰部，右手屈臂放在胸前，以拇指、中指和无名指持药树。

**弥勒**　即百姓常言的弥勒佛，是民间普遍信奉的一尊佛。他出生在古印度波罗奈国一个婆罗门家族，应该与释迦牟尼是同时代的人，释迦牟尼出家后，弥勒先于释迦逝世。传说释迦去世五十六亿六千万年后从兜率宫又来到人间，不过他已托生为另一个人降临到大臣修梵摩家中，这个人就是弥勒，弥勒出家、成道、说法，遂继承释迦成佛。弥勒在我国流传很早，初期为上生兜率宫时的菩萨形象，两脚交叉盘坐，或左脚下垂，右手托脸颊，以示等待从兜率宫降临到人世。自从来到人世间后，弥勒就穿上上衣，以佛的形象出现在公众面前（图五）。北京雍和宫万福阁中 26 米高的白檀巨佛即为弥勒佛像。江浙一带寺庙中常将弥勒仿契此和尚形象塑造成身材矮胖、大腹便便、笑口常开的游荡模样，出行时手杖上挂一个化缘的口袋，所以人称口袋和尚。他的位置不在正殿，而被安置于天王殿中（在中等规模以上的北京佛教寺庙中，一般山门后的第一座庙宇就是天王殿），许多寺庙里都写有"大肚能容，容天下难容之事；笑口常开，笑天下可笑之人"的对联。

**普贤菩萨**　中国四大菩萨之一，是释迦佛的右胁侍，专司"理"德。文献记述说："体性周遍曰普，随缘成德曰贤"。普贤菩萨辅助释迦弘扬佛法，他遍身十方，广赞诸佛无尽公德，修无上供养，作广大佛事，度无边有情，其智慧和行愿之深远，只有佛了解。普贤与释迦和文殊并称"华严

图五　弥勒佛

三宗"。普贤是龙和蛇属性人的守护神，能让龙年、蛇年出生的人心随所愿，事事如意，人生美满幸福。普贤菩萨的十大行愿为：礼敬诸佛、称赞如来、广修供养、忏悔业障、随喜公德、请转法轮、请佛住世、常随佛学、恒顺终生、普皆回向。以上十大行愿为诸菩萨行愿之标准，一般称为"普贤之愿海"。相传普贤菩萨在中国的道场为四川峨眉山。寺庙中的塑像大都为骑白象的女性形象，农历二月二十一为普贤菩萨出生日，这一天会举行盛大纪念活动。

**文殊菩萨**　按原文翻译应为文殊师利，是"妙德"或"吉祥"之意，为四大菩萨之一，是释迦佛的左胁侍，专司智慧。文殊出身于舍卫国多罗部落的梵德婆罗门家族，传说她从母亲的右胁生出，刚生下来即会说话，很小就出家修行。她智慧超群，辩才非凡，被誉为众菩萨之首。文殊菩萨常与狮子相伴，寓意智慧犹如狮吼之宏威，她手中的剑表示能斩断所有烦恼。文殊菩萨是兔年出生人的守护神，她能开发智力，增强悟性，能让所有属兔人的事业顺利、婚姻幸福。文殊菩萨有无量公德，她的智慧咒能开启常人智慧大门，主要功德为：灭罪障，获辩才，求事者，事竟成，除烦恼，永消尽。文殊菩萨的道场在山西五台山，寺庙中的形象为顶结五髻、手持宝剑，表示智慧锐利，或骑狮，或伴狮，表示智慧威猛。她的生日为四月初四，届时有隆重的纪念活动。

图六　智化寺地藏菩萨说法图

**地藏菩萨**　梵文 ksitigarbha 的意译，意思为："安忍不动如大地，静虑神密犹秘藏"，为我国佛教四大菩萨之一（图六）。按释迦嘱托，如果在释迦将灭、弥勒未来之前，做到尽度六道众生，拯救所有苦难，就会修行成佛，地藏誓言为"众生度尽，方证菩提，地狱未空，誓不成佛"。所以他也是佛的胁侍。地藏菩萨因立誓尽度六道众生脱离苦难，常游走于天上、人间和地狱等六道之间，故有六地藏之说，六藏为：檀陀地藏，宝珠地藏，宝印地藏，持地地藏，除盖障地藏，日光地藏。地藏之"地"即土地之"地"，地有七义：地生义，地摄义，地载义，地藏义，地持义，地依义，地安义。安徽九华山是地藏菩萨道场，寺庙中的地藏菩萨形象一般为头戴宝冠，有时也有光头，身披天衣，悬挂璎珞，左手持锡杖，右手执莲花，也有时手持幡幢、宝珠等，但不同的菩萨形象所持器物也不同，例如宝珠地藏左手持宝珠，右手结甘露印，以示专度饿鬼道；宝印地藏左手持锡杖，右手结如意宝印，专度畜生道；持地地藏左手持金刚幢，右手结施无畏印，专度阿修罗道；檀陀地藏左手人头骨，右手结甘露印，专助地狱道众生；除盖障地藏左手持锡杖，右手结与愿印，专门救度人道；日光地藏左手持如意珠，右手结说法印，专门救度天道。相传地藏菩萨原为新罗国王族，本名金乔觉，唐玄宗时来到中国九华山，圆寂后坐化肉身不腐，僧人将其全身藏入塔中，九华山的月身塔（肉身塔）就是地藏菩萨的藏身塔。传说农历七月三十为地藏出生日，这一天有隆重祭奠活动。

**十八罗汉**　罗汉是阿罗汉的简称，是梵文 Arhat 的音译。在小乘佛教中属于修行达到顶点的称呼，阿罗汉也称"无极果"或"无学果"，其含义有三种：杀尽一切烦恼之贼，应受到天人的供养，永远进入涅槃、不再有生死轮回。十八罗汉由十六罗汉发展而来。释迦牟尼曾令十六个大罗汉常驻人间普度众生，后来佛教传到中国，唐末时张玄和贯休两个和尚画罗汉像时又多画了两个罗汉，传为十八罗汉，至宋代时，十八罗汉开始在中国盛行，他们分别是：降龙罗汉、坐鹿罗汉、举钵罗汉、过江罗汉、伏虎罗汉、静坐罗汉、长眉罗汉、布袋罗汉、看门罗汉、探手罗汉、沉思罗汉、骑象罗汉、欢喜罗汉、笑狮罗汉、开心罗汉、托塔罗汉、芭蕉罗汉、挖耳罗汉。

**五百罗汉**　关于五百罗汉的身份传说不一，大致可分两种说法：一是参加第一次或第四次结集的五百比丘；另一种说法是常随释迦牟尼听法传道的五百弟子。关于五百罗汉在佛教故事和我国民间传说中是经常见到的，但未必真有其人其事，至于"五百"这个具体数字也未必固定不变，由于对罗汉的无上崇拜，后人逐步附会出五百这个巨大数字，于是在寺庙中就出现了五百罗汉的造像，罗汉的形象都是工匠门臆造出来的，也有热心者真的杜撰出五百罗汉的名字，但任何佛教原始资料中并没有这些罗汉的档案和画像。

**护法神**　佛教中所有护持佛法的神仙称为护法神，是藏传佛教中最大的神职队伍。不同的教派有不同的护法神，外来神有印度的如帝神天、四大天王、韦驮等，藏族地区信仰的长寿五仙女、十二丹玛女等，北方地区信奉的关羽、白哈尔等，这些神因地域不同，所住持的庙宇不同，他们的职责分工也不同。藏传佛教中护法神大体可分为世间护法神和出世间护法神两种，世间护法是神尚未修成正果受业力约束的，出世间护法神也称智慧护法神，是已修成圣果的护法神，出世间护法神如吉祥天母、大黑天、多闻天王、黄财神、地狱主等虽数量较少，但他们也是佛教护法神庞大队伍中不可缺少的成员。因地域和教派不同，寺庙中的护法神的形象也各不相同，大体可分为善相和怒相两种，善相大都为女性形象，怒相一般为男

性形象，无论是坐姿还是站姿都显示出威严不可触犯形象。

**韦驮** 又称韦陀天，原来是印度婆罗门教的天神，后来演化为佛教的护法神。传说在释迦去世时，要把他的牙舍利分赐给众王，不料舍利子被盗鬼偷走一对，韦陀勇敢地将佛舍利追回，并抓捕盗贼鬼，韦陀名声大振，从此他被奉为护法菩萨。佛教传到中国，韦陀也被汉化，并给韦陀起了个汉名——韦琨，称他是南方增长天王的八大神将之一，位居八大天王和三十二神将之首，寺庙中韦陀的形象手握金刚杵，身披铠甲，站姿威武，神情严肃，一副威风凛凛的架势，使人望而生畏，鬼神退避三舍。韦陀一般供奉在天王殿弥勒佛后，面对前方大雄宝殿里的佛祖。

**四大金刚** 四大天王俗称为四大金刚，有时又称为护世四天王。传说须弥山腰有东、西、南、北四座山峰，每座山峰各有一个护天神将，这四位护天神将被称为四天王，每座山峰上的天就称为四大王天。寺庙中的四大天王形象为：东方持国天王名多罗陀，身穿白衣，手持枇杷，主持东方天空，他还能护扶国土，又是主乐神；南方增长天王名毗琉璃，身披青衣甲胄，手握宝剑，主持南方之天，不仅可以护持佛法，又能令众生增长善果；西方广目天王名毗琉博叉，身着红色，手攥盘龙，为群龙之首，能以净天眼观察世界，护扶众生；北方多闻天王名毗沙门，身着绿色，左手持银鼠，右手持伞，他能制伏妖魔，保护众生财产。四大天王的神功几乎囊括了生界所有重大事项，因此善良的人对他们赋予诸多寓意，寄托许多愿望，希望他们庇护四大部洲平安无恙。他们又是护国安邦的神灵，舞动手中的宝剑可以生风，弹起琵琶音调和谐，撑开雨伞能遮雨，龙蛇蠕动寓意顺，以示终生盼望的"风调雨顺"。

**伽蓝神** 伽蓝为梵语 Samghārama（僧加蓝摩）略称，又可翻译为僧伽蓝，是僧侣居住之所，一般解释为寺庙。伽蓝神是保护伽蓝（寺庙）的神。传说保护伽蓝的神有十八位，即：美音、梵音、天鼓、叹妙、叹美、摩妙、雷音、狮子、妙叹、梵响、人音、佛奴、颂德、广目、妙眼、彻听、彻视、遍视。佛教传到中国后，伽蓝神又赋予新的含义，一般禅宗把寺庙所在山的土地神视为伽蓝神，因此伽蓝又称土地堂。后来隋代天台宗大师创始人智凯法师梦中见到关云长，就把关羽也定为寺庙的保护神，因此关羽也列入伽蓝神之一，有的寺庙在十八伽蓝神旁边出现了汉代勇将关羽的塑像，使道教与佛教实现联姻。

**欢喜佛** 汉地称呼的欢喜佛即藏传佛教密宗的双身佛，又称双修佛或双尊佛。欢喜佛是佛教修炼心性的一种手段，也是培植佛性的机缘。佛教有"色即空，空即色，色无异空，空无异色"的教义，密宗认为每天面对男女双媾的欢喜佛就会习以为常，对男女之事多见少怪，欲念就会自然消除，用"以欲制欲"的手段消除内心魔障，将常人之心渡入佛海。这种手段称之为"先以欲勾之，后令入佛智"。佛教中的"欲天"和"爱神"为男女裸体相抱交媾形象，男性为明王，女性为明妃，明王抱明妃之胸背，明妃手抱明王的头部，一足缠绕其腰，在极度欢乐中融为一体，体验灵魂与宇宙合一的感觉。在汉传佛教中，也有类似的神像，把观音塑造成民间的美女，在强欲的男子达到极度高潮时忘掉一切，当他松弛下来时，怀里搂抱的竟是一具骷髅，以此提醒俗世俗士莫荒诞，早随佛缘。

**度母** 梵音称"多罗"，藏语称"卓玛"，佛教中也称"救度母"或"救度佛母"。这是深受藏区佛教徒崇敬的佛教女神，佛教"度母"本源于印度，传入中国后就带上浓重的藏区色彩。关于她的出身和来历有多种传说，一般认为大慈大悲的观世音菩萨不辞辛劳的救度大批众生，当她睁开圣眼时，发现六道中众生数量并无减少，于是流下悲伤的眼泪，滚落的泪珠化作莲瓣，莲花中诞生了帮助菩萨救苦救难的二十一度母，这二十一个度母身姿、身色、标志各不相同，传说她们可以救狮、象、蛇、水、火、贼、牢等各种灾难。这二十一度母分别为：奋讯度母、威猛白度母、金颜度母、顶髻尊胜度母、吽音叱咤度母、胜三界度母、破敌度母、催破魔军度母、供奉三宝度母、伏魔度母、解厄度母、烈焰度母、颦眉度母、救饥度母、大寂静度母、消疫度母、赐成就度母、消毒度母、消苦度母、明心吽音度母、震撼三界度母。度母有各种形象和身色，她们的身色分别为绿、白、黄、蓝、红、金等几种颜色，最受人欢迎的是绿色和白色，所以绿度母和白度母成为藏区教民最为尊重的两种度母。

**明王** 即佛教中的"忿化身"，佛一旦发怒就会变化身份，每个佛都有一种对应的"忿化身"，密宗把真言和陀罗尼称为"明"，亦即光明和智慧之意，将具有这种应变能力的神称为持明王，由真言和陀罗尼的神力产生的神叫"明王"，有时称金刚。密宗有多种明王，常见有五大明王、八大明王、十大明王，藏传佛教密宗无上密乘的本尊及双身佛中的男性佛即为明王。

**转轮王** 为古印度神话中的圣王，梵文 Cakravarcirāja 的意译，也有翻译为转轮圣王、转轮圣帝、遮迦越罗和轮王的。传说转轮王有三十二相，

即位时由天感得轮宝，转动轮宝可降伏四方，他又能在空中飞行，故又称飞行皇帝。增劫时，寿命在两万岁时可出世，在灭劫时，人寿命自无量寿至八万岁时则出世。转轮有金、银、铜、铁四种王位，金轮王领四洲，银轮王领东、西、南三洲，铜轮王领东、南二洲，铁轮王领南阎浮提一洲。轮王均具有七宝，即轮宝、白象宝、绀马宝、玉女宝、明月珠宝、主藏臣宝、主兵臣宝。

**大黑天**　梵文为 Mahākāla，藏语为 Gonpo，又称大黑神、大时、大黑等，音译为玛哈嘎拉、摩诃迦罗等。密宗和显宗对此有不同的释意，密宗认为他是佛教重要的保护神，位居所有护法神之首，又是密宗修法所依据的重要本尊，其形象有许多种，一般寺庙中的形象为三头六臂，前边的左右手横持利剑，中间左手执人头，右手执牝羊，后边双手执象皮，以骷髅为璎珞。显宗认为大黑天为送福神，寺庙中的形象为全身黑色，坐踞小床，怀抱金囊，一脚垂地。大黑天以战神声誉深受内地封建统治者信奉，元朝时传入内地，被忽必烈奉为军队保护神。清代统治者也同样信奉这一神灵，清军入关后，在北京大力兴建大黑天庙，南池子大街的玛哈嘎拉庙就是这个时候在多尔衮宅第基础上修建起来的。

**旃檀佛**　实际为旃檀佛像，关于造像缘由及经过有多种说法，一般认为是与释迦牟尼同时代的人用旃檀木为释迦牟尼雕刻的佛像，释迦牟尼并为之授记，这座雕像体现了佛祖的三十二种瑞相，故又称旃檀瑞相。此像于公元 3 世纪开始由古印度经新疆、甘肃、西安、江苏、河南等地辗转来到北京，至清代时，康熙皇帝为了迎接和安置这位名气甚大的佛像，在北海西北部宏仁寺旧基上修建了旃檀寺，1900 年遭八国联军烧掠，瑞像不知去向。

**四大本源神**　佛教中主管地、水、火、风四大本源的神，其职责类似道教中的土地、三官等神仙功能。佛教地母神主管世界上所有土地，寺庙中的地母面目慈祥，高束发髻，袒胸露腹地跏趺于莲花座上，左臂撑于左腿，手执盛土的宝瓶，右手在右腿上施与愿印。火神主管世上所有的火，头戴宝瓶，左手捧盛火祭器，右手捻佛珠，身骑山羊。风神主管世间之风，风神头戴宝冠，双手持风旗，骑坐在牡鹿上。水神主管世间所有的水，头戴宝冠，双手握水蛇，身骑大水蛇。

**财神**　佛教的财神与道教和北方民间财神都有一个共同任务，就是保护主人的财产安全。道教财神相对比较简单，藏传佛教的财神则成员复杂，队伍庞大。佛教财神一般都是密宗崇信的神灵，实际上也是佛教护法队伍的一支重要力量。财神队伍中可分为财宝天王、莲师财神、五姓财神、财源天母、象头天财神等不同分支。其中财宝天王和五姓财神在民间影响较大，信奉者最多。财宝天王又统领八骏财神，他们各司八方财库守护重任。五姓财神按身色可分为黄色、白色、黑色、黄色、绿色五种。黄财神是藏传佛教各教派普遍信奉的神灵，据说坚持诵念黄财神秘咒，可获黄财神庇护。白财神又称"白宝藏王"，是观世音菩萨左眼泪水化成的，它以洁白身色消除一切因贫困形成的污秽，白财神一面双臂三目，面部表情半笑半怒，三目圆睁表示以悲切心情注视着三世众生，愿以无上功德拯救穷苦大众。黑财神身色青黑，发须赤红，裸腹露体，头戴宝冠，以无上功德为众生驱除一切困苦折磨。其他各色财神除体色不同外，其功能大体类似。莲师财神能阻止魔障、死鬼纠缠，调服三界众生，为僧众赐福送德。财宝天王为四天王之一，是五方佛之南方宝生佛转化而成，遍身金黄色，头戴五佛宝冠，身披铠甲，佩戴璎珞，凡接受财宝天王灌顶者，会财源滚滚、福寿双全。红财神是藏传佛教普遍信奉的财神，红财神遍身红色，坚持修法念咒就可得到红财神护佑，既能财运长久，又可增福延寿。象头天财神又名毗那夜迦，或称象鼻天，他也是一位护法神，是大自在天之子，掌管天库，诚修此法，可财源丰满，事事如意。

**龙王** 龙是中国传统文化中影响最为深远的一个词汇，"龙是中华民族的图腾"的说法已被公众广泛接受，古生物学家指身有鳞片的巨大爬虫为龙，百姓把身有鳞片首有须、能兴云作雾且行踪不定的神异动物叫龙，封建皇宣称自己就是真龙天子，堪舆学家把蜿蜒山脉称为龙脉，水文化学家却将维系人们生命的水系称谓龙脉。道家称谓的龙并不是自然之龙，而专指由蛇化成的蛇身龙首神物。佛教中的龙与汉文化中的龙概念不尽相同，一般比喻愚痴、慎恚之人所受的果报，属于畜生趣，低于人智，但龙也有好坏之分。佛教有"天龙八部"之说，八部为：龙众、天众、夜叉、乾闼婆、阿修罗、迦楼罗、紧那罗、摩睺罗迦。位居首位的龙众称为龙王，其次为天众，一般将两者合一统称为"天龙八部"。以上八大龙神各司其职，相貌也各不相同，他们在守护佛法的同时，最重要的任务就是拨云弄雨。龙王又有多种面貌，如欢喜龙王面相和善，龙头佩戴宝冠，蛇形下身修长灵活，即能穿行火焰，又能畅游大海。龙王以威严身姿相貌和无

所不能的功法受到佛教信徒的崇敬和尊重。

**阎魔王** 又称阎罗王、阎王或阎罗，这在民间传说中南北方普遍存在的一个阴间神，道教有阎王，佛教经典中也有阎王的记载。在古印度神话中也有阎王的故事传说。无论中国阎王，还是外国阎王，他们的职责都是管理地狱的阴官。在古印度阎罗王是管理阴间之王，后来佛教将其列入佛教管理范围，任命为管理阴间地狱魔王，据说阎罗王部下有十八判官，分别管理十八个地狱。中国佛教将这一职责扩大到十阎王，他们各自一殿，故有"十殿阎王"之说。

**那吒** 那吒亦称哪咤，虽是中国家喻户晓的神奇少年故事，但这却是一个外域名字。据查唐代之前未曾有过那吒的记载，专家分析可能是随着佛教传入而进入内陆的一个神话人物。相传那吒是毗沙门天王的第三子，母亲和姊妹都是吉祥天女，为佛教护法神之一，他供职于菩萨左右。那吒的故事在佛教、道教和我国民间广为流传，那吒的形象为三头六臂，脚登风火轮，手握金枪，项戴乾坤圈，身佩斩妖剑、砍妖刀、缚妖索、降妖杵、绣球儿等法宝，降妖捉怪时身态多变，成为少年英雄人物的楷模。

## （二）道教及民间信仰中的神仙

**三清** 三清殿供奉的三清神是道教的最高神位，三清指玉清元始天尊、上清灵宝天尊、太清道德天尊，三清为道家哲学"三一"学说（一化为三，三合为一）的象征。道教早期尊崇老子李耳为教主，后来将"元始天尊"列为最高神位，位居老子之上，到了隋唐时期，又产生了"太上道君"，与"太上老君"、"元始天尊"合称为"三清"，以后"太上道君"又改称为"灵宝天尊"，"太上老君"改称为"道德天尊"。据《老君圣迹》记载："此即玉清境，元始天尊位，在三十五天之上也。此即上清境，太上大道君（灵宝天尊）位，在三十四天之上也，太清境太极宫，即太上老君位，在三十三天之上也。"于是"三清"为道教最高神位概念就此形成。

**玉皇大帝** 居于太微玉清宫，全称为"昊天金阙无上至尊自然妙有弥罗至真玉皇大帝"，又称"玄穹高上玉皇大帝"，简称"玉皇大帝"（图七）。古有四玉帝，一曰太微玉帝，汉武帝上太微垣星主号，二曰梵天玉帝，汉宣帝上天市垣帝主号，三曰焰华少微玉帝，汉哀帝上先天定位号，四曰紫薇玉帝，汉光帝上后乾号。但本章"玉皇大帝"并非以上四玉帝，而是古代人们对与天地有关的日月星辰、风雨雷电等自然现象及人间生老病死、吉凶祸福等崇拜的最高神灵。随着历史发展，这些神灵的称呼也有所变化，宋真宗时封玉帝为"太上开天执符御历含真体道玉皇大天帝"，徽宗又加封为"太上开天执符御历含真体道昊天玉皇上帝"。明清时有"天上有玉帝，地上有皇帝"的民谚，总之这两帝无所不能，无所不管，所以民间纷纷修建玉皇庙和玉皇观，庙中玉皇大帝的形象为头戴珠冠，身穿九章法服，手捧玉笏，每年正月初九是玉皇大帝生日，百姓纷纷前往祭拜。

图七　玉皇大帝

　　**神仙**　神仙信仰是道教的基本信仰和核心内容，道教的"神仙"与佛教"神仙"不同，道教所谓的神仙概念大致分"神"和"仙"两部分内容，常言的神仙是"神人"和"仙人"的一种综合称呼。"神"即为神祇，包括天神、地祇、地府神灵、人体之神、人鬼之神等。"仙"系指仙真，包括仙人和真人，仙真是指经过修道而具有特异功能、能超越生死、变幻莫测的人的称呼。道教的神仙队伍极其庞大，三清至尊及诸神、天地日月星辰诸神、灵官及太岁诸神、真人及仙人等都属于道教神仙系列，例如三官、四御、五祖、七真、八仙等都是道教神仙的重要成员。

　　**仙人**　道教认为仙人长生不死，修炼成仙后远离尘世，从"仙"字象形上看，人远离尘世上了山，当然就为仙了，追求长生不老是仙人孜孜以求的根本奋斗目标。仙人的另一个特征就是变化无边、神通广大，仙人可以上天、入地、下海，可以为所欲为、无所不能。仙人又有品次的区别，古人将仙人分为三种等级，"上士举形升虚，谓之天仙；中士游于名山，谓之地仙；下士先死后蜕，谓之尸解仙。"在仙人的分类上还有水仙、鬼仙、人仙及上仙、高仙、大仙、玄仙、真仙、灵仙等说法。

　　**真人**　真人为"存养本性、悟大道"之人，即俗称有真知的人。庄子认为先有真人，后有真知，真人"不逆寡，不雄成，不谟士。"真人不为

生死悲喜烦扰，完全超然于物外。庄子所谓的"真知"即"知天所为，知人之所为"，明天人之理、知天道与人道之关系，体天道以善人生，达到天人合一之目的，就可以成为真人。全真道追求得道成真，具有"真功、真行"双全的人即为真人。真人与仙人的根本区别是仙人追求长生不老，真人认为生死无别，追求精神永恒，而不是肉体的长生。

**雷神**　在中国的传统文化中，古代就有关于雷神的传说，对大自然中的风雨雷电等现象由于缺乏科学解释，产生了对大自然的恐惧和崇拜，都说成是天神发威，刮风有风神，打雷有雷公，雷公击鼓发怒，即扬善又惩恶。道教吸取了民间的传说加以改造，形成了一整套雷神体系，以"九天应元雷声普化天尊"为雷部主宰之神，下率二十四（又有三十六说）雷神天君，著名的雷神有邓元帅、辛元帅、庞元帅、刘天君、毕元帅等。《山海经》对雷神的形象描述为"雷泽中有雷神，龙身而人头，鼓其腹"。由于这样的描述，人们把雷神想象成半人半兽形，雷神像龙一样游走于太空，只要擂响腰间大鼓，就会雷声大做。当然雷神的面目和形象也随着历史的发展不断变化着，从兽形经半人半兽形到人形的演变，越来越接近人类自己，故事也越来越丰富多彩。所以寺庙中的雷公会以各种形象出现在人们面前。

**真武大帝**　又有玄武帝君、真武帝君、佑圣真君玄武上帝等称号。古代象学家把宇宙中的太阳、月亮全天所经过的天区之恒星分为二十八星群，即二十八星宿，这些星群各以一个字命名，即：角、亢、氐、房、心、尾、萁、斗、牛、女、虚、危、室、壁、奎、娄、胃、昂、毕、觜、参、井、鬼、柳、星、张、翼、轸。古代又将四大星区冠名为：东方青龙、北方玄武、西方白虎、南方朱雀。后来道教吸纳了这一传说，将这些神将人格化，北方玄武的形象为身着黑衣、头发飘散、肩披金甲、腰系玉带、仗剑怒目、脚踩龟蛇、顶罩圆光。玄武大帝作为北方保护神出现在北京的大街小巷里，位于北城的德胜门和安定门内侧当然要修建真武庙。关于将"玄武"改为"真武"的原因有多种版本，较多说法为宋真宗曾名玄休、玄侃，为避讳皇帝名号改玄武为真武。

**火神**　在宗教辞典上虽然找不到"火神"这一专门词条，但火神却是家喻户晓的民间神仙，因为他与百姓的生活息息相关，火可以给人们带来幸福光明，也会造成痛苦的灾难，所以自古以来就产生了对火神的畏惧和崇敬。但火神到底为何种神仙却看法不一。在《易经》中，南位的朱雀代表火神，所以人们认为火神经常活动在南方。南方道教崇信的火神叫炳灵太子，又称华光大帝、灵官马元帅、三眼灵光，传说这位马元帅头上有三只眼，即民间常说的"马王爷三只眼"，他曾降五百火鸦击败了南海水龙王，有的书籍将其称为"火精"，民间把他视为火神供奉在庙堂里。在信奉萨满教的东北地区，火神则是女性的火神母、火婆、火姑娘等形象，而西南地区的火神又变成了锅庄石或火塘灶。北京地区有40多座火神庙，但大都淹没在历史的尘烟中。北京是一座多民族聚集的都城，各地、各民族习俗都会带到北京来，各种火神形象都会有，惜已无法统计描述，唯地安门外的火神庙最为百姓津津乐道。史料记载寺庙初建于唐代贞观年间，当初供奉哪路神仙已无从考证，元代重建时留下了一段有意思的传说，说忽必烈营建大都城时，有人报告西直门高梁河上有龟蛇出现，这是镇北之神真武大帝光临，水里的神仙能治火，这就是大都城的保护神。从此真武大帝又有了一项新的任命——火神爷，于是就在地安门外的火神庙里塑造了真武帝的塑像。

　　**财神**　民间信奉的主要神仙之一，无疑他是百姓财产的保护神。保护财产的神仙有许多，北京最常见的是文财神、武财神和五显财神。文财神是指赵公明元帅，传说他原是终南山人士，后修道成仙，玉帝命他为张天师守护炼丹炉，授予"正玄坛"和"赵公元帅"的称呼，部下有八大猛将，不仅能驱邪辅正，还能管理买卖交易，于是民间视为财神，将他供奉在庙宇里。武财神为关圣帝君，本为山西汉代解县人士，后与刘备、张飞结为忠义三兄弟辅助汉室，因关羽忠勇无比，被世人信赖和传颂，被封建统治阶级封为"伏魔大帝"。有传说他生前善于理财、长于会计，被商人奉为招财进宝之神，于是他也被请进了庙宇成为百姓信奉的财神。另一种财神叫五显财神，传说古时有伍氏五兄弟，生前仇富济贫，死后也极力保佑穷苦人，所以深受百姓崇敬，就把他们也当作财神供奉在庙堂里。

　　**门神**　门神信仰由来已久，各地区各民族及各个历史时期有都不同的门神信仰。早期的门神是用桃木刻成的神荼和郁垒头像，明清至民国时期，全国各地供奉各种各样的门神，河南人门口的门神为三国的赵云、马超，河北人供奉的门神还有马岱、薛仁贵和盖苏，陕西人门上的门神是孙膑和庞涓，还有供孟良和焦赞的，重庆人也有供秦良玉的。苏州地区的门神为温将军和岳元帅。北京的门神有文门神和武门神两种，文门神有天官、仙童等，武门神有秦琼、尉迟恭和捉鬼的钟馗等。

**土地**　民间称为土地爷，也有称土地公公和社神的，这也是我国传统文化中流传很早的一个神仙，凡有人居住的地方，尤其汉人或接受汉文化的其他民族聚集地，都供奉土地神。土地神由古代社神演变而来，主要职责就是负责一块或一方土地的安全，小块土地神由地方百姓供奉，一方土地大都由皇家敬奉，但土地神的形象和土地庙的规模都有所不同，土地神的具体所指也很不明确。早期的土地神有的指周朝的官吏张福德，也有的指汉代秣陵尉蒋子龙，明清时期南方人把韩愈和岳飞奉为土地神，清代又把土地神分为花园土地、青苗土地、长生土地（宅地）、拦凹土地、庙神土地等。寺庙中的土地神为一白发白须的和善老者，旁边还有一位善良的老妇人是土地爷的老伴儿土地奶奶。

**城隍**　"城"为挖土而筑之墙，"隍"为城下之壕，古代把保护城池的神称为"城隍"，也有的叫做城隍爷。周朝就有祭城隍的习俗，汉代建立城隍祠堂，宋代将祭城隍列为国家祭典，元代在京都修建城隍庙，封城隍为佑圣王，据说明太祖朱元璋生在城隍庙里，所以他对城隍十分敬重。城隍到底为何方神圣各地齐说不一，但都是公认去世的英雄豪杰，例如上海把秦裕伯奉为城隍神，杭州祭祀明代的周新和南宋的文天祥，桂林祭祀宋代进士苏缄，北京的城隍神则是明代杨椒山。史称椒山清廉正直，受奸臣诬陷，被严嵩逮捕入狱，受尽残酷折磨，死前留下"浩气还太虚，丹心照千古。生平未报恩，留作忠魂补"的豪语。他死后北京人民十分感动，遂将其奉为城隍神供奉在城隍庙里。有的地方也称黄飞虎为城隍神，黄飞虎是商周时期的英雄人物，传说商纣王荒淫无度，黄飞虎首举义旗讨伐纣王，公元前11世纪初攻入商都，纣王自杀，商朝灭亡，人们把黄飞虎视为正义的化身、城市的保护神，把他的塑像供奉在庙宇里，后人也称为城王神。

**灶王**　又称灶君、灶神、灶界、东厨司命，北京民间一般称为灶王爷，有时也写作"皂王庙"。"皂"与"灶"毫无联系，"皂"字纯粹为错别字，不知何年何月出自哪位"大仙"的疏忽，一直讹传至今。灶神信仰历史悠久，早在先秦就有祭灶习俗，关于灶王的来历有多种版本的解说，灶王是男是女、姓甚名谁各家说法不一，有说名字叫张单的，也有叫其他名字的，有人形容灶神为女性，也有人将灶神描绘成男性的，后来多数把一男一女并列在一张灶王图上，男的是灶王爷，女的就是灶王奶奶，为此民间编造出许多生动的灶王故事。灶王的主要职责是管理人间的饮食制作，也有的将监察人间罪恶和掌管全家祸福寿康交由灶王负责，传说每年腊月二十三晚上灶王要到玉皇大帝那里汇报，为了让灶王多说些好话，就用麦芽糖把灶王的嘴填上，让灶王"上天言好事，下界保平安"。

**瘟神** 是民间信奉的神灵之一，本名"五瘟使者"，也叫五瘟神，瘟神信仰源于古代人们对瘟疫的恐惧，民间产生了对瘟神的敬畏，隋唐时期说瘟神在天上为五鬼，在地上为五瘟，春瘟张元伯，夏瘟刘元达，秋瘟赵公明，冬瘟钟仁贵，总管中瘟史文业。后来道教将其五瘟神纳入管理范围，产生了供奉瘟神的习俗。

**四渎神君** 在地坛拜台下层，东西两侧有四个雕琢精美的石座，分别是五岳、五镇、四海、四渎，所谓"渎"即水道沟渠之意，四渎指长江、黄河、淮河、济水四条河道，是中国民间信仰的河神的代表。因为河渠水道既能给人类带来维持生命的根本之源——水，又能给人造成无穷灾患，所以历来皇家和百姓对河渠都一种敬畏感，自周朝开始，四渎神君就成为河渠神的总代表被供奉起来。这四渎神又具体分为江神、河神、淮神、济神四种神位。

江神信仰出自古代人们对长江的崇拜和敬畏，有时沿江各地只信仰长江某一段的某位江神，著名的江神有奇相、湘君及湘夫人、屈原、金龙大王柳毅等。黄河是中国的母亲河，人们（尤其北方）对黄河尤为敬畏，朝廷对黄河之神也十分重视，常见的河神有河伯、巨灵、河侯、河阴圣侯、河神陈平、河神泰逢氏、金龙四大王等，每一位河神都有一段民间故事传说。淮神即淮河之神，在中南部地区十分重视对淮神的敬奉。济神为济水之神，济水源于河南，经由山东入渤海，基本与古黄河平行流向，是古代影响豫、鲁、冀等地区的重要河道，因此朝廷和百姓对都十分重视济水，于是就产生了济神信仰。

**风神** 又称风伯、风师，是主管风的神灵，古代对风神的信仰历史悠久，秦汉之后，道教将风神信仰纳入诸神系列，为二十八星宿之一，唐宋时曾把风神女性化，但后来又逐渐演变成男性形象，所以有了"风伯"的称呼，传说风伯为一白发老翁，左手持风轮，右手摇风扇。后来将风神人格化，著名的风神有方天君、孟婆、飓母、封姨等。

**雨神** 又称雨师，是道教司雨之神。中国是一个以农业为主的古国，而"风调雨顺"是皇家和百姓企盼的好光景，雨比风对农业的影响和制约更为严重，所以雨神成为举国上下敬重的神灵。后来道教将雨神纳入诸神

系列，祭祀雨神也成为国家级重要祭奠活动。各地对雨神的形象描绘有所不同，所以历代雨神没有一个统一标准相貌。

**二郎神**　民间关于二郎有多种传说，但一般都指李冰父子。李冰原籍山西运城，是战国时期的水利学家，公元前256—251年任蜀国太守，为了治理水患、有利灌溉，在四川灌县主持修建了有名的都江堰水利工程，让川西一带成为富贾一方的粮仓之地，当地人民为了感谢和怀念他的功绩，修建庙宇以示纪念。李冰的次子真名不详，惯称李二郎，协助父亲治水有功，人们一并在庙里塑像供奉，民称二郎神，李冰父子的丰功伟业不仅享誉川江平原，也传遍中华大帝，久之，历史名人成为神仙被供奉起来，其他地方也相继修建二郎庙。

**三星神**　指福、禄、寿三星神，是民间企盼幸福、财运和康寿的精神支柱。福星即岁星，后来将其人格化，出现了"天星赐福"的民间传说，据史书记载，汉代的杨城和唐代的阳城都是敢陈直言、为民谋福的清官，百姓为了纪念他们的公德，纷纷修祠供奉，逐渐成为天上的福星，他们降临时就会给人们带来幸福。"禄"原为官位之意，古代只有官吏才有丰厚的俸禄，禄字逐渐成了财富的代名词，传说唐代有个张仙，他为病入膏肓的宰相治愈了病体，宰相有一天迷迷糊糊在张仙的带领下进入一个密室，偷偷翻阅了自己的生死档案，案中记载他某年某月可以中官晋爵，寿命八十五岁，后来果然灵验，消息传播开来，张仙成了赐官送禄的天上星神，遂有人建祠供奉这位神仙，称张仙为禄星。寿星在民间影响最深，长寿是人人企盼的人生最后结局，道教中的寿神是执掌人寿命长短的天神，又称南极真君，所以无论南北方，还是富官穷百姓，都十分敬重这位寿星老。寿星的形象是白发鹤颜、手持鹤头拐杖，脑门隆起、慈祥和善，身边总是鹤、龟、如意莲相伴。明代后民间常把福、禄、寿三星放在一起供奉，这些庙宇就称三星庙。

**五岳大帝**　五岳指东岳泰山、南岳衡山、西岳华山、北岳恒山、中岳嵩山。泰山为五岳之首，掌天仙六籍；南岳主管世界分野之地，兼管鳞甲水族变化事项，唐代曾命为"司天王"；西岳主管世界珍宝和五金矿产及冶炼，兼管禽兽皮毛；北岳执掌四渎水系，兼管走兽爬虫；中岳主管世界土地湖泽川渠，兼管山林草木。古人认为五岳皆为神，唐代奉为王，宋代奉为帝，以后总称为五岳大帝。道教信奉五行学说，认为东方属木，为青色；南方属火，为赤色；西方属金，为白色；北方属水，其色为黑；中央属土，色为黄，所以寺庙中的五方大帝神像服色也有所不同。

**关圣帝** 是三国时期汉将关羽的又一称呼，在北京的庙宇中，供奉关帝的庙宇数量最多，在宗教活动中横跨佛、道、儒三界的神仙仅属唯一。作为一个真实的历史名人被奉为神仙而广受崇拜的也堪属首位，因此他的知名度不亚于三清神，他的群众基础不在释迦牟尼之下，供奉他的庙宇远多于儒教鼻祖孔庙。因为他的无比忠勇，在道教和民间他承担着许多重任，既是守护财产的武财神，又是降妖镇魔的大将军，他可以祛病消灾、镇压邪恶，又能庇护商贾招财进宝，因此成为全国各地百姓普遍尊崇的真人活神仙（图八）。他与华光大帝、赵公元帅、温琼元帅并列为护法四元帅，就连不太相信神鬼的儒教也承认其为"武圣"。历代统治阶级也给他加封许多荣誉称号，宋徽宗封为"义勇武安王"，元代封为"显灵义勇武安英济王"，明代封为"天界伏魔大帝"、"神威远镇天尊关圣帝君"，清代又进一步加封为"忠义神武灵佑仁勇威显护国保民精诚绥靖佑赞宣德关圣大帝"，美赞之词无以复加。

在关圣庙中，常有关平和周仓相伴在关羽两旁，传说关平是关羽的义子，是关羽的从神，庙中的形象为头正脸方，略带书卷气，面色赤红，文

图八 关 公

武打扮，左手握短剑，右手捧印信。周仓是东汉平陆人，非常忠于自己的领将关羽，关羽督战荆州时，周仓守麦城，战争的结果关羽兵败麦城被东吴杀害，周仓见到关羽的首级时也拔剑自刎。周仓的形象为站姿威武，黑脸短须，双目圆睁，身着铠甲，手握大刀。也有的关帝庙中还有马超、黄盖等武将站立在关羽两侧。

**八仙**　八仙传说历史悠久，民间常说的"八仙过海，各显其能"即道教中的八仙，他们是钟离权、吕洞宾、李铁拐、张果老、曹国舅、韩湘子、蓝采和、何仙姑八位神仙。

钟离权，字云房，号正阳子，陕西咸阳人，相传为汉代大将，自称"天下都散汉钟离权"，后人将汉字连下叫成了"汉钟离"，所有又名"汉钟离"。汉代时因征北胡有功封为燕台侯，后来因打败仗隐入深山，得高人指点得道成仙，他又指点过吕洞宾。民间传说的形象为红脸大眼、袒露胸腹、手摇大扇、头扎发结、仪态自得。

吕洞宾姓吕名岩字洞宾，道号秒通真人，是八仙中影响最大的仙人，为道教"北五祖"之一，道教全真道尊称为"吕祖"，是八仙中供奉最多的一个。吕洞宾生于唐贞观年间，因仕途不顺而忧心忡忡，后遇大仙人汉钟离，经多次点拨得道成仙，游历名山大川，身影时隐时现，所到之处皆能为当地斩妖除害，其影响甚广，百姓无不赞其功德，每逢四月十四诞辰日，世人纷纷到庙上叩拜祭奠。

李铁拐姓李名玄，又名凝阳，因其右腿有残疾而挂拐，故被百姓称为李铁拐或铁拐李。相传铁拐李是陕西人，虽其声誉没有钟离权和吕洞宾那样远扬，但其辈分比他们要长的多，传说李铁拐是上古时期神农氏同时代的雨师，他蓬头垢面，大眼跛足，袒胸露腹，相貌十分丑陋，常行乞于街市，后来吃了太上老君的仙丹而成真仙人，所以他常身背药葫芦行走四方，为百姓送药除病，最后功德圆满，被玉皇大帝封为上仙。

张果老姓张名果，据说史有其人，为唐代道士，隐于中条山，活动于汾晋间，因长寿百岁，人称张果老，自称尧舜生人，素衣打扮，学问渊博，常倒骑白驴行走四方，他的白驴日行万里，休息时可叠入箱中，用时蘸水即可骑行。人们问他为何倒骑驴，果老答曰"凡事多向后看"。唐代几位皇帝闻其神功，欲请他入宫，都被他推托谢绝。

曹国舅姓曹名景林，传说为宋仁宗曹皇后的大弟弟，也是宋将曹彬的孙子，故人称曹国舅，其人不爱奢华，喜清虚，他的弟弟为非作歹，横行乡里，国舅感到十分耻辱，欲隐居山林，曹皇后知道后，赠一副金牌随他去了，曹景林在山野遇到吕洞宾和钟离权，两仙人将还真秘术授予曹国舅，并度其进入仙人班。在渡河时没有钱，就把金牌押给了船夫，顺利渡过河去。此后他便与其他仙人云游四方，常接济穷困，受到百姓爱戴。他的形象为头戴纱帽，身穿红袍官服，明显有别于其他仙人。

仙人韩湘子的来历有多种版本，因唐代文豪韩愈有个侄子叫韩湘，错将韩愈另一练道成仙的族侄混为一人，传为八仙中"韩湘子"之奇说。另有一说是汉丞相欲将女儿许配皇侄，女儿不从郁闷而死，后投胎昌黎韩会之子，乳名湘子，长大后遇钟离权和吕洞宾，经指点得道成仙。韩湘子形象为一翩翩英俊少年，手持竹笛，行为斯文，深受众人喜爱。

蓝采和为一游走四方的道士，传说由赤脚大仙转世来到人间，衣衫褴褛，癫狂如痴，但有奇功，一脚穿靴，一脚赤足，夏穿棉衣，冬着薄单，常醉酒卧于冰雪，周身热气腾腾，听到鹤鸣笙响则飘然云间。

何仙姑是八仙中的唯一女性，传说原名何秀姑，为唐代何泰之女，她降临人世时紫云绕室，光辉熠熠，颇具非凡的风姿神韵，长大后果然与众不同，十三岁时上山采茶，吃了吕洞宾送给的仙桃即轻盈如飞，她还能占卜阴阳，预知祸福，因此深受民间传诵，在全国各地有很大影响，广东等南方地区建有不少祭奠她的庙宇。

**斗姆**　全称"斗姆元君"，斗即北斗众星，姆为母亲之意，传说北斗之姆原为龙汉年间周御王爱妃紫光夫人，一生为周御王育有九子，长子天皇大帝，次子紫薇大帝，其余七个儿子分别是贪狼、巨门、禄存、文曲、廉贞、武曲、破军，这七子就是北斗七星。斗姆能为垂危之人行医送药，为孕妇安全保胎，为盲人送去光明，为黎民赐福保平安，帮求功名者金榜高中，助社稷风调雨顺，因此得到群众爱戴和尊重，纷纷为她建庙塑像纪念。

**玄女**　即九天玄女或元女，也称九天娘娘，原为民间神话中的上古女神，是扶弱助危、除暴安良的女英雄，后来道教将其奉为神仙女，成为道教系统中仅次于西王母娘娘的女神。传说玄女原为玄鸟，天命降于人间，她的母亲叫简狄，后来玄女生下契，成为商王朝的始祖，这与商族崇拜玄鸟习俗相吻合。玄女拜圣母元君为师，黄帝又拜玄女为师，黄帝与蚩尤大战于涿鹿，玄女披九色翠衣乘丹凤彩云亲临战场，为黄帝传授秘术，结果黄帝胜蚩尤一统天下，玄女成为华夏子孙引为骄傲的神女。

**三圣、五圣、七圣、九圣**　在中国辞典中，"圣"有多种解释，"神圣"、"圣人"、"圣贤"等是常见词语，宗教中一般指教徒对所崇拜事物或偶像的尊称，北京有一些庙称三圣庙、五圣庙、七圣庙和九圣庙，这些庙宇中的"圣者"是什么神仙却不尽相同，既有"圣人"、"贤人"，又有"神鬼"、"仙人"，他们的宗教属性各不相同，有的归属佛教，有的归属道教和儒教，也有的佛、道、儒三教同属，例如关羽，道教、佛教、儒教庙宇中都有他的身影。

道教中常指三清为三圣，三清为玉清元始天尊、上清灵宝天尊和太清道德天尊。也有的将三皇视为三圣，三皇有多种解释：（1）西皇、东皇、上皇，（2）天皇、地皇、人皇，（3）燧人、伏羲、神农，（4）伏羲、女娲、神农，（5）伏羲、祝融、神农，（6）伏羲、神农、共工，（7）伏羲、神农、黄帝。也有的把老子、墨子、孔子视为三圣，似乎更像儒家三圣。更多的情况下把佛教的释迦牟尼、道教的老子和儒教的孔子三位圣者尊为三圣。在中国的神话传说中，三圣母的故事流传甚广：华岳之神为白帝少嗥，华山上有个聪明美丽的女神叫三圣母，她常到白帝的西岳庙里去，为前来求救的百姓消灾救难，人们就称她为华岳三娘娘，并专门为她修建了一座圣母庙。佛教中也有西方三圣，是指中位阿弥陀佛、左胁侍观世音菩萨、右胁侍大势至菩萨，佛教中另有东方三圣，即中位琉璃药师佛、左胁侍日光菩萨、右胁侍月光菩萨。

道家五圣即为五通，又称五夜神。唐代时即有五通神仙不死的说法，宋代的五通又称安乐神，其神形如孩童，能预测吉凶，商家多奉为家神，也有的将五通神视为五显神。另有一种说法是五道神又称五盗神，某地有杜平、李思、任安、孙立、耿颜正五人结为兄弟以盗窃为生而发财，后来良心再现，他们就将一个极度贫困的老太太奉为亲生母亲，把抢劫来的钱财孝敬这个老人，对老太太的话言听计从，从此后改邪归正多做善事，也被人们奉为神仙。道家也有五方神仙之说，每方都用一个兽为代表，称为五圣兽，五兽为青龙、朱雀、白虎、玄武、麒麟。五方神也有另一种解释，东方神为青帝，南方神为炎帝，西方神为白帝，北方神为黑帝，中方神为黄帝，这五帝也称五圣。儒家的五圣多指孔子、颜子、曾子、子思、孟子。

七圣指见道、修道、无学道之七圣人、七圣者、七士夫、七丈夫。七圣所指各有不同，（1）皇帝、方明、昌寓、张若、䛭朋、昆阍、滑稽，

（2）尧、舜、禹、汤、文王、武王、周公，（3）唐肃宗、代宗、德宗、顺宗、宪宗、穆宗、敬宗，（4）高圣玉皇帝、高圣太上大道君、上圣紫清太素三元君、上圣白玉龟台九灵太真西王母、上圣中央黄老君、上圣榑桑太帝君、后圣金阙帝君。道教全真教有七真人，也可称为七圣，他们是长春真人邱处机、无为真人马钰、蕴德真人潭处端、长生真人刘处玄、玉阳真人王处一、广宁真人郝大通、清静散人孙不二。

九圣为上圣、高圣、大圣、玄圣、真圣、仙圣、神圣、灵圣、至圣。另有九仙和九真也可视为九圣。

北京的寺庙绝大部分已毁损无存，一些民庙及小型庙宇没有详细资料记载，所供奉的几圣已无法确认，有些民间小型庙宇供奉甚杂，例如西城北海西北部的三圣庙供奉水草、火、马帅三圣，南长街的三圣祠供奉鲁班、财神、火神三圣，南长街的五圣祠除供奉佛外，还供奉关羽、土地、财神、药王、山神五圣，海淀区苑家村的七圣庙供奉关羽、龙王、财神、土地、马神、虫神、山神七圣，海淀水磨村的九圣祠堂供奉关羽、关平、周仓、马超、龙王、药王、财神、虫神、苗神。有些庙宇中的几"圣"佛道儒三教"神仙"共处一庙，也无法归属于何种宗教派别，也许这就是民庙的特色。

**天师**　古代对有道术的人称天师，由于宣传力度的深化，这些天师就被排入了神仙系列，道教中影响较大的天师主要有四位：（1）张天师名张陵，字辅汉，号天师，道教尊称为张天师或张道陵，于东汉末年创始五斗米教，后来发展成道教，传说张天师道法高深，能降妖除魔，被公认为道教创始人；（2）许天师名许逊，字敬之，又名许真君，今江西人，父亲名许肃，传说母亲梦中有金凤衔来金珠投入腹中，遂受孕生下许逊，从小在母亲的影响下就有怜天悯人美德，后来迷恋神仙之道，中间做过一段时间县令，因怜悯百姓疾苦受到百姓爱戴，后来弃官从道，浪迹江湖天涯，继续为百姓谋福祉，其声望更增，被人称为天师，追随效仿者甚多；（3）萨天师名萨守坚，又称萨真人、崇恩真君，号全阳子，宋代四川著名道士，萨守坚早年是一位乡间医生，因医术欠佳曾医死过人，后来改医学道，多方拜师修道，利用学习来的秘术继续为病人解除病痛，受到百姓爱戴，被称为"崇恩真君"，玉帝封他为"天枢领位真人"；（4）葛天师名葛玄，字孝先，宋代今江苏人。曾在江西阁皂山修道，传说他道法很深，利用娴熟的道术为百姓除病消灾，道教称其为"葛仙公"或"太极左仙公"，后

被公认为葛天师。

**天后** 即妈祖，也叫天妃娘娘，关于她的来历民间有多种说法，流传最多的说她本名林默，人称林默娘，家住福建莆田湄洲屿，父亲林愿为宋代地方官，母亲生下她后，发现室内紫光缭绕，并有特殊香气，襁褓中的小孩就会做神仙状，五岁能读《慈航经》，长大后果然与众不同，不仅可以预测未知，而且特别体谅乡亲的疾苦，还能保护家人平安，三十岁时仍未出嫁，独自一人驾帆远航一直未归，人们传说她在海上成仙升天，因为她为乡亲做过许多善事，大家自动捐款为她建庙以示纪念，当地渔民凡出海捕捞，先到庙上祭拜一番，传说此举特别灵验，于是关于天妃娘娘的故事流传越来越广，于是北京也有了天妃庙。

**魁星** 有时也写为奎星，古代认为他是主管文运的星神，文坛对其非常崇拜，纷纷建庙奉祀。在封建社会里科举制度是选拔人才的最佳途径，凡考试取得最好成绩者就称为"魁"，取得第一名为魁首，考中状元第一为魁甲，考中进士的人就有资格进入皇宫大内，唐宋时期，皇宫前的石阶上雕有鳌鱼头，中状元的人可以站在鳌头上恭接皇榜，所以文坛和官场有了"魁星点斗、独站鳌头"之说。西蜀马德昭的一幅《魁星点斗》极其形象地刻画了这句名言的深刻含义，魁神头部像鬼，一只脚向后翘起，与魁字的斗下部相连，又像执笔人一笔点中应考的人的名字，所以魁星神变成了一个赤发青面獠牙的鬼神的形象。因为魁星掌管文运，所以深受读书人的崇拜，也是官场必敬的神仙。

**文昌帝君和文曲星** 文昌帝君是道教中主宰功名利禄的神仙，世居四川梓潼七曲山，文昌君原名张亚子，还有一个自称蜀王的张育也与张亚子同住一座山，东晋时期的张育因抗击前秦苻坚而战死，后人为了纪念张育，修建了一座祠堂，被封为雷泽龙王，后来将张亚子与张育合并在一个祠堂供奉，张育被传为张亚子，两个人的事迹混为一谈，再后来也无人详细追究其原委。唐玄宗路经七曲山时听到他们事迹，曾亲临梓潼祠堂祭奠，后来元仁宗又封张亚子为辅元开化文昌司禄宏仁帝君，于是"文昌帝君"的称号流传开来。传说张亚子除忠勇救国外，还特别孝顺母亲，母亲得疽病，张亚子亲自为母亲吸痰液，并割下身上的肉喂食母亲，文昌君也成了慈孝楷模。据说文昌帝君曾七十三次降临人家，他为世间官吏时，清正廉洁，爱民如子，因此天皇大帝命他为掌管阴阳两界的文昌事宜，随着科举制度的深化推广，对文昌星神的推崇更加重视，民间尤其官场文坛积极修建文昌阁以示祭奠。

民间又常把文昌帝君与文曲星混为一谈，传说文曲星为天庭星宿之一，位于北斗七星中心的天权宫，在中国神话传说中，文曲星也是主管文运和功名利禄的星神，一般把人间的比干、范仲淹、包拯、文天祥比作文曲星，把文章写得好的考生比喻为天曲星下凡，与文曲星相对的是武曲星，大都把北宋名将狄青说成是武曲星。

**碧霞元君**　为道教女神，全称为"东岳泰山天仙玉女碧霞元君"，民间俗称为泰山娘娘，又称泰山玉女，为泰山大帝之女。传说泰山顶有一个玉女池，池旁立有玉女石像，因年久失修，殿堂倒塌，石像跌落残破池中。有一天宋真宗前往泰山封禅时，见此状颇为感叹，当他伏下身在水池洗手时，忽见一位相貌端庄秀丽的少女露出水面，她就是泰山玉女，真宗下令立即修葺殿堂和玉女池，重新雕刻玉女石像，并命名祠堂为昭真祠，玉女石像为"天仙玉女碧霞元君"，后来历代又多次修葺，道教将其纳入神仙系列，使之在全国各地推广起来。寺庙中的碧霞元君雍容华贵，气度不凡，相貌端庄，慈眉善颜，也是产龄妇女崇信的神仙。

**送子娘娘**　又称子孙娘娘和授子娘娘，她是道教中负责生育的女神，凡生育期的妇女和家庭主妇无不对她敬仰万分，因为她决定着这个家族的子嗣兴旺，南北各地都建有娘娘庙。送子娘娘到底是谁，各地说法不同，有的将慈航真人视为送子娘娘，有的认为碧霞元君为送子娘娘，还有的把佛教的观音娘娘称为送子娘娘，北方地区多把泰山娘娘即碧霞元君奉为送子娘娘。

**五道将军**　也叫五道真君或五道神，是东岳大帝下属的神仙，主管阴阳两界的生死荣禄事宜，他们奉命把守五道关口，人死后都要经过这五道关的盘查和筛选，根据死者在阳间的表现，决定他死后的去向，第一道为天道，二道为人道，三道为禽兽道，四道为饿鬼道，五道为地狱道。据说五道神既严厉又极具同情心，人们一方面惧怕他的威严，又对他的人情味产生感激，所以纷纷建庙祭祀。

**马神**　在经济尚不发达的古代，因交通需要，马很早就被驯化成一种重要的交通工具，自周代始就有了对马崇拜的仪俗，至元代对马的崇拜程度达到最高峰，到了明代，对马的认识有了理论上的提升，逐步又产生了马神的概念，祭祀马神逐渐代替了对马的崇拜，马神庙或祠逐渐多起来，养马场和宫廷内及各州县衙署近侧都建有马神庙，而且祭祀活动大都由官

家执掌进行，清代之后，由于生产力的提高，交通方式和交通工具发生了很大变化，因此对马神的祭祀虽然没有停止，但开始流于形式化，至于马神为何种形象，资料很少做详细描述。

**虫神和八蜡神** 为民间农事信仰神之一，在生产力不发达的自然经济时期，农民抗水旱虫害的能力极其低下，经常被蝗虫糟蹋得颗粒无收。南宋时期，有位刘猛将军，不仅抗金勇敢，而且对付蝗虫灾害很有办法，皇帝对他非常重视，百姓对他更加尊重爱戴，各地都修建祠堂祭祀，将他奉为虫神。各地修建的祠堂名称不完全一样，有的叫虫神庙，有的称八蜡庙，也有的叫虫王庙。

八蜡神是一种比祭祀刘猛更古老的民间信仰，八位神仙为：先啬（神农）、司啬（后稷）、坊（堤防）、邮表畷（疆土相连）、农（古代田畯）、猫虎、水庸（水沟）、昆虫（蝗螟之属），一般在冬季农闲时祭祀。清代雍正年间，祭祀刘猛载入国家祀典，但民间仍然祭祀八蜡，有的地区两者同时祭祀，后来将刘猛和八蜡放入一个庙中祭祀，逐渐虫神庙和八蜡庙两者不分，有的叫虫神庙，有的则称八蜡庙。我国部分地区也有以其他神代替虫神的。

**仓神** 即廪神，仓神的主要任务就是防两鼠，一为野生动物老鼠，是人类的公害，二是人类硕鼠，指那些利用职权贪污公粮公款的贪官污吏。传说仓神就是汉代韩信，他的形象为身穿龙袍、头戴王冠的英俊青年，举止端庄、威严大方，身旁配有四神，一位老者，两位壮汉，他们是掌斗之神，还有一个面目狰狞的神，就是管理众鼠的大耗星君。也有的说仓神为萧何。

**山神** 山神信仰是一种古老的信仰，凡有山的地方，都有敬奉山神的习俗，古代由于科学技术落后，不能解释自然中的许多现象，就归总于神灵行为，所以产生了对山岳的崇拜和迷信，人如果得罪了山神就会得到报应，轻则暴雨雷电威胁，重者家毁人亡。传说人文始祖舜巡视泰山、恒山、华山和衡山时，也对威力无比的山神进行虔诚祭拜。各地的山神形象和祭拜活动各有不同，北京的山神庙都修建在郊外山区，平谷的丫髻山白马山神庙就供奉一位骑白马的威武勇士。

**蚕神** 中国是世界上养蚕最古老的国家，关于蚕神的故事有多种传说。相传黄帝有位美丽的妃子叫嫘祖，她经常活动在黄河中下游地区，所以那一带桑蚕业十分发达，据说嫘祖死后就埋在山西夏县西荫村附近，人们为了纪念她对桑蚕业的贡献，就建祠堂供奉这位蚕神娘娘。另外一位蚕神娘娘是马头娘，又称马明王，传说古代有位将军要外出征战，家里只留下心爱的独生女与一匹公马为伴，女儿想念父亲，就派公马到前线接回了父亲，那匹公马也对姑娘产生了恋意，父亲一气之下就杀了那匹马。父亲再次出征时没有马做伴，只好到邻居家与小朋友踢用马皮缝制的皮球玩耍，突然那只皮球变成一匹马，把姑娘卷起飞入高空，他们化为蚕蛾落在桑树上，很快蚕丝布满桑树，为当地人们找到一条致富门路，人们十分敬重这位蚕姑娘，后来演变成一个马头蚕身的神像，称为马头娘娘，百姓把这位蚕神供奉在庙宇里，就成了之后的蚕神供奉习俗。还有一种说法是周朝时四川有位叫蚕丛氏的神仙，她经常穿一身青衣到郊外教农民种桑养蚕技术，后来这一带桑蚕业发达，百姓富足，为了感谢这位蚕神的贡献，就建祠堂祭祀，以后便有了供奉蚕神的习俗。

**酒神**　中国的酒神为杜康。杜康又名少康，是夏朝的第五位国王。传说在第四位国王在世时，曾发生过一次政变，帝王被杀，怀有身孕的帝后逃到娘家，儿子生下后，希望他能像爷爷仲康那样有所作为，故取名少康，因生活窘迫，小小的少康就到野外去放羊，从家带来的饭只好挂在树枝上，因夏天放置时间太长，饭菜发酵有了异香味，根据食物会自动发酵的原理，后来他自己研制出了一套酿酒的工艺，成为我国酿酒业的鼻祖，后人为了纪念杜康的功绩，为他刻碑建庙，他成为中国的酒神。

**井神**　井神为民间普遍信仰的神仙，传说井神起初是个童养媳，她在井里打水时曾救过东海龙子的化身小青蛇，龙王、龙母为了报答她，送她一支鞭子，用这支鞭子在水缸里一搅，水就会满缸，从此这位童养媳一跃而成为水井神，也是水业的祖师。每到春节时，百姓都在年三十把水缸挑满水，年后的初一到初三不再到井里打水，让井神也过年休息三天，后来有的地方在井旁修建庙宇，专祭井神，希望全村人一年能喝上甘甜纯净的水。

**花神**　各地的花神所指和祭祀活动各不相同，有的祭盘古的女儿，有的祭百花仙子，也有的祭花神月老，北京丰台的花神庙则另有传说，相传牡丹等十二花神在天庭触犯天条，被玉皇大帝贬入人间，十二花神把万紫千红铺满人间大地，人们为了感谢她们的功绩，纷纷建庙祭祀，每逢农历二月十二花神圣诞日，花乡一带的花农扶老挟幼到花神庙进香祭拜。

**茶神**　"柴米油盐酱醋茶"是七种生活必需品，茶叶当然也受到同样

重视，古代认为所有事物皆由神灵执掌，茶神成为百姓尊崇的神灵之一。相传五代十国时福建有位茶园主叫张廷晖，对种植、采摘、烘焙茶叶很有经验，他将凤凰山方圆三十里的茶园全部献给了当时的闽国君作为北苑御茶园，经过多年培植研制，茶叶的产量和品质有了很大提高，也为后来的宋、元、明各代茶叶发展作出很大贡献，当然茶农百姓也受益匪浅，为了纪念张廷晖的功绩，各地建庙供奉，成为中国的茶神。还有一位茶圣是唐代湖北天门的陆羽，他刚出生父母就把他遗弃在河边，幸被龙盖寺的和尚救回寺院收养，很小他在师傅的培养下学会了烹茶技艺，经过多年的实践和摸索，他成为一名技艺高超的烹茶师，并编写了一套流传至今的《茶经》，受到朝廷、茶商和茶农的高度赞誉，后来也成为茶神被供奉在庙宇里。

**厕神** "吃、喝、拉、撒、睡"是人们每天生活之必须，无论高贵者还是普通人概没超脱，没有光吃喝不拉撒的人，所以人们对厕位十分重视。传说中国古代也专有司厕女神，这位神仙就是唐代的紫姑，她本姓何名媚，字丽卿，姑娘聪颖好学，长大后嫁于伶人为妻。武则天时刺史李景谋害了紫姑的丈夫，强娶紫姑为妾，紫姑后来被大老婆杀死在厕所里，李景每天夜里到厕所方便时总听到紫姑的哭泣声，有时还能见到她舞刀弄枪的身影，后来这件事被女皇武则天知道，便封紫姑为厕神，以平息这场风波。后人也模仿紫姑模样做成假人放置厕所里，每逢正月十五晚上，祭祀这位屈死的女神，之后也就有了厕神的传说。

**狗神** 京城的狗神庙即二郎神庙，二郎神是中国的神话传说故事中的英雄人物，历史上有四位二郎，（1）战国时期蜀郡太守李冰次子李二郎，（2）隋朝嘉州太守赵昱赵二郎，（3）晋国襄阳太守邓遐邓二郎，（4）小说中玉皇大帝的外甥杨戬杨二郎。由于民间传说演绎，几个二郎变成一个无所不能的神仙二郎神，在与敌人拼杀搏斗时，他的忠实助手"哮天犬"始终不离开半步，人们在缅怀这位英雄时，不会忘记那条忠实的犬，修建庙宇时，也在庙门口雕琢了一只哮天犬，久之，二郎庙叫成了狗神庙。

**虎神** 是东北部分狩猎民族崇拜的一种神灵，在那些狩猎者眼中，虎是任何野兽打不败的万兽之王，因此他们对待老虎与其他动物的态度俨然不同，老虎就成了人们敬畏的另类动物，一般不会主动捕杀老虎。还有的传说老虎曾经救过遇难少年，更有神奇的说法是某个民族是老虎与美丽少女交配生下的后代，逐渐老虎就成了某些民族崇敬的神仙，被供奉在庙宇里。

**闪电娘娘**　又称电母或电神，是道教中掌管闪电之神。古代由于对自然现象缺乏科学认识，产生了许多自然崇拜，曾有"风伯、雨师、雷公、电父"之说，这些神的形象都是男性，后来电父逐渐演变为雷公的配偶成为女性，称为电母，其形象多为朱红色上衣、白色下衣，文艺作品中说雷公给电母两面雷电镜，为雷公劈人时照明，清代又将电母塑造成端庄秀美的女性形象，双手持镜，称为"电母秀天君"。

**太阳神**　是我国民间的一个神话传说，古籍中也有类似的记载，在东方的海天之间，有一个独立的羲和之国，帝俊之妻子叫羲和，她们生有十个太阳儿子，羲和就是当然的太阳之母——太阳神，这位太阳之母还是一位勤劳的赶车把势，儿子乘车西行，她为儿子们驾驶着车早出晚归，从不懈怠和慌乱，车辆匀速而稳当，久之羲和成了制定时日的创始人，人们的生息劳作也按她的车速进行着，这就是我们心中的太阳神。

**月亮神**　太阳、月亮和星星是人类世界里的三大光明神，给人们带来光明和希望。月亮在漆黑的夜晚为人们照亮的同时，也给人们平添许多美丽的遐想。传说嫦娥原是一位美丽聪明的姑娘，后来嫁与后羿为妻，后羿因射掉九个太阳而得罪天皇大帝，天帝把他们夫妻双双贬落人间，王母娘娘非常同情他们的遭遇，临行给了他们一包长生不老药，嫦娥在人间住不习惯，便偷吃了长生不老药飞奔月宫去，在大树下与白兔为伴，嫦娥就成了月神娘娘。

**九天应元雷声普化天尊神**　民间常有"天打五雷轰"的咒言，五雷即道教执掌的天雷、地雷、水雷、神雷、社雷，五雷专司生杀大权，负有惩恶扬善之职，为众生之父、万灵之师，雷部所有神灵之最高神位称"九天应元雷声普化天尊"，后来指轩辕黄帝为这一最高神灵。文献记载说：天尊住在神霄玉府，左有玉枢五雷使院，右有玉府五雷使院，玉府之前有三十六面雷鼓，由三十六天神主司，敲击雷鼓则雷声大震。除五雷外，还有十雷、三十六雷之说。关于"九天应元雷声普化天尊"的来历有多种说法，一般认为元始天尊第九子玉清真主化生为雷声普化天尊执掌雷霆之政，称"神霄真主"，凡发雷大事皆由他接令执行。

**太岁神**　全称为"六十甲子元辰本命神"，是道教重要的神仙之一。

道教认为神仙都是"道"的化身、"道"的体现，六十个太岁神皆由道化生分布于各个历史时期。六十甲子太岁神出于北斗星群，与天干和地支同步循环往复运动着，主管所有生命体的兴衰、灭亡和再生。古代认为岁星每十二年运行一周天，于是就把黄道划分为十二等分，把岁星所在的那部分做岁名，以每年太岁所在的部分用来纪年。民间却把太岁所在的方向定为凶方，因此就产生了许多禁忌，人们不能随意从事任何活动，于是就有了"不敢在太岁头上动土"的说法，后来又把太岁神人格化，称为太岁大将军。

龙王　龙虽然是人们虚拟的一种动物，但龙王信仰却长期流传在我国南北方各地，传说龙有时遨游在天上，有时在畅游在大海里，但我们却只见龙王蹲坐在庙堂间，谁都没有见过龙，其实龙就在人们心中，民间有"诸天龙王"、"四海龙王"、"五方龙王"之说，龙王不仅可以兴云降雨，还能祛灾致福保平安，人们在规划城市地理位置时，在寻找修建房屋的地点时，尽量选择在龙脉福地上，为了保佑国人和家人的平安，所以北京城乡修建有大量龙王庙。

药王　佛道两教都供奉"药王"，佛教中的药王有"药师佛"和"药师三尊"两种称呼，药师佛全称为"药师光琉璃如来"，药师三尊是指"药师如来"、左胁侍"日光遍照菩萨"、右胁侍"月光遍照菩萨"。而道教中的药王说法不一，也无固定指向，但一般多指远古的神农氏、战国时期今河北任丘的神医扁鹊、汉代今河南南阳名医张仲景、唐代今陕西耀县大医学家孙思邈，还有唐代的三韦（韦慈藏、韦善俊、韦古道）、汉代的华佗有时也供奉在药王庙里。

阎王　本属于印度佛教中的概念，是从梵文中阎罗王音译过来的，随着佛教传入中国而落地生根。阎罗王在中国演变为十殿阎王，即第一殿秦广王蒋，第二殿楚江王厉，第三殿宋帝王余，第四殿五官王吕，第五殿阎罗王包，第六殿卞城王毕，第七殿泰山王董，第八殿都市王黄，第九殿对等王陆，第十殿转轮王薛。第五殿中的阎罗王在民间传播最广，传说阎王是主宰人在阴间的生死轮回，阳间的人死后都要到阴间去报到，接受阎王的审判，人在将亡时阎王就派无常鬼先把人的灵魂押解到阴曹地府，然后根据每人生死簿上记载的生前善恶表现予以判决，是升往天堂，还是再回到人间，罪恶多端者则罚入地狱。后来道教也吸纳了佛教和民间信仰中的阎王概念，将其列入道教神仙系列。传说阎王诞辰日为正月初八，届时民间有祭奠活动。

**黄大仙**　晋代时道士，原名黄初平，浙江金华人，因家境贫寒，八岁就开始放养，后来在赤松山遇仙人，将他引进一座石室中，向他灌输成道成仙之术，经过多年修炼，黄初平终于修成正果。后来他的哥哥也随他修道，常年辟谷只食茯苓和松柏，也成为仙人。因他居住在赤松山，所以称赤松黄大仙。关于黄大仙的传说越传越神奇，逐渐成为道教神仙，于是有人修庙祭祀。

**三官**　又称三官大帝、三元大帝、三官帝君，三官即天官、地官、水官。古代在对自然崇拜中，认为天、地、水三项尤其重要，天大无边、地大无沿，人类生活在天地之间，维持生命的最主要依靠就是水，所以产生了对"天地水"的无上崇拜。道教认为天、地、水三神仙比道教最高尊神三清尊神（玉清、上清、太清）出现的更早。三官不仅可以给人类提供生活的基本条件，还掌有人间祸福、天神转迁和生死轮回等重大事宜，所以各地民间十分重视对三官的祭拜活动，三官大帝的诞辰为农历三元日，天官圣诞为正月十五，地官圣诞为七月十五，水官圣诞为十月十五，自唐以来，就有祭祀三官的习俗，每逢三元节，人们素衣素食到三官庙里检讨罪过、企福求安。据传汉代时也曾有过通三书的习俗，人生了病，请道士把病人名字及希望书写在三张纸上，一张放在山顶，一张埋入地下，第三张沉进水里，天地水三官就可以为病人保平安。

**鲁班爷**　是建筑业的祖师爷，春秋时鲁国人，据说原籍在今山东滕州城西的鲁寨村，姓公输，名般，古时盘、般、斑通用，后人称他为鲁班，其人擅长木工作，曾发明攻城的云梯和磨粉的石磨，是我国有史记载的第一位建筑业著名工匠，对以后的建筑业发展和工匠的培养起到很大推动作用，所以建筑业对他极其重视和敬仰，逐渐纳入神仙系列。北京龙须沟附近有座鲁班庙，庙里供奉的鲁班爷慈眉善目，黑胡须，身披红袍，两旁有陪神像数座。

**鬼谷子**　又名鬼谷先生，原名王诩，因隐居鬼谷，故号鬼谷子，是一位极具神秘色彩的传奇人物，相传他与黄帝是同时代人，经历商、周等数代不灭，后来成为六国纵横家，又长于养性全生之道术，能凝神守一，朴而不露。传说秦始皇曾向他咨询长生不老术，张仪和苏秦也向鬼谷子求教，但张、苏二人不相信仙神之道，一心钻研政事，鬼谷子劝告他们不要迷恋功名利禄，小心身败名裂的下场。后来被道教纳入神仙系列，成为人

们供奉的神仙。

**五谷神** 又称五谷母，本是广东一带必拜的神仙，后来北方也有的祭祀五谷神。所谓五谷常指稻、黍、稷、麦、豆五种粮食，实际它代表了所有的粮食，五谷丰收是南北方共同的企盼，为了达到"五谷丰登"的企盼目标，有人就编造出一个主宰粮食生长的五谷女神，这位神仙不仅能保证粮食丰收，还能治虫除灾，所以每到秋收之后，人们纷纷以五谷佳肴祭祀五谷神。后来也成为朝廷每年必祀的神仙。

**斗神** 西城区有拜斗殿，"斗"即斗姆和北斗真君，斗指北斗众星，姆为母亲之意，斗姆就是北斗众星的母亲。北斗真君也称北斗星君，北斗神常与三官（天、地、水）四处巡游，检查人世和阴间的善恶功过是非，发现犯恶作乱者，即刻收回阴曹地府判入地狱。民间拜斗即敬拜斗姥姆、南斗星君、北斗星君的活动，是新春除恶企福的习俗。

## （三）伊斯兰教信仰之神

与道教和佛教等其他宗教相比，伊斯兰教的信仰最为单一、组织最为单纯、内部凝聚力最为强劲，他们信仰的唯一之神就是真主，这个真主就是安拉。"安拉"是阿拉伯文 Allah 的音译，也有的翻译成"阿拉"。在伊斯兰教创建之前，就是麦加居民崇奉的诸神之一——创造神（主神），伊斯兰教诞生之后，他们就舍弃其他神，而独崇"安拉"，安拉是可以主宰万物的唯一的神，是伊斯兰教民心中唯一的真主。穆罕默德创建并逐步完善了伊斯兰教的教义教规，逐步形成了六大信仰：（1）安拉是唯一至上的主宰，（2）承认穆罕默德是主的使者，（3）信天使，（4）相信《古兰经》是安拉启示的经典，（5）相信死后可以复活和后世有报，（6）世间所有事物都由安拉安排。

## （四）西方洋教信仰之神

所谓西方洋教即指元明之后进入北京的天主教、基督新教和东正教。他们本出一家之门，后来由于教义之争分裂成三大教派，但他们信仰的根本之神是没有变的，他们信仰的唯一真神就是耶和华，耶和华本是古希伯来人崇拜的诸神之一——司雨神，因为希伯来部落是沙漠边沿地区的游牧民族，他们对水的渴望超过所有其他物质需求，所以特别崇信司雨神，于是耶和华就成了这个部落的唯一主神——上帝。

后来由于派别和教义之争分裂成东西两大派，西派以罗马为中心发展成为天主教，东派以君士坦丁为中心发展成为东正教。天主教不仅信仰圣父天主，也信奉天主的儿子耶稣基督和圣母玛丽亚，认为圣父天主创造了人类，圣子耶稣为了拯救人类把自己钉在十字架上受苦受难。

东正教和基督新教信仰与基督正教信仰没有什么根本区别。

## （五）萨满教信仰之神

萨满教活动范围较小，信众数量较少，但其信仰与庞大的道教有许多相同之处，他们也崇拜自然和图腾，祭拜祖先，同时还崇信天神、地神、风雨雷电神、火神、水神等神灵，所有的神都有一种偶像或偶体，把这些偶像画在纸上、布上，用木头雕成偶像，或将动物皮制成偶像，通过这些偶像或偶体与真正的神沟通之后才能达到与神交流的目的，这个能与神沟通的组织就是萨满。

## （六）儒教信仰之"神"

在中国虽然政府没有承认其为单独宗教团体，但历史上及现实文化认知上儒教仍以宗教形态极大影响着社会，本书为了体例统一，暂以儒教称呼。儒教即孔教，就是崇拜孔子的一干无组织人员的学术流派，其重视程度把孔子神圣为一派教主（图九）。儒教之"神"主要指春秋时期的大知识分子孔丘，历来文献把他说成大思想家、大政治家、大教育家，儒家的创始人。孔丘字仲尼，鲁国陬邑人（今山东曲阜东南），由于他的学问巨

图九　孔子像

丰，影响极深，后人将其神化，成为儒学一派顶礼膜拜的偶像。统治阶级为了稳固政权，教化百姓，也极力将其树为与神同一等级的教主。儒家学派的代表人物人数众多。北京孔庙大成殿内供奉着孔子、孟子、曾子、颜子"四配"，还有闵损、冉雍、端木赐、仲由、卜商、有若、冉耕、宰予、冉求、言偃、颛孙师、朱熹等十二哲。

## （七）其他皇家及民间信仰之神

**宗庙**　敬老尊先是中国的传统礼制，先辈逝世后，晚辈在阳间也要为祖先亡灵建立寄居场所，祭祀帝王或诸侯群臣称宗庙，祭祀君臣之下的名人及一般百姓的场所称祠堂，也有不少殷实人家建有家庙。中国的封建礼制中，天子七庙，诸侯五庙，大夫三庙，士一庙，庶人只设祠堂。北京是历代古都，辽、金、元宗庙基本消失无存，明清部分宗庙仍保存完好。

原位于朝内大街路北的元太庙是元代皇家祖庙，第一室祭祀皇祖、皇祖妣，第二、四、五室分别祭祀三位皇伯考及伯妣，第三室祭祀皇考和皇妣，第六、七室祭祀皇兄、皇后。大明王朝打败元朝后，朱元璋在南京称帝，于洪武十年（1377年）在西城锦什坊街修建元世祖庙，专祭被打败的前代皇帝，这是明朝宗法制度的一大特点，后来历代帝王庙建成后，元世祖像移到那里祭祀。

位于天安门左侧的太庙是明清两代皇家祖庙，初建于明永乐十八年（1420年），明清两朝后来多次增建、改建，是祭祀明清两代祖先的庙宇，清代时中殿供奉太祖、太宗、世祖、世宗、圣祖、世宗等，后殿供奉肇祖、兴祖等（彩版一）。

位于阜成门内路北的历代帝王庙初建于明嘉靖九年（1530年），清代又重新修建。景德崇圣殿内最初中间供奉三皇、左祭五帝、右祭三王及汉高祖、光武帝、唐太宗、宋太祖、元世祖等十六位皇帝，东西二配殿祭祀三十九名功臣。清代又重新排列供奉对象的位置，帝王增加到176位，功臣相应增加到79名，上自伏羲、神农，下至明清历代帝王名臣，但无道被弑和亡国之君不得入内。民国期间，孙中山先生遗像曾供奉在正殿中间位置上。

位于中轴线上景山公园内的寿皇殿，是供奉清朝历代帝王神像的地方。

祠堂　北京贵为都城，名士要人及贵胄多如云海，著名的祠堂有明末民族英雄袁崇焕祠、南宋抗金英雄文天祥祠、北宋抗辽名将杨继业祠、唐代名士狄仁杰祠和刘蕡祠、明代保卫北京的英烈于谦祠（图十）、南宋著名诗人谢文节祠、祭祀诸葛亮、岳飞和文天祥的三忠祠、明代著名诗人李文正（东阳）祠、明代著名忠臣杨椒山祠、明末清初思想家顾炎武祠、清代著名将领僧格林沁的显忠祠、清代名臣李文忠（鸿章）祠堂、近代军事家蔡锷将军祠、清代著名将军明瑞的旌勇祠等，许多家庭建有祭祀自己祖先的家祠或家庙，祠堂不仅供奉祖先，还是商讨族内大事的重要场所。

祭坛　是举行祭祀活动的特殊场所，早期的祭坛为一吉祥高地，后来发展为高出地面的台式建筑体，北京为历代都城，这些祭坛都是朝廷祭祀自然之神的重要场所，例如明清时期天坛祭皇天，地坛祭地祇神，方泽坛祭五岳、五镇、四海、四渎，日坛祭太阳神（大明神），月坛祭月亮神（夜明神），先农坛祭先农神，山川坛祭山川神，太岁坛祭太岁（值年之神），天神坛祭风、雨、云、雷诸天神，先蚕坛祭蚕神娘娘，社稷坛祭土地和五谷神。金代的高禖坛祭青帝、伏羲氏、女娲、姜嫄、简狄诸神，金代圜丘坛祭昊天上帝。元代五谷太乙神坛祭太乙神。

图十　于谦祠

# 三 寺院及其他宗教场所的管理

寺院、道观、教堂、庙宇、祠堂、祭坛等是宗教及类宗教团体从事专门活动的场所，宗教是一组特殊形态的社会组织，宗教给人以神秘感，是因为这部分社会成员从事一种似乎脱离社会现实的特殊活动，而且有着比其他社会组织更加严密特殊的管理制度。其实这部分成员都是社会大家庭的重要组成部分，他们的理想是超现实的更高层次理念的追求，所以他们的活动带有一种神秘性和蛊惑性，因而也受到统治阶级和普通百姓的尊崇。对这部分社会成员的活动及财产等事项的管理办法也应运而生，这是一个庞大的不同于普通社会组织的管理体系。北京的宗教建筑数量庞大、资产巨丰，从业人员数量大、成分复杂，要想让这样一个庞大的社会群体运转起来，又使各类宗教团体及各路"神仙"与百姓生活协调起来，必须有一套强大而有力的组织系统、管理办法，这是一个巨大的管理体系，是任何社会阶段不可忽视的政治问题和社会问题。我国历史的每个朝代，都格外重视对宗教的管理，根据具体社会背景，制定和实施了相应的管理办法。

## （一）财产管理

无论是兴办寺庙的初期还是宗教发达的中后期，兴建寺庙的经费没有匮乏过，皇家寺院主要经费由官方斥资兴建，汉唐以前的情况详细文字记载较少，辽金时期皇家投入兴建寺院、道观和祠堂、祭坛的数量已相当可观，香山大永安寺，是金世宗时期将原有的上下二寺合并后修建而成的，大定二十六年竣工时，世宗前往主持竣工典礼，不仅赐名"大永安寺"，还一下子赏地两千亩，栗树七千棵，银币两万贯。元世祖忽必烈中统三年（1262 年）参加了一次大昊天寺的佛事活动，一次就赐银一万五千两，元泰定帝泰定三年（1326 年）赐大天源延圣寺钞两万锭，田地千顷，据中书省统计"（至文宗天历年间）增多金千一百五十两，银六千二百两，钞五万六千二百锭，币帛三万四千余匹"。元明清尤其明代花费在宗教建筑上的资金数量达到历史最高峰。明代皇帝崇信佛道比元代有过之而无不及，明神宗的母亲慈圣宣文皇太后自行出资修建八里庄的慈寿寺，在工程完工后，又赐农田三千亩。明代宗修建大隆福寺时，将皇宫内的木石作为建寺建筑材料。与此同时，一些大太监也竞相出资修庙，世宗时司礼监太监赵政修建的摩诃庵除占用土地三十亩外还另有园圃二百五十多亩。明代修庙之多超过任何一代，尤其皇家建寺数量更是前古所无，有资料说仅明代前期百年间京城内外敕建寺观就达六百三十九所，男女出家者累达万众。

历代许多皇帝十分宠信道教，北京的道观规模也非常庞大，白云观是最早也是最大的道观，经过历代投资修缮，至民国期间道观占地五十亩，殿堂七十九间，其他住房二百四十三间，另有一处山场和附属土地一百七十五顷，附属房屋五十多间。东岳庙民国时庙产土地六十多亩，楼殿及其他房屋三百六十多间，另有部分附属庙产。

皇宫御园中的宗教建筑不仅数量庞大，且质量极高，从不受资金困扰。明代诸帝和皇子一旦确定身份，立即选派一位替身僧代替出家，所以皇宫及周围修建有多处佛寺和道教建筑。不少皇族成员当然也十分崇信佛教和道教，例如清代怡亲王胤祥自行出巨资修建卧佛寺。

除道教和佛教外，北京的伊斯兰和西方洋教及其他宗教团体也发展到相当规模，皇家祭坛虽然数量有限，但所占土地规模庞大，殿舍恢弘。

任何一个历史朝代对待宗教组织的基本方针都是承认其独立性，所有房产地亩及其他财产均由寺观自行掌控，当然因寺观所属及与皇家关系不同，其自由度也有所不同。十方丛林（大庙）属于公共财产，一般寺庙中的重大财产及经济活动由住持召开会议讨论决定，小庙大多数由少数个人修建为私有财产，有些庙是同行业捐资修建，也有少数规模较大的庙为太监私家财产。佛教的丛林管理机构大体分为四大堂口，即禅堂（寺院的中心）、客堂（接待客人及内务）、库房（购置和保管物品）、衣钵寮（方丈处理财物）。在较大寺庙里，各种执事数量也较多，知客处理接待事宜，知山管理山林及土地，知藏助理保管藏典。寺观要养活数十到数百出家人，他们的主要经济来源有五个方面：（1）山林收入及土地出租，（2）信众香火钱，（3）社会捐助，（4）政府资助，（5）有偿宗教服务收入。对

于财物收入一般都有专人记录和保管，但其分配主要由寺庙住持决定，因为衣寮房的执事大都是方丈的亲信，他们只对方丈负责，所以有时透明度较差。皇宫御苑里的寺观及大型祭坛由朝廷的专门机构打理，民众小庙的财产管理及维修由修建和所有者自由处理。

现以佛教和道教寺庙为例，介绍其主要管理制度。其他宗教组织的财产管理大体与佛、道寺观管理类同。

### （二）人员管理

所有宗教组织内部等级分明、制度繁复，上级对下级的管理极为严格，各类人员职责明确，待遇相差悬殊，一个小小宗教团体就是一个大社会。早期佛道寺观接受出家人非常容易，基本上只要个人自愿即可，没有什么特殊条件要求，所以曾有"72岁僧童"之说，后来对出家人条件增加了许多严格条款，例如杀过人的、违过法的、被政府追捕的、年龄偏大的、打铁的、屠夫等都不得出家为僧。以佛教寺院为例，除皇家特殊的出家人外，所有正式入寺的人都要遵守寺院的一切规则和戒条，凡受了戒的比丘起初都要充当低级役工，称为"行单"，行单满期后才可以任职，寺院的领袖一系即指监院、维那与首座等，寺院有"四大纲领"和"八大执事"，他们是寺院的领导班子。寺院中有复杂的任职、升职、解职手续。僧徒每天都要完成上早殿、用早粥、坐早班香、用午餐、饮二班茶等任务。寺院严格的规约多达几十条，凡有违反者都要受到严厉惩处，直至清出寺院。（见附录一）

### （三）关于尼姑

尼姑又称比丘尼，是五种（比丘、比丘尼、式叉摩那、沙弥、沙弥尼）佛教信徒之一，即指女子出家后受过具足戒者，与俗称和尚的比丘相比，除了性别不同外，他们没有任何区别，都是佛门忠实弟子。女子出家之制，始于佛祖之乡印度，传说释迦牟尼的叔母摩诃波阇波提经阿难恳求同意出家，是比丘尼的始祖。关于中国最早的比丘尼有多种传说，早者曰东汉，中者为晋，晚者为宋，孰是孰非有待专家考证，目前说法较多的为西晋末到东晋初的净检尼为中国比丘尼之始。历史上卓有名气的尼姑有很多位，除摩诃波阇波提外还有差摩、莲花色、拨多伽罗、南陀、乔达弥等（参见文史出版社《佛教手册》），中国的名人尼姑也有不少，唐代女皇武则天就曾削发为尼，元世祖忽必烈的女儿妙严公主笃信佛教，虽是亲生父皇，但父亲的刀血之罪实违佛祖圣意，为了替父赎罪，决意到潭柘寺出家为尼，后来终老于这个古寺中。五代著名女厨师梵正也是当时颇有名气的尼姑。明英宗时，有位陕西的吕氏尼姑出家于婉平城西的西黄村寺，为免涂炭生灵，她力谏英宗不要北伐，英宗不听劝阻，结果被北兵俘虏，后来英宗复辟成功，重登皇位，这时他想起了那位忠心谏议的吕姓尼姑，为了感恩，将尼姑封为御妹，并将尼姑修行的寺院赐名"保明寺"，这等荣耀让北京女僧备受感动。世宗嘉靖皇帝迷恋道教，曾下令毁灭京城所有尼姑庵，这位御妹所在的寺院在皇太后的请求下得以幸免，后人将其称为皇姑寺。

中国是封建历史悠久的国家，在孔丘思想的灌输下，强烈的"男尊女卑"意识深深影响着这块古老土地上的百姓众生，男子可以为所欲为的事情女性却受到种种限制，人们见到光头和尚不以为然，看见削发的女僧则瞪大双眼多看两眼，甚至会窃窃议论一番，其实无论男性和尚还是女性尼姑，出家是一件很正常的个人生活选择，自古至今出家无非有两种原因，一种是诚信佛教会解救苦难，将众生航渡到幸福的彼岸，另一种是个人生活遇到了极大不幸或长期磨难而不能自拔者，选择逃避现实的办法出家为僧，远离人间社会，求得心灵净化。其实社会的根本含义是包括所有人的角角落落，只不过不同的群体有不同的生活规则而已。寺院有寺院的生活现实，有辛酸也有快乐，有高级管理者也有下层见习者，有上下的不平等，也有来自社会各方面的干扰和刺激，有皇家的恩宠，也会有无缘无故的烧杀抢掠。不同的历史时期对僧众有不同管理办法，寺院中的尼姑不仅要严格遵守和尚应遵的所有寺院规约，还要遵守女僧更苛刻的规定，一般和尚需要接受250条戒律约束，尼姑则要遵守348条清规戒律。女性出家人还要经受社会不公正舆论的考验，为了严格管理，规避不应有的现象发生，将女性僧人单独集中在一个寺庙里，即百姓称呼的"尼姑庵"。不容回避的三个问题一是尼姑要忍受女性生理的特殊需求，二是尼姑要承受与男性同样的寺院体力劳动之辛劳，三是要应付比和尚更艰险的社会歹人的袭击。另外由于中国社会长期的男女不平等，女性读书机会较少，登堂讲经的人少之又少，社会地位较低，所以尼姑庵队伍减员明显多于和尚庙。中国的道教除打着道教旗号的女巫外，道观里女性出家人很少，一般称为

道姑。

东直门内有座通教寺，是北京唯一一座保存较好的尼姑庵。这座佛教寺院最初由明代一位太监捐资修建，清末改为尼僧寺院，并更名为"通教禅林"。原来的山门为南向，占地只有一亩多，1941年时住持为印和，此时庙宇残破，勉强维持佛教活动，1942年改由福建来的开慧和胜雨两位尼僧主持寺庙事物，她们向军阀、官僚和富豪寻求捐助，庙基地扩大到四亩多，将残破的寺庙整修一新，由于地面限制，山门改为东向，寺名更为"通教寺"，重修后的寺院山门三间，其他殿宇共40间，除此外，还有寮房三间，厢房七间。当时有尼僧六十多名。解放后尼僧曾达七十人，寺院成立了各种加工厂，使从不参加社会劳动的尼僧走上自食其力的道路，让年老尼僧晚年也有了生活保证。这座古老的佛教寺院至今香火旺盛，佛事和接待任务也很繁重。

解放后，北京的宗教管理制度也随国家宗教改革制定了许多新的管理办法，从1993年的《全国汉传佛教寺院管理办法》一例可窥见一般（见附录二）。道观管理制度与佛寺管理制度大体类同，可参见崂山道观管理体制（见附录三）。伊斯兰教、基督教、儒教等没有像佛教和道教那样庞大的出家人队伍，管理人员也相对较少，所以管理制度也相对比较简单。

# 四　北京各类寺庙的发展历史

　　当你踏上北京的土地时，无论闯进眼帘的高楼有多么高大华丽，车流如织、商事繁华的市井多么耀眼，也抵挡不住你寻幽探古的急切欲望，因为北京不是一块凡城俗地，我们的先祖"北京人"就诞生在上苍赐予的这块风水宝地上。如果从商周古燕都算起，北京已有三千多年的建城史。曾有金元明清等五个朝代首都定立在这块古老的土地上，契丹辽朝也把这里确立为陪都（南京）。千万年来，一代代北京人在辛勤开发耕作的同时，也创造了辉煌的城市文明，历代先人为我们留下了难以数计的有形遗产和无形财富，这也许就是无数国内外宾客纷至而来的主要原因。在北京浩繁的古代建筑群中，宫殿、御苑、陵寝虽然辉煌灿烂，但就其单体数量讲远无法与庞大的寺庙群相比拟，历史久远性也赶不上北京范围内的寺庙。北京寺庙，就其密度和现存寺庙数量讲，在全国当属首位。

## （一）佛寺

　　佛教是古印度迦毗罗卫国净饭王的长子乔达摩·悉达多创建的，乔达摩王子心地善良，不忍见到人们被疾病折磨的惨状，萌发救人于苦海的念头，苦于无能为力而忧心忡忡，为了在痛苦中获得解脱，29岁时便逃离优越的王室漫游于世，历经人间种种的磨难，这位苦行僧终于修成正果，得道成佛。佛的原意为佛陀，在梵文中是觉悟、智者的意思，乔达摩的先知先觉受到人们的尊重，他后死弟子们为他起了一个尊号叫释迦牟尼。印度高僧释迦牟尼约于公元前六到五世纪期间创建了佛教，此时的中国正值春秋战国时期，随着周王朝的衰落和灭亡，奴隶制开始瓦解，我国经济和文化出现突破性的转化，一些思想、文化、科学、军事先哲先后出现，各家学说纷纷登台亮相，社会活动极度活跃，原始的道教学说已逐渐成形，呈现出群星灿烂、百家争鸣的大好局面。后来佛教理论由古印度向东北方向

传播，约在西汉时期佛教传入中国，有最早史证可查的传入时间是东汉年间（公元58－75年），东汉永平七年（公元64年），汉明帝因梦到佛入殿堂，就派十二个人到印度求佛取经，竺法兰和摄摩腾两位印度高僧被汉使者的诚意感动，于是用白马驮着佛像和大量佛经随汉朝使团来到东汉首都洛阳城，汉帝在雍门外修建了一座白马寺，有史可查的证据这是我国第一座佛寺。

佛教传入中国的时候与我国原始道教不期而遇，由于新兴的封建制度需要思想理论的填充和配合，所以佛教和道教一起进入封建王朝的理论殿堂。佛教和道教虽源自不同的地域和国家，名称、组织结构、信奉对象等各不相同，但就其核心内容讲又有许多相同之处，都是崇信偶像、积德行善、追求美好未来，对促进社会和谐起着润滑剂的作用，因此统治阶级和普通百姓都需要它，佛教一传入中国就受到关注和欢迎。早期佛教以洛阳为中心向四周扩散传播，北京位于中原地区最北端，接受佛教可能稍微晚一些，过去传统的说法是"先有潭柘寺、后有幽州城"，因此推断北京最早的佛寺当属晋代在西南郊马鞍山之西的潭柘寺，但史实并非如此。虽然史料没有详细记载，但北京周边地区存在汉代寺庙是无法推翻的事实，易县紫荆关南门外有东汉修建的蟠道寺，蓟县城北有东汉的香林寺，涞源县城北街有东汉的阁院禅林，北京郊区的昌平旧城西南也有东汉修建的香林寺，怀柔县东40公里有东汉修建县云寺，密云云峰山上有东汉修建的超胜庵，门头沟区灵水村有东汉修建的灵水寺，房山西南六聘山有东汉修建的天开寺，海淀后山妙高峰下有东汉修建的法云寺，平谷丫髻山有东汉修建的云泉寺（明改砸堂寺），平谷渔子山有东汉修建的轩辕庙，以上寺庙大都为佛教寺院，虽大都无存，但《顺天府志》、《日下旧闻考》及许多地方志等都有明明白白的记载。这说明早在东汉时期佛教不仅传入北京地区，而且已经修建了不少寺庙，相比之下，西晋（公元265－316年）修建的潭柘寺要比东汉（公元25－220年）修建的寺庙要晚百年左右，如果说潭柘寺是保存最好最古老的寺庙勉强可信，要说它是北京最早的寺庙不免有人云亦云和以讹传讹之嫌了。在我们掌握的大量资料文献中，北京城区中心地带找不到汉代的寺庙记载，在现在的北京城区寺庙中大都是明清及元代的建筑，这因为今天的北京旧城是元代之后修建的，所谓的幽州城大都指唐幽州城，唐代时今天的北京城还是空旷之野，所以大部分早期寺庙都建在郊区山上或古老的居住点上。唐幽州城基本与辽金大城为同一位置，我们推测在唐、辽、金城内外应该有汉代寺庙，13世纪初不幸遭蒙古军大火，使这座古城几乎成为一座死城和废城，即使有汉代佛教建筑遗存，元代人也不会去修复，至明代时地上连残迹都找不到，可能是文化差异的原因，辽、金史籍对北京的记载又非常简单，所以明清文献史料也无从转载，我们今天能查阅的唐、辽、金时期的有关北京城的资料，大都是明清文献零星的转抄本，所以千年后的子孙们在史料中很难找到汉代寺庙的影子。

汉之后，经过四十多年短暂的三国鼎立和一百五十多年的东西晋、十六国，中国进入了近一百七十年的南北朝阶段。公元420年，鲜卑拓跋氏消灭了黄河流域的大大小小的北方诸国，结束了混乱的十六国局面，建立了统一的北魏政权，后来北魏分裂为东魏和西魏，东魏被北齐取代，西魏被北周取代，历史上把当时南北两个对立的时期称为南北朝，这个时期的北京先后归属北魏、东魏和齐的管辖之下。北魏拓跋氏也属长城以北的少数民族，其文化功力显然不如汉地，为了牢牢拴住汉地之汉人，接受其封建统治，怀柔政策是不可缺的，于是便借助佛道功法，除维护汉代遗存的部分寺庙外，还修建了不少佛教庙宇，虽然太武帝曾大张旗鼓灭过佛，数量有所减少，但太武帝死后，文成帝即位又复兴佛教，佛寺又开始增加，因历史久远，没有留下一座完整的寺庙。广安门外的天宁寺初建于北魏，隋称宏业寺，唐代改名天王寺，明代时定名天宁寺。历千年风雨，屡毁屡修，经历代维修有幸留下部分建筑让我们一睹当年风采（图十一）。北魏太和十三年（公元489年）（也有二十三年之说），孝文帝时在海淀车儿营村砌建了一座8米高的花岗岩石室，室内雕琢了一尊佛像两尊菩萨像，这样特殊的寺庙在北京是为数不多的。

图十一　天宁寺塔

除以上著名佛寺外，北魏时期还在广安门外修建了奉福寺，在西南郊房山旧城西南修建过一座木严寺。东魏时期在悯忠寺东侧修建过尉使君寺，后周时毁坏，隋代修复后改名为普觉寺，唐代先称龙兴寺，后又改称延寿寺。在密云东北五十里有一座大安寺，修建于北齐时期。以上所述佛寺除天宁寺外，都已毁之无存。

唐代时是佛教兴盛之始，由于唐太宗李世民对佛教的极度崇信，让佛教传播更为广泛。这时的北京佛教信徒迅速增加，佛教寺院越建越多，规模也越大，唐太宗为了纪念东征高丽阵亡的将士，于贞观十九年（公元645年）在幽州城东南隅东门外修建了一座悯忠寺，明正统年改名崇福寺，清雍正十一年（1735年）改建后更名为今天的法源寺。虽经历代改建，但基本格局和位置未动，为我们留下一座北京城历史最悠久完整的佛教寺院（彩版二，1）。房山周口店西南的云居寺也是北京最为悠久的佛教寺院之一，唐初因泉水丰盛起名智泉寺，明清之后改名为云居寺。在北京的明清及辽金大城内外和四郊到处可以见到唐代遗留下的佛教寺庙。

辽金两朝北京的佛教寺院有了更大的发展。位于东北地区的契丹族本来信奉萨满教，辽初太祖耶律阿保机征战中原北部地区，将俘虏的汉人带回东北，这些汉人中许多都是虔诚的佛教徒，于是契丹辽朝无意识地也接受了佛教。为了表示对佛教的尊重，太祖在上京也修建了一座佛教寺庙天雄寺，将掳来的僧侣安排在庙里，不仅减少了他们的反抗情绪，也让更多的契丹人领略到佛教的教义教规。辽代实行五京制，契丹政权入主燕京后，太宗仍十分重视对佛教和道教的保护和利用，景宗、圣宗、兴宗三代皇帝尤其崇信佛教，他们都亲自参加佛事活动，至道宗时达"一岁饭僧三十六万，一日而祝发三千"的盛况，这些僧人还经常受到皇家的特殊待遇。在北京参观旅游时，经常遇到面向东的寺庙，这些大都是辽代所建，例如海淀旸台山的大觉寺、海淀普惠寺村的普会寺等。广安门的报国寺、外城西部的报先寺、天宁寺位置的天王寺，外城西部的仰山寺和竹林寺、大开泰寺、三学寺等，京郊通州于家务的七佛寺、顺义南门外的大云寺、丰台菜户营的广恩寺、昌平城内的九圣寺和南口的佛寿寺等都是辽代所建。公元13世纪中期，女真族建立的金王朝把首都从黑龙江阿城迁来燕京，女真人没有像辽代那样迷恋佛教，虽然适当予以限制，但没有镇压和取缔，所以中都城仍有许多佛教寺院，大都分布在北京外城西部一带，著名寺院有大安寺、寿圣寺、大永安寺、弘法寺、大觉寺、庆寿寺等，密布在金中都附近的佛寺大都为唐、辽等朝代修建,真正金代修建的为数不多。终辽金两朝,虽然佛寺总数量不如后来的明清那么多,但小小的辽金城内的寺庙密度是任何朝代无法与之比拟的。

北京佛教寺院的迅速发展固然与当时的经济和社会文化状况有密切关系,同时也得益于中原王朝"三武一宗"的四次灭佛运动。第一次灭佛发生在北魏太武帝太平真君五年(444年),第二次发生在北周武帝建德六年(577年),第三次灭佛发生在唐武宗会昌元年(841年),最后一次灭佛运动是在后周世宗年间。这四次灭佛的时间、原因和做法尽管有所不同,其后果是相同的,犹如尘土搬家一样,扫把落地处尘土减少了,其他地方的尘土却增加了。就其打击程度及危害方面论,当属唐武宗灭佛最为严重。北周武帝与北魏武帝有相似之处,为了表示对汉文化的认同,他们有意偏袒道教和儒教,对佛教虽采取否定态度,但做法温和,没有大批杀人。后周世宗虽然动作较大,但也没有大批杀僧和焚毁佛经,而是采取整顿性质的行动,一些僧尼仍可留在寺院里。唐武宗灭佛与上述三次不同,他自己信道不信佛,听信道士蛊惑,于会昌五年(845年)下诏拆毁寺庙四万四千多所,令还俗尼僧二十多万,并用砸毁的钟磬铸造铜钱,收缴寺院良田千万亩,这次灭佛运动使黄河以北的佛教受到严重摧残,被迫还俗的几十万僧尼逃亡他乡。当时的幽州位于中原北疆,天高皇帝远的幽州地区没有认真履行灭佛诏令,受灭佛连累较轻,大量寺庙有幸保存,从南方和西部地区逃出的僧尼都到幽州避难。后周再度灭佛时,幽州地区已经被分割到契丹人管辖之下,僧尼和佛教徒又躲过一劫。连续四次的灭佛,使幽州地区聚集了大量僧尼和佛教徒,促使北京地区佛教和佛寺有了很大发展。

元、明、清三代北京城的中心位置发生了东北偏移,各宗教建筑中心也明显随之发生了偏移。蒙古人建立的大元朝政权将辽金南城几乎弃之不顾,不仅不修建新的寺庙,由于各种原因毁坏的寺庙也很少修缮,所以南城元代佛教寺庙很少,在我们掌握的现有寺庙资料中,外城东部只在后河沿建有崇恩寺一座较大的寺庙,在辽金旧城中心所处的外城西部地区也只找到龙泉寺和慈悲庵两座佛寺为元代修建。蒙古铁骑踏平了中国的山山水水,结束了长期分割混乱的局面,最后定都燕京,东西南北各派宗教势力也迅速向大都聚集,元朝统治者崇信佛教和道教,尤其重视佛教,蒙古军队占领燕京城尚未建立大元朝时,临时负责燕京政务的断事官元奴就派人

修缮位于玉渊潭西侧的辽建驻跸寺，并在庙旁立陀罗尼经幢，明嘉靖年后该寺改名为普会寺。元初修筑大都南城垣时，在今电报大楼处有金代留下的庆寿寺，寺西南有住持海云大和尚的藏骨双塔，当请示忽必烈如何处理这样的拆迁户时，忽必烈立即下令"远三十步，环而筑之"，威严的皇家大城不得在此处向南转了一个弯后再与西段城墙相接，于是南城墙西段出现了一个圆形鼓肚，为方正平直的元大都城留下了一个历史性的纪念物，可见元代对佛教之重视程度。皇家大举兴建寺院的同时，蒙古的贵族官僚和富商也积极捐资建寺，使得大都成为全国佛教中心，有数字统计说，至元年间全国有寺庙四万二千三百多座，僧尼达二十一万之众，大都仅敕建12所大型寺院就养僧尼三千多人，大都城内外的大大小小寺庙星罗棋布、不可胜数。阜成门内的白塔寺、西直门外的极乐寺和广通寺、西城区的护国寺、交道口南的圆恩寺、平安里的宝禅寺、西城兵马司的大能仁寺、雍和宫东侧的柏林寺、地安门西大街的保安寺、后海的广化寺等，这些著名寺院规模都很大，元朝政府为兴建寺庙花费了巨额资金，也为地方和百姓大兴施建佛寺做出了榜样。

汉人朱氏明王朝占领北京后，为了笼络和奴役百姓，同样重视佛道的作用，敕建、共建、私建、募建了许多寺庙，除了明代宦官积极出资建寺这一特殊现象外，明清两朝在理论和建筑方面没有什么创新和突破，但寺庙数量远远超过历史上任何一个朝代。清末、民国和日伪期间社会震荡、经济下滑，新建寺庙很少，原有寺庙毁损严重，至建国前期保存完好的寺庙已屈指可数。

## （二）道观

在我国现存的宗教组织中，只有道教是中国土生土长的教派。道教来源于古老的巫教，而巫教的历史渊源则可追溯到原始社会晚期，北京的房山周口店是最老的"北京人"的发祥地，这些先祖们经常为遭到狮虎猛兽的侵袭而烦恼，但他们发现猛兽遇到自然火灾时会四散逃窜，后来他们学会使用火，一遇猛兽攻击就点火驱散它们，又发现火烧过的食物比生冷食品更香甜可口，由对火的珍爱发展到对所有红颜色的崇拜，先辈或同伴死后，活着的人就会在死人四周撒上红颜色的赤铁矿粉末，以求得尸体安全和灵魂的安宁，这就是最原始的灵魂信仰和对先祖的崇拜。后来的许多寺庙外墙被刷成红颜色，也是企图将象征火焰的红色用来驱邪消灾。

为了长久求得安宁生活和精神抚慰，古代的智者们就想象编造出一些灵招妙法解释和应付自然界里发生的现象，在无法验证灵验与否的情况下逐渐被大众接受下来，这些招数就是原始的巫术，后来这些巫术被程序化和固定化，随之便产生了专业巫师，形成了原始宗教。

在由原始社会向奴隶制过渡的商周时期，生产力有了较大发展，社会阶层发生了明显区分，这时的巫教巫术更加活跃和盛行，为了牢牢控制奴隶们的所有行动，以氏族奴隶主为巫首的宗教势力编造出天上、地下和人间三界之言，并利用占卜、祭祀等活动蒙骗奴隶们相信自己的命运就该如此，这个时期的占卜术非常盛行。1961 年从昌平雪山村出土的新石器时期的墓葬中就有用兽骨做成的占骨和生产用具等器件，说明这时就有了人死灵魂不灭的观念。1986 年在房山镇江营挖掘出土的西周时期卜骨片，骨臼向下，骨上面有两组钻凿的孔迹，一组为六六六六七七，另一组为七六八六五八，专家门将这组数据与周易相比较，基本符合周易的占卜规律，这进一步说明了早在商周时期的先民们就已经学会巫祝和祈祷，相信神鬼能接受阳间人送去的祭品。考古工作者几十年来在房山琉璃河畔的董家林村西周燕都遗址陆续挖掘出土了大量祭祀用的青铜器、牛骨架、龟甲骨等珍贵文物，甲骨上并刻有文字，说明最早的北京城祭祀占卜术已经十分盛行和活跃，它也为后来的北京道教发展打下了坚实的基础。

从周武王伐纣灭商到幽王被犬戎军队杀害，以巫首与奴隶主结合经营了 257 年的西周王朝宣布结束，公元前 770 年周平王东迁洛阳，中国开始由奴隶制向封建制过渡，这也是历史上春秋时期的开始，北京地区在挖掘出土春秋时期的墓葬中仍发现许多青铜礼器和其他祭祀用品，说明奴隶制衰落，但占卜、巫术和祭祀活动等文化活动有增无减。周王朝政治中心的转移，也是诸侯国强盛并逐步加速周王朝分崩离析的开始。在中国历史上将公元前 475 年到公元前 221 年称为战国时期，这个时期燕国开始由弱转强，与秦、楚、韩、魏、齐、赵并称为战国七雄，北京属燕国辖区。春秋战国时期奴隶制迅速瓦解，由于生产力不断提高和科学技术的不断进步，出现了一大批有远见的思想家、军事家和优秀的医学专家，诸如孔子、墨子、老子、孙子、扁鹊等，他们的学说和理论实践大大冲击了奴隶制遗传下来的巫教余毒，巫师和巫术曾一度受到社会的摈弃。公元前 221 年，秦始皇灭掉其他六国实现了大一统，他的确做了许多重要而具有历史意义的

事情，但他的焚书坑儒和求仙不死的行为又给巫教打了一针强心剂，代表大地主利益的秦汉统治阶级为了长期残酷剥夺劳动人民的血汗，极力推行包括巫术在内的愚民政策，使得社会矛盾急剧升级，聪明的民众领袖学会了"以其人之道，还治其人之身"的战术，向封建统治阶级发动了一次次的进攻，他们利用原始的宗教信仰组织民众结社，建立宗教组织的条件已经成熟。

西汉末年，巫师巫术兴盛，封建统治者极力宣传"君权神授"和所谓"天人合一"观念，阶级矛盾日益激烈，社会状况极不稳定，使得统治阶级内部也出现了严重矛盾。公元25年，刘秀建立东汉政权，迁都洛阳，但社会矛盾没有得到丝毫改善，农民起义的热浪风起云涌，先是河北的张角在广阳、蓟城一带传播先期的太平道教，喊出"苍天已死，黄天当立，岁在甲子，天下大吉"的口号，并以行医为名画符诵咒，组织贫苦民众准备起义。东汉时期的广阳、蓟城就包括了北京地区，这时的北京人就已经接触到了太平道教。公元184年，张角带领的起义民众头带黄巾、手持刀枪棍棒，向东汉政权发动了声势浩大的进攻，经过十几年的拼搏和宣传，信徒发展到十几万人，声势扩大到十几个省地，原始的太平道教越来越被民众接受和信服。与此同时，汉中的张修也利用五斗米教发动了声势浩大的农民起义，后来另一位道主张道陵杀害了创始人张修成为五斗米教的掌门人，他就是历史上赫赫有名的张天师。这时的道教虽然已经传入北京地区，但教义教规尚不完善，没有专门的道观，只在家里搞些活动。

北京真正建立专门的道观是在唐代的开元年间。黄巾起义和历史上所有的农民起义一样，由于缺乏远见卓识的政治领导和有力的物质保障，被强大的国家机器碰得头破血流，最后以失败告终，没有被杀害的人从悲惨的失败中得到了可悲的教训，认为要想成功必须取得统治阶级的支持，所以有些人便迎合统治阶级口味对道教教义进行改造，例如道教理论家葛洪、冠谦之、陆修静、陶宏景等人，将道教理论进行修改，把神仙信仰和儒家思想融合在一起，主张道徒也要忠效仁信，从根本上改变了道教的性质，葛洪并亲自参加了镇压起义军的行动。受到起义军冲击的封建统治阶级从中也总结出经验，要想民众顺服单靠残酷镇压是不行的，于是收买上层道教人士，不时给一些小恩小惠，逐渐把道教改变成了统治阶级的御用工具。汉代时佛教已经传入中国，冠谦之主张模仿佛教仪规建立坛庙，注重仪式和教规，同时他还强调初入道的人可以在家里设坛修道，不必出门聚众。佛教传入中国后，以迅猛之势覆盖了大江南北的城乡土地，在帮助统治阶级维护统治秩序的同时，也给统治阶级带来许多麻烦，佛教教义不仅与中国传统敬祖等儒家理念相悖，而且僧寺聚敛大量土地山林，让失地农民更加贫困，造成社会极不稳定，南北朝时北魏太武帝、北周武帝及后来的唐武宗和后周世宗都执行灭佛兴道政策，对已经改造过的本土道教大力扶持，以期缓和社会矛盾稳定统治阶级的统治地位。隋唐时期道教得到很大发展，道观数量增加，规模渐大。盛唐时期的睿宗和玄宗父子俩对道教尊祖仰圣很是欣赏，他对道教的追捧和痴迷程度超过了唐太宗李世民，在李隆基的妹妹出嫁时，睿宗强行拆除民房为出嫁的两个公主修建道观，他极力推崇玄元皇帝，把一个真人李耳加以神化，陆续加封他为"大圣祖玄元皇帝"、"大圣高上大道金阙玄元皇帝"等尊号，命令各州都要修建玄元皇帝庙，唐幽州城于开元十年（722年）在幽州城北部（西便门内今白云观西侧）修建了一座玄元皇帝庙，后来改名为天长观，在此之前北京虽然也有道教活动场所，但大都只是一个活动的聚会点而已，算不上什么庙和观，可能这座天长观是北京乃至北方地区最早最大的一座正规的道观。历经唐、辽、金几代风云更迭，天长观数次翻修改建，金泰和三年（1203年）被无情的大火烧尽，元代又在旧地重建，因长春真人邱处机曾在此居住，遂将天长观改名为长春宫，成为北方地区最大的道教中心，邱处机死后，弟子们又将长春宫改名为白云观（彩版二，2）。

北京位于华北平原北端，是中原地区通往塞北的必然通道，这里也是历代东北和北部少数民族长期进攻中原地区的桥头堡和前沿阵地，因此北京地区成为汉、唐、宋、明等汉人政权重要的防守重地，这里肥沃的土地、充沛的水资源和温暖湿润的气候条件吸引着燕山南北的各族势力争相占据，长期形成的多民族、多信仰、多元文化成为极具特点的一方宝地。唐代时，北京仅是一个军事重镇，大唐王朝崩塌后，后晋节度使石敬瑭将包括幽州在内的燕云十六州送给了契丹皇帝，北京成了契丹辽朝的陪都"南京"。佛教和道教几乎同时进入燕京地区，契丹人笃信佛教，但并不反对道教，几代皇帝有的信佛，有的信道，圣宗皇帝信奉佛教，但他的弟弟耶律隆裕却迷恋道教，兴宗皇帝既信佛又信道，所以燕京的道教十分活跃，唐代修建的天长观能很好保持下来，有些道士被派遣到上京传道，但辽燕京城内见于文字记载的道观却十分有限。在北京郊区有些道观不常被人重视，通州的潞县镇辽代时是皇家休闲渔猎场所，曾建有供奉关羽的大

兴寺，昌平的沙河镇建有药王庙，延庆的香营寺乡有缙阳观，房山的史家营乡有瑞云观，密云古北口建有道教性质的杨令公祠堂等。

东北的另一个少数民族女真人打败契丹辽朝，于 1153 年将首都从上京迁来燕京，并定名为中都。女真人当初以信奉萨满教为主，来到燕京后，受到中原文化影响，逐步接受了佛教、道教及儒学文化，统治阶级对各宗教派别一般不过多干涉，所以汉人的道教继续得以发展，道观及具有道教性质的建筑比辽代有了明显增长，金大定七年（1167 年）世宗下令修复破损的十方天长观，整整用了八年时间，耗费大量人力和财力将天长观扩建成一座犹如宫城的道观。金都城内的另一座规模不小的玉虚观位于城东北部的仙露坊（今广安门大街路北），朝廷拨专款立碑撰文，重视程度由此可见一般。中都城内除天长观和玉虚观外，还有弘阳观、灵虚观、广福观、宁真观、东阳观、真常观、玄真观、崇元观、紫虚观、魏家道院等十座道教建筑，郊区的道教建筑更是数不胜数。

蒙古人建立的大元政权入主燕京城后，最高统治集团对各种宗教基本上是采取兼收并蓄的态度，因为无论哪种教派都可以用来笼络和麻醉人民大众，在重视佛教的同时，对道教也给以足够的关心，在燕京道教的势力仅次于佛教。早在成吉思汗西征时，全真教道首邱处机就被召唤到中亚为蒙古首领传道，并受到最高统治者的安抚和接待，邱处机回到燕京后，被安排在太极宫主事，不久太极宫就改名为长春宫，之后这里就成了全真道的中心。全真道因为有了蒙古统治者的庇护，势力得到极大扩张，正因如此，与佛教势力不断产生摩擦，甚至上升为大规模械斗，在矛盾和斗争中虽然权势受到限制，但道观有增无减，道教本为乡土教派，民间信奉者众多，大大小小的道观庙宇不计其数。蒙古军队占领燕京后，原来的中都城被废弃，南城除了原有的道观外，很少修建新的道观，大都新城内又添了不少道教建筑，如东直门内的五岳观、宽街的崇真万寿宫、北小街的圣姑寺、朝阳门内的十方洞真观、光录寺内的杜康庙、东四南大街的五显财神庙、西城阜成门内的护国关帝庙、成方街的都城隍庙、西什库的天庆寺、西直门内的西太乙宫、广济寺之西的静真观等著名道教建筑。宣武区牛街附近的道士观和崇文门外的真元观是元代新建还是辽金留存尚无明确记载。在大都城外，也有不少道教建筑，修建于元中期至治二年（1322 年）的朝外东岳庙是华北地区玄教正一派的第一大道观，主祭东岳大帝泰山神。平谷丫髻山上唐代修建的娘娘庙经元代修葺后，香火旺盛。还有西门外的昭应宫、八宝山附近的娘娘庙、昌平的玉虚观等，民间许多较小的道教建筑更是星罗棋布。

汉人朱氏明王朝替代了勇猛剽悍的蒙古军政势力领主北京城，同样重视对各宗教势力的利用和支持，希望以军事镇压、经济控制加宗教安抚的方式永固明王朝的统治地位，嘉靖皇帝朱厚熜尤其迷恋道教，相信修炼到家的人可以长生不老，他命道士为他炼制金丹，到处寻找长生不老灵丹妙药，落得个中毒而亡。后金建立的清王朝基本上也延续了这一老套套，由于满人入关前普遍信奉萨满教，道教与萨满教在对天地神方面有许多相似之处，所以清代统治集团初期在一定程度上更偏好于道教，在佛教寺院大力发展的同时，道观庙宇规模和数量也得以迅速扩大。明太祖朱元璋自己就是和尚出身，他先是在庙里当了一个月卖苦力的小沙弥，后又做了三年云游四方的苦行僧，最后加入了刘福通、徐寿辉的白莲教起义军，他亲眼见到教徒在摧毁元朝势力方面的巨大威力，他对佛教、道教和出家人也非常了解，但他发现元末留下的许多出家人不遵守教规，不仅酒肉当餐，有的道士设外宅娶妻生子，寺院宫观管理也十分混乱，时有乱占土地山林的现象，百姓十分厌恶，他预感到发展势头不妙，如果任其堕落下去，不仅会加剧社会矛盾，而且宗教在人们心中的形象受到严重影响，宗教不但帮不了明王朝的忙，还会毁掉这来之不易的大明江山，于是他开始严厉整顿各宗教势力，尤其对佛道两教更是煞费苦心，他以朝廷谕旨形式规定：（1）设立玄教院、道纪司等专门管理机构，负责道教和道士的宗教活动，建立档案，定期举行类似今天的审核考试，合格者方发给度牒，没有度牒的人不予承认道士身份；（2）责令各州县设立一个大型道观，规定道士们集体居住在道观里，禁止饮酒食肉，禁止道士买卖土地；（3）为了防止为逃避徭役而出家及减轻道观负担，规定男不满四十、女不满五十岁的人不准出家，并对各县、州、府出家人数进行限制，出家的人必须经家长批准，凡有家室的人一律还俗。清王朝因为极度相信萨满教，表面上并不反对道教，但对道教支持力度大不如从前。经过明清两朝的治理整顿，不法道士似乎有所收敛，皇帝身边和较大道观数量也有所控制，但道教早已深入人心，民间不仅相信道教始祖，更相信与老百姓密切相关的各种神灵，京城内外的关帝庙、真武庙、娘娘庙、火神庙、三官庙、城隍庙、三圣到九圣庙、龙王庙、财神庙、文昌庙等数十种庙宇如雨后春笋般出现在大街小巷和山野村头，袅袅青烟装点着京城大地。由于封建王朝的彻底垮台和

反帝反封建浪潮的兴起，迷信难抵科学的进攻，民国和日伪期间政府无力修复庙宇坛观，道教和其他宗教建筑日渐衰减。解放前夕，北京只剩五十九座道观庙宇。解放后，全国掀起经济建设高潮，人们不再把命运寄托在偶像神灵身上，道教及其他宗教呈逐渐萎缩局面，近三十年来，为了继承祖国传统文化遗产，逐步恢复和重建了部分道教建筑，与此同时，迷信之风也随之刮起，以旅游和发展经济为目的的乱建庙宇的状况越刮越盛，一些不伦不类的庙宇迷惑了一些善良人的眼睛，不管什么教、不问什么神就燃香扔钱，可是收钱的不是神，而是打着宗教幌子以神之手敛活人之财的人。

## （三）北京西方洋教教堂

其实"西方洋教"的提法并不准确，一般指从西方域外传入的教派称洋教，严格意义上讲，除了中国本土的道教外，伊斯兰教、佛教等也是从西方传入中国和北京的，它们较早与中国的文化和民俗信仰融合为一体，相对而言，天主教、基督教等大规模传入北京的时间较晚，所以我们称天主教和基督教为"西方洋教"。天主教（公教）、新教（耶稣教）和正教（东正教）三大教派合称为基督教，是全世界流传最广、信徒最多、影响力最大的一支教派。北京的天主教即公教，北京的基督教实指新教，这两个教派原出一家之门。国际公称的基督教是由古老的犹太教分离出来的一个分支。在中东两河文明地区有一个古老的犹太民族，他们的原始居住地在今伊拉克地区，他们的先祖亚伯兰于公元前 2100 年随父按照上帝旨意迁往今巴勒斯坦地区，亚伯兰 99 岁时上帝为他起新名叫亚伯拉罕，并封为国父，为了躲避灾荒，亚伯拉罕又带领全家人迁徙到埃及地区，在埃及度过了 430 年深受歧视的异族日月，他的后代摩西为了躲避非人的奴役生涯，又于公元前 1500 年左右逃出埃及，经过 40 年空旷艰难的长途跋涉又辗转来到今巴勒斯坦地区，在逃难的日子里，他们领受了上帝的十诫，并根据上帝旨意确定了祭祀、节日、礼规等仪程，犹太人聪明智慧的儿子摩西在巴勒斯坦创建了犹太教，他们只承认耶和华是唯一的主，犹太教信徒绝大部分都是以色列人。在漫长的宗教生活中，逐渐产生了诸多分歧意见，例如部分人坚持耶和华一神论，另一部分人除了承认耶和华外，还承认圣子耶稣也是神；一部分人认为圣灵存在于人间，另一部分人不予承认；部分人认为死后要接受天堂和地狱的考验，另一部分人不承认有天堂和地狱之说等等严重分歧，随着日月延长分歧越来越大，犹太教内部就分裂成两大派组织，于是基督教应运而生。新的基督教派承认上帝耶和华是他们的神，耶稣是上帝的儿子也是神，神灵在人间而不在天上，认为犯罪不仅是行为所致，更有心灵上的主观性，得到救恩不一定是献祭守律的结果，而是自然所得，人死后要经受天堂和地狱的考验等等，持有以上观念的教徒于公元135年结为新的教派，成为新的独立教派即基督教，公元392年上升为罗马帝国国教，逐渐成为中世纪欧洲大部分国家民众的精神支柱。持有与上述观点相反的仍坚守原有犹太教理论。

随着历史的发展和形势的变化，基督教后来也分裂成以希腊语系为主的东派和以拉丁语系为主的西派，至1504年前后，两派教会首领为了争夺教会的领导权和利益攸关的势力范围，展开了激烈的理论口水战和行动争夺战，双方不分输赢，最终彻底分裂成两个不同名称的教会，西派叫天主教，又称公教，东派叫正教，又称东正教，一个"公"一个"正"，都希望成为"正统"派，事情远没有那么简单。到了16世纪中叶，公教（天主教）内部又分裂出了不满罗马教皇封建统治的新教，这个新教派又称抗罗派。13世纪的元朝时期，天主教传入中国，元末天主教中断了在中国的传播，到了16世纪末的明朝时，天主教再次传入中国，中国人又根据自己的理解派生了两个教会名字，把新教称为基督教，又称耶稣教，把新教对立面那个派别称为天主教。但在国际上将天主教、东正教和新教统称为基督教。

国际公称的基督教（含新教和东正教），以往一直确认唐贞观九年（635年）由叙利亚人阿罗本传入中国，几乎没有任何争论，但二十一世纪初的一则新闻报道打破了百年平静，专家在江苏徐州的东汉石造像中发现了圣经故事中的人物和场景，这让基督教进入中国的时间整整提前了半个世纪，是传教士把基督教带到中国？是中国人在西方见习过基督教？没有原始文献，也没有更多的考古佐证，一时很难断言，既然西方洋教的内容出现在中国东汉时期的画像作品中，起码是一种文化交流，说明东汉时期中国人知道有基督教，而且对基督教内容有了一定的了解，甚至已经接受了基督教的教义精神，尽管找不到教堂等文物古迹的证据，说基督教已经到了中国毫不过分和夸张。如果能有更多的证据确证基督教、佛教都在东汉时期挤进中国与道教会合，那么"汉人"、"汉字"、"汉文化"的深

切含义远非词典上的字面释义所能包含得了的。

唐贞观九年（635 年）正值大唐初盛，长安城为万国景仰之地，阿罗本到长安城译经传教，并开始修建教堂，唐代时把新来的洋教称为景教，又称波斯寺，后来改称大秦寺，短短几十年功夫，就呈现"法流十道"和"寺满百城"的盛况。西方初期的教堂并不像今天我见到的那么正规华丽，早期的基督活动点就是简单的一方或几方石刻像，教徒们围在石像前做些简单的诵念仪式，唐代传入中国后，也只是仿照中国建筑稍带点洋式装饰，屋顶的十字架不高也不规整。后来的唐武宗灭佛运动也波及到这些洋教，历经 210 多年风雨的景教未能幸免，教堂拆除、教徒遣返或改从道教，除西北边境地区外这些洋教几近绝迹。13 世纪初，成吉思汗统一了北疆各部后即刻挥师西征南下，很快又拿下了中国大部领土，许多边疆景教徒被裹带到中原，景教又得以喘息复兴。1215 年忽必烈攻下金中都城，景教和洋教徒也跟随到了北京，很快北京就发展成了景教的主教区。当时有位叫拉班·扫马的大主教，生前看中了京郊周口店西北处一块风水宝地，环境幽雅，清静无扰，拟选为静修之地，可惜 1276 年被派往叙利亚朝拜圣地，以后再也没有回到北京。据碑石记载，辽代时这里曾有佛教崇圣院，元至正二十五年（1365 年）已改为基督教的十字寺，这是北京发现最早的基督教堂，据此分析，应该是后来拉班·扫马的弟子们修建的。元朝初期，为了统治阶级的需要，对各宗教基本上采取容忍广纳的政策，元世祖忽必烈死后，成宗皇帝对待外来洋教同样采取宽容态度，至元三十一年（1294 年），意大利传教士若望·孟高维诺来到北京，成宗皇帝允许他在北京修建教堂，并通过拉拢亲属手段发展了许多上层教徒，由于年代久远，这些教堂已踪影全无。因这些洋教势力发展迅速，与原有教派不断发生冲突，为了平衡矛盾，后来元朝政府又不得不对洋教加以限制，元末随着若望·孟高维诺的去世，这些洋教几乎烟消云散，所以洋教堂保留也很少。

明后期另一位意大利传教士利玛窦再次挤进中国大门，他先是在广东肇庆住了一段时间，后来到了明都北京，因为他传播洋教的同时，也带来了西方科学技术，受到中国人的欢迎，明朝政府不仅欢迎他来传教和传播文化，也允许他修建教堂，明万历三十三年（1605 年），在明朝政府的支持下修建了北京城内第一座洋教堂——宣武门天主教堂，为天主教在中国的传播铺平了道路。

明末朱氏王朝在后金和农民军两股军事势力的威逼下惶惶不可终日，非常希望得到外界的帮助，妄图苟延残喘。天启三年（1623年）葡萄牙的16名耶稣教徒和几个传教士来到北京，这些另有所图的外国人也希望得到中国政府的支持，两者不谋而合，摇摇欲坠的明王朝统治集团一心想借用洋教挽救垮台的命运。不仅支持这些洋人传教，而且皇宫大院的官员贵戚也开始信奉洋教，并允许他们建教堂，于是天主教热再度升温。与此同时，德国传教士汤若望和比利时传教士南怀仁也先后来到北京。历史是公正的、无情的，无论明王朝借用洋教还是土教，都不能挽救它垮台的命运。1644年李自成攻进北京城，有些外国传教士为了躲避灾难纷纷离开中国，而汤若望却坚持守护在教堂里继续修撰历法，这对维护洋教堂安全起到很好的作用。清兵进关入主北京城，汤若望又为新的清王朝服务，在南怀仁的帮助下，一方面编纂历法，一方面向满人传输基督教精神，巩固了耶稣在中国的精神地位，不仅让北京的洋教堂得到安全保护，还修了一些新的教堂，查阅北京现存的17座教堂，大部分教堂都是清代之后修建的。利玛窦当年修建的宣武门南堂只是一座简单的中式平房，他死后汤若望于清顺治七年（1650年）将那座小教堂扩建成了尖顶洋式教堂，1775年惨遭火灾，乾隆皇帝拨款重修，1900年在义和团运动中再度被焚，后来又修。今天我们见到的南堂基本上保持了清末规模和样式。明万历三十八年（1610年）利玛窦病逝北京，葬于西直门外马尾沟，经明神宗批准，在利玛窦墓前还修建了一座天主教堂，南怀仁和汤若望死后都埋葬在这座教堂旁边。清顺治十二年（1655年）在王府井北口修建了一座圣若瑟天主堂（东堂），1710年经康熙皇帝批准将东直门内路北一座关帝庙改建为东正教教堂（北馆），雍正七年（1729年）根据《中俄恰克图界约》在东交民巷修建了东正教堂（南馆），同治九年（1870年）修建了崇文门基督教堂，光绪十四年（1888年）修建了西什库教堂（北堂），1901年修建了东交民巷天主堂，1904年修建了珠市口基督教堂。北京郊区当地居民民国期间也修建了一些较小规模的教堂。

　　1840年的鸦片战争失败之后，腐败无能的清政府与帝国主义列强签订许多丧权辱国的条约，各种不怀好意的宗教组织随着这些条约纷纷涌进中国。它们进入北京的时间比沿海城市稍晚一些，一些基督教大都以公理会、圣公堂、福音会等名义出现在北京的大街小巷里，有的占据原有平房，有的修建专门的会所，一方面向北京人灌输麻醉汤，有的在北京发展

反华特务组织，刺探中国的政治、经济情报。日伪和民国期间，国事混乱，当时的各派政治势力精心于政治角斗，使得披着宗教外衣的特务组织更加猖狂。建国前夕，这些反华特务组织已经发展到相当规模，当然受到有良知的北京人的抵制，解放军进城后，驱散了一些反动教会和封建迷信组织，打击了帝国主义妄图用软子弹侵占中国的阴谋。在这个急风暴雨的历史变革过程中，部分洋教堂当然也会和其他寺庙一样受到损坏而未能及时修缮的情况。解放后各级政府积极宣传党的宗教政策，逐步恢复修缮了部分教堂，现在北京城区有8座教堂，郊区有9座教堂，信教群众的宗教自由受到法律的保护。

## （四）清真寺

伊斯兰教在中国又称回回教、清真教等名称，"伊斯兰"三个字是阿拉伯文 alislam 的音意合译名称，它的原意为顺从、和平、纯洁，指要顺从唯一的主神"安拉"的旨意行事就会拥有和平和安宁。在阿拉伯凡顺从"主"的旨意的人都称为穆斯林，"穆斯林"三个字是阿拉伯文 Muslim 的音译文，汉语中就是教徒或信仰之意。穆斯林的主要活动场所是清真寺，在阿拉伯语中即"聚会礼拜之所"，中国又称礼拜寺、回回寺、清修寺等。"清真寺"是阿拉伯文 Masjid 的意译文，在我国对"清真"又有清静无染、真乃独一、至清至真等中国式的释义。

伊斯兰教是阿拉伯人穆罕默德于公元7世纪在麦加创建的，其时相当于我国的唐代。在阿拉伯半岛氏族制度解体后，那里由于生产力活跃，迅速形成了贫富加剧和社会分化的现状，各部族之间不断产生仇杀，半岛内部极度混乱的局面，经常招惹外族势力入侵，在内外矛盾夹击下的阿拉伯人希望建立自己统一的民族政体，早日结束这种部族和种族相残的苦难生涯。这时一个孤儿出身的穆罕默德认为首先需要统一人们的思想认识，变多神论为一神论，所有的阿拉伯人只有一个真神，那就是真主安拉。因为阿拉伯早就信奉安拉，所以这一倡议很快被大多数人接受，但也遭到一些麦加贵族的激烈反对。穆罕默德忍受了种种痛苦磨难终于聚拢了众多独信安拉主神的教派，公元622年他率领信徒迁移到麦地纳，建立了一个政教合一的宗教组织，当时叫"乌玛"（公社），630年率众入占麦加，并征服了其他部落，使之成为伊斯兰圣地，从此统一了阿拉伯半岛的宗教信仰，伊斯兰教逐渐上升为占统治地位的宗教团体。七世纪中叶，随着伊斯兰军不断征战的胜利，埃及、叙利亚、巴勒斯坦、波斯等地也纳入伊斯兰教的占领和传教范围内，穆罕默德去世后，他的四大继承人极力向四面扩展领地，至八世纪初，已经遍及亚、非、欧三大洲，一个地域性的乌玛一跃而成为世界性宗教团体，与基督教和佛教并称为全球三大宗教。伊斯兰教改变了各地多神信仰的习俗，统一信奉安拉一个主神，所有祭拜活动都在清真寺教堂进行，逐渐使之成为宗教活动和文化活动的中心，各地原有的道堂、陵墓等建筑也被列为穆斯林的宗教圣地。

关于伊斯兰教传入中国的时间因缺乏足够的文字和实物证据，各家说法不一，早之隋初，晚至唐代宗时期。伊斯兰教创建于公元 630 年前后，时值我国的唐贞观年间，隋代来华之说显然不妥，综合考较，以陈垣先生的"唐永徽二年（651 年）传入"之说更为可信。伊斯兰教向中国的传播不是当初的"征战"和入侵，而是以行商等和平演进的方式引入，当初分别以海上的"香料之路"和陆路的"丝绸之路"进入中国大路，发展的教徒多集中在沿水港镇和西北各省，所以港澳、广东、福建和新疆、甘肃、宁夏、青海等地有成片的回民聚集地，后来扩散到中原各地。随着伊斯兰教徒的逐渐增加，他们的活动中心——清真寺也一座座建立起来，为我国的多元文化图版又增添了一抹亮丽的色彩。

北京现存最早的清真寺是牛街清真寺（彩版三，1）。关于它的创建时间直接涉及到伊斯兰教进入北京的时间，所以备受学术界重视。伊斯兰教传入北京的时间，亦如传进中国的时间一样模糊不清，究其原因，伊斯兰教是以和平渐进的方式进入中国，而非"征战"，也不像佛教那样受到朝廷重视，基本上与朝廷纠葛较少，它的传播方式和教徒发展基本上是在血统家族内进行，不与早期进入中国的佛教和基督教争夺势力范围，与本地道教也少纠纷，很少发生激烈的教派矛盾，一般不会引起关注，也很难载入官方文献，为后世留下些许难解之题。牛街清真寺创建的时间尽管"宋至道之说"和"辽统和之说"及数位专家"佐证"都言之凿凿，但也都经不起认真的推敲。首先宋至道年间北京为辽统治时期，即使换算为辽代年份，翻遍辽史，找不到一丝文字记载为证。其次，关于北京与宋、辽、金的关系，1118 年宋和金订立"海上盟约"，密谋共同攻辽，议定攻辽成功之后，以长城为界，长城之北归金，之南归宋，1122 年—1123 年金兵攻占燕云地区，此时宋要求金守履约将北京地区交给宋朝，1123 年十一月

金把一个几乎废掉的燕京城交还宋，此时北京称燕山府，可是1125年十一月十九日金兵又攻占了燕山府，十二月十日北京又归属金，北京名义上归宋只有两年多时间，在那个战乱的年代，宋根本没在北京投资进行过任何建设，说牛街的清真寺首建宋代与历史不符。第三，我国历史上城市和工程建设基本都是继承了《周礼·考工记》原则，虽然各代都有创新和发展，包括宋代的《营造法式》也都是在它的基础上发展而成，各代工程做法有类同之处实为正常，仅凭一星半点儿建筑做法判断年代只可讲"似"，不能说"是"（图十二）。

唐代以商业活动为主要内容的伊斯兰教民是分散而缓慢进入中国的，他们首先选择的居住地是码头驿站附近地区，而后是首都等大城市，当时的北京仅只是东北部的一个军事要塞，所以大批进入伊斯兰的可能性很小。契丹辽军也是东北的一支少数民族军事势力，辽初太祖南伐曾挟掳部

图十二　牛街清真寺邦克楼

分汉地人到东北，其中有否回人未见史载，后来占领燕京为陪都，南疆仅至白沟河，也不可能有大批伊斯兰进入。继之东北的另一支军事势力女真金军占领燕京，其势力范围较之辽无大异，或有少量回人在北京从事商业活动，修建清真寺的可能性较小，所以辽金统治期间未曾有清真寺的记载。

勇猛彪悍的蒙古大军比过去任何一支军事势力更具扩张性和兼容性。13 世纪初，在荡平漠北各军事势力后，蒙古贵族铁木真又统一了蒙古各部，建立了大汗国，继而大举进攻中原，经过成吉思汗、窝阔台、蒙哥、忽必烈等头领的数十年讨伐征战，完成了中国空前的大一统霸国地位，极盛时期的疆土东起朝鲜半岛，西达阿富汗，东北至西伯利亚，西南接印度、巴基斯坦、缅甸、越南等国，西北远至欧洲、东南濒临大海，蒙古大军的铁骑所到之处尽皆降服，当然诸多伊斯兰教区也囊括在内，大批阿拉伯、波斯、中亚的穆斯林随着蒙古元代政权的建立，以各种原因迁徙来华的极为普遍，他们与当地的汉人、维吾尔人、蒙古人通婚，其后代人数成几何倍数增长，故有"元时回回遍天下"之说，这些后代就是今天回民兄弟的先祖。元朝政府为了更好地管理各族各地方的归降者，建立了各种官职，其中就有专门管理回回的机构和官员，在 12 名中书省断事官中必有一名回回人选，六部也特设一名回回令史，大都留守司和大都路总管府也都有一名回回掾史，在各专门机构中也设回回官员，说明回回在大都的数量之多、对政府事物的影响之大绝非一般，有如此众多回回聚集大都，肯定也会修建不少的清真寺，有文撰述说"据中统四年（1259 年）的统计，中都地区有2953 户，平均每户以 5 口人计算，当时的回回就有一万五千多人"，"当年大都城内有清真寺30 多座"。但有资料可查的元代修建的清真寺却很少，在我们掌握的资料中，仅西城锦什坊街的普寿寺和东直门重庄（今察慈小区）清真寺和通州城里及牛作坊两座清真寺为元代修建，四大官寺之一的东四清真寺一说为明代修建，一说元代初建，明代重修，总之与上述"30 多座"相差甚远（彩版三，2）。

这些清真寺的消失可能与明代改造北京城有关。明代占领北京后，对大都城进行过四次大的改造，一次是1368 年，徐达攻进大都后，为了便于防守，将北城墙向南移五里到今北二环东西一线，将北部城区舍弃，遂为旷野。第二次改造发生在永乐初年，出于迷信心里，明成祖朱棣将元皇宫全部拆除重建，并将宫城位置南移，由于宫城南移，皇城南面显得过于

狭窄，不得不又于永乐十七年（1419年）将大城南城墙南移二里至今正阳门前东西一线。第四次改造是嘉靖四十三年（1564年），为了明王朝的安全，企图在大城外再加一道包裹内城的外城，后因财力不足只修建了南墙一面即缩口收工，为北京留下一个帽形所谓外城。除以上这些重大改造工程外，明朝还在四城进行历代帝王庙、天坛、地坛、日坛、月坛、先农坛等重大工程建设，在朝阳门、东直门附近修建了许多仓储库房，这些工程都占地很大，有些需要拆迁大量旧城房屋，或许一些较小的清真寺就毁于这些重点工程中。尽管一座座清真寺在消失，但北京的首都地位仍有大量外地移民迁入，这些北迁的移民中就有许多是伊斯兰教民，据地方志介绍，北京的回民，大多从江南和山东迁入，也有些从山西迁入，众多回民聚集在北京，为了方便他们的宗教和文化生活，在明朝政府的支持下，许多清真寺在城区胡同里和郊区乡间矗立起来，例如德外马甸（图十三）、花市、安内大街、朝外常营、通州东关（图十四）、通州张家湾、大兴薛营、海淀火器营西、昌平五街、昌平阳坊贯市等著名清真寺。

图十三　马甸清真寺碑

图十四　通州清真寺邦克楼

清代基本上继承了明代的一整套城市格局和建筑，他们笃信原始的撒满教，在对待异族政策上基本也是恩威并行，对斯兰教既怀柔又施压，由于清朝的歧视政策，西北地区不断发生以伊斯兰教为主力的民众起义斗争，让清政府非常慎重地对待伊斯兰教民，对伊斯兰教民及建筑既不敢强力限制，也不积极支持鼓励，穆斯林为了维护教民利益变得非常团结，因此也有效保护了清真寺建筑，使北京成为伊斯兰文化的学术中心。清初满人进京后，嫡系旗人大都拥挤在内城，迫使没有社会地位的回民大量迁往外城，因此外城穆斯林人数剧增，清真寺数量也有所上升，呈现出明显的地域特点，至乾隆年间内城的清真寺才有所增加，最明显的一例就是关于香妃（即容妃）与宝月楼的故事传说，乾隆皇帝平定了新疆的准噶尔叛乱后，将从新疆带回的一个美丽的维吾尔女人纳为妃子——容妃，为她在今中南海新华门处盖了一座宝月楼。容妃站在楼上为时常想念远方的亲人伤心落泪，乾隆皇帝得知后，为了让容妃高兴，就在宝月楼对面的安福胡同修建了一座具有西域风格的清真寺，借以慰藉思乡之情，逐渐这一带也变成为回民的聚集地，所以这里也称回回营清真寺或回人礼拜寺。此后内城清真寺也逐步有所增加，陆续修建了苏州胡同清真寺、南豆芽菜胡同清真寺（图十五）、南小街清真寺、西直门北沟沿清真寺、手帕胡同清真寺、西单牛肉湾清真寺、阜成门粉子胡同清真寺、王府井清真寺等。城区原有清真寺也得以彻底修葺。城外四郊也陆续修建了许多清真寺，虽然规模都

图十五　南豆芽胡同清真寺

不大，但对安抚穆斯林和活跃他们的宗教文化生活起了很大作用。

1911年宣告了几千年封建制度的彻底灭亡，在民权、民主、民生理念深入人心的同时，伊斯兰教也得到了一定程度的解放。长期以来以男性为主体的清真寺已经不能满足广大穆斯林的需求，为了方便女性穆斯林群众的礼拜活动，北京开始兴建清真女寺，选拔女性教务管理人员。牛街寿留胡同的女寺是北京最早的一座清真女寺，以后阜外三里河、崇外雷家胡同、朝外观音寺街、德外关厢、马甸等处也相继修建了女寺，这不仅方便了女性穆斯林的宗教活动，更是提高妇女地位的一大体现。民国期间，还新建了天桥、米市胡同、鼓楼等几座清真寺。解放后，党和政府在大力恢复国民经济的同时，也特别重视各信教群众的宗教活动，逐步修复已经毁损的清真寺建筑，重视宗教政策的落实，让广大穆斯林群众信仰受到尊重，宗教活动有固定场所。

## （五）儒教建筑

儒教建筑是儒学文化发展的产物，是儒教的外在表现形式。儒学的创始人是春秋时期的鲁国学者孔丘，他和他的诸多追随者组成了庞大的儒家队伍，而儒教却并不是孔子的发明创造，儒教是在孔丘死后若干年后才产生的一个名词。在长达两千多年的儒学发展中，在长期的儒教活动历练中，历代儒家无疑在云烟峰起的儒教活动中起到推波助澜的作用。

尽管儒教已经声扬海内外，尤其在东亚和南亚地区已深入民心，但在儒教诞生地中国，对有无儒教问题却长期论战不休。坚持者认为无形理论和有形事实都存在，而且具备全部宗教特征，否定者认为都是人为的虚构、概念的模糊。到底儒教存在与否，是唯物史观与唯心史观斗争的长期任务，显然不是本书讨论的重点，我们只对事实存在的有关儒教建筑的某些浅显问题加以讨论。儒学是以孔子及其弟子为代表的一批儒学家对当时社会认识及主张的学术理论，是刚刚从奴隶社会脱胎出来的中国急需填补的理论学说。他们批驳原始道教见鬼不见人的迷信思想，主张对现实社会中的人进行教化，无疑是一种理论的创新，真正把人类从荒蛮无知带到了一个文明新时代，是推动社会进步的一种巨大动力和武器。但它又极力主张"忠孝礼义仁"和"君君臣臣、父父子子"的封建伦理，正好适合了已经进步到封建社会统治者的需要，因此受到封建统治阶级的极力吹捧和利用。在孔子死后的千余年间，一代代追随者又丰富和发展了孔子学说，变得更圆满、更系统、更方便封建统治者的利用。孔丘死后，人们为了纪念他，家乡亲朋好友修建简单的堂舍以示祭奠纯属正常，但后来的发展完全超出了单纯的祭奠性质，房子越修越高大，由简单的堂舍变成庙宇，尤其封建统治者的参与，普通的庙宇又变成高大华丽的宫殿，祭奠活动也形成一套成熟的程序。一个普通死者变成了高高在上的万人敬仰的偶像，一个客观世界里的"人"又变成了虚无缥缈的"神"，不仅如此，身边侍奉圣人的人也成了神，与孔圣人并坐在辉煌的庙堂里。

所谓的儒教并非孔子的发明创造，是孔子死后封建统治阶级的卫道士假借孔子之名制造出的一种统治术。有史可查的纪录是西汉武帝时哲学家董仲书最早提出"废黜百家、独尊儒术"的口号，树儒学为正统，以儒家宗法思想为中心，杂以阴阳五行学说，将神权、君权、父权、夫权融通在一起，形成封建神学体系，于是汉代时儒家独尊独大，孔庙渐多渐大。但到了唐代时儒术却独尊不起来，先是道家、释家争风立尊，皇朝开始两家并重，之后灭佛尊道，到了唐中期，武则天又打碎了腐朽的夫权枷锁，使儒家学说受到直接冲击。也许是"物极必反"的道理，到了宋朝儒学又上升为国家级的正统理论观念，孔子不仅是中国的"万人师表"，并且远传到朝鲜、日本和越南等国，极大地影响了这些邻国的理论观念和文化传统，宋代的儒学和儒教是中国儒学史上的巅峰时期。

由于历史和地理的原因，北宋名义上管辖北京只有两年多的时间，南宋小朝廷离北京更远，所以宋代儒学对北京的直接影响并不大。从塞外草原来到北京的辽金政权非常羡慕中原繁荣的经济和先进的文化，他们见识了儒教文化在政权统治中的巨大威力，所以他们十分重视儒教文化的学习和运用，在重视佛教的同时，尤其重视道教及儒家文化的推广，不仅号召本族官吏学习汉文化，也大量吸纳汉族知识分子参与国家和各级政权的管理，当时的北京地区肯定会建有许多孔庙，因历史更迭频繁，只查寻到修建于金代顺义的文庙。蒙古人建立的大元朝虽也来自漠北草原，它比辽金政权的胃口更大，它们进入中原仅只是建立一个根据地而已，凡铁蹄所踏之处都是他们的拥有目标，世界之大、民族之广、信仰之众，对一个只具简单草原文化的游牧民族是何等艰难，但他们既有雄魂胆魄又有远见卓识的领袖似乎早已预见到这一点，广泛吸纳有知识的汉族人才参加政权管理，学习推广汉文化，尤其儒教文化备受尊崇，在定都大都城后，陆续修建了许多儒教寺庙，通州、密云、平谷、延庆、房山等县城内的文庙都是元代

修建的。大都城内最大的儒教建筑当属东城区国子监的孔庙，大德六年（1302年）始建，四年后的大德十年（1306年）竣工，其规模、等级仅次于孔子老家曲阜的孔庙，以后明清两代又陆续增建修葺，成为全国除曲阜孔庙外最有名气的儒教建筑群（彩版四，1、2）。明代是汉人朱氏建立的封建统治政权，当然更明白儒家文化的巨大作用，不仅修缮元代留下的孔庙等儒家建筑，也新建了一些孔家庙宇，门头沟、昌平、延庆永宁镇（原永宁县）、怀柔、良乡等地的文庙都是明代修建的，东城区府学胡同元末曾有座报恩寺，明朝大军即将攻陷北京城，庙里的僧人为了保护这座佛教庙宇，就连忙在庙里临时简单树起一座孔子像，谎称这是一座文庙，果然寺庙得以保存。后来僧人真把这座庙宇当成孔庙，说明元明两朝对儒教的高度重视。清代虽也重视儒家文化，只是维持了前朝的儒教建筑，基本没有修建新的孔庙。辛亥革命后，年封建王朝宣布彻底结束，但旧的文化传统和道德观念并没有的得到彻底清算，以"五四"运动为代表的新文化运动高呼"科学和民主"、"打倒孔家店"等口号，使儒家文化受到从没有过的强力冲击，一些孔庙被迫关闭，破损了的儒教建筑无人修葺，儒教地位处于从未有过的低谷期，20世纪六七十年代的"砸四旧"和"批林批孔"为奄奄一息的儒教文化又加一层厚厚的冰霜，除国子监的孔庙得以保护外，其他地方的孔庙都已残破不堪，有的早就不见踪影。21世纪初，在继承传统文化和保护文物的新浪潮中，一些区县对尚存残迹的文庙加以修缮，虽然儒教地位不可能恢复到元明时期的盛况，但让后人终能在见证物中了解曾经有过的儒教辉煌。

## （六）其他宗教建筑

北京位于华北平原与北部游牧民族的分界线上，历来为各族军事势力的必争之地，盘踞北京的五代封建王朝中就有四个朝代为不同少数民族贵族所统治，由于特殊的地理和历史背景形成了北京多元文化，使得北京呈现出多宗教、多信仰、多种习俗的特性，除了上述的佛教、道教、伊斯兰教、基督教、天主教和所谓的儒教外，还曾经活跃着东正教、萨满教及许许多多类宗教习俗和组织。

随着满清入关，流行在东北地区的一种原始萨满教也进入北京地区，"萨满"是由通古斯语音译而来，即汉语中"巫"的意思，曾盛行于全亚洲，后流传于北欧和美洲印第安人地区。在科学技术尚不发达的古代，人们不清楚自然界发生的诸如生死和风雨雷电等自然现象的原因，听信一些懂得巫术的人的蛊惑，于是巫师盛行，逐步形成一种宗教。萨满教认为人世间分为天堂上界、人间中界、地狱下界三个层次。一般巫师多由女性扮演，男性较少，他们自称是人与神之间的中介，可以代表天神为人驱邪治病，巫师们玩弄符咒，口中念念有词，以特殊的舞姿装扮成鬼神，民间经常看到的"跳大神"就是来源于这些原始宗教活动。萨满教的活动场所称堂子，一般可分公共和私家两种，公共堂子以屯（村）或氏族为单位建立一个，大家都到这个堂子祭祀，建筑简单，规模也不大，还有一种堂子是私人家庭的祭祀场所，即流动萨满，北京、沈阳等地都有萨满教的堂子。以满人为主的清朝入主北京后，也把萨满教带到北京及关内其他地区。北京城内有两处堂子，一处位于台基厂北口，另一处在故宫的坤宁宫内。故宫外的堂子修建于清初顺治元年（1644年），堂子里除供奉神灵外，还供奉着入关前四位祖先的牌位和遗物，凡遇重大政治活动或出征前，满族官员要到这里进行祭祀和誓师等重大活动，称为"谒庙"或"谒堂子"，按照古代俗例，这相当于公共堂子，后来这里规划为外国使馆区，光绪二十七年（1901年）将堂子移到南河沿南口路东，即今北京饭店西部区域，现在堂子踪迹全无。故宫里的坤宁宫位于中路御花园南侧，初建于明永乐十八年（1420年），是皇后的寝宫（图十六）。满族人的居住习俗与汉人不同，正房分为西中东三间，汉族以左（东）为上，而他们以西屋为上房，西上房设西、北、南三面炕，西炕墙上供奉神灵和祖宗牌位，所以西

图十六　坤宁宫

炕不住人，南炕住长辈，北炕住晚辈，顺治十二年（1655年）将坤宁宫西端改为供奉神灵的地方，从此坤宁宫变成了皇家专门的祭祀场所，每月要进行多次萨满教活动，其仪式如同公共堂子的祭祀内容，因此坤宁宫真正住过的皇后并不多。近年来在恭王府的嘉乐堂也发现了萨满教的祭祀设施，说明萨满

教的祭祀场所并非只有坤宁宫和南河沿两处。

　　世界范围内有许许多多宗教组织，我国幅员辽阔，民族信仰繁杂，是一个多信仰多宗教的国家，北方地区除道教、佛教、伊斯兰教、基督教、天主教、东正教、萨满教外，也曾有过许多类宗教组织。正式的宗教组织信仰具体，教义单纯，信徒稳定，场所固定，民众认可，政府支持，也有些习俗和组织并不具备宗教特性，他们的信仰大多是原始的宗教习俗，有些是道教形成前的雏形，他们不分什么宗教类别，具有极强的功利性，不问来历和身世，认为什么显灵就信仰什么，毫不搭界的"神灵"供奉在一起，形成了杂乱的多元化信仰体系，崇拜的偶像具有各种教派属性；例如圣德道、九功道、老师道、普济佛教、背粮道，还有香功之类的临时散乱组织等。解放前北京地区也有许多会道门，对社会危害最大的一贯道就是这样一种反动的迷信组织，一贯道是一个古老的杂乱无章的类宗教组织，尊称达摩为初祖，清初把"释、道、儒"三教捏合在一起，又以全真教和其他新兴宗教为辅助成立了"先天道"，清光绪十二年（1886年）第十六代宗师刘清虚将"先天道"正式改名为"一贯道"。道徒们训道听法的场所叫"佛堂"，又称"法航"或"法船"，像萨满教一样有公众佛堂和私家佛堂两种，公众佛堂设坛主，大众可以自由进出，家庭佛堂置于屋内最高处或隐秘处。一贯道原本也是一个民间原始类宗教组织，由于它过强的功利性，信仰不专一，组织涣散，在少数人的操纵下逐步演变为一个骗人的反动迷信组织，从他们供奉的偶像看，似乎什么都信，其实什么都不信，坛主们除了贪图钱财女色外，还特别关心政权，有的与外国反动势力相勾结，破坏国家的政治和经济建设，解放后当然要受到人民的审判和镇压。自50年代初至20世纪中期，一贯道之类的封建迷信组织几乎已经绝迹。近三十年来，由于对信仰和宗教管理的放松，一些迷信甚至反动组织沉渣泛起，出现了打着宗教外衣的新的迷信组织，以给人医病和强身健体为名，蒙骗不懂科学知识的人走入邪教大门，有了病不去医院治疗，而去求仙拜神；孩子因病夜间啼哭，仍有人到处张贴"天皇皇，地皇皇，我家有个夜哭郎，过路的君子念三遍，一觉睡到大天亮"之类的迷信帖子；农村和城近郊区的巫婆、神汉、风水先生、算命先生等纷纷走向街头，有的竟登上大雅之堂，还有以电脑算命的现代骗子，竟在现代化的城市里大行其道；一些地方修建不伦不类的所谓庙堂，大如牛棚，小似鸡舍，也有的私设密室。凡此种种，与传统文化根本不沾边，是我们的宗教政策和法律所不容许的。

# 五　细说北京的寺庙

## （一）京城寺庙知多少

　　日常生活中及各种媒体上经常会有人问道：北京有多少寺庙？也有热情的作者会作出精确的解答，其实这所有的答案都是不准确的，因为问题的提出概念是含混不清的。首先，你指的"北京"是仅指城内还是包含郊区？如果是指城内，是明清时期的大城内还是现在的城区概念？其次，你所称的寺庙是问的寺还是庙？因为寺和庙是有区别的。第三，你是问现在北京有多少寺庙还是问历史上有多少寺庙？如果是问历史上曾有过的寺或庙，是哪一个朝代或哪一个历史段落？本书的回答是：即使明确了以上所有提问也还是得不出"北京到底有多少寺庙"的正确答案，因为任何物体和事物都会经历由"兴始"到"衰亡"的历史过程，随着历史风云的变幻，一切人间事物都会随之变化，寺和庙是人工建筑，几乎每天都有新的宗教建筑诞生，同样由于人为和自然的原因，几乎每天都有寺和庙垮塌或彻底消亡，历史上不可能有这种瞬间的纪录，就是科技发达的今天，也不会有人做出这样精确的统计。如果有人问到：北京现存多少寺庙？这也是一个难以回答的问题，是指有宗教活动的还是有建筑存在的？是指完整存在的还是包括局部存在或仅存遗迹的？是指独立保护的还是包括改做他用的？北京的宗教建筑有着千差万别的现状特征，所以这是一个没有答案的考题。

　　虽然准确回答这一简单问题十分困难，但历史上也曾有不少有志之士做过大量统计，为我们了解北京寺庙的数量提供了宝贵的线索和捷径。元末文人熊梦祥编写的大型志书《析津志》曾将大都元及以前的寺观、祠堂、庙宇等做过统计，可惜原著早已湮入历史尘霭而无从查找，今天我们见到的《析津志辑佚》，是上世纪三十年代的有识之士从浩繁的史书中节录而成，书中所列寺庙类建筑不过200多座。在这之前的辽金史志中的寺

庙数量也不会超过这一规模。明代的《帝京景物略》、清代的《日下旧闻考》、《天府广记》、《宸垣识略》都对京城的寺观庙宇进行过统计叙述，尤其晚清的进士陈宗蕃，1910年从日本留学回国后，对北京的历史沿革、坛庙寺观、胡同街巷等城市地理等进行了大量研究考证，于民国期间出版的《燕都丛考》对寺庙、坛观及其他宗教建筑的地理位置和规模及民众习俗等进行了大量考证记载，可惜他的研究范围仅限于内外四城，大城之外的郊区毫无涉及。

北平史学研究会的许道龄于民国二十五年出版的《北平庙宇通检》是清之后的一本权威著作，分别对内城、外城和东南郊、西北郊的庙宇坛观进行了详尽的统计整理，根据《北平庙宇通检》的统计，北京内城有庙宇303座，外城258座，东南郊33座，西北郊348座，总计942座。之前晚报曾有文章评论说这只是北京寺庙数量的一半，做个简单的计算，北京寺庙应有一千多座。

日伪时期的1937年，由周肇祥主编的《北京地方维持会第五组报告》文件中，佛教寺庙509所，道教寺庙93所，天主教堂94所，耶稣教会63所，回教团体33所，其他宗教团体6所，合计798所，显然没有超过942座的数量。

根据1997年北京市档案馆整理的《北京寺庙历史资料》记载，1928年北平市特别政府登记的寺庙总数为1631座，1936年北平市政府登记的寺庙为1213座，1947年北平市政府登记的寺庙为727座，这逐渐递减的数量，如果没有人为工作方面的疏忽，说明寺庙建筑自然毁坏严重，短短二十年时间寺庙数量如此锐减，这也从另一个侧面反映了这个时期不稳定的社会状况。

1949年解放后，社会形态发生了天翻地覆的巨大变化，广大劳动人民获得了政治和经济的翻身。但新中国建立初期，尚处在经济恢复时期的北京无暇顾及这些本该重视的文化和文物事业，再加上认识偏差，使得寺庙数量越发减少，几乎没有人认真对北京曾经有过及现存的寺庙进行清理登记。上世纪九十年代，北京市社科院组织编写的《今日北京》下卷对北京城区及四郊的坛庙寺观进行了调查梳理，合计270座，佛教、道教、伊斯兰教、东正教、天主教、基督教、儒教等建筑皆尽囊括其中，这是当时最权威的统计数字。

事实上，北京的宗教活动和宗教建筑用"浩如烟海"形容决非过分，一山十数寺、一条胡同三五个庙的情况比比皆是，北京到底有多少座寺庙类建筑？是每一个北京市民常提及的话题。为了满足大家这个不高的要求，笔者决心花费几年功夫，翻百本书籍资料，跑遍十八区县，一定要弄清楚这个准确数字，回告关心这一问题的朋友。在数年的阅读和考察实践中，没有找到这个准确数字，却找到了一个犹如非要计算无解题目的可笑之人，这个人就是我自己。北京建城三千多年，建都八百多年，宗教活动自始至今就伴随有宗教建筑出现，当然这些建筑走过了由简单到复杂的数千年旅程。在风雨雷电的冲击和人为作用下，一些寺庙被毁坏，另一批建筑又矗立起来，这是一个流水似的历史过程，不可能有一个真正准确数字。郊区农村每村起码有一座庙，有的大村有两三座庙，根据上世纪九十年代初的统计，北京有 6309 个自然村，这是一个大大缩水的数字，如果按每村一座庙计算，郊区农村就有 6300 多座庙，若连同市区和山野庙宇一起计算，保守的估计北京应该有近八千座庙宇。经过几年的文献摘录整理，梳理出了 4315 座宗教建筑的历史纪录，这只能算是笔者的一份学习笔记，决不是人们想得到的那个理想答案，仅此而已。

## （二）纷繁杂括的北京寺庙

北京不是凡城俗地，也非浮华之都，这是一座有着数千年城市历史的古城宝地，东西北三面倚山、东南临海的绝佳地理位置，引无数豪杰为占一席之地而折腰，历史上没有哪座古城像北京那样入主过如此众多的民族英豪，也没有哪座古都有如此经久不衰的旺盛活力和强大生命力，北京这种特殊的历史和地理特征必然伴随着特殊的文化，在这种文化背景中孕育出的宗教文化也必然带有鲜明的区位和时代特性。

在本书所列的四千三百多座寺庙及其他类宗教建筑，其历史之悠长、建筑之纷繁复杂、产权之不同、教别之众、所存寺庙之多、所供奉"神仙"之齐全、与皇家关系之密切均位全国之首，无论从哪个角度划分类别，洋洋万言也难尽其详，限于资料和能力之乏，仅就名称、教别、年代等特性简述如下：

1. 关于"寺庙"的称呼

本书所称的"寺庙"是一个泛称，大多数"寺庙"为纯宗教建筑，

有些建筑如文庙、祭坛、祠堂等，严格意义上不能算宗教建筑，因为在我国的现行宗教政策中，只有佛、道、伊斯兰、天主、基督五大教派，上述建筑只能称为类宗教建筑。

佛教就其规模之大和影响之广堪属首位，在佛教建筑中，大多数称为寺，但有众多的庙属于佛教性质，也有不少庙为道教建筑，另有一些祠堂及祠堂性质的家庙（含普通百姓家庙和皇家祖庙）也称为庙。有时百姓把所有宗教或类宗教建筑都称作庙，这就是中国的文化特性。佛教建筑除寺和庙外，还有些称禅林、刹、庵、殿、阁、宫、院、洞、佛堂等。禅为佛教事物的称呼，如禅杖、禅房等，禅林即丛林，意思为僧众聚集得像树林一样密集的地方，后来人们把佛教寺院也称为禅林或丛林。刹是梵文刹多罗的省略译称，一般指佛塔顶部的装饰物，也就是人们常指的塔尖。佛堂泛指供奉佛像的屋子，有的可能是高大的殿堂，也可能是一般的平房屋。禅林、刹和佛堂是佛教专用的建筑物名称，道教、伊斯兰教及其他教派建筑没有称呼禅林、刹和佛堂的。庵的本意为小草屋，后来出家的尼姑所居之处多称庵，因此庵一般为佛教建筑之一种，但后来不仅尼姑和尚居住处称庵，有时道教处所也称庵，例如东不压桥胡同有座道教药王庙，却称药王庵，东直门外工人体育场附近过去有座鬼王庵，广渠门外官庄供奉关羽的三界伏魔庵都是道教建筑。道教建筑多数称观，因为道教信仰繁杂，偶像众多，所以道教建筑除禅林、刹和带佛字的名称外，庵、寺、庙、院、宫、洞几乎都用。而殿、阁、宫、院、洞称呼范围也十分广泛，道教和佛教及其他教派建筑都有称为殿、阁、宫、院、洞的，例如中南海的万善殿明代时为崇智殿，是佛教建筑，旃檀寺西边的腾禧殿和东直门内的火祖殿和景山西街的大高玄殿都是道教建筑，大成殿又是儒教建筑。北京站原为泡子河旧址，过去有座玉皇阁为道教建筑，前门外打磨厂的观音阁显然是佛教建筑，京城有多处文昌阁，有人将其归入道教建筑，也有人视为儒教建筑。著名的雍和宫是藏传佛教建筑，而西四的朝天宫和东便门内的蟠桃宫又都是道教建筑。地安门方砖厂的延寿院是佛教建筑，而东城干面胡同的延寿院却是道教建筑。供奉在洞里的偶像有佛像也有道教崇偶，例如玉泉山的观音洞供奉佛教观音，吕公洞显然是供奉道教始祖吕洞宾。明清之后，随着大量民庙的修建，佛道似乎界限十分模糊，百姓似乎非常务实，不管是什么教派建筑，谁能解决问题就供奉谁，因此许多庙宇中儒道释各家"神仙"都供奉，将创始人的创教意图都打乱，各路神仙的和谐相处为

图十七　中顶娘娘庙

安，使得宗教建筑的称呼变得迷糊不清，为较真的学究门留下了一道道难题。

在北京的庙宇中还有些称顶，著名的五顶为：东直门外的东顶娘娘庙又称娘娘行宫，西顶在长春桥畔的蓝靛厂，北顶在奥运村，南顶位于大红门南顶村，这座庙也称小南顶，大南顶在马驹桥，中顶位于右安门外草桥（图十七）。另外西郊妙峰山的娘娘庙又称金顶。以上这几顶供奉的都是碧霞元君，因碧霞元君是泰山东岳大帝的女儿，她的庙宇修建在东岳泰山之顶峰，其他地方修建的碧霞元君庙也应称顶，因这几个庙宇的坐落位置相对分布在北京的四周和中间位置，故有五顶之称。

伊斯兰教堂绝大多数称清真寺、礼拜寺或大寺，也有少数伊斯兰教堂不称清真寺和礼拜寺，例如德胜门外的慈度寺，也称黑寺，是一座典型的伊斯兰教建筑，另有西城区锦什坊街的普寿寺也是一座较大的清真寺。天主教、基督教和东正教因为是同根同源，所以他们都称教堂，他们的分会组织有的叫福音堂，有的叫某某会。北京还有两处萨满教建筑，他们都叫堂子，这是从东北带入的一种原始宗教组织。祭奠孔丘的地方大部分称文庙，也有的叫孔庙，主要大殿称大成殿。有人把文昌阁也归入儒教范围。坛是土筑的高台，古代时一般用以祭祀、朝会和盟誓等活动，因为北京是历朝首都，不仅坛台众多，而且这些坛大都与皇家有关，明清之后的坛台

建筑考究，气度辉煌，大多用于朝祭活动，祭天地日月星辰，祭山海农桑神灵。

## 2. 关于教别

由于北京特殊的历史背景和地理环境，其宗教类别十分丰富，教派众多，宗教及类宗教性建筑五花八门，凡我国境内有的教派及类宗教组织，北京几乎样样都有。

单从寺庙的名称很难确定其教别，"寺庙"中所供奉的"神仙"可谓包罗万象，像罗汉、菩萨、佛祖等很明显属于佛教，吕祖、太上老君、玉皇大帝、天师等是道教派别，但有些"神仙"单从寺庙名称很难判断其教属派别，例如药王庙，一般的概念应属于道教范畴，许多寺庙中供奉着神农氏、扁鹊、孙思邈等，显然这是道教建筑，但佛教中也有类似中国药王的神仙，佛教中的药王和药圣是释迦牟尼的左右两胁侍，因今天我们见到的药王庙大都没有神仙了，资料记载也不全，很难确定是佛教的药王庙还是道教的药王庙，八十年代后，各地陆续修复和新建了一些药王庙，大都根据民间传说塑造了一些药王形象，因中国的药王与民众关系密切，所以我们见到的药王庙大都是道教建筑。

关于娘娘庙的类属就更加复杂，有许多庙里的"神仙"都被称为娘娘。在北京四千三百多座"寺庙"中，直接称娘娘的就有78个（含护眼娘娘和铸钟娘娘等），泰山大帝女儿碧霞元君的庙也称娘娘庙，北京有碧霞元君庙23座。除此之外，还有许多各种观音庙、天后庙、天仙庙、白衣庵等，在民间都称为娘娘庙，这些娘娘有的属于佛教"神仙"，有的属于道教神仙，现存的娘娘庙为数很少，大部分民间庙宇早已荡然无存，已经很难分清这些娘娘是哪个教门派来的神仙，所以对他们居住的庙宇定性教属十分困难，本书只能根据仅有的线索大致予以分类定性，很难做到准确无误。

在浏览北京的四千多座"寺庙"时，我们会发现有些佛道庙宇很难分清到底属于道教还是佛教，因为庙宇中既有佛又有道教崇偶，例如西长安街的双塔庆寿寺和西郊承恩寺，既供有佛祖、观音、菩萨等佛教偶像，又供奉关羽像，外城东中四条的关帝庙是典型的道教庙宇，里边同时又供有佛像，石景山五里坨有座佛教寺院慈善寺，院里同时还有几座道教庙宇，在怀柔刘两河村有座通明寺，佛祖、太上老君和孔子同时居住在一座庙宇里，喇叭沟门乡北辛店村北山上的朝阳洞（昙云寺）也是中间供佛、左边供道教神仙、右边供奉孔子，这种释、道、儒和谐相处的情况并非个例，是北京甚至全国普遍存在的一个有趣现象。佛是早期传入北京的西方"洋教"，道教是土生土长的中国原始宗教，两教在教义教规、组织管理和崇拜形式上有着明显的区别，甚至历史上曾经发生过激烈的争论和斗争。金末之后，全真道教受到成吉思汗的特别关照，其势力发展很快，邱处机被安置在燕京的太极宫，后来改名为长春宫，全真教依仗蒙古势力迅速发展，与正在兴起的佛教势力经常发生激烈冲突，为了争夺庙产相互械斗，长春宫里竟出动500多道士与和尚决斗，为了集团的利益，仁慈和善良早已抛到了脑后。如果在西方一次宗教祸端就可能引发一场流血的战争。邱处机去世后，他的后任尹志平和李志常主教时期，全真教派达到历史上的鼎盛阶段，不断扩大的势力范围又引起佛教强烈不满，于是两教开展激烈辩论，结果全真教以失败告终，但他们不服，就千方百计投靠元代统治者寻求庇护，以寻时机实施报复，这说明两教有着不可调和的矛盾。过去和现在都有虔诚的百姓不问什么庙，也不问庙里供奉哪路神仙，进庙就烧香磕头，乞求神灵保佑平安，岂不知过河的泥菩萨自身的安全都难保了。

形成一庙有多教神仙，尤其佛道两路神仙狭路相逢无争斗的原因大致可从以下三个方面解释：

首先，无论是中国本土教派还是先后进入中国的洋教（包括佛、基督、天主、伊斯兰等），他们虽然各自独立活动，但要在中国这块土地上长期稳定生存，没有哪一个教派不依靠当时的政权势力，而封建统治阶级为了巩固政权，又需要宗教和迷信愚弄麻醉被统治者，两者互相勾结、互相利用，有些皇帝并非真正相信宗教，但也有些皇帝十分迷信宗教理论甚至迷信邪说，当两教争斗激烈时，他们会出面调解，有些皇帝喜欢佛教，有些皇帝笃信道教，使得各派宗教势力轮流成为强势软政权的教师爷，久而久之，教派之间的矛盾变得缓和而相安无事，尤其在民间变得界限模糊起来，任何庙宇都是人修的，任何神仙都是人造的，皇帝造大神，百姓造小鬼，一场轰轰烈烈的修庙造神运动铺天盖地而来，形成了部分庙宇里佛道儒不分的景象。

其次，由兼收并蓄的文化渊源所决定。虽然各种教派名称、教义、教规表面上有很大区别，例如佛教追求"性"，道教重视"命"，儒教强调伦理，所以道教偏于出世，儒教偏于入世，佛教兼容出入世，在实际操作上，道教重视"天人合一"的自然观，儒教注重社会实践，而佛教偏重修

行人的心性，因此这三种教派在外部形态上也有明显的差别。但仔细研究以释、道、佛为代表的中国宗教，在文化特性上也存在许多共性，他们教化的对象是都人，强调教化、感化、变化人心和人性，其重心都是鼓励人们追求真善美和极终理想王国的实现，人文宗教已经逐步脱离了原始蒙昧的鬼神迷信理论，鼓励教徒和公众做到出世又入世，站在社会现实之上，寻求理想法则，为拯救不幸的人类又回归社会，因此各教派之间基本能融合包涵。有五千年文明史的古老中国是一个多民族多信仰的民众集合体，数千年风风雨雨磨炼了这个国家的各民族群众，使他们对外来文化具有极大包容性，因此相互之间的矛盾或斗争是暂时的，共融共存是长期的、根本的。

第三，历史发展的必然结果。无论中国本土的道教还是先后进入这个古老国度的各种洋教，起初的教义、教规和组织形式，界限分明、互不混合，但随着历史的发展，尤其由于统治阶级的介入，一切都变得模糊起来，佛教在唐代前后曾遭到"三武一宗"灭佛的灭顶之灾，道教强盛起来，辽金时期佛教得以复兴，与道教并驾齐驱地为统治阶级服务，期间虽然也遭到宋徽宗的限制，但没有伤到元气。元代蒙古势力初到中原，需要各种宗教文化为之服务，所以这一阶段各种宗教势力得到突飞猛进的发展。明世宗朱厚熜是兄弟旁系入主龙廷的幸运儿，他为了皇位长久，迷恋道教长生不老术，亲自炼丹企图成仙不死，在道教术士的蛊惑下限制佛教活动，但规模较小、手段温和，这个时期的佛、道、儒及其他洋教都得到空前发展，各教之间不仅争斗减少，而且出现了互相吸纳融合的景象，入主北京的五个封建王朝，只有明王朝是本土汉人，契丹、女真、蒙古、满族四个封建王朝的统治者都是北方草原民族，在一千多年的蹉跎岁月里，各民族的文化、理念都已经充分融合，现存的寺庙大部分是明代修建起来的，不同的教派庙宇里出现其他教派的"神仙"是完全可以理解的。清代是封建势力日渐腐朽垮台的时期，宗教势力也开始由强势转变为弱势，各教派界限逐渐模糊起来。

第四，明清以来民间庙宇大量增加，百姓实用主义严重，他们不管什么教派，需求什么就立什么神仙。晚清之后政局不稳，国力衰退，毁坏的庙宇不可能得到及时修缮，百姓自己或行业同仁集资修建的庙宇体量不可能太大，但需要供奉的神仙又多，什么佛祖、关老爷、土地、娘娘、龙王、火神、虫神等可能都让他们挤在一个屋子里，有时自家祖宗也和这些神仙同居一室。

相比之下，伊斯兰教就单纯得多，他们从外域传入中国后，一直保持着亲族入教的习俗，教义、教规、建筑形式及组织管理与其他教有明显的区别，内部虽有派别矛盾和斗争，但与外较少直接发生很大的冲突，所以其类别划分十分明确。

北京曾经有过的东正教和萨满教因为数量较少，活动范围有限，一般与其他教派没有尖锐的矛盾。

北京的庙宇中，有的是纯宗教建筑，有些例如祠堂、家庙、祭坛等只能算类宗教建筑，本书在附表中所列的四千多座"寺庙"中，道教建筑1787座，位数第一，其次是佛教建筑1770座，统计到的祠堂有109座，伊斯兰教堂87座，祭坛53座，天主教堂或教会19座，基督教堂或教会18座，东正教堂2座，萨满教堂子3座，其他类宗教建筑17座。

3. 汉传和藏传佛教寺庙

源于古印度的佛教于公元6、7世纪向东北方逐步蔓延传播，进而从西南边陲渗入中国内陆，传入中国的佛教基本分为两大派，即南传佛教和北传佛教，南传佛教传播地区较小，仅在云南部分地区有些影响，北传佛教因所路经地区不同，所融合不同地区的文化因素也有所区别，因而北传佛教又分为汉传佛教和藏传佛教。两种不同教派具有许多相同和不同特点，两者同属大乘教，都承认四法印，皈依三宝，四众弟子都按律受戒等，所不同之处例如汉传佛教是大乘显教派，藏传佛教为显教菩萨乘与密教金刚乘合二为一，两教派由于所处的历史文化背景、自然环境、信众生活条件和习俗不同，因此形成了不同的日常规范、佛像造型、信仰习俗等。藏传佛教明显特征为大小乘兼学，显宗密宗双修，并吸纳本教某些特点，其仪规复杂、神像繁多，传承方式既有师徒方式，又有家族方式，最为明显的是有活佛转世和政教合一的制度，这是汉传佛教所不具有的特点。藏传佛教的寺院与汉传佛教的寺院规模都是大小不等，僧众数量多少不等，藏传佛教的寺院一般由经堂、神殿、辩经林苑、印经院、活佛拉章、僧舍、仓库、执事办公室、客房等组成，其殿堂房舍建筑因所处地区不同，建筑风格也有所不同，在保持藏区建筑特点的同时，也极大融合了汉族地区的建筑特色。据潭柘寺一位法师介绍，凡汉传佛教，正殿两侧左有伽蓝殿，右有祖师殿，藏传佛教的寺庙则相反，海淀区普惠寺村的辽建普会寺左为祖师殿，右为伽蓝殿，按此推定，普会寺应为藏传佛教。

北京位于中原地区的北部边陲，最初佛教传入速度和修建佛寺的数

量，都不及中原地区和长安一带，据有史可查的记载，佛教在东汉时期不仅传入北京地区，而且修建了一些寺庙，因为这些寺庙经过历史风雨的涤荡，也大都几经改头换面或荡然无存，文献记载又极其简单，已经很难分辨得清哪些是汉传哪些是藏传。

因为北京位居汉地北部边缘，历史上一直是汉传佛教占统治地位，无论从建筑外形、寺庙布局还是寺庙活动都带有明显的汉人汉地风格，其殿舍结构和外饰特点也都承袭了中国古代建筑的风韵。随着蒙古大军铁蹄的迅速南越，蒙古人很快接触到西南藏区的藏传佛教，至元定宗贵由时，藏传佛教中的部分教派开始靠拢蒙古势力，忽必烈定都北京，也把藏传佛教带入北京，之后的元代各帝为了笼络藏区居民，都极力推崇藏传佛教，为了方便藏僧的佛事活动，藏僧来到大都后立即修建藏寺、藏塔，至元九年（1272 年）修建的大圣寿万安寺（阜成门内白塔寺）、元成宗修建的大天寿万宁寺（今鼓楼附近）及许多的藏式白塔都是在这种政治背景下修建的。大都城内修建帝师塔、藏式佛塔，皇城内外的大小寺院都举办藏僧佛事活动，京城藏僧数量迅速扩大，其风之盛已与汉传佛教不相上下，藏传佛教开始改变北京的佛教领地的数量结构。随着元末政治衰败，喇嘛势力也失去往日辉煌，明成祖定都北京后，希望重兴各种宗教活动，派使臣入藏联络高僧来京，对来京的藏僧不仅给予很高的宗教礼遇，把藏僧安排在条件较好的寺庙里，极大地方便他们的佛事活动，永乐十一年（1413 年）板的达喇嘛向皇帝进献五座金佛像，永乐皇帝不仅诏封为大国师，还下诏专为他在西直门外高粱河北岸修建真觉寺（五塔寺），后来为了减轻朝廷财政负担，明英宗时不得不将大批藏僧迁回藏乡，后来又有皇帝也曾兴发过藏佛，明朝期间基本上藏僧和汉僧各领半边天下。

藏传佛教的真正兴旺发达是在清代，这些金人后裔们除了信奉原始的萨满教外，就是大力宏扬藏传佛教，清初修建了永安寺、普胜寺、察罕喇嘛庙、慈度寺等，黄寺大街东端原有一座普静禅林，为了迎接藏僧来京，顺治八年（1651 年）将其重新修葺，殿顶改为最高级的黄琉璃瓦，故名黄寺，第二年藏传佛教领袖五世达赖喇嘛来京朝见，就安排在这座新建成的喇嘛庙里，随之又拨专款在西侧又修建了一座喇嘛庙，为达赖喇嘛专用，这东西近临的两座藏佛寺院后来称为东、西黄寺。南海子（南苑）的德寿寺、永慕寺，皇城东侧的玛哈噶喇庙、嵩祝寺、智珠寺、法渊寺，皇城西侧的福佑寺，西郊的实胜寺、召庙，还有长泰寺、圣化寺、宏仁寺、圆通寺、福寿寺等都是清代修建的。

京城最为著名的藏传佛寺当属内城东北部的雍和宫，这里原本是雍正皇帝即位前的贝勒府，后改为雍亲王府，雍正即位后三年又改为雍和宫（彩版五，1）。雍正皇帝去世后，乾隆九年（1744年）正式改为喇嘛庙，按规格王府殿顶只能覆绿琉璃瓦（图十八）。因为这里是雍正皇帝曾居住过的地方，在雍正去世后仅半个月就全部改覆黄琉璃瓦，这里不仅仅是一座喇嘛庙，它还管理着华北和内蒙一带的喇嘛教寺院，有权向那里派遣住持喇嘛，黄琉璃瓦既体现了它的皇族历史，也显示了它作为全国喇嘛教事务管理中心的尊贵地位。这座庙宇当初总占地66400平方米，建筑规模宏大，从整体建筑布局上看，将皇家王府、汉人寺庙建筑、藏式风格融合为一体，成为一处极具特色的宗教建筑群，现存建筑由东中西三部分组成，主体建筑为南向布局，南北中轴线依次排列着牌楼、昭泰门、雍和门、四体御碑亭、雍和宫（大雄宝殿）、永佑殿、法轮殿、万福阁等建筑，东西两侧有讲经殿、密宗殿、数学殿、药石殿、戒坛楼、班禅楼、永康阁、延绥阁等配殿。乾隆皇帝为了拉拢蒙藏地区上层组织，在许多建筑体的设计上尽量采取汉藏结合的做法，例如喇嘛们举行法事活动的大经堂，在中国传统的歇山顶上设计了五个中间高、四角低的阁楼式天窗，每个阁楼上都有一个镏金藏式喇嘛小塔，殿内正中供奉着喇嘛黄教领袖宗喀巴镏金铜像。最

图十八　雍和宫雍和门

为显眼的是中轴线南部的御碑亭里刻写着《喇嘛说》全文，用满、汉、蒙、藏四种文字书写，这充分显示出清代皇帝对藏传佛教的高度重视。

历史上的北京为地道的汉人集聚地，虽然因地缘关系和政治原因多次进入了一些少数民族，但汉文化始终占据主导地位。汉代佛教传入北京，除部分藏传佛教外，应该说大部分为汉传佛教，所谓汉传，是指以汉语方式讲解和传播佛法的教派，它基本上没有改变原始印度佛教的内容，总的理论基础和修持方法与世界传统佛教思想是一致的。也有一部分根据汉地生活习惯、地域特征不同等原因，对原始佛教部分戒律进行了修改，还有就是由于翻译和传播者的水平原因，使得同一佛教内容做出不同解释，产生了不应有的教义歧化。自元至清的六百多年间，北京的宗教社会发生了重大变化，佛教寺庙种类和数量也发生了很多改型和演进，尤其到了清代，汉传佛教在藏传佛教的挤压下勉强维系，一般情况下，大型寺庙因多多少少与皇家有着千丝万缕的联系，又由于汉传和藏传本来就没有很大矛盾和区别，较多保持了汉传佛教特点，一些小型尤其民间寺庙，由于条件和水平限制，寺庙性质变得五花八门，不仅发生了汉化，有的到底属于道教还是佛教都分不清，所以要想搞清北京有多少藏传多少汉传是根本不可能的事情。北京现存的著名寺庙中，中国佛学院所在地的法源寺（彩版二，1）、佛教音乐诞生地的智化寺（彩版五，2）、中国佛教协会所在地的广济寺（彩版六1）、北京佛教协会所在地的广化寺（彩版六，2）等都基本保持了汉传佛教的传统，寺内殿宇及配套都保持中国传统建筑特色，为我们留下了珍贵的佛教文化遗产。

## （三）北京寺庙的历史年代

北京建城三千多年，建都 800 多年，北京的原始宗教要比建城时间早得多，北京的人文宗教虽然没有三千多年，但比建都时间要早很多年。北京始自东汉的修庙造神运动，一千多年以来始终没有间断过，直到 21 世纪的今天仍有人借保护文物之风不遗余力地修假庙、造假神，当然其目的比历史上的修庙造神更具赤裸裸的功利性。

过去曾有许多书籍和文章，认为北京最早的寺庙是修建于晋代的潭柘寺。其实早在它 100 多年前的东汉时期北京就已经有了寺庙，例如密云云峰山上的超胜庵，就是初建于东汉时期的一座佛教寺庙，庙里除供佛外，还供奉着关帝，平谷丫髻山上的砧堂寺（又名宝泉寺或云泉寺）也是初建于汉代，平谷渔子山的轩辕庙，据专家考证，始建年代不会晚于汉代，怀柔喇叭沟门乡北辛店有座佛道儒共存的昙云寺是东汉时期修建的，昌平城西南的香水寺也是汉代修建的，另有资料介绍，海淀西北部的法云寺也是初建于汉代，以上列举的北京几座初建于汉代的寺庙，有的明确记载为东汉时期，有的没有明确记载，我们只能笼统叙述为汉代。这些寺庙有的早已荡然无存，有的仅存遗迹。在北京周边地区也有一些初建于汉代的庙宇，距北京较近的易县蟠道寺和蓟县的香林寺都是汉代修建的，这些古老寺庙的存在，起码使北京的寺庙历史又上推了百多年。

在本书统计到的四千多座"寺庙"中，建庙最多的历史时期是明代，内外城及四郊共有 1045 座，这些寺庙修建于明代的各个历史时期，数量尤以明中期为众。按照寺庙数量排序，其次为清代 908 座，元代 177 座，辽金 117 座，隋唐为 78 座，民国时期 40 座，汉代 6 座，魏晋时期 4 座，后梁和北齐各 1 座。当然这些寺庙的年代划分和统计是粗线条的，有些寺庙经过专家后来的考证推翻了原先的说法，例如最近有专家考证，香山碧云寺早在元代之前的唐代就有寺庙建筑，在我们的附表中仍按元代统计。按历史纵轴排列，北京修建寺庙的数量呈一个立着的枣核形，明代是枣核的最大直径处，向上向下的直径渐小。从以上排序数据可以看出，北京的宗教旺盛期为辽金至清代这 900 多年间。从这里我们可以看出，这与北京都城的政治地位有直接的关系。由契丹人建立的辽政权，主要控制着白沟河以北的地区，他们把北京作为陪都只经营了 100 多年，女真人建立的中都城也只有几十年，他们初入中原，对汉人汉地习俗了解不够，丰盛的物资、优美的自然环境深深吸引着他们，希望永远也不离开这方宝地，急需一剂掌控汉人汉地的灵丹妙药，这就是利用宗教麻醉人民群众，于是大力鼓励修寺建庙，所以寺庙数量比国力和文化发达的隋唐时期还要多。

蒙古人用武力占领燕京城后，遇到同样的问题，这个时期不仅道教佛教盛行，外域的基督教、伊斯兰教和东北的萨满教也都纷纷表示要在大都兴建庙宇，但在忽必烈眼中，佛教作用最大，于是出资鼓励兴建佛教寺院，道教、儒教和其他洋教虽不阻挡，与佛教相比数量上有较大差距，所以在元代修建的 177 座庙宇中佛教所占比重较大。

明代是统治北京的唯一的汉人封建封建王朝，不仅时间最长达 276 年，而且这个时期文化最繁荣、经济最发达，朱氏王朝比以前几个来自草

原的民族更懂得汉人，以汉制汉，在封建王朝的宣传和扶持下，官家、民间都修建寺庙，这个历史时期修建的寺庙达到1045座。在官方修建的庙宇中，佛教数量较大，但这个时期民间合村及行业或家族修建的庙宇数量大增，民间庙宇的特点是基本不太注重何种教派，哪路神仙与人们的生产生活有帮助，就修建什么庙宇，供奉什么神，所以民间庙宇以道教为主，致使道教庙宇总数量略高于佛教庙宇。

中前期的清王朝虽然国力仍很强盛，无奈封建王朝的命运快要走到了终点，无情的历史像一把锋利的镰刀，再旺盛的庄稼、再长的地垄，终一天要被镰刀割倒放平，到了清晚期，朝政腐败，外敌赤裸裸入侵的同时，大量基督洋教堂在京城矗立起来，在我们统计到的71座基督、天主和东正教堂或教会中，年代不清楚的有45座，年代清楚的有26座，其中清代20座，占年代清楚的80%，明代修建的3座，民国期间修建的只有海淀泄水湖一座基督教堂。清末国力衰败，民怨四起，腐朽的封建统治者已经自身难保，北京城就像乱了营的蜂箱，清王朝虽然统治北京也长达200多年，但后期已经无力关注宗教这件软武器了，清代修建的寺庙只有908座。

封建皇帝倒台退位后，各种政治和军事势力竞相登台亮相，企图瓜分中国政权，这个时期西方的科学思想也进入中国，反帝反封建的浪潮一浪高过一浪，旧势力没有精力关心什么宗教，新的科学思想反对迷信和唯心主义，宗教势力成了荒草田里的几棵霜打的稼秧，民国期间只修建40座寺庙，旧有的寺庙也无人修葺而逐渐荒圮，这个时期是北京有史以来修建寺庙最少的阶段。

北京的清真寺与其他宗教有着明显的区别，教徒成分单纯，人数稳定，与官家牵扯较少，相对社会矛盾也少，民国时立法承认并保护伊斯兰教，封建时代不被重视的伊斯兰教团体取得了应有的社会地位，使北京的伊斯兰教会逐步发展成为全国的伊斯兰教中心。这个时期北京新建的教堂有鼓楼清真寺、天桥清真寺、米市胡同清真寺等。最为特殊的贡献就是始建了清真女寺，这不仅为女性伊斯兰教徒进出教堂提供了方便，也是女性地位提高的显著象征。

（四）北京的寺庙分布

北京的寺庙建筑无论从建筑规模、宗教类属还是数量和历史年代，都具有鲜明的地域特征。

　　不同的历史时期，作为都城的地理位置也不同。辽金都城及以前的城市位置位于今广安门稍南一带，金中都城将辽南京城（燕京）围裹在内，金中都城的东城垣大致在今南新华街南北一线，西城垣大致位于今马连道南北一线，南城垣大致位于原北京南站东西一线，北城垣位于今宣内大街的头发胡同东西一线。蒙古人修建的元大都城基本位于今东、西二环路和北土城路四围以内。明代城垣在元大都城基础上改建而成，内城基本与大都城复合，明嘉靖年间修建了外城，因财力不足，只修了南面一道城墙经费就捉襟见肘了，不得不将东西两端稍向北延即抱接内城城墙草草结束，这个半拉子工程形成了一个名不副实的帽形外城。以后的清代和民国时期，北京大城的城址和四围没有任何改变。北京城具有举世无双的中轴线建筑布局，这条中轴线大体上把北京大城分为东两部分，但这条中轴线并不是北京城真正的等分线，穿越正阳门、故宫太和殿、景山和钟鼓楼的这条建筑中轴线分割开的东西两城并不完全相等，从中轴线到东城墙的距离要小于从中轴线到西城墙的距离。在这条建筑规划中轴线西侧还有一条城市几何中分线，这条中分线把北京大城等分为东西两部分，从中分线到东城墙与到西城墙的距离基本相等，这条城市几何中分线南北穿越旧鼓楼大街和故宫太和殿中线以西，与建筑规划中轴线东西相差大约120多米。出现这种偏差的原因完全是由于自然水域的影响形成的，并非人为风水或八卦理论所致。除以上两条南北线外，还有一条穿越北京城的地球子午线，与建筑规划中轴线呈2度十几分的夹角，中轴线与子午线呈顺时针方向偏斜，从永定门到鼓楼两线已经相差300多米。出现这种偏斜是由于古人的测量误差所致，而非人为故意。

　　北京城区的寺庙基本分布在建筑中轴线的两侧，与其他两条南北线关系不大。因北京大城坐落于北京地面的东部偏南位置，所以四郊面积不等，寺庙分布数量也相差较远。

　　为了叙述方便，本书把北京地区按照明清时期的城区范围粗略划分为：内城东部、内城西部、外城东部、外城西部和东郊、南郊、西郊、北郊八个部分，而故宫、景山、北海地区位于城区中部，中南海的大部分地段又偏中轴线西部，故将这几个地区划分在内城西部，致使内城西部寺庙数量比重很大。

　　北京市全区总面积16801.25平方公里，按本书统计出的4315座寺庙

为计算依据，就其密度讲，全市平均每平方公里就有 0.25 座庙宇，但寺庙密度分布不均，城区密度大大高于郊区。郊区密度分布相差也很大，县镇驻地密度大于郊野，风景名胜山区寺庙密度高于一般山区，例如西山一带不仅是风景名胜区，也是皇家御苑所在地，各种寺院非常密集，顺义的呼奴山和牛栏山、平谷的丫髻山庙宇也十分集中，房山的上房山有以兜率寺为中心的七十二庵建筑群。普通的平原农村寺庙密度较小，布局均匀，几乎村村有庙，有的一村多庙。

根据文物部门实测明代城墙长度计算，城四区总面积 44.82 平方公里，其中内城面积 40.08 平方公里，外城 4.74 平方公里。

城区的寺院总数为 1494 座，寺庙密度为每平方公里 33.33 座，城区寺庙犹如云天星座，相对郊区分布比较均匀，但也有相对比较密集的区域，有的胡同修建几座寺庙的情形不在少数，例如东城的羊管胡同，有元代修建的圆宁寺，又有明代修建的报恩寺和万善寺，西城小小的泔水桥胡同就有佑圣禅林和寿明寺两座佛教寺院，外城东河沿有天仙庙、无量庵、增福庙、白云寺、积谷寺、万福寺五座寺庙，外城西部的大川淀有关帝庙、龙王庙和五圣祠堂三座道教寺院。

在故宫四周修建有大量的寺院，有些寺庙是皇家出资修建的，北京旧有"故宫外八庙"之说，指的是北池子的宣仁庙、凝和庙和南池子的普渡寺及北长街的昭显庙、万寿兴隆寺、福佑寺、静默寺七座庙宇，再加上西华门外玉钵胡同的真武庙合称为故宫外八庙。仔细分析这些寺庙的修建年代，大都是清代新建或改建的，最晚的是雍正十四年（1730 年）修建的，这就是说故"故宫外八庙"之说始于雍正之后，很明显此说附会于承德避暑山庄的外八庙。其实故宫周围何止八座庙，除神武门外的大高玄殿、天安门左侧的太庙、景山内的寿皇殿外，还有南长安街的继志庵、人民大会堂位置的天仙娘娘庙、南长街的大悲院和五圣祠、府右街的观音堂、南池子南口的库神庙、电报大楼位置的双塔庆寿寺、北长街的乔道士庙、中南海西羊坊夹道的延寿庵等庙宇。至于还有"故宫内八庙"之称，更是附会之说，故宫内的宗教建筑不止八处。因修建在皇家天子的住所内，只有少数称为庙，大部分称殿、楼、馆、阁、祠等，例如故宫东路的传心殿、圣济殿、梵华殿、神庙，西路的咸若馆、宝相楼、吉云楼、慈荫楼、梵宗楼、抚辰殿、雨花阁等，除此之外，其他位置还有祀马神所、英华殿、祭孔处、奉先殿、仁寿殿、钦安殿、玄穹宝殿、佛日殿、城隍庙、马神庙、大佛堂、四神祠、神祠等。

关于"什刹海"这一地名的来源，历来众说纷纭，其中以"因有十座庙宇"这一说法传播最广，此说并非空穴来风，清咸丰年有一座碑有"什刹海以环海有丛林（寺庙——本书注）十故名"的记述，如果不迷信权威的话，我们有理由对这一说法提出怀疑，要弄清这一说法的真实可靠性，首先要明确什刹海的地理范围。这一西北——东南方向的狭长水域是古永定河留给北京最好的纪念。古代时水域的模样并非今天所见之倩影，儿时的永定水身长体胖，性情活泼，亦无名称，随着历史的考练，这段水域逐渐变得矮小清瘦起来，金代时称白莲池，元定大都城之前，这里仍是一段无名无姓的野河泡子，元代建大都城后，始有"海子"的称呼，可能明代时"海子"已明显分成几段不同形状的水域，所以明代有了"后湖"、"积水潭"、"净业湖"、"十刹海"、"什刹海"、"莲花池"等名称。明代的《帝京景物略》中出现了"十刹海"的称呼，根据句意推测，"十刹海"或"什刹海"很可能是指包括今天的积水潭（西海）、后海和什刹海（前海）在内的整个水域而言，如果是指这一整个水域，根据《什刹海志》统计，这一水域周围有32个寺观、2个清真寺、12个教会组织、7个祠堂，很显然以十个庙宇定名这个湖泊是不可能的。在后海西北岸段家胡同有一座叫"什刹海庵"的寺庙，初建于明代，如果根据这个寺庙决定湖泊名称，那么什刹海的范围应包括后海和前海两部分水域，这两个水域四周也不止十个寺庙，十和刹是佛家经常用到的字，例如"十方"、"十戒"等，刹即俗称的塔尖，经常以刹代表佛教庙宇，中国古代文字中"十"和"什"又是通用的，所以明代或明之后因庙定湖泊名称是不可能的，因湖泊定寺庙名称也是讲不通的。到了清代对这一水域的称呼有了明显的变化，《光绪顺天府志》和《大清一统志》称德胜桥附近的水域为"积水潭"，其东南的水域为"什刹海"。再东南叫"莲花泡子"，按其意什刹海应包括后海和前海。民国期间对这几个水域又有了更加明确的定义，民国20年出版的《燕都丛考》有了"什刹前海"、"什刹后海"和"积水潭"的称呼。解放后的定名基本沿袭了民国期间的称呼，今天一般人们习惯地称什刹前海为"什刹海"，什刹后海为"后海"，什刹西海为"积水潭"。根据以上文献叙述，什刹海的范围起码应包括前海和后海两个部分，即使仅指今天人们习称的前海为"什刹海"的话，周围就有白米寺、海印寺、西药王庙、龙化寺、观音庵、白衣庵、广福观、白云仙院、海潮庵、火德

真君庙、白马关帝庙、真武庙、清凉庵、天寿庵、北极庵、褒忠祠、清真寺等十几座寺观，可见"什刹海"之名源于十座庙宇的说法是不准确的。

内城东部面积约为 20.024 平方公里，"寺庙"总数为 386 座，寺庙密度为每平方公里 19.28 座。内城西部面积约为 20.064 平方公里，"寺庙"总数 525 座，寺庙密度为每平方公里 26.12 座，除去故宫、景山、北海、中南海地区人为划分在内城西部的因素外，西城的寺庙密度仍略高于内城东部。过去北京有句俗语"东城富，西城贵"，是说中轴线以东的东城多商贾巨富，西城多官府贵人。商贾富人最关心财运和人寿平安，达官贵人最关心权力和社会稳定。道教中的财神庙、关帝庙、土地庙、仓神庙、灶王庙、蚕神庙、茶神庙等能给人带来财运，真武庙、火神庙、龙王庙、三官庙等都给人带来平安，药王庙、娘娘庙等可以保佑人们健康长寿，天地日月坛、风雨雷云殿及四海四渎等神灵又可以安社稷、保四季风调雨顺，所以东城部分的道教寺院除故宫、景山、北海等中部地区人为划分在西城的因素外，总数要略多于西城部分。佛教讲究"无常"和"无我"，教育人们丢掉世俗、超出生死，平和人们的心态，这正是统治阶级最最需要的精神武器，所以西城部分的佛教寺院（273 座）明显多于东城部分（151 座）。东西两城的伊斯兰教堂和儒教殿堂相差无几，晚期进入中国的西方洋教与中国的统治阶级距离较远，所以大都在东城落户，致使基督教的数量东城（25 座）明显要多于西城（7 座）。

外城东部面积和西部面积相差无几，但寺庙密度相差甚远。如果以永定门到正阳门南北一线划分为东西两部分的话，平均每部分面积约为 2.37 平方公里，外城东部"寺庙"总数为 191 座，寺庙密度为每平方公里 80.59 座。外城西部"寺庙"总数为 391 座，寺庙密度为每平方公里为 158.30 座。出现这种悬殊大致有三种原因：（一）自然地理原因，北京的自然地形为西北高、东南低，几乎所有经过城区的水系都是流向东南部的龙潭湖方向，因此外城东部多沼泽湿地，一般不利于人们的耕种和居住，所以人户较少，修建的寺庙也少。（二）历史的原因，外城西部地区是辽金王朝的皇家领地，主要街市建筑都在白纸坊附近一带，寺庙建筑也都集中在明清外城西南部一带。（三）统计的误差，辽金统治北京一百多年，契丹和女真人的文化较浅，所留下的文献资料很少，我们所见到的寺庙线索多从其他历史文献中转载而来，因此内容非常简单，许多寺庙只有名称，没有详细位置、年代和类别划分，我们只能大致推测他们的地点和年

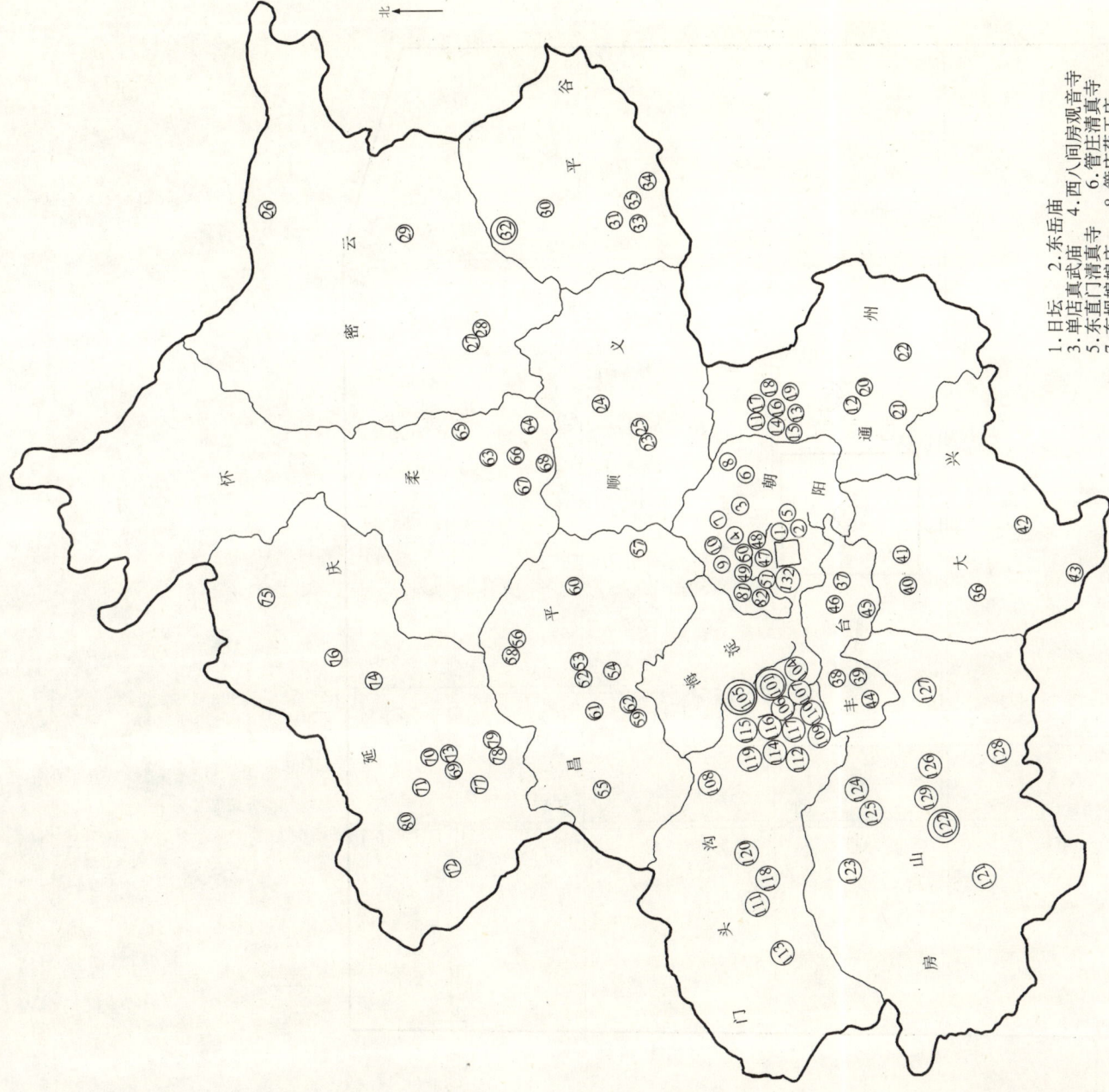

图十九（甲） 北京四郊部分寺庙位置图

图十九（乙） 海淀区部分寺庙位置图

北

1. 日坛　2. 东岳庙
3. 单店真武庙　4. 西八间房观音寺
5. 东直门清真寺　6. 管庄清真寺
7. 东坝娘娘庙　8. 管庄药王庙
9. 南磨夫帝庙　10. 南磨关帝庙
11. 通州清真寺　12. 张家湾清真寺
13. 通州三义庙　14. 通州伏魔大帝宫
15. 通州孔庙　16. 通州紫清宫
17. 通州佑圣教寺　18. 通州静安寺
19. 通州万字会　20. 张家湾三王庙
21. 马驹桥清真寺　22. 永乐店清真宫
23. 顺义又元宫　24. 牛栏山元圣宫
25. 密云文庙　26. 密云清真寺
27. 古北口杨令公祠　28. 密云清真寺
29. 白龙潭龙泉寺　30. 平谷王辛庄吉祥庵
31. 平谷怡大村兴隆庵　32. 丫髻山寺庙群
33. 平谷马昌营高庙　34. 平谷东高村临泉寺
35. 平谷鹿角清真寺　36. 大兴河神祠
37. 方庄忠佑寺　38. 长辛店清真寺
39. 长辛店火神庙　40. 黄村三王庙
41. 西红门清真寺　42. 礼贤清真寺
43. 礼贤清真寺　44. 王佐乱坟岗
45. 榆垡天主教堂　46. 中顶娘娘庙　47. 地坛
48. 西黄寺　49. 马驹桥清真寺　50. 北顶娘娘庙
51. 昌平平西府龙王庙　52. 昌平孔庙
53. 白浮都龙王庙　54. 白浮村兴龙寺
55. 昌平和平寺　56. 黑山寨福庆庙
57. 阳坊大东流普济寺　58. 黑山寨延寿寺
59. 阳坊清真寺　60. 兴寿九圣宫
61. 昌平狄公祠　62. 昌平孔庙
63. 怀柔红螺寺　64. 怀柔北镇凤翔寺
65. 怀柔范各庄娘娘庙　66. 怀柔北宫观音寺
67. 怀柔桥梓梓树庙　68. 怀柔官营龙王庙
69. 延庆司家堡五皇庙　70. 延庆普济寺
71. 延庆靳家堡龙王庙　72. 延庆张山营龙王庙
73. 延庆旧城龙王庙　74. 延庆永宁龙王庙
75. 延庆沙梁子龙王庙　76. 延庆西香营真武庙
77. 延庆下屯龙王庙　78. 延庆西香营拔子佛谷寺
79. 延庆大挖子真武庙　80. 龙庆峡金刚寺
81. 奥运公园龙王庙　82. 大屯天仙观
83. 西郊万寿寺　84. 大钟寺
85. 海淀慈慧寺　86. 海淀梓潼庙
87. 西八里庄正觉寺　88. 海淀天仙会
89. 天宁寺　90. 白云观　91. 西八里庄摩诃庵
92. 西直门外大慧寺　93. 白塔寺
94. 颐和园正觉寺　95. 玉泉山寺庙群
96. 香山地区寺庙群　97. 圆明园正觉寺
98. 望儿山公安寺　99. 海淀寺庙群
100. 大觉寺　101. 八大处寺庙群
102. 海淀延佑寺　103. 石景山慈善寺
104. 八宝山护国寺　105. 石景山慈善寺普寺庙群
106. 模式口承恩寺　107. 横式口　110. 戒台寺
108. 妙峰山娘娘庙　109. 潭柘寺
111. 门头沟灵严寺　112. 三家店二郎庙
113. 盖家屯观音庙　114. 三家店龙神庙
115. 三家店龙王庙　116. 三家店铁锚寺
117. 三家店白衣观音寺　118. 海淀延佑寺
119. 三家店真武庙　120. 雁翅娘娘庙
121. 云居寺　122. 上房山崇各庄常乐寺
123. 房山河北龙神庙　124. 房山
125. 陀里灵鹫禅寺　126. 房山
127. 良乡白庄公院　128. 玻璃河幽云观
129. 周口店庄云庙　130. 正福寺
131. 海淀沱君庙　132. 月坛

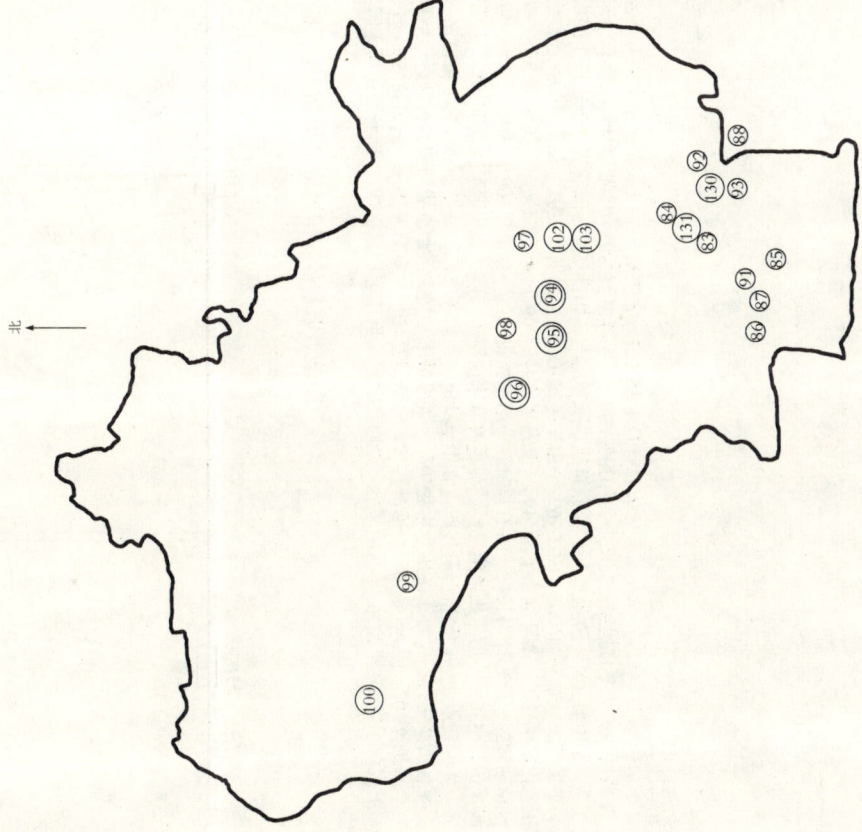

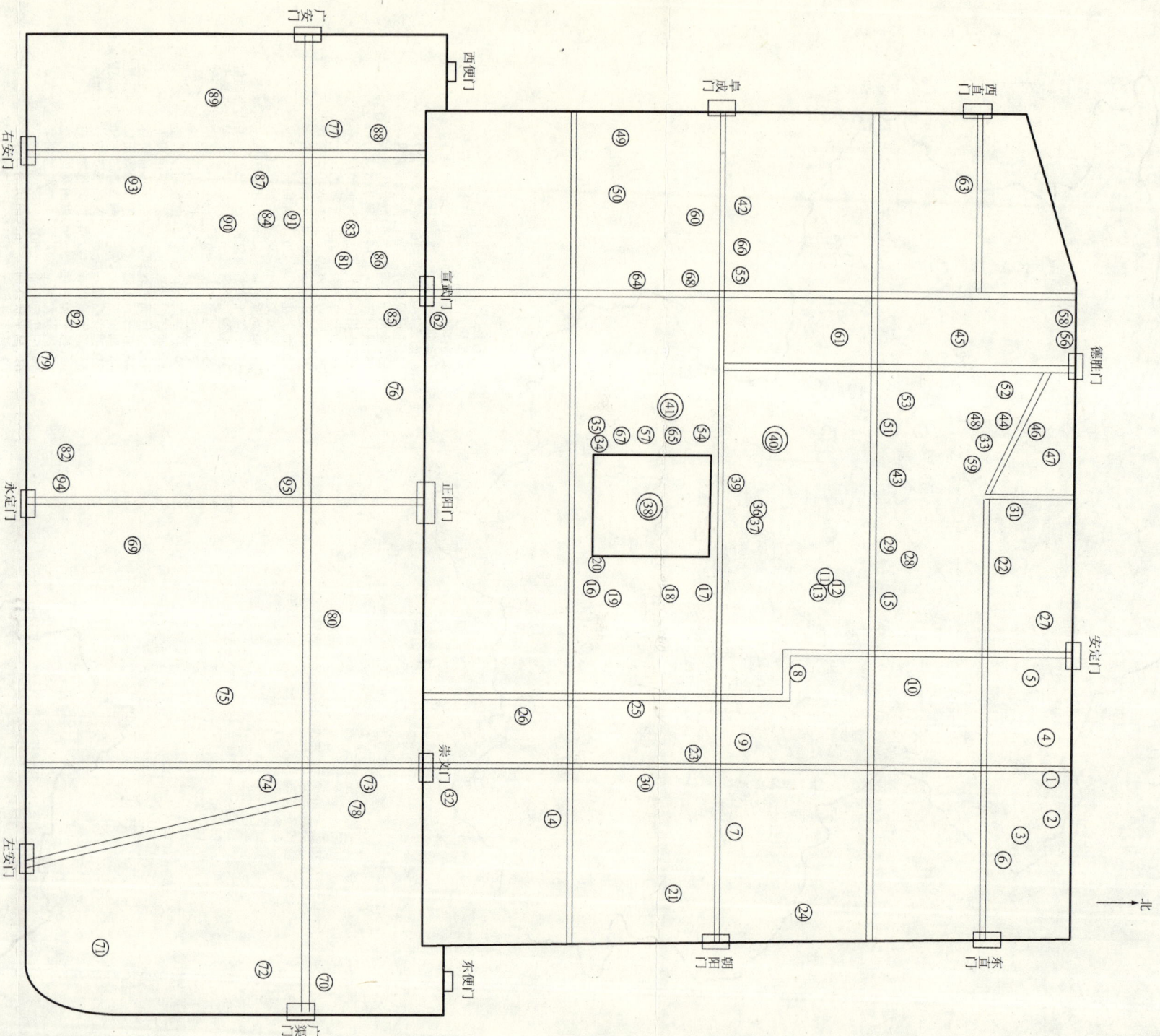

图二十　明清北京城内部分寺庙位置图

北

1.雍和宫　2.柏林寺　3.嵩祝寺　4.孔庙　5.国子监孔庙火神庙　6.东直门药王庙　7.三官庙　8.大佛寺　9.隆福寺　10.文丞相祠
11.嵩寿寺　12.智珠寺　13.法渊寺　14.于谦祠　15.昱忠祠　16.嘉兴寺　17.宣仁庙　18.凝和庙　19.嘉慈寺　20.太庙
21.智化寺　22.敷楼东大街财神庙　23.东四清真寺　24.豆芽胡同清真寺　25.天主教东堂　26.圣米厄尔天主堂　27.王佐胡同永寿寺
28.福祥寺　29.裹衣寺　30.基督教青年会　31.宏恩观　32.亚斯立堂　33.杜照坛　34.中山堂　35.杜照坛　36.寿皇殿
37.景山关帝庙　38.故宫宗教建筑群　39.大高玄殿　40.北海宗教建筑群　41.中南海宗教建筑群　42.历代帝王庙　43.地安门火神庙
44.蒲应寺　45.护国寺　46.关岳庙　47.拈花寺　48.广化寺　49.吕祖官　50.都城隍庙　51.西什库天主堂　52.什刹海火神庙　53.族勇祠
54.福佑寺　55.广济寺　56.净业寺　57.静默庵　58.广福观　59.广兴寺　60.万松老人塔　61.西什库清真寺　62.宣武门天主堂
63.天主教教西堂　64.中华基督教堂　65.万寿兴隆寺　66.汇通祠　67.报国寺　68.万松老人塔　69.天坛　70.万松老人塔　71.裹崇焕祠
72.夕照寺　73.花市火神庙　74.法华寺　75.南药王庙　76.正乙祠　77.报国寺　78.花市清真寺　79.慈悲庵　80.铁山寺
81.宣武门外财神庙　82.先农坛　83.富外司家坑广慧寺　84.法源寺　85.清真女寺　86.杨椒山祠　87.牛街清真寺　88.长椿寺
89.常效寺　90.圣安寺　91.谢鑫山祠　92.龙泉寺　93.万寿西官　94.佑圣寺　95.珠市口基督教堂

代，根据名称粗略确定宗教类别，因此有些寺庙可能并不在外城范围之内，使得数量有所增加，密度随之加大。

元代的道观主要集中在大都城内，南城很少，这是历史的原因形成的。金贞佑三年（1215年），金中都城又遭到蒙古大军的猛烈攻击，正月攻下通州，四月攻占大宁宫（今北海），五月守城丞相自尽，于是狼烟四起、河道断流，蒙古大军稳定局势后再次回到中都城后，这里变成一座狐出兔没、荆棘成林的死城，蒙古军队只好以北海为中心重新规划修筑一座新的大都城，女真人经营了六十多年的那座中都城彻底废弃荒圮，旧庙垮塌，又无人修建新的庙宇，所以主要道教建筑都集中在大都城内。

从修建寺庙的历史年代上看，四个城区部分修建寺庙的高峰期在辽金至清代期间，其中以明代为最高峰。内城东部修建寺庙的数量辽金为0，元代31座，明代139座，清代117座，民国7座。内城西部修建寺庙的数量辽金3座，元代33座，明代165座，清代164座，民国为12座。从以上数据看出，内城东西两部分修建寺庙的数量基本相差不大。外城东部辽金时期3座，元代4座，明代82座，清代35座，民国为0。外城西部辽金时期20座，元代4座，明代66座，清代43座，民国4座。由此可以看出，除辽金时期外城西部修建寺庙的数量明显高于东部外，其他历史时期数量相差较小。

从寺庙的宗教类别上分析，四个城区都是佛教寺院数量大大高于其他宗教寺院（或教堂）的数量。我们选取佛教、道教、伊斯兰教、基督教、天主教、儒教、东正教、萨满教、祠堂、祭坛10个宗教或类宗教性质的建筑作为对比依据：内城东部佛教寺院151座，道教寺院149座，伊斯兰教堂9座，基督教堂25座，天主教堂1座，儒教建筑3座，东正教堂2座，祠堂19座，祭坛为0，萨满教堂子2座；内城西部佛教寺院273座，道教寺院189座，伊斯兰教堂8座，基督教堂7座，天主教堂4座，儒教建筑3座，东正教堂为0，祠堂21座，萨满教堂子为0；外城东部佛教寺院90座，道教寺院77座，伊斯兰教堂4座，基督教堂5座，天主教堂为0，儒教建筑为0，东正教为0，祠堂3座，祭坛5座，萨满教堂为0；外城西部佛教寺院177座，道教寺院138座，伊斯兰教堂8座，基督教堂5座，天主教堂为0，儒教建筑为0，东正教堂为0，祠堂10座，祭坛6座，萨满教堂子为0。（图十九、图二十）

# 六  北京寺庙的规模与建造

　　由于北京特殊的历史背景和地理环境，北京的寺庙历史跨度长，分布广泛，规模庞大，特色鲜明，保存数量最多，宗教活动频繁多样，群众参与性最强，宗教性质纯净，管理有序，对全国乃至亚洲和世界有着广泛的影响。

## （一）寺庙规模

　　在两亿年前，北京大地彻底脱离了汹涌澎湃的海洋环境，傲然屹立于地球的东方地平线上，在山海相望的广袤原野上，滋生出水淋淋鲜泠泠的生命的种子，温暖潮湿的气候环境催生了万物生灵，以悄然而无可阻挡之势诞生了北京人的祖先，早在 50 万年前，京郊西部的山林里就出现了人类祭祀的原始信息，先祖们用红色矿石粉末祭奠逝去的先人。自今上溯五千年来的历史长河中，虔诚温厚的"老北京们"将人类文明从一个高度推向另一个更高的新里程，在科技蒙昧的时代，宗教意识逐步成熟，宗教活动随之繁纷复杂起来，伴随着文明脚步的踏进，各式各样简陋的宗教建筑如雨后春笋般矗立在京郊大地上，随着农耕生产的跃进和发展，各种宗教场所以不可阻挡之势覆盖了万里山野和乡村。由于北京三面环山一面倚海的地理优势及丰沛的水利资源，自三千多年前的商周时代始，这块宝地就备受各族统治势力的重视，两千多年前的汉代时，远来的天竺佛教与本土的道教成为北京宗教大厦的两大支柱，以后西域伊斯兰教和西方洋教及其他宗教势力纷纷踏进北京大门，北京以极大的包容性稳固了这座宗教大厦，从此各种各样的宗教和类宗教建筑迅速出现在城乡大地。

　　北京的寺庙坛观规模大小不等，分布不均，以佛教和道教建筑数量最多，有些寺庙占地规模庞大、建筑高大辉煌，有些寺庙则非常小而简陋。据资料报道，阜成门内的白塔寺可能是北京占地面积最大的寺庙，至元八年（1271 年）忽必烈要在辽代的佛塔基础上修建一座更大的佛塔，历时八年，终于建成了那座巍峨的白塔，白塔建成后，还要修建一座寺院，忽

必烈命人在白塔上向四外射箭，以射箭距离确定寺院范围，经后来测算，占地足有 16 万平方米之巨，那座白塔就占地 810 平方米。其次是位于故宫东侧的太庙占地 139650 平方米，西郊马鞍山的潭柘寺占地 11.2 万平方米，据民国时期统计，天宁寺占地 108 亩，殿舍一百多间，房山的云居寺占地 7 万多平方米。城近郊区较大的寺院大都在 4 至 6 万平方米，例如朝阳门外的东岳庙占地 6.4 万平方米，西直门外的万寿寺占地 57943 平方米，香山卧佛寺占地 5 万平方米，碧云寺占地 4 万平方米，西北郊旸台山的大觉寺占地 4 万平方米。位于东城区的雍和宫是北京地区最大的喇嘛庙，占地 66400 平方米。北京较小的寺庙大都在 3 万平方米以下，例如位于西便门外的白云观占地 33300 平方米，鼓楼西侧的关岳庙占地 25553 平方米，内城东部的拈花寺占地 22644 平方米，有殿堂 255 间，后海鸦儿胡同的广化寺除寺院庙产占地 23310 平方米外，还有几顷附属用地，国子监街的孔庙占地 22000 平方米，朝阳门内的智化寺占地 21300 平方米，西直门外的大钟寺和雍和宫东侧的柏林寺庙产占地都近 2 万平方米，另外还有许多附属用地。法源寺是北京城内现存最古老的寺庙，占地面积很大，历经千年风雨巨变，今仍占地 1.8 万平方米。阜成门内的历代帝王庙占地 1.8 万平方米，西直门外的五塔寺占地 17000 平方米，西四的广济寺占地 13000 多平方米，故宫神武门外的大高玄殿占地 13000 平方米，东城的隆福寺、西城的护国寺和外城西部的报国寺都是规模较大的寺院（图二十一），占地面

图二十一　报国寺全景

积都在一万平方米以上。隆福寺和柏林寺都是五进院落，护国寺也是多重殿宇，规模宏伟、气势非凡，为了修建隆福寺，明景宗竟无偿征调一万多名工匠，拆除英宗的小南城，将主要材料用在隆福寺的建设中，这是一般民庙所无法与之比拟的。

北京的佛寺与道观占地面积虽然可观，与祭坛相比简直就是小巫见大巫了，最大的佛寺占地十几万平方米，而天坛占地高达 273 万平方米，是故宫占地面积的四倍，先农坛占地 133.2 万平方米，是白塔寺占地面积的8 倍多，地坛占地 37 万平方米，日坛占地 20 多万平方米，最小的月坛也占地 8 万多平方米。辽金及元代时，北京有许多祭坛，各郊区县也都修建祭坛，这些类宗教建筑早已荒没在历史的烟云中，因为没有可靠的资料依据，无法判断它们的规模大小，估计不会超过明代祭坛的规模。

除牛街清真寺占地 6000 平方米外，其他的宗教建筑一般占地都比较小，例如东四清真寺占地 4000 平方米，宣武门天主教堂占地只有 5509 平方米，建筑面积也只有 2960 平方米，其他的清真教堂和洋教堂占地面积更小。

就其建筑规模讲，因为北京是最后几代封建王朝的都城，寺观坛庙不仅数量最多，规格也最高，许多重要寺院和坛观都是皇家出资敕建，雍和宫是清政府管理全国喇嘛教事物的中心，寺院建筑规模宏大，原有房屋1200 余间，建筑面积达 39000 平方米，规模之大、建筑之辉煌、等级之高均列北京寺院之首。院内东、中、西三路呈中轴线布局，牌楼辉煌华丽，配殿齐全规整，七进院落，五重殿堂，由南向北殿基逐次升高，中轴线上最后一座万福阁内的白檀弥勒佛通高 26 米，殿宇之雄伟可见一斑。故宫东侧的太庙是明清两代皇家的祖庙，不仅占地广阔，建筑规模也十分庞大恢弘，太庙主体建筑有前、中、后三大殿，附属配殿齐全宏伟。西城区的拈花寺殿堂 255 间，西直门外的万寿寺除 230 间殿堂外，还有许多附属房屋，法源寺现存建筑面积 7747.4 平方米，历代帝王庙是明清两代皇家供奉和祭祀历代帝王及功臣的地方，现存古建筑 6000 多平方米，最大的景德崇圣殿面阔九间，东西各七间配殿，其他配套建筑齐全端庄。位于景山公园内的寿皇殿占地虽然不大，但殿宇气势恢弘，建筑规格完全仿照太庙规制修建而成，主殿面阔九间，各项附属建筑齐全辉煌。修建在故宫内的各宗教殿室，虽然规模没有上述庙宇宏大，但规格很高，设施齐全。

修建在郊区的一些大型寺观院落宽绰，建筑房屋众多，有些寺院密集成群。房山西南部南尚乐乡有座不大的山，山上有隋代高僧静琬修建的智泉寺，常有犹如白带的云雾缭绕山腰间，人们称之白带山，后来这座寺庙也改名为云居寺，历经唐、辽、金、元、明、清多次修葺扩建，建筑规模宏大，东西中轴线上有五大院落，六进殿宇，两侧建有配殿、跨院和帝王行宫，是西郊最大的佛教寺院。房山区西南部的大房山有条支脉叫上方山，这里有九洞十二峰的风景名胜，自东汉肇始建庙，历代增建庙宇寺院，辽金两代达到鼎盛，形成以兜率寺为中心的七十二茅庵寺庙群，兜率寺位于群山中峰，是七十二茅庵的汇总点，建筑规模宏大，殿宇巍峨壮观。上方山其他寺院规模虽略小，但规制完善、香火旺盛，是西南郊最为密集的以寺院为主的风景名胜区。东郊平谷刘家店的丫髻山，景区面积5万平方公里，自唐辽至明清历代增修庙宇，形成一处规模庞大的道教建筑群，素有"小布达拉宫"之称（图二十二）。山脚下有紫霄宫、慈航殿，山半腰有回香亭和东岳庙，山顶建有碧霞元君庙、玉皇阁、三皇殿、斗姆宫，在这些主要建筑之间还分布着龙王庙、虫王庙、马王庙、药王庙、灵官庙、万寿宫、巡山庙、三官殿等较小的道教庙宇。在丫髻山上的道教建筑群中，也有佛教寺庙，山半腰的回香亭后有五尊菩萨殿，山下部的慈航殿里供奉着观音菩萨，在佛教中称观音堂，庙里的"神仙"广通佛道两

图二十二　丫髻山道教建筑群

界，这种现象体现了宗教界和谐与统一的本质。

西山一带是北京的风景名胜区，也是皇家休闲胜地，因此修建有大量佛寺和道观。玉泉山不高也不大，但密集地排列着华藏海禅寺、圣缘寺、龙神祠、昭化寺、华严寺、妙高寺、仁育宫、观音洞、真武庙、关帝庙、观音阁、玉泉寺、吕公洞、龙王祠、金山寺、崇真观、水月庵、东岳庙、清凉蝉窟、广育宫、隆佑庵、普通寺等三十几座寺观。香山附近有红光寺、香山寺、玉华寺、来青轩、梵香寺、卧佛寺、碧云寺、广慧庵、隆教寺、五华寺、龙王庙、观音阁、晏公祠、实胜寺、玉皇庙等四十几座庙宇，圆明园和颐和园是皇家御苑圣地，也修建多座寺庙。翠微山一带风景、风水俱佳，除了著名的八大寺庙外，还有许多其他寺观。分布在郊区和山林深处的这些寺院规模大小不等，有的或房屋众多，或高大辉煌，有些则殿堂简陋矮小，也有些是大寺院的别院，虽然远离城市闹区，但香火旺盛、香客络绎不绝。

与这些皇家庙宇和大型寺庙或以风景取胜的寺院相比，真正与众多百姓密切相关的寺庙是大量中小寺院，这些寺观大都修建在街舍或胡同坊间。位于美术馆后街路东的大佛寺本名普德寺，这座佛教寺院是清光绪年间在元代寺庙基础上修建起来的，清代时房基面积九亩多，灰瓦房74间，另有附属房基地三分，房屋16间，寺院内有前、中、后三层殿宇，各配套殿舍齐全，是当地百姓经常光顾的寺院。

交道口南大街路西有座修建于元代的佛教寺庙圆恩寺，至清代时占地面积3780平方米，房屋只有96间，院内有水井，井旁有松、柳、槐等树木，每日上香的居民不断。位于交道口南大街路东的大兴县胡同有座修建于明代的城隍庙，院内面积3796平方米，房屋只有29间。安定门内王佐胡同的永寿寺占地一亩，房屋18间，该寺初建于明代，1936年维修后，北京佛教协会的周又忱先生题写了新的庙名。虽然这座不大的庙宇已经改为民宅，周又忱先生的儿孙们有时还到这里拜望留下祖先墨迹的古庙。这些不太大的寺院里整日香火不断，附近百姓们有求神保佑的事，随时可以进院烧香。位于西直门南小街的弥勒院是明代的一座佛教寺院，占地5994平方米，房屋85间。有名的宝禅寺寺院占地只有1998平方米，庙产房屋45间，但在78亩坟地上还有部分管理房间。东便门内的蟠桃宫是北京著名的道教宫观，占地5328平方米，房屋只有27间，但院内殿室齐全，香客最旺。外城西部西河沿的万寿关帝庙又叫粗旗杆庙，占地1998平方米，房屋 59 间。大兴安定村的双塔寺占地 1500 平方米。海淀区普惠南里有座初建于辽代的佛教寺庙，因辽金皇帝常出游到此暂住，故又称驻跸寺，至明嘉靖三十六年时，经多次修建过的石围墙长一百多丈，如按一百六十丈折算，寺庙占地 1440 平方米，山门里边是天王殿，主殿大雄宝殿后边还有楼阁，两边有伽蓝殿和祖师殿，另有多座禅房、僧舍和方丈室，这是一座典型的中型佛教寺庙。房山琉璃河洄城村的岫云观现占地 300 平方米，三进殿，钟鼓楼、戏楼、牌楼齐全，香火一直很旺盛，主要建筑至今保存完好。昌平兴寿乡龙泉村有座建于唐代的龙泉寺占地 5994 平方米，遗迹尚存。通州牛堡屯镇辛庄村明代修建的三士庙，占地 1680 平方米，院内有玉皇阁、娘娘殿、关帝殿，是一座典型的道教庙宇，虽然规模不算太大，因院里的"主人"与百姓关系极为密切，所以常年香火旺盛。

北京还有许多比以上庙宇规模小的寺庙，例如东城朝内南小街的吕祖庙只有八分地 16 间房，西城白塔寺北边的火神庙占地一亩，房屋只有十间，外城东部下头条的三元寺占地一亩，房屋 15 间，外城西部养羊胡同的三元庵只有六分地九间房，东直门外工体附近的鬼王庵占地一分五，一间房。东郊高庙村有座弥勒庙，院子南北长八尺，东西宽七尺，院内只有一间小房，弥勒佛照常安于职守，常年与村民为伴，在郊区有许多这种小庙，甚至没有院墙，有的干脆把玉皇大帝安置在民宅土墙的洞洞里，也有的小庙矮如鸡窝狗舍。

规模再小的寺庙只有房屋没有院落，规模更小的寺庙几乎不占任何土地，例如朝阳门南水关城墙上，在左、中、右三个部位挖修了三个庙堂，左边是地皇庙，右边是人皇庙，中间是天皇庙，它们不占分寸土地。广安门外关厢有座寺庙不占分寸土地，修建在树洞里。北京的寺庙规模之大之辉煌勘属全国之首，最小的寺庙之奇亦属少见。从占地百万到分毫土地不沾，从辉煌宏大的殿堂到简陋矮小的土房甚至小小洞穴，说明修建庙宇的出资人穷富悬殊、贫贱分明。诸如太庙、历代帝王庙、雍和宫、孔庙、关岳庙（图二十三）、隆福寺、护国寺等许多大型寺庙都是皇家直接出资修建，像潭柘寺、法源寺、天宁寺、云居寺、佑圣教寺、十字寺、红螺寺等初建于古代的寺庙，元明清各代也都经由皇家多次出资修缮维护或改建。

除此之外，有些中型寺庙由宦官、和尚个人或集资修建，例如门头沟曾有座初建于唐代的会聚寺，明正统年间，惜薪寺太监陶镕出资重新翻建后，明英宗赐写匾额西峰寺，从此会聚寺改名为西峰寺。位于东城禄米仓

图二十三　关岳庙正殿

胡同的智化寺原为明代司礼监太监王振的家庙，占地二十六亩，殿堂、平房共计 196 间。后皇帝赐名为智化寺。石景山模式口有座隆恩寺，原是金代秦越公主修建的昊天寺，明正统四年王振重建后改名为隆恩寺，外城东部南岗子法藏寺，原名弥陀寺，也是金代古寺，明太监裴善静出资重新修建后改名为法藏寺，西郊著名的碧云寺，原为元代碧云庵，明太监于经用在张家湾运河码头搜刮来的钱假惺惺地捐献慈善事业，将碧云庵扩建增修后改名碧云寺（彩版七，1）。明天启年秉笔太监兼东厂总监魏忠贤权倾朝政，号称九千九百岁，人未死就在全国修建了九十二座生祠，仅北京就修建 25 所，为修建朝阳区东坝马坊的普惠生祠圈占东坝土地一千五百多顷，祠堂建筑辉煌宏大，殿顶覆盖黄琉璃瓦，殿宇九重，殿内金身塑像，其规模和规格不下圣殿。西直门内的崇元观，是明崇祯年司礼监太监曹化淳捐建的道教庙宇，占地宽广，房屋众多，东自新开胡同，西至后章胡同，都是观属用地，观前有"三界胜境"牌楼，观内有玉皇殿、三皇殿和三清殿等殿宇。当然太监的级别相差也很大，小些的太监捐建的庙宇也比较小，如外城西部的千佛寺土地面积五亩，房屋 16 间，是明代太监商尚质出资修建的。明御马监太监蔡秀恭在军博后边捐建的蔡公庙是较小的庙宇，明太监夏时在王府井椿树胡同修建的成寿寺是一座中型寺庙,占地五亩,房屋 97 间。诸如以上太监"行善"事例还有许多。

过去的住持和方丈是寺庙里的最高领导,与今天乘坐宝马奔驰的和尚领导不同,他们常用的交通工具是两只脚,最高级的也只有骑马和驴外出办事或化缘,住丈方之陋室,大部分和尚或道士没有任何额外收入,经济比较紧张。外城西部山西街的关帝庙是原地藏寺住持省三在旧庙基础上重新修建的小型寺庙,四间半房只占二分地。白塔寺夹道的方丈庙不动产土地也只有二亩半,六间正殿和部分配房,所用修建经费都是住持和方丈的捐资。

京城有许多寺庙是行业协会聚资修建的,例如安定门内国子监街西口路南的火神庙,是附近几家商铺为了躲避火灾共同出资修建的(图二十四)。外城东部南岗子曾有座十间房的文昌宫,是酒业同行捐资修建的,外城东部有座鲁班馆,占地二亩八分,房屋 45 间,是木业商人公共修建的行业庙宇。卖书的最怕着火,琉璃厂小沙土园有个文昌会馆,书业同行在会馆旁边修建一座火神殿,希望火神爷保佑书商们免遭火灾,小庙只有

图二十四　成贤街火神庙

一亩一分土地28间房。前门粮食店街是商业集中的小街道，商人们为免火灾，也集资修建了一座只有九间房的火神庙。广渠门内有座炉圣庵，庵里供奉老君塑像，是山西冶炼行业商人共同出资修建的。旧中国的民族资产阶级大都小本小利起家，尤其小商小贩经不起任何灾害折腾，那时没有什么防灾和保险措施，他们只好把希望寄托在神灵身上，于是在京城的寺庙中行业庙宇占有一定比例。这些寺庙的规模一般较小，大都属于小型庙宇。灯市口西街路南曾有座道教三皇庙，是清代时盲道人阎永贵倡议盲人捐资在福田庙旧基上修建的，属于盲人行业性质的庙宇，也有人称为瞎子庙。

北京的私家庙宇包括家族祠堂数量不算太少，其规模大小相差悬殊，规模宏大的太庙、寿皇殿等自然无法与之相比，就是太监们的家庙也是寻常百姓望尘莫及的。在郊区农村，大部分的庙宇都是合村捐资公建的，例如东郊八里庄的二圣庙，占地216平方米，房屋十间，为全村募修。海淀巴沟村的五圣庙土地只有一分八厘，房屋一间，为全村合建。东郊花园闸东头全村合建的东七圣庙也只有一间正房和一间勾连搭小房。南郊六道口的九圣祠土地面积一分二厘，瓦房一间，南郊西红门村的九圣祠土地一亩，房四间，北郊骚子营的九圣祠，只有一分地四间房，奥体村西侧泥沟河村的七圣神祠土地半亩，房屋一间。

在京城也有些寺庙是个人修建的，这些人并非皇亲国戚或高官大太监，一般为殷实人家，例如灯市口油房胡同的真武庙和外城铜法寺岗的通法寺，庙产不大，房屋也不太多，都是市民自己修建的。朝阳门内无量大人胡同的无量庵也是居士屠文正自行出资修建的，景山东街的傅恒家庙一亩地11间房。东便门外的三忠祠是祭祀诸葛亮、岳飞、文天祥的祠堂，只有三间房屋，内塑三个忠臣塑像，祠堂后是濯缨亭，这个小小祠堂是义士周珍自己出资修建的。位于龙潭湖公园的袁崇焕祠五间正房五间吞廊，明末抗请将领袁崇焕受人诬陷被杀，暴尸街头，余氏人家偷偷收尸葬于广东义地，并世代守护，后人于墓前修建了这座祠堂。

神仙本无大小，地位亦无高低，但他们的待遇却如此不平等，这种天壤之别并没有改变神仙们的本性，住在辉煌殿堂里的神仙并没有让皇帝老子"万岁万万岁"，也没有给任何高官和特权人物发放免死牌，荣居皇宫御殿的神仙没有改变任何一个朝代垮台的命运，皇帝死后无首、皇帝死无葬身之地的不该发生的故事还是发生了。万事万物随着日出月落周而复始地运转变化着。小庙里的"神仙"们毫无"怨言"，年复一年、日复一日忠实的服务百姓，在"神仙"们眼里，财即空、色即难，在空空如也的灵仙世界里万物有灵、神鬼平等，人间世界里的巨无霸与小人土民同祖同根，不同的是一些人狡诈凶狠，或巧取豪夺，或武力占领，将上天均分给人们的财富变为少部分人的财产，他们假借上天神仙的安排愚弄平民百姓。他们豢养一帮贪官污吏制定种种条律限制和镇压百姓，收买许多文人术士为其制造舆论摇旗呐喊。不过神仙们早已把人间真情看透，该死的定不能活，该发生的事情迟早要发生，无数历史事实已经给出了结论。大太监魏忠贤敛资千万，仅东坝祠堂一地就强占土地1500多顷，1627年八月天启皇帝驾崩，崇祯皇帝下诏抄没他的家产发配凤阳改造，三个月后六十岁的魏忠贤上吊自杀，他连九千九百岁的零头都没活到。倒是有些不崇拜神鬼迷信、住陋室的平民百姓不仅子孙满堂，而且快快乐乐度过长寿一生。

## （二）位置和方向

寺庙及类宗教建筑的选址定位是由这个地区的民族习性、历史文化和地理特征所决定的。在诞生过"北京人"并具有三千多年城市历史的北京，在进入文明史之前，他的宗教特点与其他地区几乎没有任何特殊之处，自从道教成熟、佛教闯入北京的汉代开始，所有宗教活动都带有鲜明的地方特性，因早期的宗教活动文字纪录很少，一些宗教建筑也大都淹没在历史的尘霭中，使得北京宗教历史的研究受到一定限制。但当北京跃入都城之后，各种政治势力和宗教文化像潮水般涌入北京，其中对北京冲击和影响最大的当属北部和东北部的草原文化，契丹、女真和蒙满等少数民族把草原文化带到北京的同时，也接受了中原汉文化的熏陶，在选择寺庙和其他类宗教建筑的位置时体现了明显的多元文化特性。

### 1. 寺庙的位置选择

封建统治阶级统治人民除了垄断生产资料和实行军事镇压外，最常用的手段就是用宗教麻醉这个软武器，皇家在选择大型宗教建筑的位置时要请风水先生或懂得天文历法的高级喇嘛测量定位，总的原则是近山、靠水、方便，符合风水理论。"风水"概念是汉文化的一个重要组成部分，晋《葬书》中解释为："经曰，气乘风则散，界水则止，古人聚之使不散，

行之使有之，故谓之风水。"其实所谓"风水"就是"风"和"水"两种自然现象的综合考评结论，上风上水是洁净无污染的生活元素，北京的地形和基本位置决定了西北部是上风口、上水源的风水宝地，风水先生们把最简单的问题搞得复杂化，让善良的人们无所适从。风水概念抽象，但靠山、近水、方便却很具体，只要帝后和贵族集团满意，风水不风水就凭术士们那张巧辩的嘴舌了。不过汉文化还有另一些可遵循内容，例如《周礼》中明确规定"左祖右社"和"前朝后市"的原则，所以明清祖庙选择在故宫左侧的重要位置上。有研究者认为，元代的佛寺脱离不开以皇宫为圆心、以15分钟步行距离为半径的同心圆的范围，或者说包涵在44步乘50步的平格网内。我们很难对这一具体但很粗量的测量结果说出对错，从元、明、清三朝故宫周围的寺庙分布情况分析看出，其基本原则是符合的。故宫东侧外围有沙滩祝嵩寺、智珠寺、法渊寺，骑河楼马神庙、东安门内恪喜公祠和奖忠祠，南河沿普胜寺和普渡寺，北京饭店西侧的堂子，北池子大街的宣仁庙和凝和庙，南池子南口库神庙等，故宫西侧北长街有昭显庙、万寿兴隆寺、静默寺和福佑寺，西安门内云机庙、寿明殿和大光明殿，府右街北口永佑寺、南长街真武庙等，故宫神武门外有大高玄殿，景山公园有寿皇殿、关帝庙、绮望楼、真武庙，北海有永安寺、禅福寺、先蚕坛、西天梵境、小西天极乐世界、万佛楼、承光殿、弘仁寺（旃檀寺）等，中南海里有万善殿、时应宫、海神祠、五神祠等。故宫前面是天街天门，两侧有太庙、社稷坛、科神祠、关帝庙、土地庙、财神庙、先医庙等。以上列举的四十多座庙宇和故宫内的二十多座神祠、佛寺道观，都是皇家出资敕建，再加上四周大量民庙祠堂等，整个皇家御苑被缭绕的香烟所笼罩，皇帝老子希望各种神灵都来保佑他们的江山永固、长生不老。

封建统治集团除了研究统治人民的手段外，大量的生活内容就是游山玩水、休闲赏景，北京的山水胜景当然被他们一网拢尽。

西山是北京西郊诸山的总称呼，这条逶迤而来犹如青龙横卧的南北山脉是太行山的余脉，它南临房山境内拒马河，北至昌平县南口，与燕山山脉西端的军都山隔隙相望，北京的母亲河——永定河与之交挽拥抱，这种山水相连、林麓苍茫的绝佳胜景为北京增添了无穷魅力和神秘。这支余脉之所以叫做西山，古籍载"以其西来，号曰西山"，更多当代人认为因在北京西方，故称西山。西山包括香山、妙峰山、旸台山、翠微山、马鞍山、石经山、石景山及万寿山、玉泉山、老山等大大小小多座山岭和岗丘。古有"天下名山僧占尽"之说，其实在北京应该说"京郊名山帝所有"，因为凡风景名胜区都是皇家游览胜地，皇帝所到之处即为寺庙成林之地，建新寺、修旧庙，僧道忙不停，明臣王廷相言"西山三百七十寺"决不过分，山林间香烟渺渺、云雾缭绕，古人游西山时留有大量名诗佳句。

> 西来禅院两牛鸣，曾是宣皇玉辇行。宝地到今遗路寝，山僧犹及见鸾旌。

——明·文征明

> 日照西山紫翠生，雨余秋色更分明。蜃楼出雾东浮海，雉堞连云北绕城。旧识邮亭犹问路，渐多僧寺岂知名。

——明·李东阳

> 苍岫北联龙塞外，紫气东绕凤城间。泉幽岩静斜阳晚，落叶声中僧独还。

——明·王崇简

西郊的香山、玉泉山、万寿山等处山水相间、美景连连，是最理想的休闲胜地，皇家在这里修建别宫御苑的同时，当然也要修建佛道寺院，一方面表示他们笃信神灵，更是为了他们高贵生命的安全，希望神灵保佑他们万事如意、出入平安。香山一带峰峦滴翠，泉水淙淙，双清汩汩，樱桃泉涌犹如南北两颗喷射玉液琼浆的宝珠，571米高的香炉主峰在缭绕云雾的衬托下，更显神秘凝重。从山上山下几十座庙宇飘出的清脆铃声又增加几分鲜活与灵动。万寿山濒临昆明泊镜，佛香阁一览山水胜景，与对面的龙王庙南北对视、高俯低仰，佛香阁后面和左右两侧簇拥围坐着智慧海、四大部洲、善现寺、云会寺、转轮藏、大报恩延寿寺、花承阁、宝云阁等寺庙，湖东岸耶律楚材祠堂守伴着它永远的主人，湖南部凤凰墩上凤凰楼里供奉着三世佛，西部团城湖岛上治镜阁里供奉着无量寿佛，耕织图西边又有蚕神庙。

香山南边的山岭常人称为八大处，实为平坡山（北）、翠微山（西）、卢师山（东）形成的景区俗称，尤以翠微山名胜古迹最丰富，其中又以所谓的"八大处"最为著名，除一处长安寺位于山下平地、八处证果寺位于东边的卢师山外，其余六座寺庙（二处灵光寺、三处三山庵、四处大悲寺、五处龙泉寺、六处香界寺、七处宝珠洞）都依次排列在三山之间的山

坡上。除以上八座寺庙外，附近还有延寿庵、静妙庵、龙广寺、洪福寺、双泉寺、法海寺、龙泉寺、承恩寺、朝阳寺、慈云寺、翠云庵、涌泉寺、净德寺、海藏寺、胜水寺、香盘寺、姚家寺、嘉禧寺等六十多座寺庙。

金代时著名的八大水院都选择在西山一带山峻林密、飞泉流瀑的幽深处，如今这些水院或遗迹都可寻觅，位于海淀区北安河地区的有圣水院（黄普院）、香水院（法云寺）、金水院（金仙庵）、清水院（大觉寺），潭水院（双清别墅）在香山公园内，泉水院（芙蓉殿）在玉泉山。另外两处水院一座在石景山双泉村之北，名双水院（香盘院），一座在门头沟妙峰山仰山，名灵水院（栖隐寺）。

这些寺庙与上房山寺庙群、天泰山慈善寺寺庙群、潭柘山潭柘寺、马鞍山戒台寺、石经山云居寺、妙峰山娘娘庙等都选择在山翠林密、依水近泉的风景绝佳处。东郊和北部的丫髻山寺庙群、怀柔红螺寺、昌平银山大圣延寿寺寺庙群、顺义长山寺庙群、密云龙泉寺等处，也同样选择那些位置优越、风景秀丽的山林修建，这些皇家修建或修葺的寺庙气魄端庄、装饰华丽，处处体现了区别于民间庙宇的气度和风格。

在没有山没有水的地方，只要皇家需要，就千方百计选择所谓的风水宝地开渠引水，为了皇家到西郊出游方便，将高粱河故道疏浚成人工河道，长河沿岸陆续修建了万寿寺、延庆寺、广通寺、广仁宫、大护国仁王寺、西镇国寺、真觉寺、极乐寺等。圆明园是西郊"三山五园"之一，这里不靠山，但却靠近海淀湿地，将八沟汇成的万泉河引入园中，用挖河泥土堆积成假山，慈云普护欢喜佛场、安佑宫、河神祠、普济祠、关帝庙、正觉寺、宝相寺、延寿寺、法慧寺、龙王庙、广育宫、花神祠等庙宇分布在"山"水相间的圆明园里。与圆明园相似的畅春园里也修建了恩佑寺、恩慕寺、关帝庙、娘娘庙、龙王庙等庙宇。

北京南郊没有山，但有凉水河汇集成的大水泡子，元代称飞放泊。明代将水面辽阔的飞放泊改建一座皇家苑囿，明清两代在园内修建了宁佑庙、真武庙、三关庙、娘娘庙、镇国寺、永穆寺、德寿寺、清真寺等庙宇。

北京北部郊区群山重叠、环绕，但因地势较高、气温偏低、风力较大等原因，植被和自然风景远不如京西山区，所以大型皇家寺庙较少，地方及民间庙宇亦星罗棋布，年代较早的庙宇如位于怀柔的东汉县云寺，位于昌平的唐代的和平寺、龙泉寺、圣寿教寺等。位于延庆的辽金寺庙应梦寺和缙阳寺传说都与萧太后有关，这些早期寺庙当初也有一定规模，随着历史风云的变幻，现在只留部分残迹。也有部分庙宇规模虽小，但因特殊的环境和有趣的传说，仍被人们牢牢记在心中，在延庆黑汉岭乡天门关曾有座天门关庙，据说庙内菩萨像座下有无底深洞，洞里栓有大铁链，拉动铁链时，就会响声如风。延庆珍珠泉村西原有一座不大的寺庙，是为了纪念两位开泉的神仙集资修建的，传说这两位神仙一个叫金蟾，一个叫珍珠女，她们听说村里泉水池中的金鱼被人盗走，泉水也干涸，立即挥镐掘土，一会儿清泉四溢、泉花如珍珠，救了泉池，也救了全村百姓，所以受到村民爱戴和敬重。

东部平原地区虽然没有山，因北京西北高东南低的基本地形使得北京的大部分河道都集中汇集到通州地区，这里是大运河的北端起始点，也是辽代萧太后运粮河的东部起点。通惠河与凉水河在这里汇入北运河，这里又是温榆河与坝河的汇流处，修建北京城的建筑材料和北京城所需的大量生产生活用品都要在通州走水路或旱路运往北京，因此历代统治阶级都十分重视这里的自然环境和社会安全，在运河边修建了燃灯塔和佑胜教寺、伏魔大帝宫、铁牛寺等，在通惠河边修建了玉皇庙、碧霞元君庙等，张家湾是通州通往北京的水路码头，地位十分险要，因此张家湾附近修建了佑民观、水仙庵、牟尼院、玉皇庙、孤舟寺等许多寺院，通州城内及各乡村的一百多座寺庙大都修建在大街或胡同里，与百姓生活十分密切。

北京城区和各区县城内的庙宇，除少数依山傍水外，大部分寺庙的位置都在大街和胡同里显眼处，尤其民庙的选址不可能像皇家庙宇那样讲究，一般选择在比较空旷的胡同或旧宅院里，讲究的家庭祠堂单独辟院修建，条件差的只好把祖宗牌位和各种神仙安放在一间闲室内。郊区农村的庙宇就更加随意。山区也有少数寺庙挖修在山洞里，例如玉泉山上的吕公洞和观音洞、香山的朝阳洞、八大处的宝珠洞、门头沟永定乡坡头村南的观音洞、海淀苏家陀的三身佛洞和玄元陀洞等。个别的小庙也有安置在树洞或墙壁上的。

其他的宗教或类宗教建筑的位置选择与以上所述的佛道建筑有异同之处。天主教、基督教和清真寺一般选择在民众方便的居住地，很少单独修建在人员稀少的山林和原野上；孔庙数量有限，大都选择在城区的明显位置；而祭坛与以上所有宗教建筑不同，除少数选择在皇家御苑外，大部分选择在城区的门户或重要而显要的地方，例如金代社稷坛在外城西部，拜

郊坛在丰宜门（南）外，风雨雷师坛在端礼门（南西）外。元代先农坛在齐化门（东）外，明清天坛、先农坛选定在正南天街两侧，地坛在北城安定门外不远处，日坛在东城外朝阳门附近，月坛在西城阜成门外近处。通州明代的社稷坛和厉坛在通州北门外，风云雷电山川坛和先农坛在南门外。顺义的风雨雷电山川坛在东门外，社稷坛在西门外，厉坛在北门外。密云的社稷坛在西门外，风雨雷电坛在南门外，先农坛在东门内，厉坛在东门外。房山的社稷坛在城西，风云雷雨山川坛在城南，厉坛在城北。良乡社稷坛和厉坛在北门外，风云雷雨山川坛在南门外，先农坛在西门内。

2. 寺庙的方向

北京的寺庙和其他类宗教建筑的朝向，大部分为南向，也有面向东、西、北三个方向的，这取决于当地的文化观念和地理位置。

宗教产生于一定的人文环境，宗教建筑当然晚于人类居住的房屋建筑，所以宗教建筑的朝向受人类居住房屋观念的影响，只不过增加了一些宗教色彩而已。早期的人类不会建造房屋，只能卧穴而居，无法选择朝向，在长期与大自然搏斗的过程中，知道了太阳对人类生存的重要性，于是从喜欢太阳到崇拜太阳，为了取暖避寒，把简单搭建的房屋出入口选定在朝向太阳的一面，随着自然生产力的发展，房屋越来越复杂，功能越来越趋合理，门口开在朝向受阳面最大的南方成为一种约定俗成的规矩。在生产力发展的同时，人类也创造了无比灿烂的文化，在香溢四射的百花丛中，也有艳而有毒的花朵，它们混杂在花草林木间，不时侵蚀着善良人们的心灵。"风水八卦"就是这样的花朵，虽然我们搞不清"风水八卦"真正的祖师爷是谁，但我们知道这些所谓文化基本来自《周易》，不管《周易》是不是周朝的发明，周朝的确是刚刚从奴隶制逃脱出来的一个伟大时代，是文化和思想大解放大飞跃的时期，一些"先知先觉"的人在观察了若干自然现象和规律后，编造了许多常人尚搞不清的"高深理论"。《易经·说卦》中的"圣人向明而治"即"南面而王，北面而朝"，面向南者为王，面向北者为臣，以后便形成了"以北为上、以南为下"的理论。在建造房屋乃至城池宫殿时，都是以面南为正向，这在以汉人为统治中心的明清两朝体现得非常鲜明，即使是在蒙古人统治的元代，因他们大量接受了汉人文化，所建主要房屋和宫室也都是坐北朝南。另外在"阴阳八卦"理论中，又有"天为阳、地为阴，日为阳、月为阴，东南为阳、西北为阴"的说法，所以在一组建筑群中，房屋的方位和朝向安排十分重要。因为神灵是主宰人类的最高领导，他的居住条件绝不可低于人的居住标准，寺庙和其他宗教建筑是供奉神灵的场所，当然也要按照人间标准建造和安排，北京的寺庙大到太庙、历代帝王庙和雍和宫，小到民间小庙，正殿基本都是坐北朝南，院门只要有条件都要以南为正向。明清北京内城九座城门，南城的正阳门、崇文门、宣武门和北城的安定门、德胜门瓮城内的庙宇肯定都会向南，就是东西两城的西直门、阜成门、东直门、朝阳门瓮城内的庙宇也都朝向南方，一般修建在闸门一侧角落位置。

皇家敕建或政府出资修建的庙宇是重点工程，会不惜一切强令拆除影响工程建设的其他房屋建筑，保证寺庙面南的朝向，但教小的庙宇或民庙就没有那样的幸运了，没有条件向南的庙宇只好随势就位，所以北京也有一些其他朝向的庙宇，其中以北向庙宇最为人们津津乐道，取名为倒座庙，例如西城安福胡同的倒座关帝庙、永定门外的倒座观音堂、宣武区头发胡同的真如寺、海淀的倒座观音庙、东便门内的蟠桃宫、通州二泗村的佑民观、通州南门的火神庙、张家湾南门外的火神庙、平谷靠山集的菩萨庙、朝阳区管庄重兴寺村的重兴寺、大兴老街南口的火神庙、海淀大觉寺西边的观音庵等较小的庙宇都是坐南朝北，就是皇家修建的不是太重要的庙宇也有北向的，例如在今公安部位置原翰林院内的土谷祠和天安门广场东南角位置太医院内的药王庙也是北向的。另外有些重要庙宇因受地形位置的限制，也会坐南向北而建，例如万寿山顶部的善现寺和四大部洲（香岩宗印之阁）位于山顶北侧，只能面北背南。

有些西向的庙宇主要是条件所限，南、东、北三面不能辟门，只好面向西方修建，例如北海公园的淋光殿和甘露殿，因位于琼华岛西侧，只能向西开门，张家湾北门外的水仙庵因供奉水神，所以面向西面的通惠河而建，宣武区盆儿胡同的三教寺、密云白龙潭的龙泉寺、长辛店的火神庙、玉泉山上的仁育宫、石景山北辛安大街的五神庙、房山官道乡鲁村的关帝阁、昌平兴寿乡桃林村的东岳庙等，都是因地形或地理位置限制而向西修建的。

东向的寺庙则有些不同，有些寺庙因地形或地理位置限制，例如什刹海西北岸边的什刹海庵、北长街的静默庵和万寿兴隆寺、北海琼华岛东侧的智珠殿、通州的伏魔大帝宫、长辛店的娘娘庙、海淀黑龙潭的龙王庙、八大处的龙泉庵、石景山鲁谷的崇兴庵等。但有些东向寺庙并非如上原因，例如海淀普惠南里的普会寺、西郊样肠台山的大觉寺、海淀凤凰岭的

悬空寺和上方寺等。戒台寺初建于隋代开皇年间，起初建筑规模并不大，辽代咸雍年间，律宗大和尚法均重修寺院时，最后确定了寺院的格局，使得主体方向朝向东方（图二十五）。还有些向东的寺庙资料记载为金代或唐代，可能由于种种原因让人们不得其解。活动在辽西、东蒙一带的契丹民族，有朝日的习俗，无论他们在东北辽上京的宫殿，还是燕京的陪都宫殿，都是朝向正东方向，因此辽代修建的寺庙一律朝向太阳升起的东方。有些辽代始建的寺庙本来为东向，后来其他朝代改建时改成了南向或其他方向，因此我们见到的某些辽代寺庙并非东向。也有些寺庙初建于汉人统治的唐代其他朝代，寺庙也是东向，例如房山的云居寺，这可能是辽代改建时改变了东向，可惜没有留下当时的详细记载。

北京有些修建在南北向胡同里的中小寺庙，无论是坐落于胡同东侧或西侧，它们的院门受条件限制，有的朝东，有的朝西，但正殿大都朝南，有条件时也有的在院内另建一个南向山门，例如北长街路西的昭显庙院门东向，北长街路东的福佑寺院门西向，院内还有南向的山门，正殿南向。南池子大街路东的宣仁庙院门向西，院内另有南向的山门和正殿。

在郊区的寺庙群里，例如石景山五里陀的慈善寺、上房山寺庙群等，

图二十五　戒台寺山门

不仅佛寺道庙共存，而且各个方向的寺庙都有。就是清规戒律十分严格的明清故宫里，也有的并非南向，例如西路供奉三世佛救度母的吉云楼为东向，西路供奉宗喀巴三世佛的宝相楼为西向，因没有可靠文献支持不敢妄言其所以然，可能这两座楼起初修建的目的并非为了供佛，后来改成了专供佛的宗教楼阁。

北京所有的清真寺院门可能什么方向都有，但正殿一律朝东，例如花市清真寺和通州张家湾清真寺院门向北，东四清真寺和马甸清真寺院门向东，牛街清真寺院门向西，通州东关和西关的清真寺院门向南，这些教堂的正殿都向东。因为伊斯兰教的创始人穆罕默德在他的诞生地麦加开始创建伊斯兰教，经过多年艰苦卓绝的斗争，终于宣布"圣战"的胜利，从此伊斯兰教正式登上世界宗教的舞台，与佛教、基督教并称为世界三大宗教。麦加城内有圣殿"天房"，是全世界穆斯林朝拜的中心，麦加位于沙特阿拉伯西北部，在我国的西方，中国的穆斯林朝拜麦加圣地肯定要朝向西方，所以北京的清真教堂都向东开门。

天主教、基督教等其他教堂对朝向没有太严格的要求，有的入乡随俗坐北朝南，有的朝东或西，也有的朝向北方，例如南堂（宣武门）和北堂（西什库）都向南，马尾沟教堂向东，东堂（王府井）则向西，西堂（西直门）向北，这体现了西方多元开放文化的特性。

无论规划组群建筑，还是修建单体建筑，除了讲究东、西、南、北方向外，还十分重视左和右的概念。关于左和右，各个国家和民族或不同历史时期都有不同的理解和概念运用，有的宗教意识以右为善良，以左为邪恶，也有的以右为上司，左为下属。中国的传统文化十分重视区分左右概念，所以出现了"左史"、"右史"、"左师"、"右师"、"左丞相"、"右丞相"、"左学"、"右学"等文化传承，除少数时期及个别著作外，绝大部分理论都是以左为上，右为下，以至后来发展了"左倾、右倾"和"左派、右派"等政治概念，生活中的照相和如厕"男左女右"，自行车、马车、汽车的左侧驾驶，左手拿主食，右手夹副食，做工和写字时左手掌握主要成品，右手拿辅助的工具和笔，家里来客人要请左位就座等。城市总体布局遵从"左祖右社"和"前朝后市"的基本原则，从域外传入的宗教自进入中国领土后，很快融入中国传统文化的熔炉中，宗教建筑的规划布局和神像安排也基本沿袭了左右分明的原则。

## （三）各种宗教建筑的形式、结构和建材

### 1. 建筑形式

世界上无论那种宗教，都是有人参与的一种民俗和文化活动，都是妄图将逝去的历史、未来的希望与当今现实互为转换的一种唯心幻想，为了让人们相信这些幻影的存在，必须有一种宗教的外在形式，这就是宗教建筑及宗教活动，所有的宗教外在形态都离不开神话创造者的经历、认识水平和想象力，他们只不过是将人间的生活翻版到虚幻世界而已，他们翻版的水平当然离不开当时的生活现实。在原始宗教的初期，巫师们创造的宗教建筑和宗教活动都是非常简单的，有的将自然洞穴或稍加整饰的处所作为宗教活动场所，谈不上什么建筑概念，更谈不上建筑艺术，例如印度初期的佛教只在随意雕琢的很小石洞里供奉佛像，中国原始道教活动在一个普通住户家里，阿拉伯伊斯兰教活动就在一个普通院子里，西方洋教开始只在石像处作为临时聚会点。随着生产力的发展，人们的生活水平有了较大改变，先是活着的人学会了砌筑房子，然后巫师们鼓动大家也给神造房子，后来皇家带头发动了一场场声势浩大的造神造庙运动，于是神的房子越造越大，越来越华丽，甚至赶上或超过皇帝的宫殿，以显示对神灵的尊重。

### （1）寺塔

我国的佛教有南传和北传两大派别，南传佛教主要分布在云南等少数地区，数量和规模较小。北传佛教则僧徒众多、寺院规模庞大，流传甚广。罗哲文等古建专家在《中国著名佛教寺庙》一书中曾提到我国的佛教建筑走过了"以塔为中心到以殿为中心"的道路，我国早期的寺院洛阳白马寺即为以塔为中心的典型范例，而洛阳最大的寺院永宁寺是按中轴线规划格局布置建筑物，寺门内第一座建筑物就是佛塔，之后才是佛殿和其他建筑。塔有多种类型和功能，在佛教中主要分佛塔和僧墓塔两种，在佛教的发源地印度，塔主要用来藏佛祖的遗骸佛舍利，以表示教徒对佛的敬仰和尊重，我国寺院中的以塔为中心规划格局就是从印度流传过来的。东晋初期出现了双塔建筑格局，唐代之后又将塔移位到寺院一侧，或成为塔院，宋代开始又将塔布置在主殿后面。后来的和尚墓塔一般都修建在寺院的角落位置，或另选墓地和塔院。

北京是六朝都城，是全国造神造庙运动的典范，其中尤以佛教的造庙运动为甚，在佛教建筑历史上当然也走过以塔为中心的历程。最早期的宗教建筑已随着历史的风云消失得无影无踪，也没有留下详细的文字记载，后人只能在浩繁的书海中寻找点滴旁证，对照残迹发挥充分的想象力，得出的不太过硬的结论被公众认可引证。阜成门内的白塔寺（妙应寺）早在辽代就曾在这里修建过一座佛舍利塔，金末被金兵毁损，元世祖又聘用尼泊尔工匠用 8 年时间修建了一座新的藏式喇嘛佛塔，塔身用白色石块砌筑，故俗称白塔（图二十六）。

图二十六　白塔寺白塔

明、清、民国及解放后都进行过大规模修缮，今天我们见到的白塔基本为清代修葺后样式，塔通高 51 米，自下而上由塔座、塔身、相轮、华盖、塔刹五部分组成，塔座占地 810 平方米，须弥座为三层折角式，塔座上有覆莲座，座外用五道环带形金刚圈承托塔身。塔身为一个直径 18.4 米的覆钵体，塔身上又有一层折角须弥座，连接着塔身和相轮。相轮十三层，呈圆锥状，顶部承托直径 9.7 米的华盖，四周悬挂 36 个镂空花纹的铜质透雕流苏，下挂能发出清脆响声的风铃。华盖上是 5 米高、4 吨重的镏金宝顶，就是人们常称为塔尖的塔刹。矗立在青砖灰瓦的四合院民居中的这座典型的藏式佛塔，在阳光的照耀下发出明亮的白色光芒，人们在很远的闹市中不仅能看到它巍峨的身影，风天还能听到塔顶传出的清脆铃声。在北京众多的佛塔中，诸如白塔寺这样的白色覆钵体藏式佛塔最为常见，只有体量和局部装饰的不同，没有根本的区别，例如北海白塔也是一座藏式喇嘛塔，塔通高 35.9 米，同样由塔座、塔身、塔刹三部分组成，塔刹为镏金宝顶，分别为天

盘、地盘、日、月、火焰，地盘周围悬挂十四个铜铃铛，塔身正南面辟有眼光门，其他与妙应寺白塔无大区别。除这些影响较大的白塔外，海淀区还有两个白塔庵，庵内的白塔建筑形式与以上藏式佛塔基本相似，位于紫竹院南侧25米高的白塔仍存，原大钟寺北边的白塔早已难觅踪影。

巍然屹立于外城西护城河西岸不远处的天宁寺塔，位于天宁寺殿后的中轴线上，这也是以塔为中心的另一种典型佛教建筑，这座八角十三层密檐式实心砖塔通高57.8米，是北京现存最高的古塔（图十一）。方形塔基平台上是两层八角形须弥座，基座上是平座，平座上用三层仰莲座承托塔身，塔身呈平面八角形，下部四个正面有半圆券门，券门两侧有天王象浮雕。塔身以上是十三层塔檐，塔四周悬挂重达万斤的2928只铜质风铃，微风吹动，清脆的铃声即起。塔顶为砖制两层八角仰莲座，座上有宝珠形塔刹，这是西部地区一座醒目的地标建筑。西郊八里庄的慈寿寺永安塔和通州的燃灯塔也都是八角十三层密檐式实心砖塔。慈寿寺塔高度只有50米，基本造型与天宁寺塔相仿，塔基为双层座，四周有40个小佛龛，佛龛内镌刻着40多个佛经故事中的人物，形象生动逼真（彩版八，2）。通州佑圣教寺院内的燃灯塔是京东一座显眼的地标建筑，也是八角十三层密檐式砖塔（图二十七），原塔高48米，为空心结构，四围44米，历经各代修葺，现塔变成为实心砖木结构，塔身正南面券洞设有乳灯木门，门内是神台，台上供奉燃灯古佛，故称燃灯塔，另三面都是假门。各层檐下每根檐端悬挂一只一斤多重铜铃，2224枚铜铃总重可达万斤，整座古塔造型壮观雄伟，除部分建筑尺寸和饰物略有差别外，这些塔的基本做法与天宁寺塔类同。

按建筑形态分，古塔有楼阁式、密檐式、亭阁式、花式、覆钵式、金刚宝座式、过街楼式、经幢式、混合式等多种形式，北京存有各种形态的塔，数量虽然不多但影响较大的塔除上述密檐式塔外，金刚宝座式塔也是古城北京的另一大景观，位于西直门外长河北岸真觉寺内的金刚宝座塔修建在前后两殿之间，处于绝对中心地位（彩版七，2）。砖砌的长方形塔座外饰石材，四周雕有381尊汉白玉浮雕佛像，塔座辟有前后两座券门，从门内可以盘旋登上座顶。塔座上筑有五座形制相似高矮不同的石塔，一座高8米的十三层大塔坐落在塔座中央，四角各一座高7米11层的小塔，中心大塔的塔刹为铜质覆钵式，四隅小塔顶部为石制塔刹。五座塔塔身都刻有梵文、梵佛、梵宝、梵华，五塔周围以石栏围圈起来，中塔前方是一座

图二十七　通州佑圣教寺燃灯塔

我国民族形式的重檐琉璃罩亭，两种不同民族和地域风格的建筑做法融合在一组建筑中，这充分体现了我国文化的开放性和包容性。香山碧云寺内也有一座金刚宝座塔，塔位于后部最高处单独的塔院内，这是与主殿另一种组合形式的布局方式，塔通高 34.7 米，全部用汉白玉砌筑而成，下部两层是塔基，塔基上部有五座十三层密檐式方形石塔，塔下层为方形塔座，四周雕刻石像，向东的正面辟开券门，中间为大塔，四角是小塔（彩版八，1）。整个金刚宝座塔到处都雕刻佛像、龙凤狮象、云纹等图案，显示出我国石刻艺术的发展水平和石匠大师们的高超技艺。另一座昭显古城北京历史风韵的金刚宝座塔在玉泉山北峰，这是一座外部形态不同于五塔寺和碧云寺塔的金刚宝座塔，它体型修长高耸，中间一塔明显高于四角的

小塔，塔的最下部是一座两米高的砖石四方基座，基座四面各开一个券门，四门在座内互相连通，基座台面四周有砖雕护栏，基座四角的小塔下部有圆筒状的白色塔身，塔身上部是细长螺丝状的相轮，最上部是塔刹。中间的主塔粗壮高大，下部是八角形塔座，四面也各开一个券门，券门上方有短檐遮护，再上部是橄榄形覆钵和八层锥形相轮，顶部是铜质塔刹。这座塔与五塔寺和碧云寺的金刚宝座塔结构及基本造型没有根本区别，只是高径比明显与以上两座塔有着视觉上的很大差别。安定门外西黄寺内的清净化城塔是六世班禅衣冠冢，这座金刚宝座塔通高 19 米，下部是 3 米高的八角形须弥座塔基，基座中部有 16 米高的主塔，主塔主体部分也是覆钵式塔身，主塔四角各有一座 7 米高的密檐式经幢，上刻经咒，这种组合形式为印度佛陀迦耶式塔，而主塔为藏式佛塔，在塔后又有 21 间中国传统风格的罩楼，塔前后各有一座碑亭，碑亭上部为黄琉璃瓦重檐歇山顶，这种整体建筑形式充分体现出中外、藏汉不同建筑风格和文化的融合。

良乡的多宝塔是北京唯存的一座阁楼式佛塔，通高 36 米，塔基为八角莲座式，塔身是五级砖砌空心阁楼，由下向上逐步收分，塔身首层明显高于其他四层，塔身外每层之间有一尺高的塔檐，檐下做装饰性斗栱。首层正东西南北四面开券门，其他四面为方形直棂假窗，塔内有盘梯可登往上一层，高耸的砖塔造型优美，远远望去挺拔舒展，颇有与天比高之感。丰台云岗的镇岗塔也是一座八角实心砖塔，高度为 18 米，塔座周长 24 米。已经毁掉的云居寺南塔，原结构造型是八角十一层多檐砖塔。西四砖塔胡同的万松老人塔是八角九层密檐式砖塔，塔高 15.9 米，顶部为尖形筒瓦顶，它以独特的造型矗立在密集胡同里，成为最为显眼的地标建筑物。这些佛塔与其他佛塔有许多相同之处，但他们都以砖塔的闻名度让世人关注。

北京也有许多石塔，例如房山张坊镇下寺有座石塔，只有三米高，通体用方形汉白玉块砌筑而成，石砌的基座高八十公分，宽 1.2 米，中间有方形佛龛，龛南面辟门，门两侧的金刚力士浮雕形象生动逼真，体现了唐代的艺术风格。另外在怀柔黄化城水库山上有座 2.4 米的石塔，用花岗石块砌筑而成，下部为六边菱形须弥座，圆柱形塔身上粗下细，塔尖为四法轮花岗石顶帽。而门头沟戒台寺西极乐峰下的太古化阳洞洞口就是一座石塔，通高六米多，也是八角形，其建筑结构与其他石塔无大区别。

在北京五花八门的佛塔群中，过街塔是比较少见的一种建筑形式，基本功能类似于我们常见的过街楼，塔下是一条人畜通行的大路或小道，塔架座在路上方的建筑物或山地上。门头沟区鲁家滩村西南山谷中有座过街石塔，是北京仅存的一座藏式过街石塔，塔下为4.2米见方的券洞式台座，座高3.2米，整个塔座用石块砌成，上香的人从台座券门下步行到寺院，券洞周边镶嵌青石板块，券洞宽2.2米，洞净高2.5米，基座上的石塔4米多高，下部为塔座，中部为覆钵式塔身，顶部塔刹已毁损。石塔和旁边的石桥都是明广智禅寺寺院的主要组成部分。北京过去还有些其他过街塔，例如著名的居庸关云台，元代就是一座过街石塔，起初台子上有三座并排的白色藏式白塔，台基下部正中有一个南北贯通的券洞，洞长15.57米，车马可以在洞里通行。在石景山模式口的法海寺大门前过去也有过一座藏式过街塔，完全用石块砌筑而成，过街塔东边的券门石额上镌刻着"敕赐法海禅寺"，其他部分与普通藏式白塔无大异。其他区县的过街塔基本造型和建筑方式也都大同小异。

　　北京的寺塔绝大部分都修建在寺院中，也有个别修建在殿内的，故宫一些殿内就有各种形态和材质的塔，但一般体量比较小，西直门外万寿寺无量寿佛殿内的渗金多宝铜塔重达数吨（图二十八），塔高5米，为仿辽

图二十八　万寿寺无量殿

八角十三层密檐式木塔结构，宝塔周身饰以浮雕，在数根红色殿柱衬托下更突现其珍贵的不凡身价。全塔由三部分组成，底部是 105 公分高的须弥式塔座，塔座上层为双层莲瓣平台，下层是莲瓣承托的一尊佛像。密檐式塔身高 3 米，与塔座各为一体，十三层密檐与室外高大的砖塔极其相似，塔身每檐角饰以"秦昌通宝"瓦当，塔身正面辟有券洞式塔门，门上饰以祥云宝盖、菩萨像及飞天图纹，门两侧立有金刚雕像，门两侧上角饰以二龙戏珠图案。顶部为宝珠式塔刹，宝珠由三层莲叶承托。全塔雕刻 288 尊佛像，连同其他人物共计 440 个生动逼真的人物造型，另有 40 个身态各异的兽形雕像。

大约从晋代开始，我国寺庙中兴起了双塔。北京的寺塔有单个矗立在寺院中的，也有两塔并立的，最为有名的双塔当属西长安街原大庆寿寺院中的弟兄双塔，原位置就在电报大楼对面的马路南侧。始建于金代的大庆寿寺西侧院内有一高一矮两塔东西比肩而立，两塔都是八角密檐式砖塔，高塔九级，塔额刻写"天光普照佛日圆明海云佑圣国师之塔"，矮塔七级，塔额刻写"佛日圆照大禅师可庵之灵塔"。元修建大都北城垣时遇到双塔阻挡，以"环而筑之"未加破坏，解放后修建长安街时予以拆除。到了南北朝时期，中国的佛教寺院中出现了群塔群立的宏伟景象，最常见的"塔院"大都多塔并立，只是塔的大小和结构有所不同。西郊的云居寺内原有唐、辽时期大小塔十余座，当然属南北两大塔最为瞩目。现存的辽建北塔又称舍利塔或罗汉塔（彩版八，3），塔高 30 米，八角形基座周围包砌浮雕砖。塔身分上下两层，每层回檐下都有仿木结构的砖斗拱，八面设拱门和直棂假窗，每层之间中心是八棱塔柱，塔柱周围有供登顶的绕柱砖台阶，塔身以上又有一层须弥座，再往上是圆形覆体。覆体上是圆锥形相轮，塔顶是宝珠形塔刹，这种下部像楼阁，上部是覆体和相轮的做法在佛塔中是很少见的外部形态。北塔周围还有四座 3 米高的唐代小塔，平面为方形，正面开有尖形塔门，门内是一个小型佛龛，正面浮雕佛像。塔身上部为七级石檐，分别刻写"唐景云二年"、"太极元年"、"开元十年"、"开元十五年"的年号。已经毁掉的云居寺南塔为八角十一层密檐式砖塔，因塔旁有藏经洞，故又称压经塔。除南北两塔外，云居寺还曾有过十余座唐辽时期大小不等、造型各异的佛塔，数量之多及雕琢之精美堪称北京寺塔之绝。

北京寺塔最为集中的当属昌平的银山塔林（彩版九，1），这里自唐中叶建寺后，辽金元明清各代陆续增建寺庙，仅辽一代就扩建寺院七十二座，周围山麓、沟谷及丛林中修建大量墓塔，高者数丈，矮者数尺，与色如铁青的山崖相邻，形成"铁壁银山"的特殊景观，素有"银山宝塔数不清"之说，今天我们见的塔仅为少数遗存。迎面所见的五座高塔都是金代修建的八角密檐式实心砖墓塔，最为精美的"懿行塔"高五丈有余，为八角密檐仿木结构，底部须弥座高 1.7 米，每边长 2.2 米，基座周围嵌有砖刻花纹。塔身有砖雕门窗，门窗都是仿木砖雕，塔身上雕刻着三幅云及斗栱，顶部雕有宝月承珠。两座元代墓塔也是砖塔，其中一座为密檐式，檐下雕刻斗栱，另一座为密檐楼阁式与覆钵式相结合的特殊形式，这是当今少见的建筑和雕刻艺术珍品。在寺院里还有许多体型较小的明清砖塔，虽不为游人瞩目，但他们不仅代表了那个时期的寺院建筑与雕刻水平，也是"银山塔林"不可缺少的文物珍品。

潭柘寺原有四处塔院，一处在寺院西南的莲花峰山腰间，现已荒废；另一处在平原村南侧，今已无存；第三处在南辛房村与鲁家滩交界处，现已改为农耕地；第四处在寺前 500 米处，是唯一保存较好的一处塔林，由上塔院和下塔院两部分组成，上下塔院共有 75 座僧塔，也是北京地区数量最多、保存最好的一处墓塔群。上塔院都是清代所建的覆钵式墓塔（图二十九），仅存 28 座，下塔院的 47 座塔形态种类繁多，有常见的密檐式和覆钵式，也有方形单层浮屠式和经幢式，主要为金、元、明代时期所建，也有部分清代塔。元代塔种类较多。金代修建的墓塔有密檐式和经幢式两种，明代所建的塔有密檐式和覆钵式两种。清代修建的 28 座塔因年代较近，大都保存完好。颇有些名气的金代海云禅师塔高 20 米，为六角实芯密檐砖塔；金代广慧通理塔是密檐八角七级砖塔，塔高 20 米；金代奇公长老塔为纯石结构经幢式塔，塔身为六面体，一面是塔铭，一面刻有人物图形，两面为碑文，其他两面空白；金代政言公长老塔也是纯石结构经幢式塔，碑身八面，一面碑铭，五面刻字，一面刻像；金代了公长老塔为六面体经幢式石塔，塔高只有 4 米。元代的宗公长老寿塔为八面体经幢石塔；元代妙严大师塔为六角五级密檐式砖塔，塔高 15 米；明代禅师底哇答思塔是纯石结构覆钵塔；明代十方普同塔为覆钵式实芯砖塔。清代的震寰和尚塔也是覆钵式砖塔。

南辛房的塔林虽然残破，但在余存的塔基上仍可领略当年的塔影胜景，整个塔林有 23 座塔，三个小塔群按品字形排列，主塔群有十一座塔，

图二十九　潭柘寺覆钵式塔

南塔群 3 座，北塔群 9 座，全部塔都是覆钵式建筑形式，每座塔高矮相差较大，高者 9 米，矮者只有 4 米左右。

（2）殿宇及附属建筑

虽然寺塔曾在佛教建筑历史上占据绝对中心的地位，但随着历史的发展，塔与殿的位置情况发生了很大变化，约从唐代开始，佛教寺院中塔的位置逐步降低，殿宇的位置日渐提高，出现了殿塔并立的局面，至宋代时，一些寺院将塔安排在主殿后方的中轴线位置，再后来便将塔挤到了一侧、角落或寺院外的塔院中，后来居上的殿宇却占据了宗教建筑的绝大部分空间位置。

北京的宗教殿宇堂舍建筑伴随着中国的漫长历史经历了由简单到复杂、从兴旺辉煌到日趋衰亡又逐渐恢复的曲折过程。从奴隶制脱胎出来的周朝诞生了对中国的建筑、礼制、文化、艺术等产生深远影响的《周礼》这部伟大著作后，宗教建筑也发生了历史性的演化过程。

汉代时佛教从遥远的印度到达中国与中国道教不期而遇，北京也出现了佛教和佛教建筑，宗教活动进入一个历史性的活跃期，宗教建筑也随着宫殿、堂室、民宅的发展变化而演变。

A. 战国至三国期间　城市已经按照《周礼·考工记》的原则，布置以宫室为中心的南北纵轴的规划格局，其他建筑也沿着纵轴线组织纵深的施工方案，这些规划布局原则也被应用到寺庙、陵寝和其他建筑群中。北魏前后的寺庙就采取了中轴线布局的方式，寺前设门，门内建塔，塔后修建佛殿，这和印度的佛寺极为相近，因为塔里藏着佛祖的遗骨，所以塔位居寺院中心，为了便于信徒膜拜，就在塔后修建了佛殿，这在阜成门内的白塔寺、西便门外天宁寺、北安河旸台山的大觉寺等佛教建筑的基本格局中便可领略得到。那个时期的殿舍建筑相对比较简单，因为原始的建筑早已毁损被后代陆续改变了面貌，所以很难叙述清楚每座庙的建筑形态，不过从石刻文物的图形中可以描绘出他们的起初面貌，一般四面都有围墙，墙上有短檐，檐上覆瓦，围墙一面或四面辟门，在塔和殿四周有僧房，殿虽较高，但一般也只有一层，整体采用木结构屋架，屋顶起脊，脊头向内弯曲呈牛角状。僧房较正殿低矮简单，有的有回廊。也有些寺庙可能是用封建贵族捐献的府邸改建的，常为前厅供佛，后厅做讲堂。北京及京畿地区有不少汉代的寺庙，原始建筑全部毁损无存，已经无法考证他们的外部形态和内部结构。

潭柘寺是两晋和南北朝时期的代表建筑，唐代、辽金、元明清各个时期都进行过较大规模维修和改扩建，原始建筑早已面目全非，今天我们见到的主要建筑都是明清时期的遗存，解放后也进行过维修，但基本都保持明清时期的做法不变，潭柘古寺依山而建，周围古树环抱，肃穆清幽。今天的潭柘寺由中、东、西三路组成，在北京寺院中具有一定的代表性。

中路：走过一座石拱桥，是位于中轴线上的山门，中门额上书"敕建岫云禅寺"六个大字，这是康熙皇帝于 1692 年亲笔御题的寺门匾额，山门顶为歇山券拱式，面阔三间长 10.2 米，进深 4 米，有三个门洞，洞内用青砖砌券，山门左右两端围墙角落处各有一座角门。围墙沿中路向里，寺院地势层层提升，依次是天王殿、大雄宝殿（彩版九，2）、毗卢阁。大雄宝殿与毗卢阁之间原先还有三圣殿和斋堂，这是一座勾连搭式硬山卷棚顶，前部的卷棚是斋堂，后部是西方三圣殿，明永乐年间由献王捐百两黄金修建而成，大殿面阔五间长 22.2 米，进深 20.05 米，顶覆绿色琉璃瓦，

门上悬挂康熙皇帝手书的"具大愿力"匾额,这座建筑现已无存。在天王殿前还展陈着一口复制的大铜锅,锅口径四米,锅深两米,锅底有沉沙池,据说用潭水慢火熬出来的粥不仅无沙,而且格外香甜。东路是几组庭院式建筑,除方丈室、延清阁、太后宫和流杯亭外,还有清代帝后们的万岁行宫。西路是几组佛殿式院落,有戒台、观音殿、龙王殿、梨树院、写经室、大悲坛等建筑。大雄宝殿坐落在两米高的月台上,是寺院的核心主体建筑,大殿面阔五间,高七丈,进深13.2米,重檐庑殿顶,顶覆黄色琉璃瓦,下层檐用绿琉璃瓦剪边,两层檐都挂有上圆下方的风铃,一派皇家威严气势,巨型琉璃瓦鸱吻分列大脊两端,鸱吻上系闪闪发光的镏金长链。殿前有宽阔的月台,月台宽24.5米,进深8.1米,四周有汉白玉石围栏,东西南三面出陛。大殿左右有伽蓝殿和祖师殿,都是硬山式木结构,面阔三间长16.3米,进深7.2米。大殿上层檐下原有康熙皇帝手书"清静庄严"的牌匾,后来被赵普初书写的"大雄宝殿"匾额所替代,下檐悬挂着的"福海珠轮"的匾额,为乾隆皇帝御笔亲题。中路最后的毗卢殿是一座高15米的二层楼阁,硬山顶,木结构,面阔七间,长33.4米,进深11米,顶覆筒瓦,镶有黄琉璃棋盘芯,大脊饰以镂空的砖雕,前为"游龙戏珠",后有"凤戏牡丹",两端鸱吻正面为"降龙戏珠",后面为"龙凤呈祥"图案,上面是展翅的金凤,下面是游龙,这种凤在上、龙在下的图案,在封建礼制森严社会是极为少见的。站在顶楼可以俯瞰全寺,崇檐碧瓦掩映在青松翠柏中,在袅袅青烟的遮掩下,尤显清幽肃穆。

东路:东路的主要殿舍是方丈院、地藏庵、圆通殿。"方丈"本来为"一丈见方"之意,寺庙里最大的住持住室只占方丈之地,这座方丈殿是由弥陀殿改建而成的,所以面积超标,面阔五间长19米,进深10.06米,超面积不算严重,后来有的寺庙的和尚越来越"与时俱进",远远脱离了"方丈"的标准和本意。地藏庵和圆通殿都是硬山式木结构,位于舍利塔东侧的地藏庵面阔三间长12米,进深8.4米。舍利塔西侧的圆通殿面阔三间长12米,进深7.1米。寺院本为佛门圣地,封建帝王们也在这里建有行宫和驻跸之所。潭柘寺是清代帝后们游赏驻跸之所,虽然面积不算太大,但他们却带头破坏了佛门的宁静和肃穆气氛,然而僧人们吃喝花销很大一部分要靠这些人支撑,所以不敢有半点怠慢。

西路:西路的主要殿宇有观音殿、药师殿、祖师堂、魔佛殿、文殊殿、大悲殿、孔雀殿、写经室和旃檀佛楼。观音殿为歇山式木结构建筑,周围用汉白玉石雕做围栏，面阔三间长 13.6 米，进深 12 米，殿顶为黄琉璃瓦。药师殿为硬山式木结构，殿顶覆以筒瓦，沿口黄琉璃剪边，前后坡正中镶黄琉璃棋盘芯，面阔三间长 11.2 米，进深 5.4 米。祖师堂也是硬山式木结构，面阔三间，长 10.85 米，进深 7.8 米，这里在明代时为方丈室，以后改供潭柘寺第一到第九代住持塑像及第十到十九代住持画像，故改称为祖师堂。文殊殿同样为硬山式木结构，面阔三间，长 85 米进深 7.8 米。明代时是钦定住持达观禅师住所，清代改为文殊院。旃檀佛楼是一座双层楼阁，上下各五间，楼顶为硬山式，不仅位置与东路的延清阁对称，建筑形式也完全相同。大悲殿南侧的戒坛是一座硬山式木结构建筑，殿顶覆筒瓦，镶有黄琉璃棋盘芯，戒坛长宽各 15.65 米，殿内是 2.55 米高的汉白玉戒台，戒坛殿门额上的"戒台"是康熙皇帝的御笔。戒坛南侧原有一座楞严坛，因年久失修于 1957 年拆除，只剩残余的坛基。在戒坛西侧有大悲坛，这是一个南向独立院落，坛殿为硬山式木结构，面阔三间长 12 米，进深 9.9 米，殿内有坛台，门额是乾隆皇帝御题的"澄潭妙印"匾额，正殿左右各有一间掖房、两间寮房和三间观堂。这里是高僧讲授《大悲经》和举办"大悲圣会"的地方。在寺院西南角原先还有一座华严坛，是寺内高僧讲授《华严经》和举办"华严法会"的地方，清代时已坍塌，现只存遗迹。

中、东、西三路除了以上主要佛教殿宇外，还有一些其他建筑，如山门前的四柱三门的大牌楼高 8.3 米，通宽 10.7 米，牌楼为单檐庑殿顶，上覆黄色琉璃瓦，檐下三层斗栱，枋额上正面书有"翠嶂丹泉"，背面为"香林净土"的金字牌匾，为康熙皇帝御笔亲题。东路毗卢阁东侧建有 15 米高的覆钵式砖石结构舍利塔。在帝后宫院内还有一座流杯亭，亭子为四角攒尖式方型木结构，上覆绿琉璃瓦，亭子下有"曲水流觞"的流水沟槽。

潭柘寺是一座典型的佛教寺院，除了以上所述经典的单体佛教建筑外，还有几座本属于道教的殿宇，例如东路的方丈院南侧，有一座财神殿，殿面阔五间长 17.6 米，进深 8.8 米，殿前东侧原有五间御茶房，与正殿相同，都是硬山式木结构建筑。这里明代时也是帝后行宫，清代改为财神庙。西路祖师堂西侧的龙王庙是佛道共存的典型体现，这也是清代的"杰作"，龙王庙为硬山式木结构，面阔三间。从这些混杂的建筑体中不仅展示了潭柘古寺在历史长河中的发展概况，也从中粗略了解到战国到三国

时期寺庙建筑的大体形态变化和演化轨迹。

B. 隋唐时期　以隋唐为代表的封建社会发展的高峰期，也是古代建筑发展的成熟期，在宫殿城池大规模兴建的同时，佛教及其他宗教建筑也得到很大发展，因为唐朝皇室与道教始祖老子（李耳）同姓，统治阶级十分重视道教发展，在道观得以兴旺发达的同时，伊斯兰教、景教等也纷纷进入中国。又因手工业的进步，这个时期的建筑技术较前有了明显进步，由于对木材性能的熟练掌握，木构架的作法已经普遍应用到各个建筑领域，木构架的设计和构件比例尺寸有了一定程度的定型化和标准化，并有了掌握绳墨绘制图样和施工的专门工匠，除了土木砖瓦石这些普通建材被广泛使用外，琉璃的烧制也较南北朝有很大进步。在隋唐和五代时期的宗教活动中，宗教建筑成为当时非常重要的经济和社会活动方式，朝廷和民间都投入大量财力、物力、人力从事寺观建设和维护，在建筑施工中继承了前代的传统做法，平面布局仍以殿堂门廊等形成一个个单独的庭院或中心，中心位置用殿宇代替了寺塔，并出现了二三层楼阁为中心的规划格局。由于建筑规模的扩大，雕刻、绘画、塑像等技术也得到了广泛应用和发展，除了皇家宫殿外，寺观成为那个时期最辉煌耀眼的建筑物。

唐太宗李世民曾亲率大军东征不肯降服的高丽，为了纪念东征牺牲的将士，于贞观十九年（645 年）下昭，要在藩镇幽州城东南隅修建一座以示祭奠的寺庙。经过多年准备和施工，于武后万岁通天元年（696 年）建成，赐名悯忠寺。虽历经各朝多次改建，但基本格局无大变，清雍正十二年（1734 年）大修后改名为法源寺，寺门南向，全寺七进六院。整体布局严谨，空间灵活多变，在中轴线上依次排列着天王殿、大雄宝殿（彩版二，1）、悯忠台、毗卢殿、大悲坛、藏经阁等建筑。山门内的天王殿雕龙画栋、庄重大方，二进院落内的大雄宝殿高大壮观、辉煌华丽，东西面阔五间，南北进深三间，殿顶为歇山调大脊，上覆灰筒瓦，檐下五踩重昂斗栱，檐枋、檐檩为和玺彩绘，正面明间和次间前檐，伸出东西三间、南北六檩的抱厦，殿内抱厦梁上悬挂乾隆皇帝手书的"法海真源"的匾额，殿内只有两个卷叶莲花青石柱础为唐代遗物，其他都是明清各代的建筑遗存。三进院内是观音阁，也称悯忠阁或悯忠台，原建筑为七间三层，后来毁于地震，现在的悯忠台是在悯忠阁基础上重建的，这里陈列着唐朝及历代碑石铭刻。悯忠台之后的毗卢阁原名净业堂，是供奉唐玄奘法师头顶骨舍利的地方。毗卢阁之后是大悲坛。藏经楼是中轴线最后一座建筑，楼阁上下两层，面阔五间，进深三间，庑殿顶上覆灰筒瓦，檐枋、檐檩彩绘花卉和人物故事，梁柱为朱红色，门窗为斜方格窗芯。藏经楼东西两侧各有一座朱红色转角小楼，主楼与小楼之间用扶廊连为一体。

　　白云观前身天长观也是唐代修建的，原建筑毁于金正隆五年（1160年）一场大火，原始道观没有留下建筑方面的详尽记载，只能参考唐代的佛教寺院和宫廷建筑推测初建时的规模、格局和建筑风格。十四年后重修后的道观竣工，新建筑朱甍碧瓦、瑰玮壮丽，观内分东中西三路，中路有虚皇醮坛，坛后有玉虚殿、通明殿、延庆殿，延庆殿左右两侧配殿是澄神殿和生真殿。东路有灵音阁、大明殿和五岳殿，西路有飞玄阁、清辉阁和四凌殿。惜28年后再次毁于大火，三年后不得不又重修，改名为太极宫。

　　北魏修建的天宁寺也是这段时期的寺庙建筑，初名光林寺，虽然历经隋唐三百多年的维修改建，又经历辽金百多年的风雨侵蚀，还能找到那个时期的建筑特点，但元末一场大火彻底烧毁了寺院的所有殿宇建筑，只有那座具有辽代风格的寺塔幸运地保存下来。因为这座寺庙在北京有很大的影响力，明初又花巨资重新修建，后来宣德中期、正统十年、正德十年、嘉靖三年和清乾隆二十一年、四十七年都进行过较大规模的维修，历史上的天宁寺规模非常宏伟。在几百年的历史演变中，建筑技术、建筑理念都发生了很大变化，所以后来陆续建起的殿宇和配套设施都随之发生了很大变化。今天我们见到的天宁寺基本为明清时期的建筑风格。整个寺院初由中东西三路组成，今天只剩中间一路，高高的密檐塔与正殿在同一中轴线上，这与潭柘寺有相同的布局方式。前边的山门为硬山式灰色筒瓦覆顶，石券门窗，中间的门上方有"敕建天宁寺"门额，门两侧是券窗，山门后是弥陀佛殿，面阔五间，进深三间，殿顶为硬山式木结构，上覆绿色琉璃筒瓦黄剪边，明间为六抹棱花格隔扇门，殿前是月台，殿后东西配殿各三间，都是灰筒瓦箍头脊硬山顶，这可能是原来大雄宝殿的配殿，再后边是天宁寺塔。

　　C. 辽金时期　辽金时期的北京是历史上由军事重镇步入都城的转折阶段，在地位上和军事上呈现出与汉人政权及其他军事势力交叉互混状况，尤其与宋朝政权交错的状况更为明显，北宋政权与辽代几乎前后同时期相继建立，金代也与南宋大体同期相遇，宋代先进的文化观念和建筑技术深深影响着辽金社会，他们为了更好地稳固政权，聘用了大批汉人知识分子和工匠。在宋辽后期的1100年，合当时先进成熟的建筑施工经验而

编纂成的《营造法式》出版，这是中原地区官式建筑的典范著作，被辽金聘用的工匠也把汉人先进的建筑施工技术带到辽金，于是辽金统治下的北京地区寺庙建筑也大量采用了《营造法式》的工程做法。金代除了在布局风格上部分寺庙殿宇和寺门仍为南向外，其他殿宇施工基本按照宋式做法，主要建筑也布置在一条纵向中轴线上，金代也有部分寺庙已改为南向。

北京较大的辽代佛寺大觉寺寺门东向，金元时期有无重大改修暂无资料证明，明宣德三年（1428 年）曾进行过较大规模重修扩建，后正式命名为大觉寺，之后明正统、成化年、清康熙、乾隆两朝又进行过重修改扩建，逐步形成今天的建筑规模（彩版十，1）。其主要建筑格局虽无大变，但殿宇建筑风格及施工技术明显带有明清特色（图三十）。整体院落分三路，中路六进，山门后依次是弥勒殿、大雄宝殿、无量寿佛殿、大悲坛、龙王堂等，南路有戒坛、四宜堂、憩云轩、领要亭。北路为僧舍。中路的天王殿、无量寿佛殿、龙王殿是明代改建时的遗物，大雄宝殿的整体和部分的比例上，大斗栱、长出檐、缓坡顶、曲线刚劲有力等方面，又似有唐代简朴、浑厚的特点，辽金时期建筑风格既深受宋式做法影响，又脱离不开唐代特点。从南路的建筑风格看，显然都是清代遗物。后部的藏经楼和舍利塔也都是典型的清式风格。金代在建筑艺术的处理方面，揉和了宋辽建筑风格，继承了唐辽浑厚雄壮特点的同时，也揉和了宋代新的简洁明快做法，细部手法简洁朴实，雕饰较少。

图三十　大觉寺抱塔

海淀区普惠南里的普会寺是较小规模的佛教寺院，初建于辽代，寺门东向，史书记载曾有辽代碑刻，八十年代拆迁改造时，出土了金元之际蒙古留守官元奴刻立的陀罗尼经幢和明嘉靖三十六年的重修记碑，辽碑可能仍埋藏在地下。明嘉靖重修后，石围墙一百多丈，寺院为中轴线布局，山门内有三楹天王殿，其后是三楹大雄宝殿，左有伽蓝殿，右有祖师殿，后院有禅房、方丈室和僧房等，碑文形容其建筑"重檐斗角，朱门石槛，佛像金碧霞彩，丹青耀日"。由此看来，寺院基本已改为明代建筑风格。

因辽金宫室在南城，所以大部分寺院也都修建在南城一带，由于年代久远，寺院大都无存，西郊少量辽金寺庙也都仅存残迹，历史上官方文书仅纪录皇家修庙功绩，很少为工匠及其技术撰书，野史旁籍也只星星点点写些风闻趣事，所以对北京辽金寺院建筑的研究几乎是一个空白。

D. 元代　元代是北京佛教、道教及其他宗教的兴盛期。蒙古大军的强势兵力使得中国版图急剧扩大，由于多民族的会集，文化、艺术、建筑等方面无形增加了若干新元素，在佛道兴盛的同时，西藏喇嘛教和外国洋教纷纷涌入内地，带来许多新的装饰题材和雕塑、壁画的新手法，拱券结构较多用于地面建筑，这些新型建筑结构和装饰为后来明清建筑的发展打下了基础。由于皇室对宗教特别重视，这个时期无论汉佛寺院还是藏传佛教的寺院数量和规模都有了很大发展，虽然藏传佛教稍领风骚，但其寺院建筑主要还是汉族传统风格占据主导地位，在施工中也揉合了元代宫室的建筑元素，因此元代的寺庙建筑具备了汉、藏、蒙等多民族风格。与此同时，道观发展也遇到历史少见的良好契机，伊斯兰教建筑也进入成熟期，阿拉伯式建筑的大量出现，使得北京宗教建筑的百花园呈现出丰富多彩的大好局面。

西城区的护国寺是在丞相託克託旧宅基础上修建的，元代初建时叫崇国寺，明宣德更名为大隆善寺，成化八年又改称大隆善护国寺，清康熙六十一年重修后称护国寺，历经明清两朝多次改修扩建，除基本格局保持不变外，元代殿宇房舍建筑大都改为明清做法。最后的寺院坐北朝南，中轴线上九进院落，主要建筑有山门、金刚殿、天王殿、延寿殿、崇寿殿、千佛殿、护法殿、功课殿、菩萨殿等。天王殿又有左右配殿，延寿殿左配殿为文殊殿、右为秘密殿，崇寿殿左配殿为伽蓝殿，右为无量殿，千佛殿左配殿为大悲殿，右为地藏殿。三间山门为单檐歇山顶，上覆筒瓦，室内为砖券，半圆形顶，前后均为石券门，门左右各有一石券旁门。二进为五间金刚殿，面阔24.7米，进深11.3米，单檐歇山顶，黑琉璃瓦绿剪边，三踩安昂斗栱，中间及两次明间为穿堂门，殿正面门窗是壶门式，墙面装折

日板。三进天王殿面阔三间，左右配殿各五间，四进延寿殿面阔五间，进深四间，后抱厦一间。五进崇寿殿面阔五间，月台前左右碑亭各一个。六进千佛殿面阔五间，进深三间，前为月台，有甬道与崇佛殿相接。七进护法殿面阔五间，在千佛殿与护法殿之间的垂花门处有横道相隔，将寺院分为前后两部分，门之东西各有一座八角舍利塔。八进功课殿面阔五间，进深三间，九进菩萨楼面阔三间。

元代在佛教大力发展的同时，本土道教也随之得以兴盛，其建筑当然以汉族传统风格为主，就其单体建筑物看，道教宫观与佛教寺院里的殿舍堂宇的建筑风格和施工没有什么大区别，主要继承了宋式做法。朝阳门外的东岳庙修建于元延祐六年（1319年）到至治三年（1323年）间，初名仁圣宫，明洪武三年改称东岳庙，清康熙三十七年毁于大火，三十九年重建，乾隆再次重修。道光年间扩建东西两院，中轴线上的建筑格局及庑殿斗栱和替木仍保留元代建筑风格。今天见到的道观整体格局已不是当初原始风貌，东西两院建筑物则完全为清代遗留物。中间正院主要建筑有山门、绿琉璃瓦牌楼门（图三十一）、戟门（又称瞻岱门和龙虎门）、岱宗

图三十一　东岳庙牌坊

宝殿（彩版十，2）、育德殿、玉皇殿。戟门与岱宗殿之间的院内东西配殿是地狱七十二司，这是典型佛教寺院根本没有的建筑物，再向北左有广嗣殿、太子殿、右有阜财殿和太子殿，岱宗宝殿左右耳房有三茅真君祠堂、吴全节祠堂、张留孙祠堂、山府君祠堂、蒿里丈人祠堂，再向后有一座两层罩楼。东院有娘娘殿、江东殿、伏魔大帝殿等。西院是规制不一的小型殿宇，其中部分是民间各路善会修建的，主要有东岳庙祠堂、玉皇阁、三圣殿、药王药圣殿、马王殿、鲁班殿、三官殿、阎王殿、判官殿等建筑。

　　比东岳庙历史更久远的道观是白云观，它的前身是唐代的天长观，但金代时已经全部毁掉，后来的白云观基本是元代重新改建后的格局，所以建筑风格更接近元代建筑特点。可惜元代建筑元末又毁于兵乱，明初重建了前后二殿和部分附属建筑，当时的规模并不算太大，经明正统年间大规模改修扩建后，规模布局和殿舍数量较前有了很大变化，清康熙年再次进行大规模维修扩建，但基本风格无大变，今天我们见到的白云观是带有元代风格的明清建筑，与当初的天长观已相去甚远。现存的建筑仍为南向，由中、东、西三路组成，中路主要建筑全部贯穿在南北中轴线上，院落宽绰，两侧有廊，庄严、肃穆的气氛体现出一种皇家气派，这种宫廷形制的寺庙是明清时期的典型格局和建筑特点。东西两旁院的建筑体量较小，布局类似一般庭院。三券拱券门的山门面阔三间，砖石结构。山门前是四柱七楼牌坊的灵星门，山门与灵星门之间两侧有八字照壁。山门后是面阔三间的灵官殿，灵官殿后面左侧是鼓楼，右侧是钟楼，与一般寺院的左钟右鼓正好相反，钟鼓楼为方形两层楼阁建筑。灵官殿后院是面阔五间的玉皇殿，再往后是面阔三间的老律堂，为勾连搭建筑。老律堂之后的邱祖殿面阔三间，自成院落。再往后还有三清阁和四御殿，是和邱祖殿组成的院落中的正房。三清阁两侧有转角翼楼相通，东翼为藏经楼，西翼是望月楼，又称朝天楼。东路的南极阁、斗姥阁、真武庙、火神庙、斋堂等建筑改为寮房。西路有祠堂、面阔三间的元君殿、面阔三间的文昌阁、面阔五间的元辰殿、吕祖殿、云集园等。吕祖殿位于元君殿西侧，自成院落，前后两殿皆面阔三间，院两侧有配廊，吕祖殿顶覆绿琉璃瓦，是整个道观中唯一享受绿琉璃瓦待遇的建筑。云集园是白云观最后一座建筑，也是道观的后花园，云集山房是园内的中心建筑，面阔三间，周围有廊庑，园西部有退居楼，东部有假山，山上的友鹤亭与西边的妙香亭东西相望，使幽深恬静的后花园变得生动有趣。

十三世纪中叶，蒙古军队征服了中亚，大量色目人被带到中原地区，部分人落户大都，回回教便随着阿拉伯及信奉伊斯兰教的波斯人涌入大都城，伊斯兰教堂也应运而生，东四、东直门外、通州、顺义等地较早建立了伊斯兰教堂。这个时期的伊斯兰教堂概念虽然由中亚传入，但很快与中国的传统建筑融合为一体，部分伊斯兰建筑较多保留了中亚形式，主要集中在新疆地区，北京早期的伊斯兰建筑没有留下任何详细记录，其建筑形式和结构难尽其详，但从其他宗教建筑形态分析，北京的伊斯兰建筑应更多接近汉族传统建筑布局和结构体系，因为这里有强烈的汉族文化氛围，有更高水平的建筑工匠，有丰富的建筑材料资源可选取。

东四清真寺初建于元至正六年（1346年），当时的建筑早已毁损无存，明正统、景泰、成化、万历年曾多次重修，清代和民国期间也进行过修建，今天所见到的基本上是明清风格的建筑，但从东向布局、邦克楼设立及其他局部建筑上仍带有显著的西亚建筑风格（彩版三，2）。东四清真教堂寺门三间，灰筒瓦，硬山顶，上饰吻兽、垂兽和小兽。二门五间，前后带廊，前廊是砖砌西式门面的砖券门，二门内小院里有三间平房。过小院的垂花门，曾有二层方形攒尖顶的邦可楼，这是传呼教民前来做礼拜用的专用建筑，清光绪年毁于地震，它的铜宝顶存放在大殿前轩内，上铸阳文"成化丙午年造"。垂花门内的礼拜殿是教堂最主要的建筑，殿坐西向东，面阔五间，庑殿式殿顶覆盖灰筒瓦，殿内雕梁画栋，华丽辉煌，前半部为木结构，后半部窑殿为无梁式穹隆顶结构，这些装饰手法明显带有明式做法。院南北各有五间配殿和三间配房，殿房都带有廊子，这些建筑都具有明代建筑风格。原有寺院规模较大，历经几百年风云演变，只剩下现在这些建筑。

东直门外的清真寺原位于东外二里庄，初建于元代，寺门南向，正殿东向，规模较小，大门只有一间，正殿面阔三间，顶为硬山筒瓦调大脊，前有卷棚顶廊子，南北各有三间配房。寺院原有建筑大部分毁损严重，上世纪九十年代在东直门交通枢纽东侧重新复建。

初创于元代的通州清真寺是一处较大规模的清真寺院，三间寺门东向，原在寺门外街北口有一栋木制殿式悬山调大脊二柱牌楼，寺门内有歇山顶绿琉璃吻兽大影壁一座，影壁岔角嵌石刻云纹，壁心为瓶花图案，下部是浮雕须弥座，影壁后为重檐歇山调大脊顶的邦克楼，上层四周廊下有木栏杆，匾额为"万寿无疆"，下层拔券门匾额为"大哉乾元"，楼阁苏式彩绘十分绚丽。邦克楼后是礼拜殿，殿上部为勾连搭四卷顶，明三暗五，一、二卷为三间，顶覆绿琉璃瓦，前部为卷棚顶敞厅，后为调大脊过厅，三、四卷为五间，三卷与二卷形制相同，四卷梢间为四角攒尖顶，次间为歇山调大脊，明间是窑殿，窑殿后是望月台。殿内设井口天花，梁枋绘博古彩画，红漆金柱绘制绕枝牡丹，殿南北两侧有配殿和水房三间，殿两侧有六角攒尖顶井亭一座，隔扇装修十分精巧。

北京最大的儒教建筑是国子监街的孔庙，建成于元大德十年（1306 年），次年成宗皇帝昭命孔子为"大成至圣文宣王"，这块"加号诏书"石碑至今矗立在大成门前。后来文宗皇帝又昭准孔庙享受皇家宫城规制，四隅可以建角楼。孔庙虽经明清两朝多次维修改建，但基本格局仍保持了元代风格，三进院落的孔庙建筑庄重宏伟，以大成殿为中心，前后中直、左右对称。临街的第一道大门是先师门，坐落在砖石台阶上的先师门又称灵星门，面阔三间，进深七檩，单檐歇山顶，饰有鸱吻等装饰物，檐下斗栱大而稀疏，造型古朴简洁，是北京城区保持元代风格较好的罕见木构建筑物。进入先师门是初建于元代的大成门，清代重修后面阔五间，进深九檩，单檐歇山顶，整座建筑坐落在高大砖石台阶上，门前三出陛，中为丹陛，左右各十三级，两边设角门，门两侧放置十个石鼓，门内悬钟置鼓。大成门外东边有碑亭、省牲亭、井亭、神厨，西面有致斋所、神库等，附近辟有持敬门与国子监相通。大成门内的甬道尽头是明初增建的大成殿，原为七间三进，清光绪年维修后扩为九间五进，重檐庑殿顶，覆最高级的黄琉璃瓦，殿脊双层飞檐，整座大殿坐落在高大的石砌台阶上，月台四周是汉白玉雕云头石柱栏杆，月台左右砌筑长 7 米、宽 2 米的大青石浮雕，上下皆雕飞龙戏珠，中间是盘龙吐火的宝珠，周围雕饰云水波涛图案。院内左右两厢配殿各 19 间，灰瓦通脊，单檐歇山顶。大成殿后是明嘉靖年修建的崇圣祠，这是一组独立的院落，与前边的院落有明显的区域分割，但又过渡自然，这里是供奉孔丘五代先祖的地方，祠堂门南向，由崇圣门、崇圣殿及东西配房组成，崇圣殿面阔五间，进深七檩，清乾隆年将殿顶的灰筒瓦改为绿琉璃瓦，殿前有宽敞的月台，月台三面修建十级垂带踏步，东西配殿也在砖石台阶上，每殿面阔三间，进深五檩，单檐歇山顶。为了显示孔庙与其他殿宇有不同等级待遇，在孔庙大门外迎面修建一座宽大的嵌琉璃瓦雕花照壁，大门两侧矗立着"官员人等到此下马"的下马碑。

E. 明清时期　这一时期是中国封建社会由鼎盛走向崩溃的重要历史阶段，这个时期的建筑，沿着中国古代传统建筑的道路继续发展，获得了非凡成就，攀登上我国古代建筑史上的最高峰。明清两朝为了巩固其政权，积极扶持各种宗教势力，大力推广儒家的伦理道德和封建礼制，鼓励修建宗庙祠堂，宣传人由天定的思想，到处修建坛庙祭祀天地神灵，为了加强对蒙藏地区的统治，大力提倡喇嘛教，为了麻痹人民反抗和不满情绪，准许境外洋教成立教会、修建教堂，这个时期的北京城呈现出宗教繁盛、教会活跃、寺院坛庙堂观建筑百花齐放的繁盛景象。

在建筑技术、建材和艺术处理方面，明清时期比辽金和元代有了更大进展，由于砖的大量生产，除了极少数特殊情况使用土、石作为建筑主体外，绝大部分庙宇堂舍都使用质量较好的砖，对木材的使用更加广泛，并注意合理取材。在结构方面，一些门洞一改元代及以前采用梯形和半圆拱的做法，全部使用砖券，伊斯兰教堂和部分祭坛使用穹隆顶形式。琉璃瓦的烧制技术更加成熟，颜色更加丰富多彩，无论数量或质量上远远超过前朝水平，由于琉璃瓦的颜色易于区分，出现了按等级使用琉璃制品的礼制和技术规范。琉璃砖作为贴面材料主要用于佛塔、牌坊、照壁、寺门等处，镏金、玻璃及其他工艺美术品也开始用于建筑，丰富和加强了装饰效果。在木结构上，在辽金及元代基础上也做了某些新的尝试，元代时许多殿宇柱子排列灵活，有时与屋架形成不对称连接，元代时采用大内额的做法，在内额上排屋架，形成减柱、移柱作法，另外斜栿技术也在元代建筑中经常见到，由柱头斗栱上挑，承两步或三步椽子，这些技术虽然明代没有全部继承下来，但一些构架原则在明清时期得到进一步发展。最重要的斗栱结构机能发生了变化，将梁外端做成巨大耍头伸出斗栱外侧，直接承托挑檐梁，梁下的昂失去了原来的结构意义，而补间平身科的昂也多数不延伸到后侧，成为纯装饰性构件，因此斗栱可以减少，排列可以丛密。与此同时，内檐各节点上的斗栱也会逐渐减少，将梁身直接放置柱上或插入柱内，使梁与柱的连接更加紧密。明清时期这样的改变，在官式建筑中常出现互相矛盾的现象，加强了整体的牢固性，却又加重了梁本身的静负荷，也使构架显得死板僵化。在建筑艺术上，由于斗栱比例缩小，出檐深度减少，柱比例变得细长，梁和枋比例略显沉重，使屋顶柔和的线条轮廓消失，显示出沉重拘束但又不失稳重严谨的风格，这与唐宋时期的建筑特点有了很大差别。由于官式建筑（例如彩绘、门窗、须弥座、栏杆及装饰花纹等）的程序化和标准化，在大大提高施工效率的同时，也失去了应有的灵活性和清新活泼的韵味。这方面在清中期之后尤显突出，样式雷家族为清代建筑做出卓绝贡献的同时，也显现出以上不可弥补的缺憾。

在北京两千多年宗教历史上，明清两代的寺庙及类宗教建筑不仅数量第一，体量也最庞大，建筑技术最先进，艺术水平最高，这是北京的极其宝贵的物质和精神财富。

阜成门内路北的历代帝王庙，是明嘉靖十年（1531 年）在原保安寺旧基上改建而成的。这是一座皇家敕建的大型祭祀性庙宇，雍正和乾隆年曾进行过大修改扩建，乾隆二十九年（1764 年）大修时，将景德崇圣殿顶的绿琉璃瓦升级为黄琉璃瓦，基本建筑格局无大变（彩版十，2）。庙宇的大门南向，在大门外迎面修有绿琉璃瓦硬山调大脊的照壁，影壁东西长 32.4 米，高 5.6 米，壁厚 1.35 米。原来在影壁和庙门之间东西各有一座四柱三楼式木牌坊，额曰"景德街"，故这条街曾称景德街，上世纪五十年代因扩建马路将牌坊拆除，复原的牌坊现展放在首都博物馆大厅。大门面阔三间，通宽 15.6 米，进深 9.5 米，平身科为单昂三踩斗栱，两侧有八字墙，大门两侧有旁门，汉白玉石台阶连接中间的御路，屋顶为黑琉璃瓦绿剪边歇山顶调大脊，门前原有象征皇家气派的三小石桥，上世纪五十年代与牌坊一起被拆除。庙门内东侧有钟楼，为重楼重檐调大脊，顶覆黑琉璃筒瓦绿剪边，楼每面阔三间，上檐下平身科为单昂三踩斗栱，旋子彩画，下檐为平身科一斗二升交麻叶头斗栱，旋子彩画。大门正北对面是景德门，面阔五间通宽 26.6 米，进深 14.8 米，平身科为单昂三踩斗栱，四周绕修汉白玉石栏杆，前后三出陛，中间是御路，两侧有垂带踏步。中轴线北端是帝王庙的正殿景德崇圣殿，面阔九间计 51 米，这在一般寺庙中是很高级的规模设计，仅次于太庙前殿面宽十一间的尺寸，进深 27.2 米，殿内有 60 根直径 1 米的楠木立柱，殿顶为最高级的重檐庑殿式，上覆顶级的黄琉璃瓦，上檐平身科为重昂七踩斗栱，下檐平身科为重昂五踩斗栱，上下檐均为和玺彩绘。殿前是汉白玉石月台，东、南、西三面有石围栏，南面三出陛下是御路，东西两面一出陛。月台两侧有方形碑亭，都是黄琉璃瓦重檐歇山顶调大脊，每面阔三间，上檐平身科为重昂五踩斗栱，下檐平身科为单昂五踩斗栱，均施和玺彩绘，殿两山下又各有一座黄琉璃瓦歇山顶调大脊的碑亭。正殿前东西两侧的配殿面阔七间，通宽 33.4 米，进深 14.6 米，殿顶为黑琉璃瓦绿剪边歇山顶调大脊，平身科为单昂三踩斗

栱，旋子彩画，内顶为井口天花，下铺方砖。在东西两配殿南侧各有一座燎炉。中路两侧还有东、西跨院，东院内有神库、神厨、宰牲亭等建筑。西院为致斋所。为了显示庙的等级和权威，在大门外两侧除牌坊外还有下马碑，上刻"官员人等到此下马"。

劳动人民文化宫内有一组雄伟壮丽、金碧辉煌的古建筑群，是明清两代帝王的皇家祠堂，称为太庙（彩版一）。这座始建于明初的全国规格最高、建筑最为辉煌的私家祠堂，这是典型的明清官式庙宇建筑，太庙有三重黄琉璃瓦红墙身的围墙，最外层围墙西面辟两座大门，南边门称太庙街门，面阔五间，与天安门里相通；北边门称太庙右门，或称神厨门，面阔三间，与端门里相通。中间一层围墙正门为南向的三间琉璃砖门，门内神库、神厨各五间。最内层围墙正门称戟门，中门三间，左右各一间旁门，三间戟门修建于石台阶上，前后出陛，门前有玉带河，河上跨建七座汉白玉石桥，戟门内是前、中、后三大殿。主殿等级仅次于一墙之隔的故宫太和殿（图三十二）。太和殿面阔十一间，通宽63.9米，进深五间，通深37.7米，中和殿长宽均为24.15米，深广各五间，而太庙最大的前殿面阔也是十一间，进深四间，太庙中殿和后殿均面阔九间，前殿为重檐庑殿顶，中、后两殿为单檐庑殿顶，三殿均顶覆黄琉璃瓦，坐落于石砌高台阶上。前殿梁柱包镶沉香木，其余木构件用金丝楠木制成，地面墁铺金砖，殿基为三层汉白玉石须弥座，殿前宽敞的月台有三层台基，分别雕饰"云龙纹"、"海兽纹"和"狮子滚绣球"图案。前殿东西配殿各15间，黄琉璃瓦覆顶，歇山顶式作法，东配殿前有大燎炉，西配殿南侧有小燎炉。中

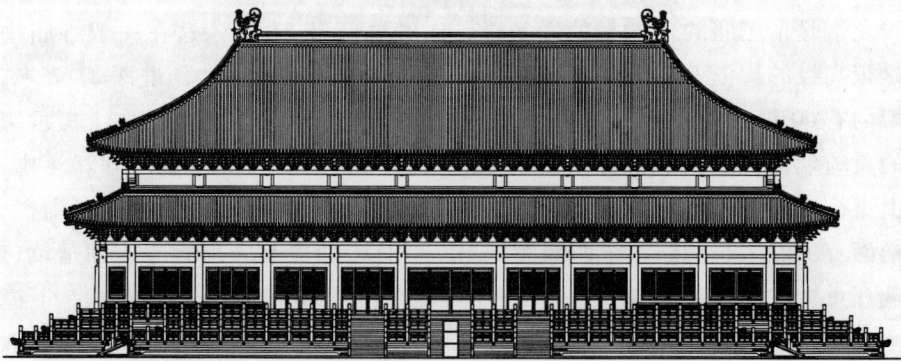

图三十二 太庙享殿立面图

殿又称寝宫，面阔九间，台基为汉白玉石须弥座，月台三面以石护栏围绕，东西配殿各五间，黄琉璃筒瓦歇山顶，殿式作法，各装四抹三交菱花门四扇。后殿又称祧殿，形制与中殿相同，后殿东西配殿各五间，形制与中配殿相同，后殿东南隅有一座燎炉。

除以上特大型庙宇外，在皇宫周围也有不少大中型寺院，例如景山公园内的寿皇殿、神武门外的大高玄殿、广化寺、故宫外八庙、火德真君庙、嵩祝寺、智珠寺、关岳庙等许多庙宇，有的是明清初建，有的是明清续建，其基本建筑格局和工程作法与以上大型庙宇无本质区别，在北京城区和郊区县也有大量明清时期修建的寺庙、道观和祠堂，只有规模大小、选材用料等级的区别，其工程做法基本都是按照明清殿宇模式修建而成的。

故宫内的祠堂庙宇及其他宗教建筑则更加讲究，有的是专门为佛祖、道祖、家祖修建的，如西路的雨花阁、梵宗楼、宝华殿和中正楼等是紫禁城内最大的一组藏传佛教活动场所。雨花阁又是宫中唯一一座汉藏形式相结合的宗教建筑，明代仿西藏阿里古格的托林寺坛城殿改建而成（图三十三）。楼阁南向，按照藏密的事、行、瑜伽、无上瑜伽四部设计为"明三

图三十三　故宫雨花阁

暗四"，外部显示三层，在一、二层之间暗藏一层，在外部看三层，实际为四层。首层面阔三间，四周出廊，前檐三间抱厦，屋顶南北为卷棚顶，东西为歇山顶，绿琉璃瓦黄剪边。二层是一层与三层之间的夹层。三层称瑜伽层，面阔、进深各三间，东、西、南三面出平座，北面为楼梯间，三层顶为卷棚歇山顶，黄琉璃瓦蓝剪边。第四层为无上层，面阔、进深各一间，正面辟四个隔扇门，其余三面有槛窗，四面出平座，四周挂琉璃檐板，顶部为四角攒尖顶，屋面满覆镏金铜瓦，四脊立镏金铜龙，正中用镏金铜喇嘛塔作宝顶。梵宗楼是一座倚墙而建的三开间卷棚歇山顶二层小楼，一层供奉文殊菩萨像，二层供奉文殊菩萨化身大威德怖畏金刚像，这是故宫最大的两座文殊和大威德造像。宝华楼也是一座体量不大的佛教庙宇，面阔只有三间，进深一间。中正殿明代是道教建筑，清代改为佛教建筑，现只存遗迹。位于故宫内廷西北角的英华殿，明代初建时称隆禧殿，明庆隆元年（1567年）改称英华殿，是宫中的汉传佛殿，清代有所改建，殿南向，面阔五间，庑殿顶覆黄琉璃瓦，其基本建筑格局和装饰装修与其他殿堂无大区别。城隍神是封建社会确保城池安全的重要神灵，因此封建皇帝十分重视对城隍神的膜拜，故宫西北角的城隍庙是清代建筑，虽然藏居小小宫城内，体量也不大，但格局和建筑作法颇为讲究，山门、庙门、正殿、配殿一应俱全，共有殿舍三十多间，三间山门外有东向琉璃院门，山门内还有三间硬山琉璃瓦顶的庙门，庙门中间的穿堂门有甬路与正殿月台相连接，正殿五间门南向，硬山顶覆黄琉璃瓦，东西配殿各三间，硬山灰瓦顶。正殿内陈设分两层，上层正龛内供奉城隍神，左右两侧分列六尊城隍配神，下层设从四尊神。

（3）祭坛

祭坛是一种古老的祭祀方法，历史明确记载的北京祭坛金代较为普遍，但利用祭坛从事祭祀活动最活跃、祭坛留存最多的历史时期当属明清两代，这个时期的祭祀活动形成制度化、体系化，修建祭坛数量最多的是明代。根据"左为上"的原则，天坛修建在天街左侧，这是全国最大的祭坛，明永乐十八年（1420年）仿南京的地坛初建时也称地坛，嘉靖九年（1530年）祭天、祭地分别进行，在原地坛建圜丘专祭皇天，另在安定门外修建方泽坛祭地。嘉靖十三年（1534年）正式改原地坛为天坛，经清代改修扩建，天坛建筑规模越发庞大，功能更加齐全。整个天坛组群以南方北圆形状附会中国古代"天圆地方"之说，坛园有内外两层围垣，主要建筑分布在中轴线上。园内建筑按性质可分为四组，内垣里南部设计祭天的圜丘及其附属建筑，北部安排祈盼年丰的祈年殿和附属建筑，在内垣西门南侧有皇帝祭前准备活动的斋宫，外垣西门内建宰牲所和神乐署。其中圜丘和祈年殿是最重要的建筑主体，两主体建筑之间有长400米、宽30米、高出地面4米的砖砌甬道相连接，这条南北大道稍向东偏斜。

圆形圜丘又名祭天台（图三十四），上下三层，上层坛面直径九丈，以圆形石板为坛心，周围平铺九圈扇形石块，最内圈9块，第二圈18块，第三圈27块，第四圈36块，依次递增，最外层的第九圈81块。中层坛面直径十五丈，同样分为九圈，分别从90块到162块用扇状石块铺成。最下层坛面直径二十一丈，由171块到243块扇面石块砌筑成，每层都有汉白玉石栏杆和望柱围绕，四面九级出阶，圜丘四周又有墙垣两层，内垣为圆形，周长一百零六丈四尺，高五尺九寸，外垣为方形，周长二百一十丈一尺，高八尺六寸。内外墙垣四周有汉白玉石灵星门四座，每门为六柱三门制式，并在外围用三座高灯杆、十二座铁炉和一座琉璃炉作陪衬。

在圜丘坛北的皇穹宇是供奉"昊天上帝"牌位的建筑，在皇穹宇两侧，又各有长方形配殿一座，外侧也围以矮垣。皇穹宇为平面圆形单檐小殿；殿顶由内外两层各八根木柱环立支撑，上覆蓝琉璃瓦，殿宝顶镏金，

图三十四　天坛圜丘

殿基为单层石须弥座，石基高3米，台基四周有四十九块石拦板和望柱，东、西、南三面三出陛，各14级台阶。正殿高19米，直径15米多，正南台阶下有三方回音石。

天坛内体量最大，设计最为精巧、装饰最辉煌、最为吸引人的建筑是中轴线北端的祈年殿（彩版十一，1）。祈年殿三层圆锥顶，上层覆蓝琉璃瓦，中层覆黄琉璃瓦，下层覆绿琉璃瓦，圆锥顶为镏金宝顶，殿内中央有4根龙井柱，以示春夏秋冬四季，外围两层各12根立柱，代表十二个月和十二个时辰。内顶为九龙藻井，地面正中铺有龙凤花纹的大理石。整座大殿坐落于三层汉白玉石台基上，门南向，南北各三出陛，东西各一出陛。祈年殿南有东、西各九间配殿，祈年殿四周有为墙墙，四面开门。

天坛内的第三组建筑是位于西门内南侧的斋宫，门东向，宫垣两重，外垣长660米，由163间回廊组成，内垣长400米，内外垣外侧都有类似故宫筒子河的水濠护绕，两层宫垣正东开三门，门前濠上建石桥三座，正南、正北各开一门，门前石桥一座。内外垣间东北角修建钟楼。斋宫正殿面阔五间，东向，砖石结构，室内无梁柱，庑殿顶覆绿琉璃瓦，殿前月台三面围以汉白玉石栏杆，正面三出陛，中间十三层台阶，两侧各十五层台阶，月台上南、北各建石亭一座。

第四组建筑是神乐署和宰牲亭等建筑，神乐署俗称天坛道院，是为皇家培训礼仪乐舞的场所，大门东向，面阔三间，殿前三出陛，各四级台阶。正殿称凝禧殿，面阔五间，台基三出陛，各六级台阶，殿左右步廊各三间。正殿后是面阔七间的显佑殿。斋宫西侧是宰牲所，旧称牺牲所，是专为皇家豢养、宰杀牲畜的场所，原殿面阔五间，现只存残迹和碎砖石。

除天坛、地坛外，在朝阳门外有日坛，阜成门外有月坛，这些祭坛的主要建筑都是方形或圆形的坛台。地坛的方泽坛为方形，正门北向，上下两层，上层每边长19米多，面积约为6平方丈，下层每边长23米多，面积约为10.65平方丈，古代传统概念"天为阳、地为阴"，故坛面石块数量为阴数，上层共计548块，下层共计1024块，上下合计为1572块。四面出陛，各八级台阶，下层东西两侧放置五岳、五镇、四海、四渎象征山水神位的石雕座。东坛墙外有神厨、祭器库、神库、乐器库等建筑，坛西北部有斋宫，坛南墙外有皇祇室。日坛拜台也是方形，每边长16米，台高近2米，西向，明代台面为象征太阳的红琉璃瓦，清代改为方砖，拜台今无存。月坛的拜台为方形，东向，每边长四丈，高四尺六寸，四出陛，都是六级台阶，台四周有方形壝墙，周长九十四丈七尺，高八尺，厚二尺二寸，四面开门，东面六柱三门，其余为两柱一门，坛台外有宰牲亭、井亭、祭器库、乐器库等建筑。

与天坛一路相隔的山川坛又称先农坛，与以上祭坛相比，无论其重要性，还是园区规模面积，虽不能与天坛比高低，但比地坛、日坛、月坛要大得多。这里是明清两代皇帝祭祀先农、山川、太岁、神祇等诸神的重要场所。坛园两重围墙，外墙长六里，北圆南方，正门北向。在诸坛台中，位于内坛之内西北的先农坛最大，砖石结构的方形平台长宽各 15 米，台高 1.5 米，四面出陛，各八级台阶。坛台正北是正殿，面阔五间，歇山顶，三花墙，正殿东西两侧有神橱和神库，也是面阔五间，筒瓦歇山顶，两库东南的东西两边又各有一座井亭，筒瓦六角盝顶，周围以红墙环绕，南墙正中有一座牌楼门，上有单昂单翘斗栱。另有宰牲亭一座。周围有六百多亩护坛地。位于先农坛东北部的太岁坛也是一个较大祭坛，明永乐年间曾设坛十三座，分别祭太岁、风云雷电、五岳、四海、五镇、五渎、天寿山、京畿山川、都城隍、夏冬季与春秋季月将等神灵。嘉靖八年（1529 年）曾在露天设坛祭祀，嘉靖十一年（1532 年）在原址修建了太岁殿，故太岁坛也称太岁殿，正殿南向，面阔七间，歇山顶覆黑琉璃瓦绿剪边，单翘重昂七踩斗栱，枋额宽约 0.6 米，外施和玺彩绘，内饰旋子彩画，正殿台基三出陛，汉白玉石台阶六级。东、西配殿各十一间，一出陛，四级台阶。太岁殿正南有北向拜殿，面阔七间，歇山顶覆黄琉璃瓦绿剪边，殿中间为穿堂门。正殿东南又有西向燎炉，全砖砌筑，小巧玲珑，是典型的明代建筑。太岁坛正南有神祇坛，前后开门，四周有红墙围绕，正门南向，砖砌三座大门，歇山顶覆黑琉璃瓦绿剪边，南门上有"神祇坛"石额，北门也是歇山顶覆黑琉璃瓦绿剪边，砖砌筑拱形大门上额曰"雩坛"。围墙内有两座坛，东为天神坛，西为地祇坛。方形的天神坛南向，砖石砌筑，坛面积 17 平方米，坛高 1.5 米，四面出陛，各九层台阶，四周围墙设石雕灵星门，坛北有石龛，雕流云、海水、江涯纹，分别祭祀风、云、雷、雨四神位。地祇坛北向，砖石结构，坛面积 33 平方米，四周出陛，各六级台阶，外围也有围墙和灵星门，坛南设有五座青白石龛，三个雕刻山形以示五岳、五镇和五山神，两个刻水纹，以示四海和四渎神。坛东有两个刻山水石龛，祭祀京畿山川神。坛西两个刻山水的石龛，祭祀天下山川神。在太岁坛东南有南向观耕台，东、南、西三面出陛，各八级台阶，方形台

面边长16米，台高1.5米，明代台面为木制，清代改为砖面，台周饰黄琉璃瓦，并有汉白玉石栏杆围绕。每年三月上亥日，皇帝率文武百官到这里演示耕种一亩三分地，以示对农耕业的重视。除以上坛台外，园内还建有具服殿、承庆宫、神仓等建筑。

（4）西方洋教的建筑结构

在北京的宗教建筑中，佛教、道教建筑几乎没有什么大区别，稍后进入北京的伊斯兰教建筑除外形有别于佛道建筑外，其基本结构和施工技术也基本无异于传统的中国建筑，唯独较晚进入北京的西方洋教堂与以上宗教建筑区别较大，北京现存的十几座教堂都是明清时期修建起来的，外形明显不同于其他宗教建筑，那高纵的身躯、尖尖的塔顶告诉人们，它们来自遥远的欧洲，但内部结构却与中国的传统建筑有着密不可分的联系。明清以后进入北京的洋教主要是指基督教、天主教和东正教，它们虽然系出一门，但在教堂建筑上也有所区别。早在唐代景教第一次来华，西方洋教披着佛法外衣向中国人渗透基督教义，暂以佛教寺院的建筑形式和名称代替洋教堂；元代第二次进入中国，最早的东正教堂和天主教堂也是采取了中国的古代建筑形制；明末洋教第三次来华真正打开了北京洋教堂建筑之始，基督教堂在中国三百年的演变，北京的教堂建筑史大致分为四个阶段：十七世纪初始，基本采取中国传统建筑形式；十八世纪仍以中国传统模式为主，但已经开始向洋风转变；十九世纪"洋风"势力逐渐加强；十九世纪末至二十世纪初，又开始转入复古主义。

宣武门教堂又称南堂，是现存北京建立最早的天主教堂（彩版十二，1；图三十五）。明万历二十九年（1601年），意大利传教士利玛窦来北京传教，当时北京还没有教堂，就住在一座民宅里，四年后他在宣武门购置的一块土地上修建了一座简易的经堂，基本上是普通的中国房屋，只在外部增加一点基督教特点的装饰，基督耶稣的十字架摆放在室内桌子上，从欧洲带来的圣母玛丽亚和耶稣像挂在室内墙壁上。至清初顺治七年（1650年），时任清廷钦天监事的德国传教士汤若望在经堂基础上重修建一座新教堂，康熙五十一年（1712年）又重修，乾隆四十年（1775年）毁于大火，重修后又毁于1900年的义和团大火，光绪二十八年（1902年）再次修建，1904年庚子赔款后又重新修葺。整个大院分三层院落，教堂入口为中式建筑，头院主要立有圣母山，东院是教堂，西院是居住房。大堂为哥特式拱券式建筑，长40米，高15米，正面向南，立面是巴洛克式风格，砖雕花纹精美细致，门窗装饰彩色玻璃，西墙上装有4米高的铁十字架，东西跨院有多方石碑，大堂西边曾留有原经堂的遗迹。教堂室内较多采取了罗马式建筑手法。

北堂是北京现存最大的天主教堂，清康熙年初建时，原堂址在中南海西边的蚕池口（养蜂夹道），康熙四十二年（1703年）建成后，康熙皇帝亲题"万有真理"横匾和长联，当时命名为"救世堂"，教堂长25米，宽11米，高10米，除此外还有天象台和图书馆等建筑。由于这些洋教的迅速发展和势力扩大，他们一开始并未重视中国的传统礼仪，

图三十五　宣武门基督教堂正面

受到上自皇帝下至百姓的抵制。康熙皇帝时就曾发布过禁教令，后来的乾、嘉、道直至鸦片战争爆发，清朝政府就一直坚持对西方洋教的抵制和限制政策。道光七年（1827年）蚕池口教堂被拆除，抄没财产入官。1840年鸦片战争以后，西方洋教随着殖民势力的涌入再次兴起，同治五年（1866年），一座新的更大的教堂在原址重新矗立起来，新教堂长50米，宽21.3米。钟楼高八丈四尺，并创建了一座博物馆。二十年后光绪皇帝执政，光绪十二年（1886年）为了修建供慈禧太后颐养天年的宫室御园，决定对中南海西部进行扩建修整，慈禧太后早就对堵在西门外的这座高高的洋房子感到不快，便拨银三十五万两在北边的西什库另选新址。光绪十三年（1887年），新教堂落成，因此被称为北堂（彩版十二，2）。新的西什库教堂内空地长二十五丈四尺多，祭台前后左右宽十丈。大堂建筑面积2200平方米，高6.5米，钟楼通高31米，教堂正门有四尺五寸高的青石月台，台三面绕以汉白玉石栏杆，堂正面前方有长一丈二尺、宽四尺八寸的汉白玉石块，上刻耶稣善牧圣像，大堂正门两侧有碑亭，均为中国传统建筑模式。堂内有明柱36根，柱高四丈九尺，堂正中有正祭台和配台，正祭台北面是苦修堂，正门内还有唱经

楼。这座教堂整体风格为哥特式建筑，大堂平面呈十字架形。1985 年重修后的北堂正前方耶稣主祭台和两侧的圣母玛丽亚及圣父若瑟祭台修葺一新，大堂楼顶的三座铁圣像及六座圣使石雕也全部修复，三座雕刻着莲花图案的朱红色大门格外耀眼，高高的教堂顶端镶嵌着守护天神。

四大天主教堂的东堂位于王府井大街北口，是由清初意大利传教士利类思和葡萄牙传教士安文思在顺治皇帝赐予的一个宅基地上修建的。规模虽不大，但在当时也是数一数二的恢弘教堂（彩版十三，1）。教堂建成后接连数次遭受地震和火灾之难，光绪十年（1884 年）重建一座平面为十字架形罗马式大堂，比南堂和北堂更加精致雄伟，但 16 年后又被义和团焚烧，1904 年利用庚子赔款再次重建，即今天见到的东堂。教堂坐东面西，面阔 25 米，有三十个房间大小，宏伟高大的教堂坐落在青石台基上，整体为灰色基调，三座圆拱形堡门上矗立着三个十字架，教堂中间上方是大十字架，两旁是小十字架。东堂整体风格仍为罗马式，粗壮的壁柱、一高两低的穹隆形圆顶，彰显示出罗马浑厚风格。堂内有 18 根圆形砖柱，柱径 65 公分，石柱础为方形，大堂正门石柱上有"庇民大德包中外，尚父宏寻冠古今"的楹联，横额为"惠我东方"。

西堂是四大天主教堂修建最晚的一座，始建于清雍正元年（1723 年），初建时规模较大，气势恢弘，是一座典型的意大利风格建筑。因传教士违反了"不得外出传教"的规定，清嘉庆十六年（1811 年）清朝政府将西堂全部拆除，同治六年（1867 年）重建，1900 年又被义和团烧毁，1923 年恢复重建的西堂基本上保持了历史原貌，教堂为哥特式尖拱券三层塔楼，顶部有尖形钟楼，四角有尖形装饰物，堂内柱子是科林斯式（彩版十二，3）。

与天主教相比，基督教进入北京的时间要晚一些，所以基督教堂出现的时间也更晚，同样也走过租房、买房、建教堂的过程，无论是改建的教堂还是新建的教堂，一般规模较小、数量多而分散，其豪华程度也远不如天主教堂修建得气派，基督教、东正教虽然与天主教一样都不崇拜偶像，但天主教堂里还是悬挂圣母圣父和圣徒像，基督教堂里陈设非常简单，大部分天主教堂和基督教堂顶上都有十字架，十字架有各种样式，天主教堂顶有"天主堂"三个字，基督教堂顶上的十字架一般是红色的，堂顶有"基督教会"或"基督教堂"字样，还有的冠有本教派的名字，诸如"安息日会"、"真耶稣教"等标志。在天主教堂中，中央有耶稣基督十字苦像，两边还有圣母玛丽亚和大圣若瑟等圣人圣女像，四壁还有耶稣基督艰苦的历程，前堂中间都有举行弥撒用的祭台，而基督基督教堂里一般陈设比较简单，因从不举行弥撒活动，所以没有祭台。

东交民巷教堂是外国人修建的最后一座天主教堂，初名圣米厄尔，1901年由法国传教士主持修建，尽管后来进行过改扩建，但其规模仍比上述四个教堂小得多（彩版十三，2）。教堂为南向，面阔三间，进深14间，这种宽深比例明显不同于中国传统建筑，教堂占地2656平方米，整座教堂坐落于高台阶上，外立面为庄重严肃的灰色，整体风格为小巧玲珑的哥特式建筑，主堂位于院落西部，主堂顶部北端为两座细高的锥形尖拱，钟楼共三层，塔四周雕刻塔花，斜坡堂顶覆盖灰色琉璃筒瓦，东西两侧窗户占据堂顶很大空间，据说窗上的彩色玻璃是由法国运来。教堂正面上部雕刻着三幅白色大理石雕像，正中是天神圣米尔站像，左下侧为圣徒伯多禄，右下侧为圣保罗。院北部有灰砖砌筑的二层面阔七间的西式小洋楼，是神职人员住室。教堂正门两侧有壁龛，东边供奉瑟若，西边供奉圣母。教堂内呈长方形，用22根木柱支撑，地面为木地板，北边设讲经台。所有这些建筑极具欧洲风格，但绝大部分建筑材料和施工技术都是明清式作法。

崇文门教堂原名为亚斯立教堂，是北京现存最大的一座基督教堂（图三十六）。初建于1870年的原建筑是北京第一所礼拜堂，与现在的教堂外观

图三十六　崇文门亚斯立教堂

相似，但规模较小，1882年重建了一所新教堂，1900年又毁于义和团的大火，两年后再次重建，就是今天我们见到的这所教堂。新教堂占地面积8246平方米，整体平面为半扇形，灰色的外立面略显庄重大方，尖形塔楼上立有金色十字架，古朴的外表无其他教堂豪华的气派，但却凝聚了众多信徒和国际友人。堂内分为正、副两厅，内部建筑全部为木质双层伞形结构，两厅顶部都有通气透光的天窗，窗户安装彩绘玻璃，地上正堂设四百多个座位，副堂有三百多个座位，中间有可上下活动的闸板相隔，既可以联用，又可以分开，地下室有现代化闭路电视系统，为更多的人参加活动提供方便。

始建于1922年的缸瓦市基督教堂没有崇文门教堂高大，建筑形式也简单，总建筑面积403.5平方米，由前厅、大厅及附属用房组成，为中西合璧的砖木结构。珠市口基督教堂始建于1904年，1921年扩建后的教堂为三层哥特式建筑，外观以细长的柱子代替了中国式建筑的厚墙，高耸的外形显得挺拔轻盈（彩版十四，1）。位于东单北大街路西的基督教青年会是一座三层红砖楼，门前七级台阶，占地360平方米，1911年由美国人出资、欧洲人设计、本地工匠施工建造的，所以这座建筑具有多国建筑和装饰元素。

佟麟阁路上的中华圣公会救主堂是一座更典型的中西结合的基督教建筑，这是圣公会在北京修建的第一所教堂（图三十七）。这座宗教建筑始建于1907年，是英国传教士主持设计和修建的，整体建筑风格仍为哥特式，但教堂的许多工程作法和建筑材料都是中国式的，一些局部细节处理上又显现出典型的欧洲风格，教堂平面为南北略长的双十字形，外墙主体材料是中国传统的青砖青瓦，基本承重结构材料都是中国传统的木质立柱和檩架，正门两侧山墙为单坡硬山作法，堂顶的纵向和横向结合点上布置的钟楼和天窗设计为中国式的八角亭子。正门上方辟有玫瑰花窗，正门上方两侧楹联为汉白玉石雕刻而成，上联"此诚真主殿"，下联"此乃上天门"，横额"可敬可畏"。堂内地面铺设木地板，在平面十字处设圣坛，四周有木围栏，圣品用具大都采用中国传统的红木家具。

东正教与天主教都是从基督教分裂出来的东、西两大教派，所以东正教的教堂与基督教堂没有根本的区别。东直门内的原苏联大使馆即东正教北馆旧址。清康熙二十四年（1685年）雅克萨战役后，部分被俘的哥萨克官兵被安置在东直门内路北的民宅里，朝廷为了安抚他们，允许这些人

图三十七　中华圣公会救主堂

有自己的信仰，从事他们信奉的宗教活动，将附近关帝庙改为一所简单的东正教堂，北京第一所东正教堂就此诞生。1900 年教堂被义和团烧毁，后来重建的新堂称"致命堂"，占地三亩，由教堂、钟楼、中外书屋、神父住宅、寡妇院等建筑组成，教堂平面为十字形，堂顶有五个拱形堡，每个堡上有一个十字架，堂内装饰华丽气派。后来在东交民巷俄国驻华领事馆内又建设了一座东正教堂，人们习惯地把东直门内的教堂叫北馆，把东交民巷的教堂称南馆。另外在安定门外青年湖公园东北部原先也有一座东正教堂，平面为十字形建筑，堂顶有一个半圆拱形堡，上有十字架，教堂最宽处 16 米，进深 27 米。这些教堂随着东正教的退出也逐渐消失在人们的视野中。

堂子是满族人古老的祭祀活动场所，清兵入关后，也把这一习俗带到北京，顺治元年在长安左门外（玉河桥东）修建的堂子 1900 年被义和团烧掉，光绪二十七年（1901 年）又在今北京饭店位置重新修建一座堂子，主要形制与旧堂子基本相同，一座五间南向祭神殿，一座北向圜殿，一座南向尚神殿，形制如同圜殿。在圜之南有专为皇帝祭祀立竿子的石座，其左右又有六行小石座，每行七座，合计七十三座。

2. 寺院的土地、山林和附属设施

北京的宗教寺院大小规模相差甚远，隶属关系十分复杂，贫富差距也很大，形态结构千差万别，仅就所属土地山林一项足见其地位不等和等级之悬殊。

（1）小型庙宇的占地

最小的寺庙是百姓自己或附近民户所建的小庙和祠堂，他们只占自家的房基地，或利用村头、胡同角落一点闲置空地，无所谓占有多少土地山林，这样的小庙无论城区或农村比比皆是，就是殷实富足的工商业同行修建的庙宇，也要合伙购置房基地或经过当地管理部门审批才可占用少量土地。也有些祠堂庙宇建在会馆里，会馆规模大小相差很大，大的有几个套院，小的只有几间平房，例如棉花胡同的江西吉安惜字会馆，只有九间房，不可能修建祠堂庙宇；大些的会馆里会修建一座祭祀祖先的敬贤堂或为举子考试祈福的魁星楼，其规模都不大，占用土地也有限。

（2）大型庙宇的土地山林

较大庙宇一般都由当地政府出面组织修建，特大寺院直接由皇家斥资建设，或与皇家有千丝万缕的联系，因此规模较大，占用土地山林也多，有的另有别院或下院，例如宣武门大街大兴教寺，皇庆五年（1312 年），元仁宗要在寺里修建帝师殿，一次就赏赐斋饭费两万锭白银，至治二年（1322 年），英宗又要在寺里修建太师神御殿另赐土地百顷，使得寺院规模迅速扩大。西郊寿安山有座五华寺，原本是元代一座不大的古庙，清初时太监厉理将庙产收购，虽然八间瓦房三间土房的庙基只占有二亩地，但山场面积有二十亩。阜成门外玉河乡朱家庄有座古庙五华观，明正统十年太监陈日新为了表示对神灵的虔诚，将位于西直门内葱店胡同的宅舍施舍为五华寺下院，景泰二年皇帝赐额曰"妙清观"，并批准动用官府建筑材料重新翻建，五华寺就有了两处寺院。德胜门内泔水桥有座古刹佑圣禅林，初建于唐咸通年间，明嘉靖、清康熙年两次斥资大修，清末本庙占地五亩五分，殿堂房屋 89 间，另有 9 所附属庙产房基地十亩，房屋 46 间，院内有三棵大柏树，两棵楸树。德内西海北河沿净业寺初名智光寺，虽为明代募建，但庙产也不小，本庙土地八亩八分，瓦房 68 间，另在西直门外白石桥有一处塔院，占地六亩，房屋 12 间，清末时自办平民学校，所有经费都由庙产收入负担。西城弘善寺胡同的弘善寺，也是明代募建庙宇，庙产本身只有四亩多，44 间房屋，但另有十几亩附属菜地，本巷房屋

18 间，石虎胡同有房屋 11 间，本庙和附属菜地各有一口水井和部分树木。人们熟悉的地安门外火德真君庙，初建于唐，清代时本庙土地只有五亩，但塔院坟地却有 52 亩，塔院里有房屋 85 间，因为这是一座皇家敕建庙宇。广安门内的善果寺初建于唐代，本庙土地面积二十亩，群房 190 多间，除此外，另有附属土地三十三亩，18 间房。东便门外黄木厂九龙山的道教观音阁，庙产自身只有一亩六分地，但庙外附属土地却有一顷五十七亩，天宁寺庙外附属土地有一百八十七亩，类似的情况还有很多，这些土地庙产都是用来维持寺庙日常经费开支。

宣武区龙爪槐胡同，有座始建于元代的龙泉寺，本庙土地面积十五亩，房屋 245 间，另有附属可耕地二百三十二亩。占有如此众多土地的寺院并非龙泉寺一家，南城辽代大昊天寺，历史记载有土地百顷。外城著名的法源寺，本寺院不动产房基地六十七亩，在郊区另有耕地五十八顷，山地三十顷，寺院共有房屋 628 间。西直门外大柳树村的大慧寺，是明正德年司礼太监张雄所建，依仗皇家权威占用大量土地，至嘉靖年，特务机关东厂一个麦姓的太监又扩建大慧寺，在左侧增建了佑圣观，殿舍达 183 间，合计占用土地四百二十一亩，这在北京近郊算是一座占地很大的寺院。比这两位太监更有"魄力"的是明天启年间权倾朝野的魏忠贤。西便门外的白云观是全国历史悠久也是最大的道教中心，历代备受皇家恩宠，道徒众多、房屋地产庞大，即使到了清末，仍有房屋 390 多间，除五十六亩房基地外，另有一百五十多顷附属耕地，一处山场。潭柘寺寺院占地 0.02 平方公里，寺外占地面积 0.11 平方公里，据资料介绍，连同山林附属面积可达 1.21 平方公里以上，这是当前北京占地最大的寺院。

（3）坟茔地

有些寺庙不仅有菜田和农耕地，还有专门的坟茔地。除有少数僧人半途还俗或回家养老，大部分和尚在庙里度过自己终生，所以稍微大些的寺院自己或合办的坟茔地，例如广渠门外老君堂的武基寺，本庙占有土地六亩四分，房屋 31 间，另有坟地六亩。西直门外白塔庵村的崇庆寺，除寺庙占用土地外，还有四十八亩耕地和三亩坟茔。西直门外吉庆寺，本庙有不动产房基地十八亩，还有二亩旱田、八十三亩附属耕地，另有八亩坟茔地。西直门外五塔寺有座潮河禅林，不动产房基地只有二亩多，但附属耕地有八亩，坟茔地四亩。德胜门内大石桥胡同的西双广济寺，初建于明朝，本寺内只有房基地二十一亩，寺东西墙外有土地十亩，在玉泉山西边

还有二十五亩多附属耕地，在阜成门外有十三亩附属土地和十六亩坟茔地，除此之外，在海淀另有十六亩土地、坟茔地及大量房屋。

（4）塔和塔院

塔和塔院是佛教寺院最重要的附属建筑，中国的汉传佛教曾走过以塔为中心到以殿为中心的过程。最早的洛阳白马寺当初就是以塔为中心的规划格局，寺院的中心位置是一座大型木塔，殿堂和廊门都在四周。唐代之后塔的位置逐渐偏离寺院中心，中心位置以佛殿取而代之，不少佛塔安排在殿后，有的偏在一隅，也有不少寺院在寺外修建专门塔院，现在以塔作为中心的寺院已经很少见，但塔与殿同居于中心位置的还有不少。北京的塔大部分是佛教寺院附属建筑，有单塔、双塔和塔群，有些是僧人坟塔，因塔形成的地名也有不少，例如白塔庵、青塔寺、黑塔寺、塔院、砖塔胡同等。西直门外的真觉寺院内的金刚宝座塔位于前后两大殿之间的中心位置，形制特殊、体量壮观、位置显要，所以人们一般称其为五塔寺。北海公园永安寺的正殿虽然位居中轴线中心位置，但殿后的白塔却更加巍峨壮观，所以人们叫得出白塔，游人却很少提及永安寺的名字。天宁寺塔和妙应寺白塔都位于正殿后身的中轴线上；但单独建有塔院。通州运河岸边的佑圣教寺与燃灯塔不是同一时期建筑，所以它们不在同一南北中轴线上，燃灯塔偏居寺西单独跨院内。另外北京也有些独显塔影风骚的寺院，例如海淀车耳营瑞云庵的金刚宝塔，屹立于山门东侧一块15米高的"金刚石"上；昌平下庄乡海子村西南，曾有唐代修建的佛严寺，辽代时扩建了以大圣延寿寺为中心的七十二寺庙群，辽金期间又陆续修建了许多佛僧墓塔，形成了银山塔林的独特景观。还有的塔并没有寺院，例如西四的砖塔、良乡的多宝佛塔、丰台云冈的镇岗塔，这些都是佛教建筑形式之一。

北京更多的是另辟院落修建佛塔，海淀东升乡有个地名叫"塔院"，这里曾有清代修建的拈花寺，前院是两重大殿，后院就是著名的塔院，院里有60米高、基座20米周长的青石大塔，小塔二十几座，大塔名十方普同塔，小塔是历代住持骨架塔，塔院东侧有焚烧窑，专门火化其下属24个寺院逝世的和尚。积水潭北岸有座净业寺，除本庙八亩八分地产和68间房外，在西直门外还有六亩塔院，塔院内除塔座外，也有几座和尚坟墓。地安门外火神庙本寺占地只有五亩，但在郊外另有五十多亩塔院和坟茔地。在丰台区王佐乡瓦窑村南峰香公寿塔位置处，原有金代大庆寿寺，因院内有十几座塔，当地百姓称之乱塔寺。房山史家营乡曹家村有瑞云寺，原为佛寺，民国期间曾改为道观，在寺后 200 米处修建有塔院。安定门外的黄寺西侧也有塔院，塔前有大殿、配殿、钟鼓楼、山门等，塔后有罩楼，形成一组独立的塔院。西山八大处是京郊著名的寺庙群，一处（长安寺）、二处（灵光寺）、四处（大悲寺）等都有塔院，一处南边塔院里方形塔，虽旧仍存，二处灵光寺东南隅原为辽代的招仙塔，1900 年连同寺院一起毁于八国联军大火，今天我们见到的 51 米高塔是 1959 年新建成的佛牙舍利塔，新塔院位于辽塔东北部。大悲寺为面东依山而建的三路格局，大雄宝殿等主要建筑在中路，塔院在北路。云居寺创建于隋唐，以后各代都有增建，寺院内有十几座佛塔，著名的南塔和北塔形成独立的院落，都占有很大的土地面积。西郊大觉寺的佛舍利塔院位于中路的大悲坛后。玉泉山是著名的西郊三山五园之一，早在金代皇家就将其列为重要休闲驻跸之所，历代增修扩建成为一处独具特色的风景区，解放后成为机关用地使大众无缘进入，但它秀美的塔影却给中外游客留下极其深刻印象，所以有的外宾称其为塔山，景区内有四座不同形式的佛塔，都占有不少的土地面积。香山碧云寺的金刚宝座塔在东西中轴线最后一个院落，是整个寺院的制高点。房山窦店望楚村原有明代规模宏大的弘恩寺，全寺面积 3 万多平方米，寺内有 150 多座佛塔，分别坐落于东和南两个塔院里，虽然大都毁损无存，但可以想象得出当年的辉煌宏大。

（5）其他宗教建筑

道教与佛教相比，有许多同异之处，历史上的道观和佛教主要有四种经济来源，一靠田亩收入，二靠香火钱，三靠社会募捐，包括政府资助，四靠经忏活动收入。在我国原始道教的出现比佛教要早很多年，曾经与佛教一样经历过辉煌灿烂的年代，由于历史的原因，道教自元以来逐步走入低谷，一旦失去了皇家的重视和支持，所有经济来源也受到极大限制，就北京的情况看，道教宫观总数虽然与佛教寺院相差不大，但绝大多数都是小型庙宇或民庙，大型宫观明显少于佛教，所以所占土地山林也很少。白云观是北方最大的道教宫观之一，也是全国的道教中心，根据 1936 年的统计，本观不动产土地五十六亩，另有三十亩坟茔地、150 顷耕地，还有一处山场，这是一个较大规模的道教宫观，其经济收入相当可观，但这样的道观北京没有第二家。平谷的丫髻山也有一处规模很大的宫观建筑群，它的主要建筑碧霞元君祠创建于唐贞观年间，经历代增修扩建，至清乾隆年间，各种庙宇逐步完善，香火也最为旺盛，古建筑仅占山地 800 亩，没

有其他附属土地。朝阳门外东岳庙是华北第一大道观，论其规模在北京也属大型寺院之一，根据 1928 年调查资料显示，其庙宇占地六十一亩，楼房殿舍 364 间，只有天仙宫一处附属庙宇，没有大量附属土地山林，也没有塔院等附属设施。北京大量的道教为中小道观，例如烟袋斜街的广福观六十一间房屋只占四亩宅基地。西城西斜街的显应观九十间房屋占地六亩九分，另有附属八十五间房屋占地四亩六分。花市大街的火神庙二十九间房只占二亩三分地。琉璃厂的吕祖庙十九间房占地一亩多。右安门著名的万寿西宫 1947 年财产登记为连同山门三十三间房屋，房基地也只有一亩多。

伊斯兰教清真寺是北京信众最多的五大宗教之一，清真教堂一般都修建在民众聚集地，很少建在野外或山林间，大都占地面积不大，没有大片附属山林耕地，牛街礼拜寺是北京历史最悠久、规模最大的一座清真寺，1500 平方米的建筑只占 6000 平方米土地，东四清真寺也是北京较大的清真寺，只占地 4000 平方米。孔庙、堂子及其他洋教堂一般占地规模有限，也没有大片附属土地。这些宗教建筑在规模、占用土地方面无法与佛教建筑相比，从这种现象一可以看出佛教势力的强盛，二可以看出历代统治阶级的宗教倾向，这给今后的社会引导和管理提出一个古老又崭新的课题。

# 七　北京现存和失毁寺庙大观

　　无论驱车长街大路上，还是漫步胡同坊间，你都会深切感受到这座古城的巨大变化和飞速发展，在一片片水泥丛林间散乱蜗居着一座座红墙碧瓦的古老建筑，从所剩无几的庙宇飞角传来阵阵清脆风铃声，与呼啸而过的马达声及市井的嘈杂声形成一曲似乎并不和谐的交响乐；从古槐翠柏枝叶缝隙中飞出稀疏的袅袅青烟与尘烟油气混合成的难以名状的气味令人晕眩。而在"现代化"大潮中，更惨烈的是千秋百代北京人亲手修筑成的大小寺庙毁于一次次城市改造的铁铲下，无论是不可阻挡的历史潮流，还是天地间大自然的无情演变，对于消失了的旧物旧情，人们有理由怀念它、留恋它，因为这是深扎在北京人心窝里的精神支撑，是萦绕在北京人脑海中与脚下的文化根脉。

　　有三千多年悠久历史的北京城，修建过多少寺庙已无法统计，一是新建与毁损几乎同步，二是由于自然与战乱的种种原因，缺乏可靠历史资料。从辽建陪都始，继之金中都城，不仅寺庙数量有明显增加，部分史籍也有了明确记载，使得我们估算寺庙数量有一个基本底数，元、明时期寺庙数量骤增，建筑规模、质量达到空前水平，清后期虽已走入下坡道，但仍能维持百多年的往日辉煌。

　　讨论存在与失毁寺庙首先要明确一个概念——何为存在，何为失毁。像法源寺、白云观、牛街清真寺、西什库教堂、孔庙、天坛、历代帝王庙等大型著名寺庙不仅每日香客如织，而且列入了文物保护单位和世遗名单，基本保持了明清时期的建筑风貌，这些肯定归入现存较好之列；但像隆福寺几乎只留有地名，残存的部分物件转移到其他地方保管，护国寺仅存一座金刚殿，朝内三官庙也只剩个别殿室被围挡起来，仅存一间殿室的什刹海庙完全淹没在民居院落，隐藏在破旧院落的福祥寺很难让人找到，这些算存在还是算失毁？如果算存残迹的话，那么美术馆后街鼎鼎有名的大佛寺资料介绍说有残殿遗存，但现场却无法找到，安定门内永寿寺虽院

门曾有匾额，但曾是佛殿的房子已几经改建，完全改变了模样，门头沟灵水寺村曾有许多寺庙，有的庙宇有墙有顶可以认为残存，有的庙宇只剩几根木架支撑，有的只剩勉强可以辨认的房基茬，类似例子有许许多多，它们算存还算毁？公主坟附近的普会寺，上世纪七、八十年代时除了原寺院内两棵白果树外就是幸存的"普惠寺"地名，1994年经笔者与其他文物爱好者的努力，挖掘出了明重修记碑和金元之际的陀罗尼经幢，明碑送五塔寺保存，金元之际的经幢附立于白果树旁，并雕刻碑石纪念。这样的遗址算存还是算毁令统计者十分为难。也有的五年前调研时曾有残存的庙宇，三年后再核实时却已消失，位于阜成门内南顺城街的昌祖宫在几年前调研时注为拆除，但后来却又在西二环路内侧新建出一个东西向的昌祖宫，待本书出版后与读者见面时可能还有不少变化，这是流水似的历史过程，所以这一命题的准确性要大打折扣。

从整体情况看，规模较大的寺庙城区数量大于郊区，保存较好的大型寺庙也是城区大于四郊，因为许多皇家寺院大都位于内外城四区和近郊。首先因为城区的国际和外地香客数量多于郊区，其次市区的寺庙离中央政府较近，宗教和文物政策易于落实，更重要的原因是由于旅游业的发展，使得寺庙出乎意料地快速成为旅游重点项目，所以相对而言，城区较大寺庙完整情况好于郊区。小型寺庙及民间小庙的命运就没有那么乐观，解放初期，由于百姓严重缺房少屋，新的政府一时顾及不到方方面面待解决的问题，大量寺庙缺乏管理变成学校和民居，部分较大寺庙也不可幸免的沦为机关办公场所，甚至发生了万寿寺被焚烧之类的悲剧，许多小型寺庙被百姓和房管部门一改再改，已经面目全非，但基本位置和格局尚存。近年来房地产业的强势发展，有些小型寺庙被连根铲除，空留寺名于人间。

四郊农村及山区，受社会动荡和城市改造影响较小，应该说寺庙变动也较少，但情况并不太乐观，一是绝大部分寺庙都归属地方管辖，地方财力有限，没有能力顾及和修复这些并非急需的文化项目，二是受"左"的路线影响，不能很好处理传统文化与封建迷信的界限，拆除了许多本可以保留的宗教建筑。一些著名风景区的寺庙群虽没有遭到毁灭性命运，但因财力有限，毁损也十分严重。所幸九十年代后，部分寺庙建筑又受到重视得以修复，但已经完全失毁的古老宗教建筑只好任其随风而去，要想了解真情实景只能钻进古书中，面对有限的文字叙述想象当年的旺盛香火和辉煌或简朴的建筑。

佛寺和道观是北京宗教建筑的主体骨架，它们数量最多，常与民庙和祠堂混杂，从来没有过清楚明白的统计，历遭损毁也最严重，现存与失毁数量只能是一个模糊概念。相对而言，其他宗教建筑数量较少，损毁数量也较小。例如北京包括郊县在内，资料可查证的儒教建筑有13处，其中8处尚保存部分建筑，5处完全消失，尚存与失毁比例为8∶5。清真教信众最多，但由于其成分的特殊性及与官府关系不甚密切等原因，教堂数量也较少，本书统计到的清真寺为87座，据伊斯兰教协会近期统计，目前有活动的清真寺有70座，是所有宗教寺院中保存和修复数量比例最多的寺堂。祭坛是类宗教性建筑，"坛庙"这一词汇常出现在许多旅游和宗教性图书资料中，本书统计到的祭坛数为53座，尚存15座，失毁38座，存废大体比例为3∶7。

按广义寺庙概念计算，本书整理统计出4315座"寺庙"，由于历史久远，类别复杂，存废情况千差万别。有些寺庙早已消失无存，文献记载又极其简单，有的仅存遗迹，或保留部分碑石和散件，也有不少仅存原来寺庙旁的树木，很难将其列入存在还是失毁。对于地面很难找到的许多寺庙只能描述以"无考"，虽然不能说出它的准确位置，实际上绝大部分已经荡然无存。对于能找出尚存理由的寺庙，尽量按暂存处理，以期内心深处尽量减少一丝悲凉，希望得出真实的存和废的准确数字这一愿望，恐怕永远也没有机会了，只能根据目前的大体统计数字得出一个相对模糊的概念数据，城区（明清大城内）原有寺庙1494座，现存154座，占原有寺庙总数的百分之一，百分之九十的寺庙可能永远与我们告别。四郊原有2821座，而今连仅存遗迹的计算在内仅存616座，仅占原有寺庙总数的21%，也就是说绝大部分消失无存。城区和四郊共存770座，占原有寺庙总数的17%，失毁3545座，占原有寺庙的82%，这是一个惊人的数字，这是一个任何人都无可奈何的冰冷的数字，这是一个令专家和民众不愿看到却又不能不面对的历史教训。

书到此处，笔者那根麻醉了的神经忽又兴奋起来，高大的城墙似乎又在不远处矗立起来，红墙青瓦的院子里青烟渺渺，山林间寺塔高耸，风铃声清脆悦耳，但匆忙或悠闲的游人和香客已经不再是大辫子、掩襟长衫，他们穿着时尚、肤色各异，不管是京腔国韵还是洋腔外语，都是那么兴致勃勃、神清气爽。

# 八　北京寺庙趣闻

古老的北京城历史辉煌、人文荟萃，它幅图似虎，位居龙脉福地，自它诞生那天起，居住这块土地上的先民就充满无限期望与憧憬，上自期望永保江山的帝王贵臣，下至企求子孙安顺的黎民百姓，心灵深处无不被那根看不见、摸不着的信仰的绳索紧紧拴牢。他们的笃信、虔诚，他们为达到目标而付出的艰辛和努力，他们的"愚蠢"或"虔诚"，都为我们留下了许许多多动人的故事和传说。

## （一）城让位于寺

打开历史地图，细心的人会发现元大都南城墙在今西长安街的电报大楼对面一段有一个向外（南）的半圆形鼓包，这里既无高山又无深潭，鼓包的出现不符合规制和礼俗。原来这里曾有一座规模很大的寺院——庆寿寺。这座建于金大定年间的寺院内有大小两座寺塔，大塔九级，小塔七级。寺里有位著名的住持叫海云法师，其人俗籍山西宁远，生于1202年，八岁即削发为僧，十一岁受戒，此时正值金戈铁马的蒙古大军横扫天下之时。成吉思汗遣派太师国王木华黎南征，不数月宁远城被攻下，海云和尚却受到高规格的礼遇，元军首领为了安抚人心，邀请海云和尚到燕京传播法事。1222年，二十岁的海云和尚到大庆寿寺担任住持，从此这座寺院得到更大发展，海云和尚一直活到1257年，死后也葬在这座寺院里。

后来成吉思汗的孙子忽必烈接管了蒙古军政大权，委派汉臣刘秉忠在旧燕京城以北规划修建一座更大的都城，刘秉忠先是选定了皇宫的位置，以丽正门南一棵大树为基点，向北画定一条建筑规划中轴线，后来这棵大树被封为神树将军，一路顺畅无阻，工程进展很快，刘秉忠受到忽必烈的表扬。但当规划修建元大都城墙时，南城墙中部偏西庆寿寺影响了工程，按说皇家做事，根本没有钉子户，但眼前这座寺院让刘秉忠为了难，只好如实向皇帝禀报，忽必烈是一位虔诚的佛教徒，他对刘秉忠说："不会将城墙向外移三十步？"刘秉忠只好将城墙向南拐了一个圆弯儿，绕过寺院继续向东砌筑，本该方方正正的大城上留下一大奇观，这在皇家工程历史上算是一件稀罕事。

十四世纪中期，元亡明兴，到了永乐皇帝朱棣，见元朝没有修建正规的皇城，于永乐十五年（1417 年）下令在故宫外修建一圈儿皇城墙。当工程进展到西南角（今府右街南口）时，附近修建故宫的大灰场和大量建筑垃圾还不算了不起的难题，西侧的大庆寿寺才是难以逾越的障碍。工程负责人向朱棣汇报，这位明朝皇帝也十分笃信佛教，研究了半天没有一位大臣能提出两全其美的高招，朱棣宁肯影响眼球，也决不触犯佛祖，于是也决定绕开佛寺砌筑皇城，使得本应方正的皇城独缺西南一角，为北京城又留下一桩令人费解的趣事。

## （二）皇家与宗教

历史上几乎所有的皇帝都信教，首先是为了笼络人心便于统治，也有皇帝确实笃信宗教的实例。宋太祖赵匡胤当皇帝前就是一个和尚，他执政后当然迷信佛教。传说顺治帝福临当上大清王朝的皇帝后，不堪尘间烦恼，依然扔掉龙袍藏匿于深山老林出家为僧。元世祖忽必烈早在漠北草原时，受家族影响就笃信佛教，他定都燕京后，对佛、道两教非常支持，不仅如此，还影响了自己的亲眷儿女。忽必烈有个称妙严公主的女儿，对佛十分虔诚，见父亲在战争中杀人过多，认为佛祖不容，为了替父亲赎罪，就出家到潭柘寺为尼，每日定时到观音殿跪诵"礼忏观音经"，时间久了，殿内的大砖被磨出一块深坑，以后这位皇家公主终了于潭柘寺，葬于寺前塔院内。以后明孝宗时，皇太后深深为之感动，就将这块大砖装入特制的木匣中"借"回宫中瞻仰，并告戒身边的人向妙严公主学习。这位皇太后是否把这块砖还回潭柘寺不得而知，但观音殿里有块仿制品，足可让有兴趣的香客一饱眼福。

与孝宗皇太后"借"大砖相比，明万历皇帝母亲慈圣太后在云居寺"借"走佛祖的肉身舍利可算得上是大手笔了。她老人家把佛祖舍利供奉在宫中几个月本无可指责，但还回时三颗变成了两颗，而且舍利匣中多了两颗珍珠，是这位皇太后藏匿还是后世有变，更是一庄饶有趣味的历史

悬案。

明朝皇帝都笃信佛教，为了表示虔诚，要亲自出家体会一下当和尚的滋味，但贵为真龙天子不可能真穿上袈裟到寺庙里当和尚，于是明朝形成一个不成文的俗定，皇帝或皇子一经明确身份，就要找一个幼童代为出家，这个替身僧也就成了住持也不能慢待的特殊的和尚，小和尚的父母兄弟随之地位高升，生活之优越等同于王爷府。替身死后，还要另选新的幼童，一个新的"贵族"又诞生。例如明神宗万历皇帝的替身僧是志善和尚，他去世后又找了一个 12 岁的小孩继续，后来在万寿寺当上住持。

明朝皇帝中也有不少笃信道教的，最为突出的要算嘉靖皇帝朱厚熜，他是兴王朱祐杬的独生子，从小家庭条件优越，父母亲对道教的崇信在年幼的朱厚熜心灵打上深深的烙印。他当上皇帝后，沉溺于长生不老的追求中，迷信丹药密术，派人四处寻找灵芝草，让道士在宫中为他炼制丹药，命宫女凌晨为他收集晨露。

## （三）太后修庙

历朝历代凡有新帝登基，最为高兴的当属皇太后，是他生了一个有能耐的儿子，即使太后不是亲生母，作为皇帝的太后也可对天下说一不二。太后们首先感谢佛祖或神灵的垂爱，同时也为了皇家烟火长盛不灭，不仅劝说皇帝出资修庙建寺，有时还自掏腰包修建寺院，比较有名气的算是位于海淀八里庄的慈寿寺和长河边的万寿寺。

在八里庄有一座巍峨壮观的八角十三层玲珑宝塔，这就是京城有名的慈寿寺永安塔，百姓俗称为玲珑塔，修建年代为明万历四年（1576 年）。短命的隆庆皇帝朱载厚刚当七年皇帝就命归西土，年仅十岁的朱翊钧登基为帝，这位就是顶顶有名的万历皇帝，他的母亲慈圣李太后少不了为他把关执政。这位出身低贱的皇太后迷信佛事，一为感谢佛祖保佑，二为穆宗（朱载厚）荐冥祉，也为了让儿子早生小皇子以图皇位后继有人，就在太监谷大用的墓地上修建了一座规模宏大的佛寺，明万历六年（1578 年）竣工后赐名慈寿寺。寺内主要建筑有山门、钟鼓楼、天王殿、延寿殿、宁安阁和伽蓝殿、祖师殿、大士殿、地藏殿四座配殿，还有东西画廊百余间，天王殿后建玲珑塔。到了清光绪年间，如此宏大的寺院轰然废掉，只剩下那座玲珑宝塔矗立在寺院废迹上，不知一向被认为灵验的佛祖为何没能保住这座寺院。

　　万历的母亲慈圣皇太后，见八里庄慈寿寺已经开工，就又命太监冯保在紫竹院西侧长河北岸另建一座寺院用以储藏汉经。这块地皮也是太监谷大用拍马屁献给皇太后的，原为谷大用的家庙。万历母亲斥巨资重建，第二年六月竣工，赐名万寿寺。到了清代，顺治十六年（1659 年）发生了一次大火，将大部分建筑焚毁，顺治皇帝虽然笃信佛教，但因内外窝心的事太多，没有雇得上这场火灾的后事处理，从此寺院日渐衰败。乾隆皇帝为了孝敬母亲，曾于乾隆十六年和二十六年两次扩建大修，并在西路为母亲修建了专用行宫，两次在这里为母亲举办盛大的寿诞庆贺。光绪年间慈禧太后往来于紫禁城和颐和园之间，经常在这里驻跸休息，她使用过的梳妆楼至今保存完好。命运多舛的万寿寺在日伪和民国期间多次遭遇灾害，但格局基本完整，解放后六十年代被军队占用，建筑格局又有拆改，1982 年时因使用不慎燃发大火，将西路行宫毁之一炬，后来又重新修复起来。

## （四）太监为活人修庙

　　在封建社会，为修建寺庙肯出巨资的，除了皇上就是那些虽出身低贱但"发迹"后家资万千的大太监。除了前面提到的谷大用，明英宗时的司礼监太监王振家资巨富，因马屁拍得响，掌管了朝野实际大权。此人专横跋扈、聚敛钱财无数，英宗朱祁镇称他"先生"，大臣们见了他得跪拜，争相向他行贿送礼。王振在禄米仓胡同修建的家庙规模宏大，装修豪华富丽，陈设精美堂皇，"土木之变"后被抄家灭门。

　　比谷大用和王振更厉害的一位就是明天启年间大太监魏忠贤，宦官专权跋扈、皇帝听之任之的黑暗势力，为魏忠贤们铺就了滥用职权的基础。魏忠贤本是河北肃县一个贫家普通子弟，二十二岁自阉入宫，因伺候年幼的天启皇帝深得信任，天启小皇帝长大后，在多次封赏这位忠实奴仆的同时，也给了他仅在皇帝之下的许多特权。人未死就修建活人祠堂的丑闻已成当时一大风尚，魏忠贤在全国各地修建许多祠堂，据统计仅北京就有 25 处之多，每座祠堂花费的白银都在几十万两以上。修建朝阳区东坝马房的普惠生祠时，强行推倒无数民宅，任意圈占附近土地，祠堂的规格极高，殿宇九层，屋顶用只有皇帝御用的黄琉璃瓦，祠堂内塑他的金身像，祭祀

活动盛大隆重，迎送魏忠贤偶像时，文武百官都要远迎于郊外数里，先向他的塑像行大礼再骑马向祠堂进发，到达祠堂后，按文武分列两旁，依次五拜三叩首的阵势不亚于入宫早朝。为了维持祠堂管理运转，共圈占土地一千五百多顷，这是除皇家陵寝外全国最大的个人侵占土地案，因为有许多工程得到了皇上恩准，所以他不会受到任何问处。天启七年（1627 年）随着朱由校驾崩，魏忠贤苦心经营了几年的天字二号太监宫殿轰然倒下，崇祯皇帝抄没了他的家产，将其发配凤阳戴罪改造，当走到阜城时，魏忠贤觉得活不如死，借故离开押送人员，一根绳索结束了他浮华如梦的 55 年人生路。魏忠贤生前不仅为自己修建祠堂，还在香山碧云寺修建豪华墓地，墓地竣工不久就被崇祯皇帝判罪遣送凤阳，死后当然不可能再让他玷污这块清净的佛国圣地。至清康熙年间墓地仍殿宇辉煌、浓荫遮蔽数里，后来逐渐残败荒圮，如今墓地只剩一对石狮子散落在碧云寺桥边，据说1969 年当地百姓挖防空洞时还曾挖出过墓穴。

## （五）为敌人修庙

宋辽时期，北京是中原宋王朝和东北的契丹军事势力竞相争占的重点地区，这个祸端直接起因于后晋河东节度使石敬瑭。他为了做个"儿皇帝"，亲手将幽云十六州送给契丹皇帝耶律德光，北京地区从此归属辽政权管辖，可是中原汉人皇帝却不认可这件事，于是就时时刻刻捉摸着要把北京和十六州给夺回来。公元 983 年，辽代女军事家和政治家萧燕燕的丈夫景宗皇帝驾崩，12 岁的长子耶律隆绪即位，宋太宗见时机已到，就亲率几十万大军几次攻打北京地区的辽驻军，在北京及周边地区打过几次恶战，著名的高粱河之战就发生在北京西郊，双方都投入几十万军力，血水染红了高粱河。宋军苦战几天几夜没有丝毫进展，在辽军的奋力反击下，宋军熬不过后备充足的辽军，逼得宋太宗差点丢了性命，只好化装成老百姓乘驴车逃回宋军大阵营。后来又打过歧沟关（涿州）、雁门关、白马岭、满城等几次战役，双方将士和财力都有很大损失。

宋辽战争持续了 20 多年，在宋军中有许多将领被萧太后看在眼里，她非常钦佩这些忠勇善战的大将军、大英雄。公元 986 年，宋太宗又率大军进攻辽南京，由于信息失灵，钻进了辽军的口袋阵。西路军首领杨继业父子又中了自己"战友"潘仁美奸计，不幸受伤从马上滚落下来，

图三十八　古北口杨令公祠杨令公像

辽军劝其投降，保证给予很优厚待遇，杨继业是有名的忠臣，宁可战死坚决不从，最后因流血过多父子双双牺牲在战场上。这件事让萧太后知道了，她非常难过和惋惜，她常以此教育辽军将士要学习杨将军的忠勇之气，并命部下在古北口修建杨将军祠堂，以示尊敬和祭奠，在北京历史上留下一段为敌人修庙的佳话。这座祠堂历经风雨侵蚀，毁坏过数次，但都很快有人修复，现在新修葺过的杨令公祠堂仍矗立在原址，并增加了不少内容（图三十八）。

## （六）景山大佛趣影

今景山公园在元代时就是皇家御苑，虽然没有筑山的详细记录，但据《马可波罗游记》"离皇宫不远的北面，距围墙一箭远的地方，有一座人造假山，山高整整一百步，四周长约1.6公里"的描述，说明元代就有了这座山的基础，明初挖掘筒子河和南海时的大量泥土将山包堆积得越发高耸，历史曾有"煤山"之称，是因为明皇室曾堆积过燃煤留下的旧称。

今日之景山实际高度为45.7米（海拔高度89.2米），山前有绮望楼，供奉孔子像，山后是供奉清代先皇的寿皇殿，山上有五座美丽的亭子，由东而西为富览亭、观妙亭、万春亭、缉芳亭、周赏亭，每座亭子中间台座上都一尊佛像，称为五方佛。五方佛又称"五智佛"或"五智如来"，他们分管东、西、南、北、中五方世界平安，按照密宗教义，位于中间的毗卢遮那佛为大日如来佛，是理智不二的法身佛，其他四佛有的安排在正东、正西、正南、正北四个位置，也有并排分列在毗卢遮那佛两侧的。景山最高处中间的万春亭里是毗卢遮那佛，左（东）侧紧靠毗卢遮那佛的是

南方宝生佛，最东端的是东方阿閦佛，右（西）侧第一个是西方无量光佛，最西端的是北方不空成就佛。始自清代的这五方佛的原始建造理念没有清楚的记载，"文革"期间五佛都被砸毁，使景山与佛的关系更加云里雾里，1998年恢复了中间一座毗卢遮那佛坐像，即人们常说的景山大佛，但景山还有一座更大的佛始终没人见识过。上世纪六七十年代美国的卫星开始探巡太空秘密，后来卫星和航空拍摄终于捕捉到了景山大佛的身影，整个景山公园就是一座巨大的半身佛坐像，头部位于寿皇殿，眉目五官清晰可辨，身子即是整个景山全景，五佛亭正好位于佛胸部位，这一奇特景观令世人惊叹，是巧合？是建园人的精心设计（三十九）？

图三十九　景山大佛

## （七）拈花寺、弥陀寺和牝牛桥的故事

西城区大石桥胡同有座清代拈花寺，是由明代千佛寺改建而成，此寺专为四川来的徧融和尚而建（图四十）。这位远道和尚年幼时即赤脚出游，曾在京师龙华寺听法，领悟颇深，后入匡庐苦修，平日里以砍柴卖薪为生。几年后的一天，他烧掉茅庐彻底断了尘念，然后云游四方寻求佛法真谛，曾在柏林寺闭门修行七年，然后又入千佛寺，成为千佛寺的开山始祖。

传说徧融和尚经常骑一头没有阉割过的牝牛外出化缘，牛背上驮着一个黄布口袋，人们把散碎银两和食物放到那个口袋里，有时和尚忙于其他事不能亲自外出，就让那头牛自己出去化缘，人们也习惯地把银两和食物扔进口袋里，从来不会出差错。有一天牝牛从京北化缘往回走，在北土城外桥头树荫下卧地休息，突然有个人告诉牝牛徧融大师圆寂了，牝牛顿时泪如雨下，大吼三声倒地而亡。人们非常敬佩这头忠实安分的神牛，就把

图四十　大石桥拈花寺

它就地埋葬，将这座桥命名为牤牛桥，为了祭奠这头牤牛，还在桥梁旁修建了一座弥陀寺。

### （八）僧格林沁祠堂轶事

在宽街路口西北角，有一座建筑体量不大但十分显眼的古建筑，是僧格林沁祠堂。僧格林沁是清末一位军事将领，1864 年率清军攻打捻军，第二年五月在山东曹州被捻军围歼，兵败被杀，为了表彰其忠勇，慈禧太后准予在宽街修建祠堂，名显忠祠。解放后这里成为宽街小学，后小学合并迁走，变成东城教委下属的一个行政办公场所（图四十一）。

僧格林沁原籍是内蒙科尔沁左翼后旗，为博尔济吉特氏人，他是科尔沁四等台吉毕启之子，道光皇帝在族中选嗣，僧格林泌被选中，成为皇位继承人，他也就成为道光皇帝的皇子，道光五年封郡王，咸丰五年封亲王，他的儿子伯彦讷谟祜承袭王爵，他的孙子阿穆尔灵圭仍承袭王爵，府邸仍在东城炒豆胡同，阿穆尔灵圭死于 1930 年前后，此时的王府已大不同于往昔，民国期间僧王一系逐渐败落，炒豆胡同的一大片房屋变卖所剩无几。只有这座祠堂告诉人们，这个家族的祖先曾经的光荣与辉煌。

图四十一　宽街僧格林沁祠

## （九）树洞小庙

要说北京最小的庙算是广安门外关厢的一座树洞庙。庙的殿堂、围墙、山门一应俱全，门前的旗杆只有筷子大小，庙宇之小可以想象。据民间传说，清末有个人为了躲避清兵抓捕，躲在槐树洞里避难，后来果然躲过这场灾难，这户人家为了感谢神灵保佑，许诺为神灵修一座庙宇，因家境贫寒无力修建庙宇，为了实现诺言，就用木板钉了一座小庙，因庙宇太小，又怕遭人祸害，就把这座木制庙藏在槐树洞里，主人照样逢节必供，供必虔诚。这座庙宇不仅不占土地，连砖瓦都不沾，也是最节俭的模范，直到解放后扩展广安门外市政道路时，小庙才随老槐树一起被拆除。

# 九　北京庙会

## （一）庙会释义

　　庙会一词是由"庙"和"会"两种事物组合而成，"庙"是一种宗教形态的固定体，当然庙内庙外有许多稳定的和活动的配套设施和内容。"会"简言之为集会，是一种社会群体的活动形式，两者的完美结合就变成一种与宗教事务、与百姓生活极其有益的社会活动。它是天、地、人的有机结合，是神与人的聚会场所，是人与人的交流良机。自有寺庙以来，就有庙会伴随，不过起初的庙会只是宗教性集会或政治性活动，一些娱乐活动也会趁机跟随加入，很少有以经济为目的的庙会活动。后来随着社会生产力的发展，人们对经济利益追求的增强，寻求经济利益的活动也开始渗透进宗教活动、娱乐活动甚至政治活动中，形成了集祭祀、娱乐和商务为一体的社会活动，这使得千百年之后有些典籍专家把"庙会"解释为"庙市"。

　　古代庙会的规模有大小，庙会的历史有长短，庙会的地点有不同，庙会的形式有多种，开庙的时间有先后，但所有庙会有一个根本点就是都以寺庙为中心，没有了庙就不成其为庙会。当然随着社会进展，有庙无会、有会无庙的所谓庙会也频繁出现，尤其二十世纪八十年代之后，有许多牵强附会的所谓庙会也纷纷登场。不管真正意义上的庙会，还是所谓的庙会，都能吸引万千百姓前往娱乐、购物、休闲，这种社会活动形态的变革折射出引导者和组织者的良苦用心，反映了民众的需求，是社会学者和宗教界的一种认同。

　　本书所称的庙主要是指道观和佛寺，以其他宗教或类宗教建筑为中心的集会活动也常见，但掺杂经济或商业内容的庙会尚属少见。对于佛教这个外来宗教在中国本土发展衍生的庙会形式也算是"与时俱进"吧。自周王朝始，在古代社祭的基础上又产生了王社或侯社，众生为求风调雨顺和

全家平安，就会向社神求救，举行各种祭祀活动，一般要向神灵敬香，进献供品，举办礼乐表演，在社会生产力进一步发展的同时，头脑机灵的人也瞅出了商机，利用群众聚集的机会从事商业贸易活动，使单纯的敬神庙会发展成为"庙市"。

## （二）北京庙会概况

许多书籍介绍说，北京的庙会始于辽代的"上巳春游"，也有的资料将"上巳"错书为"上已"。我国古代用干支法纪年，即用"甲、乙、丙、丁、戊、己、庚、辛、壬、癸"十天干和"子、丑、寅、卯、辰、巳、午、未、申、酉、戌、亥"十二地支混合编组为序纪年，地支序列中的第六位的"巳"，古代认为"巳者"为"祉也"，所以人们非常重视能带来福祉的"巳日"。春季时阴气未尽，阳气攀升，人容易患病，为了除病企福，大家便选择阳春三月到郊外水边去洗濯，称之为"祓禊"。后来这一习俗发展得越来越程序化、规范化，凡遇重大节日或重要活动都要举行仪式，朝廷还指定专门女巫主持。上巳日

图四十二　隆福寺庙会

一般在夏历三月第一个巳日，汉代时定为三月三日。以后又依此衍生出许多民间节俗，例如三月三王母娘娘寿诞日举行蟠桃会，妇女为求子纷纷进庙上香，男女青年约会郊游相亲，性崇拜活动，洗脚沐浴活动等。在诸多活动中，以进香祭鬼神活动为最甚，逐步发展成为庙会形式（图四十二）。

北京地处汉民族聚居区，这些习俗肯定会跟进相随，汉代时佛教进入北京，寺庙数量和形式有了明显增加，庙会活动形式应无大别，但限于文献记载匮乏，很难对早期庙会做出具体描述。隋唐时北京只是封建王朝的

一个军事藩镇，各种宗教和群众活动主要由民间自发举办和组织。辽代时北京成为契丹王朝的一个重要陪都（辽南京），由于辽王朝非常重视中原地区的宗教，直接推动了民间的宗教活动，使许多社会活动开始带有官方或半官方性质。金、元、明、清各代继续定都北京，庙宇数量大增，庙会活动日盛。解放后活动渐衰，八十年代后又有兴盛之势，但所存庙宇数量可怜，一些新型庙会、洋庙会趁势出现，使得庙会形态和内容发生了很大变化。

北京庙会大致分为以下几种形式，一是纯正宗教性的祭神活动，以进香拜庙活动为主，附带娱乐表演和少量经商活动；二是宗教与商业经营和春游娱乐并举的庙会；三为以商业活动为主、祭神娱乐作为陪衬的庙会；四是没有庙的庙会。

随着历史的发展，开庙的时间由上巳日一次演变为一年多次，几乎月月有庙会，几天一庙会，有时一天有几个庙会，例如：正月初一至十九的白云观庙会、正月初一至初十的大钟寺庙会、三月初一至十五的潭柘寺庙会、三月三的蟠桃宫庙会、三月十八的天台山庙会、四月初一至十五的万寿寺和西顶庙会及丫髻山庙会、四月初八的药王庙庙会、四月初一至十八的妙峰山春香庙会和七月初一至十五的秋香庙会、五月初一至初十的城隍庙和南顶庙会、六月初一的中顶庙会、八月初一至初三的灶君庙庙会、九月十五至十七的财神庙会、十一月冬至日各大道观的大法会，还有些寺庙月月有庙会，例如护国寺每月逢七逢八，隆福寺每月逢九逢十，土地庙每月初三、十三、二十三，东岳庙逢朔望日及每年三月十五至月底，正阳门外江南城隍庙每年中元节及清明和十一月一日都有庙会。

庙会内容精彩纷呈，热闹非凡，例如雍和宫每年正月二十九至二月初一举办"跳扎布"活动，即俗称的打鬼节，希望通过演鬼、打鬼活动"驱魔散祟"，这是黄教喇嘛特有的宗教性乐舞活动。正月二十九就开始演鬼排练，三十日正午开始跳扎布，由八十多名喇嘛扮演鬼神，身着各色服饰和金甲，头戴鬼面具，以鼓乐相伴跳舞表演，这种平时少有的神秘面孔和热闹场面吸引大批游客前来观看。全部活动共十三幕，分别是跳白鬼、跳黑鬼、跳螺神、跳蝶仙、跳金刚、跳星神、跳天王、跳护法神、跳白救度、跳绿救度、跳弥勒、斩鬼、送祟。这里的活动都是宗教性活动，基本没有其他商业活动。

安定门外的西黄寺正月十五也有类似的打鬼活动，是清乾隆年间从西

藏传入北京的，民国期间陈莲痕在《京华春梦录》中描述："每届上元节序，各喇嘛演习舞踏，或戴面具，或击鼗乐，牛鬼蛇神，聚在一堂，口唱番歌，似有节奏，名曰打鬼，能辟不祥。是日万人空巷，裙展杂沓。"这里基本也是宗教活动，但围绕黄寺周围有走车赛马活动和少量小摊贩凑热闹。

德胜门外的喇嘛庙黑寺的打鬼活动，形式与雍和宫和黄寺基本相似，但看热闹的群众和小商小贩明显大增，尤其孩子们最为感兴趣，手举风车的、扛大糖葫芦的、脖挂山楂串的、嘴嚼小吃食的一拨接一拨，热闹非常。

与以上庙会相比，每月逢七逢八的护国寺庙会和逢九逢十的隆福寺庙会商业味更浓。以隆福寺为例，庙会期间人流如海，有上香的，有购物的，有看杂耍的，有看戏听曲儿的，当然也有乞讨要饭的，到庙会来的有达官贵人，有使馆区的外国人，更大多数的是平民百姓，有穿梭吆喝的小贩儿，也有偷抢蒙事的混混儿，各色人等齐聚于庙会。隆福寺庙会以隆福寺为中心，前到庙前神路街，左到隆福寺东街，右到隆福寺西街，连南口外的马市街也摆摊设点吸引顾客，隆福寺前的东、西两侧有商业店铺，也有临时摊点，吃、穿、用商品齐全，哄孩子的玩意儿、古董器件、飞鸟鱼虫、各色小吃尤其受人喜爱。算卦相面和卖野药、洋品的摊位前围观者甚众，人气最旺的要算变戏法和打把势卖艺的，看热闹的人把场地围得里三层外三层。寺左的隆福寺东街是一条古文化街，古旧书籍和文化用品店铺之多仅逊琉璃厂，是东城的文人墨客必到之处，庙会日光顾人数成倍增加。

东岳庙是北京较早的庙会之一，元代时就已开庙，明清两代将东岳庙祭祀活动列入国家祀典，因此这里备受朝廷和百姓商贾重视，明末清初时盛况空前，三月二十八东岳大帝诞辰，从三月初一到二十八开庙二十多天，每月初一和十五也都有庙会，从通州进京无论走旱路还是走漕运水路，都要经过朝阳门外，因此一直到民国时期到东岳庙进香的仍是磨肩接踵、车马沸腾，至民国时期每年开庙也有四十多天。除了部分买卖商人外，大部分还是进香许愿和还愿的人。当时大家都讲究抢烧头炷香，凌晨就往庙里赶，庙门一开就蜂拥着向庙里抢，最少的烧整把香，有的几把香一块点，也有几个香客联合烧一大捆香的。虔诚的人们跪在四周许愿或还愿。香客中有各种不同行业的人群，各人有各人的不同需求和愿望。东岳庙还有几大习俗与众不同，一是"摸铜骡"，大都是为求子嗣而来，男女双方到文昌殿前抚摸一匹白马，希望补阴壮阳早生贵子。二是"打金钱眼"，在育德殿内挂有一个大铜钱，人们在规定距离外用钱扔向大铜钱，打中者就能生子随愿。三是"浴盆洗目"，在东、西浴堂有泰山大帝和泰山奶奶的大浴盆，足可盛十担水，凡有眼疾的人，只要用浴盆里的水洗洗眼睛，就可痊愈。四是"戴福还家"，花商为了一年的财运，破财向庙会低价售花，女性香客进香后，随意摘一朵喜欢的花戴在头上回家，见了熟人就道一声"戴福还家"，表示新年美好祝愿。另外庙会期间还有许多民间香会等社团组织前来参加活动，各行各业的善会组织有几十个，他们积极为庙会服务并表演节目，使得庙会更加丰富多彩。

厂甸庙会是旧时最为有名气、有人气的庙会。其实厂甸本身并不是庙，厂甸一带确有几座庙，但庙会与这些庙毫无关联。厂甸一带是辽金北城外海王村所在地，元代在此设烧制琉璃的工场，明清时期这里仍比较空旷，清代把这里叫"厂甸"。因地势低洼常年积水，人户稀少。康熙年间房舍逐渐增多，租客商户也随之迅速增加，初步形成闹市，以后灯市口的灯会也移到这里举行，使得厂甸逐步形成热闹的集市。每年正月初一至十五有半个月的固定集市，1918年北平市政府认定厂甸为京城唯一一处合法的庙会式集市，1928年改为每年两次，直到解放后人们仍习惯说去"赶厂甸"，到是近年来把"厂甸集市"简化更改为"厂甸庙会"，其实这是一个可以原谅的历史性误会。尽管不是庙会，但它比庙会更热闹、更吸引人，其他庙会上所有的热闹玩意儿都能在这里见到，这里的古文化街市蜚声中外，而且场地宽广，交通极其方便，直到今天厂甸仍是人们最钟爱的游闲、娱乐、购物场所。

白云观庙会是北京一次连续时间最长的庙会，从正月初一至十九天天开庙，日日人声鼎沸，正月初一到初七正值年节自不必说，正月初九又逢玉皇大帝寿诞日，这天要举行诵经礼忏仪式，道士把印有诵奉玉皇大帝功德的黄书送给游客，为了一年全家平安，大家自然纷纷争抢这张福德符。正月十五是元宵节，十三至十七要举办灯会，这几天游客天天爆街。全真道教真人邱处机生于金皇统八年（1148年）正月十九，白云观要举办盛大的"会神仙"会，也是整个庙会最高峰，从正月十八夜间一直到十九日凌晨，庙里庙外灯火辉煌，各种灯笼大展异彩，《燕京岁时记》描述道："每至正月，自初一日起，开庙十九日。游人络绎，车马奔腾，至十九日

为尤盛。"白云观庙会最有意思活动是骑毛驴和摸石猴，过去有城门时，宣武门洞里有乡下小毛驴等候客人，花上很少的钱就可以雇头小毛驴前往白云观庙会，手里的鞭子一扬，毛驴就会奔白云观，到了白云观门口，小毛驴就会自动沿原路返回。在山门内有一个弧形石雕，石雕左下方有一只石猴，传说只要摸一摸石猴就不会得病，所以无论男女老幼进门后都要摸一摸石雕左下方的石猴，人们也心里也清楚，防病是假，讨个乐呵是真。

阜成门内白塔寺庙会原来农历每月逢五逢六开市，上世纪二十年代初改为公历每月五、六两日开市，解放后曾改为三、四、五、六开市。庙前摆设各色小吃和时令菜果，东起马市桥，西至宫门口，杂货什物摊摆满马路两侧，第三殿前有说书场，东侧空场有耍把势卖艺的，西边有唱小戏的，山门外是郊区来的农副产品，庙会日东西南北城的人都会来这里凑个热闹，当然也有专为购便宜货来的。

都城隍庙庙会位于内城西南部的城隍庙街（今复兴门内成方街），也是北京较早的庙会，明代时曾是京城最大的庙会，每月初一、十五和二十五都有集市，琳琅满目商品不仅吸引四九城的游客，许多外国人也到这里游赏购物，每月初一宛平城的城隍要"巡城"到都城隍庙，城隍端坐在八乘大轿上，鸣锣开道，仪仗威严，旌卒手举回避牌，各类高跷秧歌、五虎棍和香会紧随其后，一路吹吹打打，场面十分壮观热闹。

下斜街土地庙庙会清代时每月逢三开庙，民国后改为公历每旬三日开市。因土地庙位于城南，所以庙会上多是京郊农民前来销售农副产品，这里的蔬菜、瓜果和花卉水灵新鲜，绝无污染，因此买卖购销两旺，人气十足。

又如花市大街的火神庙每旬逢四有庙会，灶君庙每年八月朔日至三日也有庙会，这些庙市虽小，但所卖商品都是百姓生活所需。

以上是旧北京城里最有典型代表意义的庙会。

北京城外也有许多热闹的庙会，例如大钟寺庙会、药王庙会、潭柘寺庙会、五顶娘娘庙会、妙峰山庙会、丫髻山庙会等，都以各自不同的特色吸引成千上万的民众前往游乐观赏，对丰富当地文化生活、促进物资交流起到很大作用，当然也宣传灌输了不少封建迷信观念。

解放后，特别是近三十来，又出现了不少所谓的庙会，其内容形式和基本观念发生了巨大变化，著名的新八大庙会有地坛庙会、龙潭湖庙会、厂甸庙会、东岳庙庙会、白云观庙会、大钟寺庙会、朝阳公园风筝节、石景山洋庙会。

# 附录一　灵岩山寺寺院规约

（1）不论住持系以天台、贤首（华严）、临济、曹洞何者为宗，均须以戒行精严、深信净土为基准，并恪遵传贤而不以法系相传之道。如此，当可杜绝法类之流独占寺院的弊病。

（2）住持仅以次数（顺次）定高下，不论代数（第几代住持之类），借以防范误使庸僧尸位于高德之间而引起的非难与疵议。

（3）不传戒，不讲经。堂中虽日日讲经，但不招罗外部的听讲者，因为寺众的正念不可乱也。

（4）专一念佛，除"佛七"法会外，概不应酬经忏法事。

（5）任何人均不可在寺内私收徒弟，私行剃发。

上述五项条款系由印光、妙真二师所议决，并获准可被刻碑示教，凡违逆任一条款者立逐出院。

（6）20岁以下的年轻比丘，以及矜奇而自立异说，有违本寺宗旨者，概不得留名于寺。

（7）违反根本大戒，挑拨是非，扰乱寺众安宁者出院。

（8）争强好斗，恶言相骂，举手互殴者，无论事之曲直，一律出院。一方有理且能隐忍不发，一方无正当理由而强辩争斗时，有理者不罚，无理者诘问缘由后受罚出院。

（9）私接朋党，干犯国禁，或预闻（好打听）外事者，出院。

（10）乱用常住物品，或私图便宜者得照市价赔偿，不服裁决者出院。

（11）吃荤酒、赌博、吸鸦片，或暗怀其他不良嗜好者，处罚后出院。寺院的执事明知其事而不举其人者，同罚。重病之人须借酒引进药物治疗时，得先向寺众告白，获允后始可服用。

（12）私自向前来本寺的檀越化缘者，量度事之轻重而加处罚，不服裁决者出院。

（14）轻视耆德之僧，恶闻直言，或妄生诽谤者，出院。

（15）举止乖违，拗逆执事之命，且拒受取缔者重罚之，不服处分者出院。

（16）课诵念佛之际，除服公务或疾病者外，凡不随者罚之。

（17）除公务外，概不得外出，违者罚之。

（18）什物及佛堂经典、诸堂之庄严具，概不许外借。若有特殊事宜须先经寺众许可始得通融，违者罚之。

（19）每月诵戒四次，除因重病无法站立外，若有未参列者，罚无赦。

（20）凡用水、饮水，必先过滤，以免伤害生命，违者罚。

（21）不许私自作食，若因医疾而为，必先向执事申请，获允后为之，违者当受罚。

（22）当职而未尽其职务，计私利而误公者，罚之。

（23）凡我佛子宜持平等之心，海内如一家，若因同乡、近亲，而严疏亲之别者，罚之。

（24）凡侵损常住钱（寺院殿堂的钱财及其他）、米麦等物，赔偿后出院。

（25）除公事外，不安居本寮，而在各寮放浪形骸者，罚之。

（26）无事不得入二堂（食堂），进餐期间严禁谈笑。不可擅自争夺座位，或因坐席不佳而抱怨。食毕，不可于众人未完膳前先行离座，亦不准持用一己餐具，擅入厨房舀取食物，违者罚之。

（27）凡在念佛堂内犯过者，随时罚之。若念佛堂中朋侪不举发（犯过者），而由堂外之人告发时，堂内执事得一并受罚。

（28）各寮凡有闻报钟不起床者，罚无赦；若自恃其能而不顺从调服者，重罚之。

（29）须发长时不剪，暑中袒胸赤膊，或不缚裤脚者，罚。

（30）私留亲友宿泊者，罚。因故必得宿泊者，必先白于执事，听候指示而行。

（31）擅自砍伐竹木，攀折花果，或持以赠人者，赔偿后罚之。

（32）除印光法师及本寺住持外，任何人不得私收皈依弟子，违者罚之。

（33）冬季严寒亦不得燃火取暖，若因公事、年老或疾病绝对需要保暖者，仅能使用烘手足的小炉筒。火合、火筒均有失火之虞，一概不准使用，违者罚之。

除以上所述总体规约外，寺院中还有各岗位具体管理制度。

# 附录二 全国汉传佛教寺院管理办法

寺院是僧人修学、住持、弘扬佛法的道场，是保存、发扬佛教文化的场所，是僧人从事服务社会、造福人群活动的基地，是联系团结国内外佛教徒的纽带。寺院须保持清净庄严，树立纯正的道风学风，正常开展法务活动，运用其多方面职能，庄严国土，利乐有情，以利社会主义物质文明和精神文明建设。

为加强寺院管理，维护寺院的合法权益，保证佛教活动正常进行，根据中华人民共和国宪法和法律、法规、政策的有关规定，遵照佛教的教制教规，特制定本办法。

第一章　管理体制与寺院组织

第一条　寺院在政府宗教事务部门的行政领导下，由僧人自己管理；在教内，寺院受佛教协会的领导。

第二条　重点寺院，须按十方丛林制度建立和健全僧团组织。

第三条　寺院住持，须根据选贤任能原则，由当地或上级佛教协会主持，经本寺两序大众民主协商推举礼请之；凡全国重点寺院，同时报中国佛教协会备案。住持每届任期三年，连选可连任；年老体弱不能主持寺务、领众熏修者，亦可创造条件提前退居。除特殊情况外，住持一般不宜兼任。住持在任期限内如道风严重不正或重大失职，经上一级佛教协会核实后予以免职；免除全国重点寺院住持职务，须报中国佛教协会审批。任免寺院住持，均须报相应政府宗教事务部门备案。

住持退位后，寺院应按传统办法，妥善安置照料。

僧团序职如首座、西堂、后堂、堂主等班首，列职如监院、知客、维那、增值等执事由住持按照丛林请职制度和协商原则，定期任命、晋升序职人员，任免列职人员。

住持、班首、执事人选的条件是：爱国守法，具足正信，勤修三学，戒行清净，作风正派，有一定的佛学水平和组织办事能力。担任住持、班

首、戒腊须十夏以上，担任主要执事，戒腊须三夏以上。

住持对外代表本寺，对内综理寺务。班首、执事各司其职，各尽其责，发扬六和精神，实行民主集中，管理寺院各方面工作。凡重大问题（包括撤免错误严重或极不称职的班首、执事职务），由住持召集班首和主要执事及有关负责人员举行寺务会议，集体讨论决定。

第四条　寺院如确需设立寺务委员会，主任须由住持担任，由主要班首、执事组成，可吸收个别爱国爱教职工、作风正派、有组织和工作能力的居士参加。寺务委员会的职责相当于上条的寺务会议，任期一年。

第二章　僧众修持与佛事活动

第五条　寺院须安排好僧众修持，坚持早晚功课，经教学习，修禅念佛，过堂用斋，严守戒规，整肃僧仪。僧人务须僧装，素食，独身。严禁僧尼同住一寺。

第六条　寺院须适当安排讲经说法，提高信众对佛教基本教职工义的认识水平，启发他们广学力行、爱国利民的积极性，指导他们正信正行。

第七条　佛事活动在佛教界管理的寺院和其他佛教活动场所举行。活动的规模、次数、时间，应作适当安排，避免妨碍僧人学习和寺院其他工作。

第八条　寺院不得进行不属佛教的迷信活动。

第三章　收徒传戒与僧团管理

第九条　要求出家的人，须本人自愿，六根具足（包括无生理缺陷），身体健康，信仰佛教，爱国守法，有一定文化基础，父母许可，家庭同意。寺院对要求出家的人，经查明身份来历，认定符合出家条件的，方可接受留寺，指定依止师，授予三皈五戒，经僧团一年以上考察合格，再正式剃度，并按规定的办法和手续发给度牒。

第十条　皈依三宝，须本人自愿，爱国守法，品行端正，有一定信仰基础，经佛教徒介绍，皈依师方可接受。

接受皈依弟子，应郑重如法进行。皈依须填表登记个人姓名、简历及介绍人等，交寺院保存。

第十一条　寺院僧团健全，道风严肃，管理正常，法务、生活设施完备，方有条件传授三坛大戒。能够举办传戒法会的寺院名单由省（自治区、直辖市，下同）佛教协会严格按照条件，根据实际需要，申报中国佛教协会审批、确定；未经批准的寺院不得擅自举办。

具备传戒资格的寺院传授三坛大戒，须事先由省佛教协会征得省级政府宗教事务部门同意后报中国佛教协会审批。

全国每年传授三坛大戒的寺院掌握在五处左右；每处每次受戒人数一般掌握在三百人左右；戒期不少于四周。以利组织新戒学习戒相律仪。

第十二条　受戒者必须年满二十岁，符合本办法第九条规定的条件，持有身份证、度牒和当地主管部门及所在寺院的证明信件，经传戒寺院所在省佛教协会甄别鉴定，方可允许进堂受戒。年龄超过六十周岁，除增戒、补戒者外，一般不予受戒。

第十三条　传授三坛大戒，对象以本省受戒人为主；外省受戒人必须由所在省佛教协会征得传戒省佛教协会同意，开具证明，介绍前往受戒。

第十四条　传授三坛大戒期间，必须分别讲授戒本。传授比丘尼戒，有条件的实行二部僧受戒制度。废止烫香疤的做法。

第十五条　戒牒由中国佛教协会统一印制编号，通过省佛教协会颁发。违犯国法教规者，舍戒还俗者，由所在佛教协会或寺院收回戒牒，上交省佛教协会注销。

第十六条　受戒师、剃度师、皈依师必须是爱国爱教、戒行清净、通晓教理律仪、戒腊十夏以上的僧人；其资格由佛教协会按照条件审核认定，并发给证书。未经认定资格者，不得传戒、收徒和接受皈依弟子。

第十七条　寺院应根据实际需要，提出常住僧人名额，报政府主管部门审定。在规定名额内，凡接受常住僧人，已出家的，必须验明戒牒、度牒或所在地区佛教协会（无佛协组织的可由原寺院）证明；新出家的，按照本办法第九条规定办理。寺院对要求常住的僧人，须考核一年合格后，报请政府主管部门办理户口转入等手续。

第十八条　常住僧人如还俗离寺，寺院应收回戒牒、度牒，将户口转回原地。违犯重戒、不遵寺规、教育不改者，经寺务会议讨论决定，予以迁单。利用僧人身份招摇撞骗、为非作歹、败坏佛门、影响极坏者，经寺务会议决定，报上级佛教协会批准，开除僧籍，收缴其戒牒、度牒，并将户口转回原地。触犯刑律的，由司法机关处理。

第十九条　常住僧人须定居两年以上，方可外出参学，并须经寺院同意开具证明，注明参学地点和往来期限。滥开证明酿成严重后果者，须追究责任。接待寺院应验明有关证明，方准挂单，并按公民迁徙流动的规定到当地政府有关部门办理手续。

凡挂单僧人须遵守寺规，随众修持、劳作。如有违犯，劝说不听的，应随时起单。

第四章　培育僧才与学术研究

第二十条　寺院应安排时间，建立制度，组织僧人学习宪法和法律，学习时事政策，进行爱国主义和社会主义的教育，增强爱国守法观念，坚持四项基本原则对宗教徒的要求，提高思想觉悟和认识水平。

第二十一条　寺院应积极进行智力投资，采取多种方式，大力培养僧才。可举办本寺僧人学习班，还可挑选品德较好，佛学文化水平较高的中青年僧人，在法师的指导下，钻研教理，认真阅藏，进行重点培养。有条件的寺院，可在省佛教协会统筹下，举办初级佛学院；也可办短期的专门知识（如佛事唱念仪轨以及寺院管理需要的财会、文物保管等）培训班。

第二十二条　寺院应组织有佛教文化造诣，聘请教内外有关专门人才，挑选有培养前途的青年僧人参加，结合本寺、本宗派的历史特点和收藏的经书、文物，有计划地开展资料整理和学术研究，把这方面工作和造就人才结合起来。

第五章　生产自养事业与布施佛事收入

第二十三条　根据农禅并重的传统，因寺制宜，举办符合寺院特点的农业、林业、手工业等事业和法物流通、素斋、客舍等自养事业，逐步做到以寺养寺。生产、自养事业，可以吸收必要数量的职工，也可单独核算，但人事、财务、业务，必须由寺院统一管理。寺院应在布局上把生产服务区同主要殿堂、寮房划分开。

要加强寺院僧众与职工的团结合作。寺办生产自养事业单位负责人可参加或列席寺务会议。寺院要关心职工的生活福利；职工要尊重寺院的清规和宗教习惯，服从寺院的管理。对个别严重违犯宗教政策和劳动纪律的职工，寺院有权按有关规定处理。

第二十四条　寺院不接受社会上的单位或个人在寺院区划内开设商业区、服务网点或举办陈列、展览活动。如确有需要，须征得寺方同意，并报请政府宗教事务部门批准，方可办理。所设网点和举办的活动均应以不影响寺院清净庄严、不损害寺院权益为原则，纳入寺院管理范围。

第二十五条　寺院可以接受信徒自愿的布施（包括佛事收入），但不得以任何方式和名义向信徒勒捐。寺院应在量力自愿的原则下，支持社会公益事业，但有权拒绝任何单位或个人以任何方式或名义向寺院摊派财物。

寺院可以接受外国友人，港、澳、台湾同胞和海外侨胞不附带政治条件和无损寺院主权的捐赠。

一切布施、捐款，除明确供养个人的以外，均归常住。

第二十六条　寺院应根据本身财力，积极兴办佛教文化和教育事业，在国家政策允许范围内，举办安老、施诊、修桥补路等利生事业，对社会作出应有的贡献。全国佛教事业是一个整体，提倡寺院之间互相支援与协作。

第二十七条　为适应佛教事业全局需要，汉族地区寺院按规定向全国和地方佛教协会提供佛教事业发展经费。

第六章　接待外宾与海外联谊

第二十八条　认真做好接待外宾工作，积极开展与港、澳、台湾同胞、海外侨胞联谊活动。在接待工作中，应做到热情友好，文明礼貌，在教言教，体现政策，自重自爱，注意威仪。应遴选思想、文化、佛学素养好，懂政策、守纪律的僧人，担任接待工作。

第二十九条　寺院在涉外活动中坚持爱国爱教、独立自主的原则。寺院原则上不聘请外国和港澳台同胞、海外侨胞中的佛教界人士担任职务或名誉职务。如遇特殊情况需先报中国佛教协会批准后方可商请。

第七章　文物保护与园林管理

第三十条　寺院的文物、树木等属寺院经管，不接受任何单位占用。

第三十一条　寺院的文物，包括经像、法器、供具、古建、碑碣、灵塔、壁画以及字画古玩等，均应登记造册，确定级别，建立档案，专人负责，妥善保管。对有重大价值的文物，应采取特殊措施，避免香火熏染和人为损坏。

对寺内文物保管人员，应组织进行专业知识和技能的学习，提高管理水平。

文物保护，须遵守国家有关法律法规，接受文物部门的专业指导。

第三十二条　寺院园林管理工作，要有专人负责，搞好绿化，管好山林，整洁环境，美化景观，遵守有关法律法规，接受园林部门专业指导。

第八章　财务制度与物资管理

第三十三条　寺院应根据国家有关财务管理的基本原则，结合自身的特点，建立和健全现代财务管理制度，设置会计、出纳人员，各司其职，

一切收支，均须凭证记账，严格手续。政府拨助经费，必须专款专用。

第三十四条　寺院实行民主理财，凡大宗开支，必须经由寺务会议集体讨论决定，定期向常住大众公布账目，接受大众监督。

第三十五条　寺院物资，必须指定僧团有关执事专责保管，造册登记，严格采购、发放手续，并定期检查清点。

第三十六条　寺院应清理、建立、健全所属房屋、土地、山林等财产契证。契证遗失的，报请颁证部门查档复制或补发契证；手续不全的，抓紧补办并完善法律手续。寺院可聘请律师担任法律顾问，维护本寺权益。

第九章　做好治安与加强消防

第三十七条　寺院根据国家治安条例，建立治保小组，制定具体措施，接受公安部门指导，做好安全保卫工作。

第三十八条　寺院根据消防部门要求，建立消防组织，配置消防器材，落实消防规章制度和具体措施，消除火灾隐患。

# 附录三　崂山道观管理体制*

【称谓】　　道教职守的称谓与道教道观的组织管理制度有关，道观分为两大类，一为子孙庙，一为十方丛林，各有不同的管理办法并设有不同的职务。崂山道观大多为十方丛林，但也因袭了一些旧有制度，因而崂山道观许多职守称谓有其独特之处。

道士　在崂山凡是以道教宗教为职业者道士是一个充满幻奇和神秘的名称，在蒲松龄的《聊斋志异》和王士祯的《池北偶谈》中，都有以此为篇名的笔记小说，清代福山文人王鼬的《秋灯丛话》中，亦有《劳山道人》篇。对道士世间又以黄冠、羽士、羽客、羽人称之。女道士称道姑，世称女冠。

执事　崂山各道观中凡执管某项事务者统称执事，执事名额多寡视道观大小而不等。仅以崂山规模最大的太清宫为例，在明、清鼎盛时期，其执事有长老、道长、监院、督管、总理、知客、督讲、司账、司库、外交、书记、买办、殿主、经师、经主、堂主、督厨、管山、司殿、修造、栽植、洒扫、仓头、坡头、门头、园头和夜巡等。凡属十方丛林之道观，其长老、道长、监院、督管皆由道众选举担任，其余执事由监院遴选，经长老、道长同意。各执事襄助监院，不得僭越自专。

长老　称谓语，称多识多见、道高品优年长者为长老。

道长　称谓语，对道士道崇德隆、品学兼优、行为端方、素孚众望者为道长。

监院　以品学兼优、素孚人望、俭朴清廉、才德出众选举为监院，管理本宫观一切事务。但不得自管钱财、仓库，大事必须请示长老、道长，或集众公议。每年正月上旬改选，连举者可连任。

---

* 摘自崂山风景区管理局官网。

值殿　各殿设值殿一人，专司香火，清洁殿宇，朔望或圣诞之日，敬献讽经，值殿人与讽经人都要沐浴冠戴，整饬严肃。

知客　凡来宫观游览者，让至客厅休息，由知客谦和招待茶点素馔，随处指导参观，止宿者，设备卧具，送迎必须周到。如过客寻宿者，安置客屋，斋堂便餐，为设卧具，皆由知客权宜办理。

散单　凡身无执事之道众皆为散单，各宜诚默清修，淡泊自处，若无监院支配，不得僭越多事。

行行　凡来宫观请求收留者，年龄在 20 岁以上、40 岁以下为合格，若确系士农工商四民之一，相貌端正，言语谦和，方可暂留，由监院酌其才能，分交该管执事派遣工作。如果执勤不怠，不辞辛苦，和睦同伴，尊敬师长，始终不变者，方有被度资格。若性情刚愎，怠忽职守，妄言是非，行为不轨者，一经察觉，即时逐出。

【供奉诸神】　中华道文化早期是以古代朴素的唯物辩证哲学为基础的文化体系，崇尚自然是早期崇拜的核心，因而从方仙道到太平道的 1000 多年中，供奉对象主要是古代传说的历史人物或代表，以及在道学修养上有突出造诣的成功者，如"三官"（尧、舜、禹）、"三皇"（伏羲袛、神农氏、轩辕氏）、"三清"（老子）等。佛教传入中国并迅速扩展，使道教得以借鉴开始了多种神仙的创造。这种创造结合崇尚自然的基调得以发挥，把各种自然现象或资源主体都有了神，如山神、土地、风伯、雨师、雷公、电母、二十八宿等，使道教在较短的时期内形成多神教。与其他宗教区别之处，就是除诸神之外还有仙，二者之间有严格区别：道教的神有职位、有权力，其职位高低是由他在人世间修德积善的程度而定；而仙没有固定的职务和权力，只有专业水平的高低变化，仙位的高低是自身修道功业的标志，二者既不同源又不同流，只是在降妖捉怪时可以使用，仙对坏人坏事只司警戒，而神对坏人坏事则依权惩处。

【诵经】　诵经是道士的必修功课，道教中丹经子书仙传各类经典甚多，崂山各道观道众分诵之功课分内修者和外修者两大类。内修者，有内五经（《阴符经》、《道德经》、《清静经》、《龙虎经》、《黄庭经》）、内四书（《参同契》、《悟真篇》、《三皇玉抉》、《青华秘文》）等。外修者，有外五经（《度人经》、《皇经》、《三官经》、《北斗经》、《王枢经》）、外四书（《生神章》、《济炼科》、《祈祷仪》、《千金方》）等。除上述内、外经典外，又有《太上十三经》、《西升经》、《南华经》、《文始经》、《道书全集》、《道书十二种》、《三丰全集》、《吕祖全集》、《了身经》、《日用经》、《素书》等。其他各丹经子书，俱系教后辈学道之人参考。

每日早午晚三时，道众在主殿内分诵诸品妙经、圣诰仙号、宝忏等，并以《三官经》、《北斗经》、《受生经》、《镇武经》、《消灾经》、《禳灾经》、《救苦经》、《清静经》、《玉皇心印经》、《生天经》、《解冤经》、《拔罪经》为功课，上祝国家太平，下祈人民安乐。凡诵经者，须要定心平气，斋戒沐浴，严整衣冠，按日进行，不得松懈，方为称职。

道众诵经之目的有三：一是为了敬神，天天诵念，年年拜唱，乃道家之功课；二是为了"应风"，应百姓之风俗、行教化之目的，设坛进行祭祀活动；三是为了诵上圣之经文金书玉诰，明自己之本性真心，以诵经弘扬道教，课诵保养元和、陶熔德性、刻刻提醒、时时检点，坚定修道诚心，作为日渐进道之阶梯。

【祭祀】 崂山道观的祭祀分常祭、节祭、年祭三种，皆各有程式与仪礼（依据崂山太清宫祭祀活动记述）。

常祭 每日早午晚三时，值殿者盥沐漱口，衣冠整齐，于正殿依次焚香焚表，朝真诵经。每日照例三次功课，戊日禁止。每逢朔望、诸神圣诞及三元五腊，各殿献供焚香焚表，全体道众诵经一昼夜。

节祭 清明节，道众齐至祖茔祭祀，焚香焚表献供，跪诵经忏。农历十月初一祭礼与清明节同。端阳节，各殿献普通供，焚香诵经，全体朝真。农历七月十五日，行地官圣诞礼，日暮至海岸设坛，超度孤魂。农历十月初一晚，亦同前式超度孤魂。中秋节，于月升时在三官殿前月台上设坛，献糖焚香，诵经焚表，道众全体朝拜祭月。农历十二月初八日，子时后各殿献普通供，道众全体朝拜，焚香跪诵经忏。农历十二月二十三日晚时，道众全体云集厨内，设坛焚香，献供诵经，顶礼祭灶。

年祭 每年农历十二月二十五日丑时，全体道众衣冠整齐集于三清殿前，虔诚设坛，并于各殿献普通供，焚香朝真诵经，恭接大驾，转念天尊圣号。自此日起，每日早午晚三时诵经，道众全体跪殿朝真。年除夕晚，道众齐集祠堂，升悬宗谱，献供焚香叩拜，然后同赴斋堂用斋，复至祠堂朝拜。各殿朝真诵经毕，则至厨房接灶，复回祠堂焚香诵经焚表。礼成之后，道众到斋堂用茶点，散守岁金，各略休息。至子时，各殿献供焚香诵经，全体跪殿朝真，到祠堂诵经毕，道众排班云集斋堂，念供食斋。农历正月初二晚时，赴救苦殿诵经焚香焚表，叩拜送年，排班云集到祠堂内，

同时报告经过一年之账项、开销等事，然后同赴斋堂，用斋毕再回祠堂朝拜，请起宗谱，年事遂毕。

【道规】　道教的清规戒律分为戒律、斋戒、清规、禁忌四种，道教称之为科禁威仪，简称科仪。

据崂山《太清宫志》记载，该宫有十五条戒规：（一）侮慢宾客及对客诽谤道范者罚；（二）有事出门，必须告假，如不告出游远离庙境，或出外办公限日交代，而无故流连，逾期不返者罚；（三）烟酒腥荤，不许入庙，违者罚；（四）监院分配公事，有规避推诿者罚；（五）每日三时斋餐，不随众赴堂，而私自炊煮者罚；（六）上殿诵经，衣冠不整，礼貌不肃者罚；（七）出言狂悖，好勇斗狠，借酒逞凶，任意妄为者革黜；（八）颠倒是非，混淆黑白，妖言惑众，隐瞒债事者革黜；（九）居心奸宄，逞刁好讼，败坏玄门者革黜；（十）盗卖或盗取公家财物者，齐众议处置之；（十一）暴殄公家物什者，轻则酌罚，重则齐众议处；（十二）嗜好成癖，已经告诫而不愤者革黜；（十三）不敬师长，藐视道众者罚；（十四）凡居山庵，无分道人或行行，如有聚赌聚饮及非分行为者，一经察觉，轻者处罚，重者立即革黜；（十五）遇有所犯之恶劣行为，有未经订者，应齐众临时议处之。

1980 年崂山恢复道教宗教活动后，金山派道士匡常修与孙真淳到太清宫主持庙事，贯彻了以庙养庙、以道管庙的方针。并自 1986 年 3 月起，逐步建立了各项道教新规，遵守国家法律、法规，严守道教戒律，爱国爱教，步入正常的道教宗教活动。

【度徒】　度徒是崂山各道观的大事，它关系到各宗派的延绵发展和道系相传，历来为道家所重视。

据《太清宫志》记载，各行行（尚未正式出家而寄居于道观者），素行端方、性情和平，果断尘缘者，经道众详慎观察，再经大众允可，然后引至正殿，以师名书阄，焚香顶礼，请求神祖默定师徒。被度者，各拈一阄之名为师，即冠巾拜师，参众受教。度徒之典，每次不得逾 5 人，通常以度 3 名或 4 名为宜，每人只度一徒为限。被度之后，方得称为道士或道人。

1980 年崂山恢复道教宗教活动后，崂山太清宫对收纳道士出家制订了各项新规定。10 余年来，在此出家已有 20 余名道士。

# 主要参考文献

1. 刘敦桢：《中国古代建筑史》，中国建筑出版社，1984 年 6 月第 2 版。
2. 罗哲文、刘文渊、刘春英：《中国著名佛教寺庙》，中国城市出版社，1995 年 8 月第 1 版。
3. 佟洵等：《北京宗教文物古迹》，光明日报出版社，2004 年 9 月第 1 版。
4. 张兴发：《道教神仙信仰》，中国社会科学出版社，2001 年 8 月第 1 版。
5. 杜继文、黄明信：《佛教小辞典》，上海辞书出版社，2001 年 12 月第 1 版。
6. 钟肇鹏：《道教小辞典》，上海辞书出版社，2001 年 12 月第 1 版。
7. 金宜久：《伊斯兰教小辞典》，上海辞书出版社，2001 年 12 月第 1 版。
8. 王志远：《基督教百问》，今日中国出版社，1992 年 12 月第 1 版。
9. 赵兴华：《老北京庙会》，中国城市出版社，1999 年 8 月第 1 版。

# 北京寺庙一览<sup>*</sup>

## 内城东部

### 1. 雍和宫

藏传佛教，佛，清代，东城雍和宫大街，南向格局规模宏大，保存完好。

北京考古集成八1134 十四334。唐土名胜图会59。今日北京423。

### 2. 柏林寺（南柏林寺）

佛教，佛，（唐）元代，雍和宫东柏林寺胡同，南向格局规模宏大，主建筑存机关占。

北京考古集成八1204 十四186–330。北京维持会报告185。今日北京392。

### 3. 北柏林寺

佛教，佛，（唐）元代，内城东北城墙外，明初将柏林寺一分为二所致，无存。

北京考古集成八1204 十四330。

### 4. 慈寿寺（唐开元寺、明惠明寺）

佛教，佛，唐代，北新桥路西，无存。唐土名胜图会58。

### 5. 孔庙（文庙）

儒教，孔子，元代，安内成贤街，南向格局规模宏大，完好。

唐土名胜图会59。今日北京431。顺天府志145。北京考古集成八1056。

### 6. 崇圣祠

儒教，孔子五代祖，明代，安内成贤街文庙后，殿南向墙门西向，完好。

唐土名胜图会59。今日北京433。顺天府志148。

### 7. 刘猛将军祠

祠堂，元末殉节投河刘猛，清代，交道口西路北，无考。

唐土名胜图会58。

### 8. 福祥寺

佛教，佛，明代，地安门东大街北蓑衣胡同，无考。

唐土名胜图会58。顺天府志482。燕都丛考287–386。北京寺庙历史资料422。

### 9. 显佑宫（灵明显佑宫）

道教，真武，明代，地安门东北实验剧场位置，南向殿五黑瓦钟鼓楼，无存。

唐土名胜图会57。北京考古集成十四350。顺天府志161。

### 10. 慈善寺

佛教，佛，明代，鼓楼大街路东，

---

<sup>*</sup> 本书集纳北京各寺庙资料包含名称、教别、供奉、修建时代、位置、建筑特点、保存状况、参考文献等。

无存。

唐土名胜图会 57。今日北京 409。顺天府志 501。燕都丛考 287 – 380。维持会报告 185。

### 11. 万宁寺

佛教，元成宗像，元代，鼓楼偏东，无存。

唐土名胜图会 57。燕都丛考 380。

### 12. 大千佛寺（吉祥寺）

佛教，佛，元代，鼓楼东大街，无存。

唐土名胜图会 58。燕都丛考 394。

### 13. 大慈延福宫（三官庙）

道教，天、地、水三神，明代，朝内大街路北，剩一殿。

唐土名胜图会 56。北京考古集成十四 350。顺天府志 487。今日北京 439。京华古迹寻踪 201。日下旧闻考 766。

### 14. 五岳观

道教，五岳大帝，宋元之间，东直门内五岳观，无存。

唐土名胜图会 59。顺天府志 499。

### 15. 慈隆寺（高公庵）

佛教，佛，明代，东城国兴胡同，高勋、张进捐建，无存。

唐土名胜图会 58。北京考古集成十四 323。顺天府志 501。燕都丛考 380。

### 16. 普德寺（大佛寺）

佛教，佛，美术馆后街路东，敕建南向前后中殿配殿齐，余大殿及东西配殿。

唐土名胜图会 55。今日北京 418。

### 17. 老君堂

道教，太上老君（老子），朝内南小街路东，无考。

唐土名胜图会 54。燕都丛考 225。

### 18. 隆福寺

佛教，佛，明代，东四牌楼西北，南向规模宏大，隆福大厦旧址，基本无存。

唐土名胜图会 55。北京考古集成十四 336。

### 19. 通教寺（通教禅林）

佛教，佛，明代，东直门内针线胡同，南向太监建后改东向，完好。

今日北京 410。京华古迹寻踪 165。北京寺庙历史资料 570。

### 20. 报恩寺（方长老寺〈文庙〉）

佛教/儒教，佛，元代，府学胡同府学旧址，无存。

唐土名胜图会 55。析津志辑佚 69。燕都丛考 316。网。

### 21. 文丞相祠

祠堂，文天祥，明代，府学胡同，南向二进院，完好市保。

唐土名胜图会 56。北京考古集成八 1027 – 1079。顺天府志 178。今日北京 445。日下旧闻考 713。

### 22. 证因寺

佛教，佛，明代，南小街竹竿胡同，有明代钟，无考。

唐土名胜图会 54。

### 23. 清泰寺

佛教，佛，明代，东城大雅宝胡同，有嘉靖重修碑，无考。

唐土名胜图会 54。

### 24. 维摩庵

佛教，佛，明代，东城小雅宝胡同，敕建碑，无考。

唐土名胜图会 54。燕都丛考 223。顺天府志 487。日下旧闻考 762。

### 25. 关帝庙

道教，关羽，明代，东城羊宜宾胡同，有鼎钟，无存。

唐土名胜图会 54。

### 26. 双忠祠

祠堂，傅清/拉布敦，清代，东城石大人胡同，大门三正殿三配殿各三，先入外交部官署后废。

唐土名胜图会 54。顺天府志 175。今日北京 448。

### 27. 二郎庙（清源真君）

家庙，李冰父子，隋唐之际，灯市口大街东，小殿，无考。

唐土名胜图会 54。日下旧闻考 762。燕都丛考 198。

### 28. 崇祯万寿宫（崇祯观）

道教，张留孙，元代，宽街路口西南，花卉众多，无考。

唐土名胜图会 53。北京考古集成十四 353。燕都丛考 192。

### 29. 吕公堂（明永安宫）

道教，吕洞宾，明代，泡子河东岸，无考。

唐土名胜图会 51。北京考古集成十四 353。今日北京 446。燕都丛考 208。

### 30. 华严禅林

佛教，佛，泡子河东岸吕公堂南，无存。

唐土名胜图会 51。今日北京 410。燕都丛考 208。

### 31. 关帝庙

道教，关羽，泡子河东，有明碑，无考。

唐土名胜图会 51。燕都丛考 208。

### 32. 太清宫（玉皇阁）

道教，太清太上老君天神，明代，泡子河东吕公堂南，有福禄寿三星塑像，无存。

唐土名胜图会 51。燕都丛考 208。北京考古集成十四 353。

### 33. 慈云寺（十方院）

佛教，佛，明代，泡子河西，贡院附近可赁做考场，无存。

唐土名胜图会 51。燕都丛考 208。顺天府志 485。

### 34. 灵藏观音寺

佛教，藤胎海潮观音，明代，东单观音寺胡同，无存。

唐土名胜图会 51。燕都丛考 204。顺天府志 486。

### 35. 马神庙（马王庙）

道教，马神，清代，骑河楼马神庙，原明御马监旧祠清移此称马神庙，后并入沙滩北大院。

唐土名胜图会 25。今日北京 442。顺天府志 337。

### 36. 报恩寺

佛教，佛，明代，东城礼士胡同，有大钟小钟，无考。

唐土名胜图会 54。顺天府志 487。燕都丛考 221。

### 37. 玉皇庙

道教，玉皇大帝，黄化门之东，明尚衣监旧廨，无考。

顺天府志 475。燕都丛考 467。

### 38. 嵩祝寺

佛教，佛，清代，东城沙滩北，南向规模宏伟三路，基本完好市保。

唐土名胜图会25。今日北京416。顺天府志478。燕都丛考461-465。

### 39. 智珠寺

佛教，佛，清代，东城沙滩北嵩祝寺之西，南向规模宏大，主建筑存市保同上。

### 40. 法渊寺

佛教，佛，清代，东城沙滩北嵩祝寺之东，南向规模宏大，无存。同上

### 41. 五圣祠

道教，五圣，东城蜡库胡同，无考。

唐土名胜图会25。

### 42. 元太庙

皇家祖庙，元皇家上祖，元代，朝内大街路北，前后两大殿规制齐全，无存。

今日北京430。顺天府志125。日下旧闻考767。

### 43. 于谦祠

祠堂，于谦，明代，东城西裱褙胡同，南向四合院，主建筑存市保。

今日北京447。顺天府志179。

### 44. 昭忠祠

贤祠，清王公官宦忠臣，清代，台基厂东北，南向，先归入使馆后废。

今日北京447。燕都丛考186。

### 45. 怡亲王祠

祠堂，怡贤亲王，清代，东交民巷，无考，先归入美国使馆后废。

今日北京448。顺天府志175。燕都丛考177。

### 46. 显忠祠

祠堂，僧格林沁，清代，地安门东大街，南向正殿配殿，主建筑存教委占用。

今日北京450。

### 47. 李文忠公祠

祠堂，李鸿章，清代，东城总布胡同，正屋三及东西房，现民居。

今日北京451。

### 48. 先医庙

道教，药王医神，明代，天安门东南太医院内，院庑廊殿齐全，无存。

顺天府志152。燕都丛考173。

### 49. 仓神庙

道教，仓神，清代，朝内北小街兴平仓，右翼，无考。

顺天府志170。

### 50. 仓神庙

道教，仓神，清代，朝内北小街海运仓，左翼，仓迹尚存。

顺天府志170。

### 51. 奖忠祠

祠堂，郡丞大学士，清代，东华门外，南向正屋配屋各三绿琉璃瓦，无考。

顺天府志175。

### 52. 恪喜公祠

祠堂，承恩公，清代，东安门内，无考。

顺天府志177。

### 53. 左翼忠孝祠

祠堂，清代，王府大街，正屋两庑三后屋五门外牌坊，无考。

顺天府志177。

### 54. 左翼节孝祠

祠堂，清代，东长安街路北贵宾楼位，无考。

顺天府志177。

### 55. 永丰禅林（永丰观）

佛教/道教，明代，王府大街韶九胡

同，太监阮通奉勅建，无考。

顺天府志 487。燕都丛考 319。

### 56. 广慈寺

佛教，佛，明代，北小街北观音寺胡同，无考。

顺天府志 488。燕都丛考 313。

### 57. 福安寺

佛教，佛，元代，东内之南瓦盆胡同，明初余精舍数楹，无存。

顺天府志 488。燕都丛考 314。

### 58. 承恩寺

佛教，佛，明代，东四八条，山门大雄伽蓝等殿全，无考。

顺天府志 489。燕都丛考 312。日下旧闻考 771。

### 59. 元宁观

道教，明代，南玉河桥东，清末后划入使馆区今无考。

今日北京 427。顺天府志 489。

### 60. 三官庙

道教，天、地、水三神，明代，南玉河桥附近，无存。

顺天府志 489。日下旧闻考 772。

### 61. 伽蓝寺

佛教，佛，南玉河桥附近，寺内有钟，无考。

顺天府志 489。

### 62. 圆宁寺

佛教，佛，元代，北新桥羊管胡同，明存元石碣，无考。

顺天府志 499。燕都丛考 316 - 322。

### 63. 报恩寺

佛教，佛，明代，北新桥羊管胡同，有井和碑明兵入城危学士投井，五十年

代尚存部分建筑。

今日北京 401。顺天府志 499。燕都丛考 315。

### 64. 万善寺

佛教，佛，明代，北新桥羊管胡同，无考。

顺天府志 499。燕都丛考 322。

### 65. 净土寺

佛教，佛，明代，安内车辇店胡同，无考。

顺天府志 501。燕都丛考 393 - 394。

### 66. 大觉寺

道教，火神关帝药王，明代，地安门桥北路东，有前后及左右殿，无考。

顺天府志 502。唐土名胜图会 70。

### 67. 堂子（满洲神庙、谒庙）

萨满教，佛祖关帝观音菩萨，清代，北京饭店西侧，祭神殿圜殿尚神殿，拆建为国宾楼。

燕都丛考 179。北京名胜古迹辞典 81。北京历史地图集清代。

### 68. 普胜寺（十达子庙，火神庙）

藏佛，清代，南河沿南端欧美同学会，南向黄琉璃瓦宏大、明小南城，欧美同学会址。

今日北京 411。顺天府志 476。燕都丛考 453 - 455。北平庙宇通检内六。

### 69. 广寿殿

皇家庙，元帝后御容，元代，鼓楼东大街北草厂，民居存碑。京华古迹寻踪 74。

### 70. 城隍庙

道教，城隍，明代，总布胡同东口贡院北，民国八年拆除。

寺
庙
北
京

北京考古集成十四372。燕都丛考222。

### 71. 天后宫

道教，妈祖天后，清代，东四育群胡同（马大人胡同），1985年拆、碑移钟楼。

北京考古集成十四352。

### 72. 北极阁

佛教，佛，清代，东单牌楼东怡王府东，可镇火精巧小佛楼，毁于火只留地名。

北京考古集成十四330。

### 73. 北馆（圣尼古拉教堂、圣母安息院〈修道院〉）

东正教，圣母，清代，东内俄国大使馆处，圆堡式十字，留北馆地名。

北京考古集成十四185。

### 74. 南馆（奉献节教堂、圣母玛丽亚教堂）

东正教，圣母，清代，东交民巷，圆堡式十字，无考。

北京考古集成十四185。

### 75. 宣仁庙（风神庙）

道教，风神，清代，南池子大街路东，门西向殿南向，主建筑存。

北京考古集成十四176。北京名胜古迹辞典74。燕都丛考461。

### 76. 凝和庙（云神庙）

道教，云神，清代，北池子大街路东（小学），门西向殿南向，主建筑存。

北京考古集成十四176。今日北京442。燕都丛考461。

### 77. 普渡寺（玛噶喇庙）

佛教，大黑天神，清代，南池子大街路东，南向，主建筑存。

北京考古集成十四176。今日北京413。燕都丛考461。

### 78. 天皇庙

道教，伏羲氏，朝内南水关城墙上中部，西向城墙上白色大理石，无存。

北京考古集成十四186。

### 79. 地皇庙

道教，神农氏，朝内南水关城墙上左侧，西向城墙上白色大理石，无存。

北京考古集成十四186。

### 80. 人皇庙

道教，轩辕氏，朝内南水关城墙上右侧，西向城墙上白色大理石，无存。

北京考古集成十四186。

### 81. 火神庙

道教，火神，清代，安内成贤街西口路南，占地一亩房二十三间商户合建，只余山门。

北京寺庙历史资料298。撰者探访得之。

### 82. 极乐寺

极乐寺，佛教，佛，元代，安内路东大格巷，无存。

燕都丛考299 – 307。北京历史地图集清代。

### 83. 三皇庙

道教，道教三皇之神，清代，灯市西口路南，盲人捐建，无考。

北京考古集成十四326。

### 84. 天仙庵

佛教，观音及九尊娘娘，明代，安内路东大格巷，无考。

燕都丛考307。

## 85. 白衣庵（尼姑庵）

佛教，佛，明代，安内方家胡同，南向前后正殿配殿，遗迹尚存。

北京考古集成八 1209。

## 86. 洞阳观（老君堂）

道教，太上老君，元代，东四北十二条，元代观前有义井，无考。

燕都丛考 309－319。日下旧闻考三 769。

## 87. 圣姑寺

道教，圣姑，明代，北小街王姑园胡同，无考。

日下旧闻考三 770。

## 88. 无量寿庵（无量庵）

佛教，无量寿佛，元代，朝内路南无量大人胡同，居士屠文正建，无考。

日下旧闻考三 766。

## 89. 海日庵

元代，崇文门内，在吴菀园内，无考。

日下旧闻考三 704－706。燕都丛考 201。

## 90. 元极观

道教，明代，灯市口干雨胡同，无考。

日下旧闻考三 707。

## 91. 仰山寺

佛教，佛，隆福寺附近，有前后街，无考。

日下旧闻考三 709。

## 92. 三元庵

佛教，佛，苏州胡同内麻线胡同，庵前有苦变甜井，无考。

日下旧闻考三 719。燕都丛考 204。

## 93. 东玉皇阁

道教，玉皇大帝，明代，泡子河南，

无存。

日下旧闻考三 720。

## 94. 般若庵

佛教，佛，明代，内城东南旧明时坊，无存。

日下旧闻考三 759。

## 95. 净业寺

佛教，佛，元代，总布胡同方园内，建方园址殿庑千字文刻石，无存。

日下旧闻考三 763－764。

## 96. 大土地庙

道教，土地爷，崇内路东新开路南，无考。

北京考古集成十四 330。北京历史地图集 75。燕都丛考 211。

## 97. 小土地庙

道教，土地爷，崇内路东大土地庙南，无考。

北京考古集成十四 330。北京历史地图集 75。燕都丛考 211。

## 98. 娘娘庙

道教，碧霞元君，崇内小土地庙南，无考。

北京考古集成十四 330。北京历史地图集 75。燕都丛考 211。

## 99. 太庙（明清皇家祖庙）

皇家祖庙，皇家祖宗，明代，天安门东侧，略，完好。

今日北京 282－436。北京考古集成七 501。顺天府志 130。

## 100. 恪僖公祠

祠堂，恪僖哈世屯及夫人等，清代，东安门内，无考。

顺天府志 177。

### 101. 智化寺

佛教，佛，明代，朝内禄米仓胡同，南向五进黑琉璃瓦，完好。

今日北京 397。日下旧闻考三 761。维持会报告 182。

### 102. 双松寺

佛教，佛，明代，朝内大雅宝胡同，无考。

维持会报告 182。燕都丛考 223。

### 103. 火神庙

道教，火神爷，朝内西总布胡同之南，无考。

北京考古集成十四 330。燕都丛考 211。北京历史地图集 75。

### 104. 关帝庙（万寿关帝庙）

道教/佛教，关羽，王府井韶九胡同，无考。

维持会报告 182。

### 105. 关帝庙

道教/佛教，关羽，东安大街，无考。

维持会报告 182。

### 106. 崇宁寺

佛教，佛，东安大街，无考。

维持会报告 182。

### 107. 三圣祠

道教/佛教，三圣，东单西观音寺，无考。

维持会报告 182。

### 108. 成寿寺

佛教，佛，明代，灯市口椿树胡同，太监夏时建有敕建碑，无考。

维持会报告 182。燕都丛考 196。唐土名胜图会 53。顺天府志 484。

### 109. 观音寺

佛教，观音，明代，东单西观音寺，无考。

维持会报告 182。

### 110. 法兴寺

佛教，佛，明代，东城什坊院胡同，无考。

维持会报告 183。

### 111. 万善寺

佛教，佛，清代，王府井大街，无考。

维持会报告 183。

### 112. 贤良寺

佛教，佛，清代，东城冰渣胡同（帅府园），全套殿、乾隆心经塔碑，学校。

维持会报告 183。唐土名胜图会 53。今日北京 417。北京考古集成十四 186。顺天府志 484。

### 113. 文昌关帝庙

道教/佛教，文昌君、关羽，清代，东单观音寺胡同，无考。

维持会报告 183。

### 114. 弘兴寺

佛教，佛，明代，朝内大街，无考。

维持会报告 183。

### 115. 西地藏庵

佛教，地藏菩萨，明代，马市 79 号，无考。

维持会报告 183。

### 116. 观音寺

佛教，观音，清代，史家胡同东罗圈，无考。

维持会报告 183。

### 117. 庆福寺

佛教，佛，明代，东四演乐胡同，

无考。

维持会报告 183。

### 118. 常宁寺

佛教/道教，地藏娘娘三皇帝，明代，东四南礼士胡同，无考。

维持会报告 183。

### 119. 狮子庵

佛教，佛，明代，朝内南小街，无考。

维持会报告 183。

### 120. 普济庵

佛教，佛，明代，王府井大街，无考。

维持会报告 183。

### 121. 地藏庵

佛教，地藏菩萨，清代，朝内大街，无考。

维持会报告 183。

### 122. 都土地庙

道教/佛教，土地爷，清代，朝内路南万历桥，无考。

维持会报告 183。

### 123. 天仙庵

道教/佛教，天仙，清代，东城演乐胡同，无考。

维持会报告 183。

### 124. 双土地庙

道教/佛教，土地爷，清代，东城新太仓，无考。

维持会报告 185。

### 125. 极乐庵

佛教，佛，清代，东内羊管胡同，无考。

维持会报告 185。

### 126. 白衣庵

佛教，娘娘，明代，东直门北小街白衣庵胡同，无考。

维持会报告 185。燕都丛考 322，

127. 青龙庵，道教，青龙，东直门内北官厅南，无考。

燕都丛考 322。

### 128. 兴福舍饭寺（幡杆寺、兴福禅林）

佛教，佛，元代，马市大街双辇胡同，无考。

维持会报告 185。顺天府志 482。唐土名胜图会 53。

### 129. 圆音寺

佛教，佛，清代，东城慧照寺，无考。

维持会报告 185。

### 130. 五岳关帝庙

道教/佛教，五岳、关羽，明代，东四十条东，庙内绘五岳真形图，无考。

维持会报告 185。唐土名胜图会 56。燕都丛考 309－313。

### 131. 观音庵

佛教，观音，清代，东四九条，无考。

维持会报告 185。燕都丛考 309。

### 132. 精忠庙

祠堂，文天祥，清代，东直门内路北，无存。

维持会报告 185。

### 133. 观音寺

佛教，观音，清代，东四八条，无考。

维持会报告 186。

### 134. 净莲寺

佛教，佛，1935 年，东内手帕胡同，无考。

维持会报告 186。

### 135. 慧照寺

佛教，佛，明代，东城慧照寺，私宅改建有弘治十年碑，无考。

维持会报告 186。光绪顺天府志 488。燕都丛考 309 - 319。

### 136. 天圣寺

佛教，佛，清代，北新桥小三条，无考。

维持会报告 186。燕都丛考 300。

### 137. 九顶菩萨庙

佛教，菩萨，明代，雍和宫大街，无存。

维持会报告 186。

### 138. 永宁寺

佛教，佛，明代，北新桥财神庙胡同，无考。

维持会报告 186。

### 139. 关帝庙

道教/佛教，关羽，明代，东四细管胡同，无考。

维持会报告 186。

### 140. 延福寺

佛教，佛，清代，东城什锦花园，无考。

维持会报告 186。

### 141. 增福寺

佛教，佛，明代，东城土儿胡同，无考。

维持会报告 186。

### 142. 吉祥寺

佛教，佛，明代，东四六条，无考。

维持会报告 186。

### 143. 海潮庵

佛教，佛，清代，东城汪大人胡同，无考。

维持会报告 186。

### 144. 双马关帝庙

道教/佛教，关羽，清代，朝内北水关南沟沿，无考。

维持会报告 186。

### 145. 宝公寺

佛教，佛，明代，东直门内大街，无考。

维持会报告 187。

### 146. 兴胜寺

佛教，佛，明朝，东四孙家坑（隆福寺附近），无考。

维持会报告 187。

### 147. 宝庆寺

佛教，佛，元代，东四五条，无考。

维持会报告 187。燕都丛考 304。唐土名胜图会 54。日下旧闻考 765。

### 148. 迎恩寺

佛教，佛，清代，雍和宫大街，无考。

维持会报告 187。

### 149. 正觉寺

佛教，佛，明代，东四北八条，有敕建碑文，无考。

维持会报告 187。燕都丛考 312。顺天府志 488。

### 150. 财神庙（黄瓦财神庙）

道教，财神药王鲁班，清代，鼓楼东大街，灰筒瓦改黄琉璃瓦，117 号民居。

维持会报告 190。北京考古文集十四 358。

## 151. 净因寺（法通寺、净业寺）

佛教，佛，元代，北锣鼓巷法通寺，堂三间，无考。

维持会报告 190。顺天府志 500。唐土名胜图会 58。燕都丛考 393。

## 152. 观音堂

佛教，观音，东黄城根旧 19 号，无考。

维持会报告 190。

## 153. 万灵寺

佛教，佛，清代，鼓楼东大街草厂，三十二间外有井，无考。

维持会报告 190。北京寺庙历史资料 83。

## 154. 宏德庵娘娘庙

佛教，佛/娘娘，明代，安内菊儿胡同，二十七间，无考。

维持会报告 191。北京寺庙历史资料 448。

## 155. 广慈庵

佛教，佛，明代，前圆恩寺，九十六间，无考。

维持会报告 191。北京寺庙历史资料 447。

## 156. 圆恩寺

佛教，佛，元代，前圆恩寺，九十九间，无考。

维持会报告 192。今日北京 388。光绪顺天府志 500。燕都丛考 287－392。

## 157. 三教庵（三教庵、关帝庙）

佛教，佛/关羽，明代，东城秦老胡同，十三间有二碑，无考。

维持会报告 191。北京寺庙历史资料 165。

## 158. 关帝庙

佛教，关羽/佛，东城秦老胡同，无考。

维持会报告 192。

## 159. 关帝庙（暖阁厂庙）

佛教，关羽/佛，明代，骑河楼庙儿胡同，有二钟，无考。

维持会报告 192。唐土名胜图会 24。光绪顺天府志 476。

## 160. 关帝庙

佛教，关羽/佛，明代，东城沙滩 9 号，无考。

维持会报告 192。

## 161. 关帝庙

佛教，关羽/佛，明代，东城三眼井，无考。

维持会报告 192。

## 162. 娘娘庙

佛教，娘娘，明代，东城沙滩路，无考。

维持会报告 192。

## 163. 华严寺

佛教，佛，明（清），东城织染局胡同，一百一十二间地五亩四分，无考。

维持会报告 192。燕都丛考 466。北京寺庙历史资料 451。

## 164. 灵鹫庵

佛教，佛，清代，东城酒醋局胡同，地五亩房四十八间，无考。

维持会报告 190。

## 165. 延寿院

佛教，佛，清代，地安门方砖厂胡同，地二亩房三十间，无考。

维持会报告 190。北京寺庙历史资

料 440。

### 166. 关帝庙

佛教，关羽/佛，东城新开胡同，无考。

维持会报告 191。

### 167. 极乐寺

佛教，佛，东城安乐堂，无考。

维持会报告 193。北京寺庙历史资料 34。

### 168. 慈慧寺（护国龙泉慈慧寺）

佛教，佛，明代，地安门东南北月牙胡同，地一亩九分房三十一间，无考。

维持会报告 193。北京寺庙历史资料 430。

### 169. 兴隆寺（酒醋面局佛堂）

佛教，佛，明代，东城酒醋局胡同，地二亩三十一间，无考。

维持会报告 193。北京寺庙历史资料 36。

### 170. 玄极观（元极观）

道教，明代，东城干雨胡同，地一亩四分房三十六间，无考。

维持会报告 217。燕都丛考 196。北京寺庙历史资料 577。

### 171. 五圣祠

道教，五圣，清代，东城宝珠子胡同，地东西五尺南北二丈房二间，无考。

维持会报告 217。北京寺庙历史资料 287。

### 172. 马神庙

道教，马神，明代，朝内南水关，地三亩房四十五间，无考。

维持会报告 217。北京寺庙历史资料 188。

### 173. 玄真观

道教，明代，朝内南小街，房二十二间，无考。

维持会报告 217。北京寺庙历史资料 188。

### 174. 吕祖观

道教，吕洞宾、真武帝，明代，朝内南小街，地八分房十六间，无考。

维持会报告 217。北京寺庙历史资料 192。

### 175. 火神庙

道教，火、财、土地神，清代，东城范平胡同，南北十一丈东西六丈九房三十六间，无考。

维持会报告 218。北京寺庙历史资料 204。

### 176. 福田观

道教，明代，东城东门仓横胡同三号，地四亩房二十六间，无考。

维持会报告 218。北京寺庙历史资料 197。

### 177. 火神庙

道教，火神，清代，朝内东门仓，地一分六厘房二间，无考。

维持会报告 218。北京寺庙历史资料 585。

### 178. 万善寺（万寿寺）

道教，清代，安内大兴县胡同，地一亩五分房十五间，无考。

维持会报告 218。北京寺庙历史资料 596。

### 179. 城隍庙（大兴县城隍庙）

道教，城隍正神，明代，东城大兴县胡同，地五亩七分房二十九间，无考。

维持会报告 218。北京考古集成十四
372。北京寺庙历史资料 596。

### 180. 关帝庙

道教，关羽，安内宽街，地四亩殿
九房三十一间，无考。

维持会报告 218。

### 181. 药王庙（东药王庙）

道教，药王，明代，东直门内大街，
南向七十多间，仅存山门。

维持会报告 218。顺天府志 500。北
京考古集成九 1281。燕都丛考 121。北京
寺庙历史资料 183。

### 182. 真武庙

道教，真武、关圣、财神、娘娘，
明末清初，东安门大街桥北，原存桥上
东西六丈南北四丈房十一间，无存。

维持会报告 219。燕都丛考 459。北
京寺庙历史资料 182。

### 183. 药王庙

道教，药王，明代，正阳门内东北
太医院内，北向，无存。

燕都丛考 173。

### 184. 三皇庙

道教，三皇，明代，正阳门内东北
太医院内，无存。

燕都丛考 174。

### 185. 毘卢庵

佛教，明代，东交民巷，无存。

燕都丛考 177。

### 186. 松雪庵

明代，东交民巷，无存。

燕都丛考 177。

### 187. 元明寺

明代，东交民巷，无存。

燕都丛考 177。

### 188. 土地祠（土地神庙）

道教，土地神，明代，正阳门东，
无存。

燕都丛考 177。

### 189. 昌黎祠

明代，今公安部位置翰林院内，南
向，无存。

燕都丛考 180。

### 190. 土谷祠

明代，今公安部位置翰林院内，北
向，无存。

燕都丛考 180。

### 191. 高庙

明代，今公安部位置翰林院内，
无存。

燕都丛考 180。

### 192. 仁庙

明代，今公安部位置翰林院内，
无存。

燕都丛考 180。

### 193. 先师祠

祠堂，明代，今公安部位置翰林院
内，无存。

燕都丛考 181。

### 194. 温良郡王祠堂

祠堂，王猛峨，清代，今贵宾楼内
理藩院内，无存。

燕都丛考 182。

### 195. 三义庵

明？台基厂之东，无存。

燕都丛考 186。

### 196. 龙王庙

道教，明？台基厂之东，无存。

燕都丛考 186。

### 197. 化成寺

明？台基厂之东，无存。

燕都丛考 186。

### 198. 成武王庙

乐毅，元代，今东安市场位都指挥司之西，无存。

燕都丛考 189。

### 199. 五圣庵

道教，五圣，明？王府井大街，无存。

燕都丛考 190。

### 200. 无量庵

佛教，无量佛，明？王府大街路东，无存。

燕都丛考 197。

### 201. 延寿庵

明？苏州胡同内麻线胡同附近，无存。

燕都丛考 204。

### 202. 土地庙

道教，土地神，苏州胡同内麻线胡同附近，无考。

燕都丛考 204。

### 203. 神仙庙

道教，神仙，东单牌楼东，无考。

燕都丛考 204。

### 204. 真武庙

道教，真武大帝，东单牌楼东，无考。

燕都丛考 204。

### 205. 火神庙

道教，火神，东单罐儿胡同，无考。

燕都丛考 204。

### 206. 缘庆庙

佛教，协和宿舍位北极阁院内，无考。

燕都丛考 211。

### 207. 恒吉庙

佛教，协和宿舍位北极阁院内，无考。

燕都丛考 211。

### 208. 阿文成公祠

祠堂，阿桂，清代，东城灯草胡同，无考。

燕都丛考 220。

### 209. 宏通观

道教，朝内城隍庙大街东，无考。

燕都丛考 222。

### 210. 三圣庙

道教，三圣，朝内苦水井之南，无考。

燕都丛考 223。

### 211. 净业庵

佛教，佛，明代，朝内方家园，方家园址建殿左庑有明碑，无考。

燕都丛考 225。

### 212. 水月寺

佛教，佛，清代，朝内五条水月寺，无考。

燕都丛考 225。

### 213. 二神庙

道教，朝内大街，无考。

燕都丛考 225。

### 214. 延禧寺

佛教，佛，明代，东城弓弦胡同，有敕建碑，无考。

燕都丛考 284。

**215. 迎禧观**

道教，明代，王府大街，有敕建碑，无考。

燕都丛考 284。

**216. 袈衣寺**

佛教，佛，明代，地安门东蓑衣胡同，无考。

燕都丛考 287－386。

**217. 小红庙**

明代，地安门东，无考。

燕都丛考 287。

**218. 观音寺**

佛教，观音，清代，隆福寺东孙家坑，土地七分房十一间，无考。

燕都丛考 287。北京寺庙历史资料 553。

**219. 八腊庙**

道教，八腊神，交道口西北，无考。

燕都丛考 297。

**220. 净居寺**

佛教，佛，明代，安内大街与雍和宫之间，无考。

燕都丛考 300。

**221. 崇乐庵**

明代，安内大街与雍和宫之间，无考。

燕都丛考 300。

**222. 娘娘庙**

娘娘，东四六条七条之间，无考。

燕都丛考 309。

**223. 黄姑院（圣姑寺）**

佛教，明代，东四六条七条之间，无考。

燕都丛考 309。

**224. 五显庙**

道教，财神，东城船板胡同东，无考。

燕都丛考 309。

**225. 财神庙**

道教，财神，船板胡同北，无考。

燕都丛考 309。

**226. 观音寺**

佛教，观音，明代，北新桥王大人胡同，有石像，无考。

燕都丛考 315。

**227. 土地庙**

道教，土地神，清代，安定门东黄城根，长一丈四宽一丈房一间，无考。

燕都丛考 315。北京寺庙历史资料 325。

**228. 金太监寺**

明代，东直门大街北，无考。

燕都丛考 316。

**229. 灵应大佛寺**

佛教，佛，明代，鼓楼东宝钞胡同扁担厂，地一亩房房十二间，无考。

北京寺庙历史资料 210。

**230. 化严寺**

佛教，佛，东直门内北墙根，无考。

燕都丛考 322。

**231. 大井关帝庙**

道教，关羽，明代，鼓楼附近，无考。

燕都丛考 383。

**232. 花神庙**

道教，花神，鼓楼大之北，正殿照壁后有黄漆门限，无考。

燕都丛考 384。

### 233. 关帝庙

道教，关羽，明代，园恩寺附近，有敕建碑，无考。

燕都丛考 392。

### 234. 国祥寺

鼓楼北国祥胡同，无考。

燕都丛考 393。

### 235. 姑姑寺

安内路西，无考。

燕都丛考 394。北京历史地图集 42。

### 236. 天仙庵

道教，天仙娘娘，安内西顺城街，无考。

燕都丛考 394。

### 237. 大佛寺

佛教，佛，北锣鼓巷之西，无考。

燕都丛考 393。

### 238. 小佛寺

佛教，佛，北锣鼓巷之西，无考。

燕都丛考 393。

### 239. 琉璃寺

安内谢家胡同，无考。

燕都丛考 393。

### 240. 灵官庙

道教，灵官神，清代，安内西顺城街灵官庙胡同，土地五分十五间，无考。

燕都丛考 394。维持会报告 219。北京寺庙历史资料 605。

### 241. 马神庙

道教，马神，清代，景山东街，地一亩房 11 间傅恒家庙，无考。

燕都丛考 463 – 464。

### 242. 火神庙

道教，火神，东板桥街北，无考。

燕都丛考 463。

### 243. 王府井清真寺

伊斯兰教，清代，原王府大街路西 95 号，无考。

维持会报告 225。北京的宗教 247。

### 244. 东四清真寺

伊斯兰教，元代，东四南大街路西，东向门殿堂房全容 500 人，完好。

维持会报告 225。今日北京 419。

### 245. 禄米仓清真寺

伊斯兰教，清代，东城录米仓胡同。

维持会报告 225。北京的宗教 247。

### 246. 朝内清真寺

伊斯兰教，清代，朝内豆芽菜胡同。

维持会报告 225。北京的宗教 247。

### 247. 安内大街清真寺

伊斯兰教，明代，安内大街二条路北交道口中学，敕赐，现交道口中学建筑无。

维持会报告 225。北京的宗教 212。

### 248. 钟楼清真寺

伊斯兰教，民国，钟楼附近，尼庵旧基，无考。

维持会报告 226。北京的宗教 271。

### 249. 南小街清真寺

伊斯兰教，清代，东直门南小街。

维持会报告 226。北京的宗教 247。

### 250. 崇内清真寺

伊斯兰教，清代，崇内苏州胡同。

维持会报告 225。北京的宗教 247。

### 251. 安定门内清真寺

伊斯兰教，清代，安定门大街中剪子巷。

维持会报告 227。北京的宗教 247。

## 252. 救世军

基督教，耶稣，米市大街旧 287 号。

维持会报告 237。

## 253. 十方洞阳观

道教，元代，大都思诚坊，无考。

析津志辑佚 89。

## 254. 基督教协和教堂

基督教，耶稣，南河沿，无考。

北京的宗教 365。

## 255. 救世军教堂

基督教，耶稣，马市街路东。

燕都丛考 190。

## 256. 基督教北城教堂

基督教，耶稣，1925 创会，东城宽街，西式二层楼。

今日北京 465。

## 257. 华北美以美会 ( 美国老会 )

基督教，耶稣，崇内孝顺胡同。

维持会报告 230。

## 258. 中华基督教会

基督教，耶稣，东城米市大街。

维持会报告 232。

## 259. 中华圣公会

基督教，耶稣，东城外交部街。

维持会报告 233。

## 260. 挪威神召会福音堂

基督教，耶稣，朝内老君堂。

维持会报告 235。

## 261. 瑞典神召会福音堂

基督教，耶稣，崇内鲜鱼口。

维持会报告 235。

## 262. 瑞典神召会福音堂

基督教，耶稣，东城大土地庙。

维持会报告 235。

## 263. 北京基督复临安息日会

基督教，耶稣，东城大方家胡同。

维持会报告 236。

## 264. 基督教会福音堂

基督教，耶稣，朝内大街。

维持会报告 236。

## 265. 基督教圣城新教堂

基督教，耶稣，朝内北小街。

维持会报告 236。

## 266. 基督教徒会堂

基督教，耶稣，东城史家胡同。

维持会报告 236。

## 267. 基督教青年会

基督教，耶稣，崇内大街旧 280 号。

维持会报告 236。

## 268. 基督教女青年会

基督教，耶稣，东城东堂子胡同。

维持会报告 236。

## 269. 灯市口公理会

基督教，耶稣，灯市口。

维持会报告 236。

## 270. 基督教徒布道团

基督教，耶稣，东城山老胡同。

维持会报告 237。

## 271. 中华圣经会

基督教，耶稣，1911 年，米市大街旧 287 号，红砖三层东向，存。

维持会报告 237。

## 272. 王府井天主教堂 ( 东堂、天主教福音堂 )

天主教，天主和耶稣基督，清代，王府大街路东，罗马式西向，存。

今日北京 464。北京的宗教 329。燕都丛考 190。

**273. 俄东正教堂（南馆、圣玛丽亚教堂）**

东正教，耶稣，清代，东交民巷路北，存。

今日北京465。

**274. 远东宣教会中华圣洁会**

基督教，耶稣，地安门东大街路北无线电所位。

维持会报告233。

**275. 美国长老会中华基督教会**

基督教，耶稣，安定门内二条。

维持会报告234。

**276. 中华基督教福音堂**

基督教，耶稣，交道口。

维持会报告234。

**277. 美国神召会福音分堂**

基督教，耶稣，朝内南小街。

维持会报告234。

**278. 瑞典神召会福音堂**

基督教，耶稣，东四北大街旧405号。

维持会报告234。

**279. 圣米厄尔天主堂**

东交民巷天主堂，天主，台基厂，1901年，天主教，完好。

北京名胜古迹辞典32。

**280. 昭觉禅寺**

佛教，佛，元代，大都常清坊（文明门内路西），无考。

析津志辑佚69。

**281. 宏恩观（娘娘庙）**

道教，娘娘，明代，钟楼后娘娘庙（豆腐池）胡同土地十三亩房187间，地十三亩房一百八十七间，山门大殿存。

维持会报告218。北京寺庙历史资料583。

**282. 永寿寺**

佛教，佛，明代，安内王佐胡同，南向周又忱1936题庙名地一亩房十八间，民居存。

北京寺庙历史资料559。

**283. 法华寺**

佛教，佛，明代，东城报房胡同，南向东西跨院殿全规模宏大，存山门后配殿成民居。

维持会报告182。唐土名胜图会54。顺天府志484。今日北京399。燕都丛考197。

**284. 真武庙**

佛教，真武大帝，明代，东城银闸胡同御马圈南，御马圈草阑旧址有明碑，无考。

维持会报告193。唐土名胜图会25－33。顺天府志476。燕都丛考462。

**285. 法兴寺**

佛教，佛，明代，建内盛芳胡同35－97号，地三亩二分房三间，无考。

2003年10月18日北京日报5版。北京寺庙历史资料479。

**286. 智善寺**

佛教，佛，无考。

2003年10月18日北京日报5版。

**287. 通明寺**

佛教，佛，清代，地安门外方砖厂，地七亩七分山门群房一百零一间，无考。

维持会报告91。北京寺庙历史资料111－427。

**288. 梓潼文昌庙（文昌梓桐庙）**

道教/佛教，文昌魁星菩萨，明代，

地安门外帽儿胡同，地三亩二分房一百零九间，无存。

北京寺庙历史资料28－440。

### 289. 关帝庙

佛教，关羽，明代，东城萧家胡同，地八分房九间，无考。

北京寺庙历史资料449。

### 290. 关帝庙

道教/佛教，关羽，明代，东城沙滩路1号，地一亩房四十间，无考。

北京寺庙历史资料456。

### 291. 观音寺

佛教，观音，明代，东单西观音寺，地二亩五分房四十九间门道二间，无考。

北京寺庙历史资料46。

### 292. 文殊庵

佛教，文殊菩萨，清代，安内柴棒胡同，地二亩八分房三十四间，无考。

北京寺庙历史资料551。

### 293. 广音寺

佛教，佛关羽达摩等，东城新太仓，南北十九丈东西四丈房二十间，无考。

北京寺庙历史资料556。

### 294. 华严庵

佛教，佛，明代，东城土儿胡同，地一亩二分坟地二亩。

北京寺庙历史资料557。

### 295. 关帝火神庙

道教/佛教，关羽/火神/佛，清代，东内东门仓，地三亩房三十五间，无考。

北京寺庙历史资料558/242。

### 296. 毗卢庵

佛教，佛，民国六年，国子监西慈悲胡同，地三亩六分房四十八间，无考。

北京寺庙历史资料559。

### 297. 翠云仙院

佛教，佛，清代，钟楼草厂西口，地九分四房十四间半，无考。

北京寺庙历史资料561/119。

### 298. 大佛庵

佛教，佛，明代，东城宝钞胡同扁担厂，地一亩二分房十二间，无考。

北京寺庙历史资料562/210。

### 299. 地藏庵

佛教，地藏菩萨，明代，东城辛寺胡同，地一亩五分房十九间棚三间，无考。

北京寺庙历史资料563。

### 300. 关帝庙

佛教，关羽/佛，清代，东四七条，地一亩五分房二十九间，无考。

北京寺庙历史资料563。

### 301. 慧兴寺

佛教，佛，清代，骑河楼庙儿胡同，地八分房十四间半，无考。

北京寺庙历史资料563。

### 302. 关帝庙

佛教，关羽/佛，安内五道营，地九分房十间，无考。

北京寺庙历史资料566。

### 303. 净灵寺

佛教，佛，清代，东城汪芝麻胡同，地三亩房六十二间，无考。

北京寺庙历史资料568。

### 304. 大悲庵

佛教，佛，明代，鼓楼东大街寿比胡同，地二亩房二十二间，无考。

北京寺庙历史资料569。

### 305. 玉河庵

龙王庙，道教/佛教，龙王/佛，清代，东不压桥 16 号，一亩三分房二十间，后殿存民居。

北京寺庙历史资料 570/245。

### 306. 灶君庙

道教/佛教，灶王文武帝等，清代，国子监街，南北十二丈东西三丈一尺房十二间半，无考。

北京寺庙历史资料 574。

### 307. 极乐庵

佛教，佛，清代，安内姑姑寺胡同，地一亩九分房十九间半，无考。

北京寺庙历史资料 574。

### 308. 真武庙

道/佛（家），真武/佛/祖先，明代，灯市口油坊胡同，地八分房六间半，无考。

北京寺庙历史资料 598。

### 309. 关帝庙

道教，关羽，清代，景山东大街 5 号，地一亩三分房二十三间，无考。

北京寺庙历史资料 599。

### 310. 鲁班庙

道教，鲁班，清代，交道口土儿胡同，地七分房八间，无考。

北京寺庙历史资料 599。

### 311. 真武庙

道教（家），真武，清代，东四五条月牙胡同，地一亩二分房二十一间，无考。

北京寺庙历史资料 602。

### 312. 真武庙

道教（家），真武，清代，东城北锣鼓巷，地三分六房六间半，无考。

北京寺庙历史资料 601。

### 313. 关帝庙

道教，关羽，清代，东黄城根，地二分房四间，无考。

北京寺庙历史资料 600。

### 314. 真武庙

道教（家），真武，清代，海运仓扁担胡同，地一亩三分房十一间半，无考。

北京寺庙历史资料 601。

### 315. 财神土地庙

道教（家），财神、土地，清代，景山西扬威胡同，地二分房二间，无考。

北京寺庙历史资料 601。

### 316. 崇宁观

道教（家），清代，隆福寺孙家坑，地十一亩三分房七间，无考。

北京寺庙历史资料 603。

### 317. 北极庵

佛教，佛，鼓楼东大街方砖厂，地一亩五分房十五间，无考。

北京寺庙历史资料 606。

### 318. 龙王庙

道教，龙王/佛，清代，北新桥翔凤胡同，地一分六房 1 间，无考。

北京寺庙历史资料 607。

### 319. 三圣祠

道教，三圣，清代，东城船板胡同，地六厘房一间，无考。

北京寺庙历史资料 317/607。

### 320. 龙王庙

道教（家），龙王，清代，东内大街南四眼井，地二分房一间，无考。

北京寺庙历史资料 608。

### 321. 三义庙

道教，刘关张，清代，南小街芳嘉

园，地一亩五分房二十三间，无考。

北京寺庙历史资料608。

### 322. 土地庙

道教，土地，清代，东四南大街本司胡同，地二厘房一间，无考。

北京寺庙历史资料609。

### 323. 五显财神庙

道教，五显财神关帝等，元代，东四南大街本司胡同，地二分二房四间，无考。

北京寺庙历史资料609/299。

### 324. 关帝庙

道教，关羽，清代，东城北皇城根，地一分房六间，无考。

北京寺庙历史资料612。

### 325. 龙王庙

道教/家庙，龙王，清代，东城柏林寺，南北八丈四东西四丈房四间，无考。

北京寺庙历史资料336。北京历史地图集74。

### 326. 土地庙

道教，土地，东城炮局后城根，地一亩二房三间，无考。

北京寺庙历史资料616。

### 327. 关帝庙

道教/家庙，关羽，清代，骑河楼庙儿胡同，地七分房十一间，无考。

北京寺庙历史资料616。

### 328. 关帝庙

道教/家庙，关羽，明代，东城北新仓，地八分房十二间，无考。

北京寺庙历史资料619/377。

### 329. 关帝庙

道教/家庙，关羽，明代，安内谢家胡同，南北二十一丈八东西不等三十一间，无考。

北京寺庙历史资料625/375。

### 330. 东岳天齐庙

道教，东岳大帝黄飞虎，清代，东城内务部街，地一亩五房三十二间，无考。

北京寺庙历史资料626。

### 331. 菩萨庙

佛教，菩萨，民国23年，东城北门仓，地六分八房九间，无考。

北京寺庙历史资料635。

### 332. 土地庙

道教/佛教，土地观音关公，清代，东城北兵马司，地六分房四间半，无考。

北京寺庙历史资料656。

### 333. 龙王庙

道教，龙王，安内中绦胡同，地一分房二间，无考。

北京寺庙历史资料665/331。

### 334. 关帝庙

道教，关羽，大佛寺西街，地半亩房十二间，无考。

北京寺庙历史资料667。

### 335. 关帝庙

道教，关羽，明代，交道口小三条，地九分房十七间，无考。

北京寺庙历史资料668。

### 336. 延寿院

道教，东城干面胡同，地八分房十六间，无考。

北京寺庙历史资料670。

### 337. 关帝庙

道教，关羽，安内王佐胡同，东西五丈六南北四丈九房十一间，无考。

北京寺庙历史资料68。

### 338. 长春寺

道教，关羽药王财神，民国六年，地安门板桥大街，地一亩二分房十五间，无考。

北京寺庙历史资料76。

### 339. 娘娘庙

道教，娘娘，明代，骑河楼，地二分房十一间，无考。

北京寺庙历史资料87/455。

### 340. 忠义关帝庙

道教，关羽，明代，沙滩大街，地不足二分房八间，无考。

北京寺庙历史资料117。

### 341. 增福财神庙

道教/佛教，财神，明代，鼓楼东大街路北，东西四丈八南北不等房四间半，无考。

北京寺庙历史资料149/544。

### 342. 地藏庵

佛教，地藏菩萨，明代，隆福寺西口大街，南北十九丈九东西八丈房五十间，无考。

北京寺庙历史资料171。

### 343. 火祖殿

道教，火神，清代，东直门内大街，地一分二房二间，无考。

北京寺庙历史资料185。

### 344. 关帝庙

道教，关羽吕祖药王娘娘，清代，景山后吉安所左巷，南北五丈东西五丈房十三间，无考。

北京寺庙历史资料187。

### 345. 弥勒院

佛教，弥勒佛，清代，朝内南小街西花厅，地一亩房二十五间，无考。

北京寺庙历史资料190。

### 346. 土地祠

道教，土地，鼓楼东宝钞胡同，东西一丈二南北一丈七房一间，无考。

北京寺庙历史资料320。

### 347. 地藏庵

佛教，地藏菩萨，明代，交道口，地一亩房十一间，无考。

北京寺庙历史资料211。

### 348. 白衣庵

佛道/道教，佛道诸神见219。清代，安内方家胡同，东西六丈八南北十九丈，无考。

北京寺庙历史资料219。

### 349. 泰山庵

道教，娘娘，清代，崇内新开路，东西六丈南北八丈，无考。

北京寺庙历史资料222。

### 350. 火神庙

道教，火神，清代，内一区火神庙胡同，东西六丈五南北四丈六房十四间，无考。

北京寺庙历史资料250。燕都从考211。北京历史地图集75。

### 351. 土地庙

道教/家庙，土地，清代，南河沿西瓷器库，地南北三丈五东西三丈房二间半，无考。

北京寺庙历史资料252。

### 352. 财神庙

道教/家庙，财神，清代，东四北大

街财神庙胡同，南北两丈东西一丈三房二间，无考。

北京寺庙历史资料259。

### 353. 五圣神祠

道教，五圣，明代，东城什锦花园，东西七尺五南北一丈三房一间，无考。

北京寺庙历史资料287。

### 354. 雷祖庙

道教/家庙，雷神，清代，大佛寺西大街，地一亩房十九间，无考。

北京寺庙历史资料300。

### 355. 土地祠

道教，土地，清代，东城干面胡同，东西及南北面积不等房一间，无考。

北京寺庙历史资料320。

### 356. 土地庙

道教，土地，清代，东内北水关北口，东西一丈南北一丈四房一间，无考。

北京寺庙历史资料325。

### 357. 土地庙

道教，土地财神，明代，交道口南路西，地八分房十八间，无考。

北京寺庙历史资料326。

### 358. 三皇庙

道教，三皇，清代，东黄城根乃兹府，东西六丈南北七丈房十一间，无考。

北京寺庙历史资料340。

### 359. 双关帝庙

道教，关羽等，明代，东城本司胡同，东西二丈五南北十丈房十一间，无考。

北京寺庙历史资料352。

### 360. 缘庆禅林

佛教/家庙，佛，清代，东城北极阁，东西三丈八南北九丈七房六间，无考。

北京寺庙历史资料370。

### 361. 关帝庙

道教/家庙，关羽等，清代，东四二条，东西一丈五南北一丈五房一间，无考。

北京寺庙历史资料377。

### 362. 关帝庙

道教/家庙，关羽等，清代，东城什锦花园，东西一丈南北一丈房半间，无考。

北京寺庙历史资料377。

### 363. 关帝庙

道教，关羽等，东城乃兹府，地三分二厘房十间，无考。

北京寺庙历史资料377。

### 364. 关帝庙

道教，关羽等，清代，内三区东城根，东西二丈南北三丈房四间粮行，无考。

北京寺庙历史资料377。

### 365. 关帝庙

道教，关羽等，清代，东城干面胡同，地一分五房七间，无考。

北京寺庙历史资料378。

### 366. 关帝庙

道教，关羽等，清代，东城石碑胡同，东西一丈六南北一丈房一间，无考。

北京寺庙里司资料378。

### 367. 关帝庙

道教，关羽等，明代，朝内大方家胡同，地二分五房三间半，无考。

北京寺庙历史资料378。

### 368. 吉庆寺

佛教，佛，明代，东城老君堂，东西六丈七南北八丈七房二十间，无考。

北京寺庙历史资料422。

### 369. 圆通寺

佛教，佛，东城菊兴胡同，地四亩五分房三十三间，无考。

北京寺庙历史资料422。

### 370. 圆通寺

佛教，佛，明代，北新桥大菊胡同，地三亩房三十六间，无考。

北京寺庙历史资料423。

### 371. 马神庙

道教，马神，清代，东城操场大院，地一亩房十一间，无考。

北京寺庙历史资料424。

### 372. 福寿寺

佛教，佛娘娘关公，交道口香耳胡同，地二亩二分房十八间，无考。

北京寺庙历史资料425。

### 373. 常宁寺

佛教，佛，明代，东城礼士胡同，东西六丈一南北五丈二，无考。

北京寺庙历史资料71。

### 374. 狗神庙

道教，狗神，灯市口南，无考。

1936年老北京风俗地图。

### 375. 杜康庙

道教，杜康酒神，元代，东城光录寺内，无考。

析津志辑佚54。

### 376. 武安王庙

祠堂，元代，元太医院前，无考。

析津志辑佚57。

### 377. 华严寺

佛教，佛，元代，元大都枢密院南街西，无考。

析津志辑佚78。

### 378. 释迦寺

佛教，佛祖，元代，元大都海子桥东，无考。

析津志辑佚78。

### 379. 定真院

元代，朝内思诚坊南，无考。

析津志辑佚87。

### 380. 雍和宫老爷庙

道教，关羽等，雍和宫大街北端路西，无存。

北京旧城115。

### 381. 堂子

萨满教，明代，台基厂北口路西，无存。

北京历史地图集明代北京城。

### 382. 文昌祠

儒道教，文昌帝，府学胡同19号，无考。

北平庙宇通检19。

### 383. 崇兴观

道教，明崇教坊，无存。

北平庙宇通检内三。

### 384. 三圣庙

三圣，明代，地安门内碾儿胡同2号，无存。

北平庙宇通检内六。

### 385. 北极庙

明代，豹子胡同，无考。

北平庙宇通检内六。

### 386. 先贤祠

祠堂，先贤，清代，东安门内西西北河沿，无考。

北平庙宇通检内六。

## 内城西部

### 387. 科神祠

祠堂，明代，西长安街太常寺院内，无考。

燕都丛考 231。

### 388. 关帝庙

道教，关羽，明代，西长安街太常寺院内，无考。

燕都丛考 231。

### 389. 土地神祠

道教，土地神，明代，西长安街太常寺院内，无考。

燕都丛考 231。

### 390. 小财神庙

道教，财神，正阳门与西交民巷之间，无考。

燕都丛考 235。

### 391. 北极寺

佛教，佛，新华门附近细瓦厂，无考。

燕都丛考 237。

### 392. 文昌阁

道教，新华门附近，无考。

燕都丛考 237。

### 393. 小土地庙

道教，土地神，北新华街口东，无考。

燕都丛考 237。

### 394. 朝天宫

道教，明代，新华门对过，无考。

燕都丛考 238。

### 395. 真武庙

道教，真武大帝，西城翠花湾，无考。

燕都丛考 239。

### 396. 老爷庙（关帝庙）

道教，关羽，清代，六部口新开路，东十五丈西七丈南八丈七北十一丈三十五间，无考。

燕都丛考 241。北京寺庙历史资料 68。

### 397. 小东岳庙

道教，泰山帝，西长安街北大栅栏之西，无考。

燕都丛考 249。

### 398. 崇庆寺

佛教，佛，西皇城根西酱房胡同，无考。

燕都丛考 253。

### 399. 崇宁寺

佛教，佛，西皇城根西酱房胡同，无考。

燕都丛考 255。

### 400. 观音寺

佛教，观音菩萨，西城酱房胡同，无考。

燕都丛考 255。

### 401. 大兴教寺

佛教，元代，宣内大街路西，皇赐百顷，无考。

燕都丛考 257。

### 402. 槐抱椿庵

佛教，宣内西顺城街，无考。

燕都丛考 262。

### 403. 五道庙

道教，宣内西顺城街，无考。

燕都丛考 262。

**404. 祇园禅林**

佛教，佛，宣内西顺城街，无考。

燕都丛考 262。

**405. 百户庙（永泉寺、白虎井）**

道教，闹市口西，无考。

燕都丛考 266。

**406. 真武庙**

道教，真武大帝，清代，西单大木仓胡同，无考。

燕都丛考 269。唐土名胜图会 66。

**407. 红庙（关帝庙）**

道教，关羽，明代，西四红庙胡同，无考。

燕都丛考 274。

**408. 真武庙**

道教，真武大帝，西城广宁伯街西，无考。

燕都丛考 275。

**409. 松鹤庵**

佛教，佛，西城广宁伯街南，无考。

燕都丛考 275。

**410. 普照寺**

佛教，佛，明代，阜内明金诚坊，无考。

燕都丛考 280。

**411. 铁佛寺**

佛教，佛，明代，阜内明金诚坊，无考。

燕都丛考 280。

**412. 三元庵**

佛教，佛，明代，阜内明金诚坊，无考。

燕都丛考 280。

**413. 地藏庵**

佛教，地藏菩萨，明代，阜内明金诚坊，无考。

燕都丛考 275－280。

**414. 护国关帝庙（鸭子庙）**

道教，关羽，元代，阜内南城隍庙西，庙前太平桥，无考。

燕都丛考 275－280。唐土名胜图会 66。北京考古集成九 1268。

**415. 当街庙**

西四街中心，无考。

燕都丛考 324。

**416. 小旃檀寺**

旃檀寺，佛教，佛，明代，西四北大街糖房胡同，地三亩五房四十间，曾被盗后江朝宗赎回。

燕都从考 327。北京寺庙历史资料 66、603。

**417. 真武庙**

道教，真武大帝，西城红罗厂，无考。

燕都从考 328。

**418. 丛林寺**

佛教，佛，新街口蒋养房胡同，无考。

燕都从考 341。

**419. 三官庙**

道教，天地水神，西直门大街路北，无考。

燕都从考 376。

**420. 财神庙**

道教，财神，西四羊肉胡同南，无考。

燕都从考 342。

### 421. 城隍庙

道教，城隍，西四口袋胡同，无考。

燕都从考 344。

### 422. 圆觉寺

佛教，佛，阜内路南，无考。

燕都丛考 275。

### 423. 大永昌寺

佛教，佛，明代，西城帅府胡同，无考。

燕都丛考 354。

### 424. 净妙庵

佛教，佛，赵登禹路之东，无考。

燕都丛考 355。

### 425. 古灯庵

佛教，佛，赵登禹路之东，无考。

燕都丛考 355。

### 426. 普度寺

佛教，佛，赵登禹路之东，无考。

燕都丛考 355。

### 427. 松树观音庵

佛教，佛，赵登禹路之东，无考。

燕都丛考 355。

### 428. 常明庵

佛教，佛，赵登禹路之东，无考。

燕都丛考 355。

### 429. 龙华庵

佛教，佛，赵登禹路之东，无考。

燕都丛考 355。

### 430. 龙泉庵

佛教，佛，赵登禹路之东，无考。

燕都丛考 355。

### 431. 万寿庵

佛教，佛，赵登禹路之东，无考。

燕都丛考 355。

### 432. 碧云庵

佛教，佛，赵登禹路之东，无考。

燕都从考 355。

### 433. 广慧庵

佛教，佛，赵登禹路之东，无考。

燕都丛考 355。

### 434. 玉环庵

佛教，佛，赵登禹路之东，无考。

燕都丛考 355。

### 435. 极乐庵

佛教，佛，赵登禹路之东，无考。

燕都丛考 355。

### 436. 古赤脚庵

佛教，佛，赵登禹路之东，无考。

燕都丛考 355。

### 437. 龙凤庵

佛教，佛，赵登禹路之东，无考。

燕都丛考 355。

### 438. 大乘寺

佛教，佛，赵登禹路之西大乘胡同，无考。

燕都丛考 358。

### 439. 崇宁寺

佛教，佛，西城华嘉寺胡同，无考。

燕都丛考 359。

### 440. 娘娘庙

道教，娘娘，西城大喜鹊胡同，无考。

燕都从考 358。

### 441. 青塔寺（大永福寺）

佛教，佛，元代，阜内北顺城街之东，寺内有塔，无考。

燕都丛考 360。今日北京 390。

### 442. 黑塔寺（万佛寺、万福寺）

佛教，佛，元代，西内草场口，无考。

燕都丛考 374－376。网上。

### 443. 黑塔寺

佛教，佛，元代，西城冰窖胡同，无考。

燕都丛考 374。网上。

### 444. 宏庆寺

佛教，佛，阜内黑塔寺里许，无考。

燕都丛考 368。

### 445. 火神庙

道教，火神，白塔寺西北，地一亩房十间，无考。

燕都丛考 369。北京寺庙历史资料 249。

### 446. 观音庵

佛教，观音菩萨，赵登禹路茶叶胡同，无考。

燕都丛考 372。

### 447. 玉皇阁

道教，玉皇大帝，西城翠花横街西，无考。

燕都丛考 372。

### 448. 老虎庙

道教，虎神，西内大街路南，无考。

燕都丛考 373。

### 449. 永祥庵

佛教，佛，前后广平库胡同，无考。

燕都丛考 373。

### 450. 观音寺

佛教，观音菩萨，西内南顺城街，无考。

燕都丛考 374。

### 451. 翠峰庵

佛教，佛，西内南顺城街翠峰庵胡同，无考。

燕都丛考 374。

### 452. 玉佛寺

佛教，佛，清代，西内大街路北玉佛寺胡同，无考。

燕都丛考 376。

### 453. 铁狮子庙

佛教，西内火药局北，无考。

燕都丛考 376。

### 454. 白米寺

佛教，佛，地安门外白米斜街，无考。

燕都丛考 395。

### 455. 三圣庵

道教，火、水等神，后海北岸心华寺西，无考。

燕都丛考 403。

### 456. 地藏庵

佛教，地藏菩萨，德胜桥，无考。

燕都丛考 405。

### 457. 中药王庙

道教，药王，后海南羊房胡同，无考。

燕都丛考 407。

### 458. 毡子庙

西城毡子房胡同，无考。

燕都丛考 407。

### 459. 崇元观（曹公观）

道教，玉皇三皇三清，明代，西直门大街路北，司礼太监曹化淳建、三界胜境，初一至初十庙会，35 中占。

北京考古集成八 1019。顺天府志 496。今日北京 428。

**460. 妙清观**

道教，真武大帝，明代，西直门小街葱店胡同（扒儿），南向五华观下院敕建，存石碑。

今日北京 427。顺天府志 496。

**461. 兴福寺**

佛教，佛，后海南松树街，无考。

燕都丛考 406－408。

**462. 真武庙**

道教，真武大帝，西城三座桥，无考。

燕都丛考 409。

**463. 慈恩寺（海印寺）**

佛教，佛，明代，什刹海月桥附近，无考。

燕都丛考 410－418。

**464. 马神庙**

道教，马神，新街口蒋养房胡同，无考。

燕都丛考 412。

**465. 兴德寺（兴隆寺、兴隆禅林）**

佛教，佛，德内抄手胡同，见燕都丛考 413，无考。

燕都丛考 412。

**466. 果子观**

道教，鼓楼西大街之北，无考。

燕都丛考 417。

**467. 碧峰寺**

佛教，佛，旧鼓楼大街小石桥胡同之西，无考。

燕都丛考 417。

**468. 碧霞元君庙（铸钟娘娘庙）**

道教，清代，西城铸钟厂，地二亩二分房二十间，无考。

燕都丛考 417。北京寺庙历史资料 670。

**469. 真武庙**

道教，真武大帝，西城铸钟厂，无考。

燕都丛考 417。

**470. 西土地庙**

道教，土地神，西皇城根惜薪司胡同，无考。

北京历史地图集 72。

**471. 土地庙**

道教，土地神，明代，南海东岸土地庙胡同，土地面积不整房二十三间，无考。

燕都丛考 424。北京历史地图集 72。

**472. 乔道士庙**

道教，北长街，无考。

燕都丛考 428。

**473. 清凉庵**

佛教，佛，北海水西门之北，无考。

燕都丛考 437。

**474. 安乐堂佛堂**

佛教，佛，内务府，无考。

燕都丛考 438。

**475. 真武庙**

道教，真武大帝，西城刘兰塑胡同，无考。

燕都丛考 443。

**476. 腾禧殿（黑老婆殿）**

祠堂，晋王乐伎刘良女，明代，西城旃檀寺西，无考。

燕都丛考 445。

### 477. 三圣祠

道教，水草、火、马帅神，北海西北宏仁寺东北，无存。

燕都丛考445。

### 478. 万法寺（万福寺、万德宝殿）

佛教，佛，明代，景山白石桥西魏家胡同，无考。

燕都丛考450。

### 479. 小千佛寺

佛教，佛，德内八部口，无考。

燕都丛考395。

### 480. 关帝庙（白马关帝庙、汉寿亭侯庙）

道教，关羽及祖，明代，地安门外西皇城角，南向乾隆年改黄琉璃瓦殿全，无考。

今日北京435。北京考古集成八1268－631。顺天府志148。唐土名胜图会70。

### 481. 褒忠祠

祠堂，额勒登宝，清代，地安门外之西侧，南向门三间黑琉璃瓦碑亭，无考。

今日北京450。顺天府志176。

### 482. 清虚观

道教，明代，旧鼓楼大街西清虚观胡同，地三亩二房三十间，无考。

燕都丛考383－417。维持会报告219。北京寺庙历史资料199－576。

### 483. 太平庵

佛教，明代，西海北沿西水关，东十一丈南六丈六大殿三间，无考。

北京寺庙历史资料225－608。北京考古集成十四190－371。顺天府志498。唐土名胜图会71。

### 484. 三官庙

道教，天地水神，民国，西海北沿旧24号，东八丈七南五丈一房十二间，民居。

北京寺庙历史资料295。

### 485. 净海寺

槐宝庵，佛教，佛，明代，前海北岸大金丝套胡同，有空心古树，无考。

燕都丛考411。唐土名胜图会70。北京考古集成190－371。

### 486. 西药王庙

道教，药王，明代，前海南岸体校位置，无存，

燕都丛考406。北京考古集成九1281十四372。顺天府志484。

### 487. 天寿庵

佛教，佛，清代，西城龙头井胡同路北，地二亩五房三十三间，无考。

北京考古集成十四371－190。北京寺庙历史资料561。

### 488. 金刚寺（般若庵、护国金刚慈觉寺）

佛教，观音、普贤、文殊，明代，德内抄手胡同，南向背水有金刚经，无考。

今日北京408。北京考古集成十四371。顺天府志498。唐土名胜图会71。

### 489. 真武庙

道教，真武大帝，西城酒醋局胡同，地三亩六分房二十七间，无考。

北京寺庙历史资料575。维持会报告219。

### 490. 李文正公祠（西涯）

祠堂，明诗人李文正，明代，后海南岸，有像鞋衫等遗物，无考。

今日北京 446。

### 491. 瑞应寺（龙华寺）

佛教，佛，明代，后海北甘露胡同184 中，存中路部分中学用。

北京考古集成十四 371。燕都丛考 402－403。顺天府志 502。唐土名胜图会 71。

### 492. 丰泰庵

佛教，佛，清代，后海南沿李广桥东街，地一亩房十九间，无考。

北京考古集成十四 371－190。北京寺庙历史资料 242－552。

### 493. 龙华寺（拈花寺下院）

佛教，佛，明代，后海北沿幼儿园位置，仍存。

北京考古集成十四 371。

### 494. 真武庙

道教，真武大帝，德胜桥西，无考。

北京考古集成十四 371。

### 495. 北极庵（地藏天仙娘娘真武关帝等）

佛教/道教，地藏菩萨，前海西毡子房，地二亩房十九间，无考。

北京寺庙历史资料 217、552。北京考古集成十四 190。

### 496. 朝阳庵

佛教，佛，西城柳荫街西，无考。

北京考古集成 190。

### 497. 北药王庙

道教，药王，明代，旧鼓楼大街北端路西，朔望日庙会、庙中有明碑，无存，

京华古迹寻踪 208。唐土名胜图会 71。

### 498. 护国寺（崇国寺、大隆善寺）

佛教，佛，元代，西城护国寺街，南向规模宏大二十多亩房五十三间，存遗迹。

今日北京 387。顺天府志 497。北京考古集成十四 368 九 1239 六 647。

### 499. 历代帝王庙

祠堂，历代帝王，明代，阜内大街路北，南向规模宏大，完好。

北京考古集成九 1259 十四 361。顺天府志 137－140。唐土名胜图会 66。

### 500. 弘仁寺（旃檀寺）

佛教，旃檀佛，清代，北海西北岸，佛高五尺，无存。

今日北京 413。燕都丛考 437－440。顺天府志 478。唐土名胜图会 34。

### 501. 二圣庙

道教，二圣，清代，西什库，无考。

唐土名胜图会 34。

### 502. 土地祠

道教，土地神，明代，西什库鸽子房，无考。

唐土名胜图会 54。

### 503. 慈云寺（明天王殿）

佛教，佛，清代，西什库，无存，

唐土名胜图会 34。今日北京 409。顺天府志 480。

### 504. 天庆寺（天庆宫、元都胜境）

道教，三元帝三清帝玉皇帝，元代，西什库刘兰塑胡同，无存。

燕都丛考 437－442。北京考古集成十四 352。顺天府志 480。唐土名胜图会 34。

**505. 云机庙（清巧机营）**

道教，明代，西安门内路南，无考。

唐土名胜图会33。

**506. 寿明殿（明拜斗殿）**

道教，清代，西安门内路南云机庙内，无考。

唐土名胜图图会33。

**507. 大光明殿**

道教，清代，西安门内大光明胡同，无考。

唐土名胜图会33。

**508. 永佑庙**

道教，皇城城隍神，清代，西安门大街草场西府西街北口，南向三进院落，余周垣及后殿区保。

北京考古集成十四372。唐土名胜图会33。顺天府志170-480。燕都从考431-433。

**509. 万善殿（明崇智殿旧址）**

佛教，佛，清代，中海东岸蕉园内，多馆殿有荷灯，存。

唐土名胜图会30。北京历史地图集清皇城部分。

**510. 时应宫（龙王庙、仁寿宫、万寿宫）**

道教，四海四渎八方龙神，清代，中海西岸紫光阁北，无存。

北京考古集成十四352。

**511. 中山堂（社稷坛）**

道教，土地五谷、孙中山，明代，故宫西侧，主殿、癸殿、社稷坛，存国保。

今日北京282。

**512. 真武庙**

道教，真武大帝，明代，南长街织

女桥南，地九分五房十六间，无考。

北京寺庙历史资料599。

**513. 关岳庙（武庙、醇亲王祠）**

道教，关羽岳飞，清代，鼓楼西大街之北，南向三进院落规模大，存。

今日北京433。燕都丛考417。

**514. 元世祖庙**

祠堂，忽必烈，明代，西城锦什坊附近，无存。

今日北京435。北京考古集成八1268-631。顺天府志148。唐土名胜图会70。

**515. 吕祖庙**

道教，吕洞宾，清代，西城新壁街41号光明6号之间，南向中轴布局，存市保。

今日北京428。

**516. 右翼忠孝祠**

祠堂，清代，西城武定侯胡同，如东城左翼忠孝祠，无考。

顺天府志177。

**517. 右翼节孝祠**

祠堂，清代，西城按院胡同，如东城左翼节孝祠，无考。

顺天府志178。

**518. 双节寺**

佛教，佛，明代，西安门内惜薪司胡同，无考。

燕都丛考434。唐土名胜图会34。顺天府志434。

**519. 延寿庵（明司礼监经厂佛堂）**

佛教，佛，明代，中南海西羊坊夹道，无考。

顺天府志478。燕都丛考438。

**520. 镇国寺**

佛教，佛，明代，西城宏仁寺旧址，无存。

燕都丛考445。顺天府志479。

**521. 北极庙**

明代，西城镇国寺之南，无考。

燕都丛考445。顺天府志479。

**522. 保安寺（半藏寺、义利寺）**

佛教，佛，元代，地安门外西路北宛平县东，南向，存区保。

顺天府志483。

**523. 兴化寺**

佛教，佛，明代，地安门大街路北宛平县东，无考。

顺天府志484。燕都丛考328－395。

**524. 十方禅院（唐北留庵旧址）**

佛教，佛，明代，西直门小街，无考。

顺天府志496。唐土名胜图会69。燕都丛考371。

**525. 朝阳庵**

佛教，佛，辽代，阜内玉带胡同，无考。

顺天府志496。唐土名胜图会69。燕都丛考371。

**526. 北留庵（弥勒庵）**

佛教，佛，唐代，阜内玉带胡同，无考。

顺天府志496。

**527. 万松老人塔**

佛教，佛，元代，西四丁子街路西，砖八角密檐清改九级15.9米，存。

今日北京388。唐土名胜图会65。

**528. 西太乙宫**

道教，张上卿吴宗师，元代，西城和义门内近北，无存。

析津志辑佚93。

**529. 吉祥寺**

佛教，佛，宣内之西猪尾巴胡同，无考。

唐土名胜图会64。

**530. 天仙庙**

道教，天仙娘娘佛等，明代，宣内闹市口，无考。

燕都丛考260－262。唐土名胜图会64。

**531. 元弘寺**

佛教，佛，宣内天仙庙附近，无考。

唐土名胜图会64。

**532. 保安寺**

佛教，佛，明代，宣内之西保安寺街，无考。

唐土名胜图会64。顺天府志489。燕都丛考267－268。

**533. 观音庵**

佛教，观音，宣内天仙庙附近，无考。

唐土名胜图会64。

**534. 圆通禅林**

佛教，佛，宣内之西鹫峰之东，无考。

唐土名胜图会64。

**535. 都城隍庙（元祐圣王灵应庙明大威灵祠）**

道教，城隍，元代，宣内旧刑部（成仿）街，南向有围墙三重殿庑齐全，存大殿市保。

唐土名胜图会66。日下旧闻考792－799。顺天府志153。燕都丛考275－

277。今日北京 430。

### 536. 大能仁寺

佛教，佛，元代，西城兵马司胡同，辉煌，无存。

今日北京 390。唐土名胜图会 65。北京考古集成八 1085 十四 375。顺天府志 491。燕都丛考 342。

### 537. 妙应寺（白塔寺）

佛教，佛，元代，阜内路北，规模宏伟，完好。

今日北京 385。唐土名胜图会 67。北京考古集成六 626 – 629 八 1150 – 1153。燕都丛考 381。

### 538. 杨国公寺

祠堂，杨总统之父，明内城西南城隍庙附近，无考。

日下旧闻考 799。

### 539. 朝天宫

道教，明代，阜内大街南宫街，规模宏大，无存。

今日北京 422。唐土名胜图会 68。

### 540. 贤良祠

祠堂，功大臣 78 王 2 公 7 人，清代，地安门西关帝庙旁，南向殿全二门外有琉璃碑亭，完好区保。

今日北京 447。唐土名胜图会 70。北京考古集成十四 330。顺天府志 171。

### 541. 旌勇祠

祠堂，兵部尚书明瑞等，清代，地安门西大街旌勇里，南向琉璃殿有碑亭，完好区保。

今日北京 449。北京考古集成八 1050。唐土名胜图会 70。

### 542. 真如寺

佛教，佛，辽代，宣武头发胡同，

北向背象房，无考。

顺天府志 489。燕都丛考 257 – 258。

### 543. 东感圣寺

佛教，元代，内城西南城隍庙前，无考。

日下旧闻考 799。

### 544. 西感圣寺

佛教，元代，内城西南城隍庙前，无考。

日下旧闻考 799。

### 545. 华严钟寺

佛教，德胜门东，钟现挂大钟寺，无考。

唐土名胜图会 71。

### 546. 龙王庙

道教，龙王，清代，新街口路东，黄瓦，无考。

唐土名胜图会 71。燕都丛考 324。

### 547. 观音庵

佛教，观音，清代，西直门内北草厂，无考。

北京市历史地图集 41。

### 548. 万宁寺

佛教，佛，西直门内，无考。

唐土名胜图会 72。

### 549. 崇寿寺

佛教/道教，佛祖药师关羽观音等，明代，西直门内，地四亩七房五十三间，无考。

唐土名胜图会 72。北京寺庙历史资料 101。维持会报告 188。

### 550. 圆洪寺（延洪寺）

佛教，佛，唐代，闹市口路东，无考。

北京考古集成十四 239。燕都丛考 257。

### 551. 昭显庙（雷神庙）

道教，雷神，清代，北长街路西，南向外门东向，完好。

今日北京 442。唐土名胜图会 28。燕都丛考 428－430。

### 552. 万寿兴隆寺（明并兵仗局佛堂）

佛教，佛，清代，北长街路西，大门东向三层院落有碑，仅存山门部分殿民居。

唐土名胜图会 28。今日北京 415。顺天府志 477。燕都丛考 423。

### 553. 福佑寺（雨神庙）

佛教，雨神，清代，北长街北口路东，改班禅办殿全完好，完好。

今日北京 415。顺天府志 477。唐土名胜图会 28。燕都丛考 429。

### 554. 广济寺（弘慈广济寺、金西刘村寺）

佛教，佛，明代，阜内大街路北，南向三十五亩三路殿，完好佛协在此。

今日北京 383。顺天府志 492。北京考古集成十四 186－190－330。维持会报告 188。

### 555. 嘉兴寺

佛教，菩萨观音，明代，地安门西大街路北北海宾馆位，无存。

北京考古集成十四 186－330。顺天府志 484。燕都丛考 328。维持会报告 192。

### 556. 黑旗土地庙

道教，土地神，阜内大街路北，一间小庙黑地白字旗，无考。

北京考古集成十四 178。

### 557. 张相公庙

祠堂，宋人张夏，明代，西城绒线胡同，无考。

北京考古集成十四 186。

### 558. 灵济宫（洪恩灵济宫、灵清宫）

道教，南唐徐知證及弟弟，明代，西单灵境胡同中段路北，无存。

北京考古集成十四 350。燕都丛考 253。

### 559. 吕祖宫（吕祖庙火神庙白云观下院）

道教，吕洞宾火神娘娘文昌，清代，阜内南顺城街屯绢胡同西口，各神三间，建金融街拆除又重建。

北京考古集成十四 353。维持会报告 218。

### 560. 宛平城隍庙

道教，县城隍神，厂桥路北，无考。

北京考古集成十四 372。

### 561. 兴国寺

佛教，辽代，中山公园位置，无存。

北京通史 289。

### 562. 姚斌关帝庙

道教，关羽，西城民族宫南街，关公怒视被绑姚彬像，无考。

京华古迹寻踪 193。

### 563. 关帝庙

道教，关羽，宣内都城隍庙西，无考。

唐土名胜图会 66。

### 564. 观音庵

佛教，观音，清代，北闹市口卧佛

寺街，无考。

维持会报告183。

### 565. 天仙关帝庙

佛教，关羽，清代，西城东太平街，无考。

维持会报告184。

### 566. 隆圣庵

佛教，佛，清代，西城左府胡同，无考。

维持会报告184。

### 567. 观音寺

佛教，观音，明代，西城国会街西顺城街，无考。

维持会报告184。

### 568. 白衣庵

佛教，观音，明代，西城报子街南沟沿，地三分房十一间，无考。

维持会报告184。北京寺庙历史资料31。

### 569. 鹫峰寺（卧佛寺）

佛教，旃檀佛像，唐代，西单卧佛寺街（鹫峰寺街），宛平县西城墙畔，无考。

维持会报告184。唐土名胜图会64。燕都丛考275－276。

### 570. 石佛寺

佛教，佛，明代，西城劈才胡同，地一亩房三十一间，无考。

维持会报告184。唐土名胜图会66。燕都丛考272。顺天府志491。北京寺庙历史资料73。

### 571. 小护国寺

佛教，佛，清代，西城北沟沿，地一亩房二十一间，无考。

维持会报告184。北京寺庙历史资

料67。

### 572. 关帝庙（倒座关帝庙）

佛教，关羽，明代，西城安福胡同，北向地一亩房二十三间，无考。

今日北京443。维持会报告184。北京考古集成九1268。

### 573. 承恩寺

佛教，土地关帝文武财神，明代，宣内承恩寺胡同，无考。

维持会报告184。燕都丛考257。唐土名胜图会64。

### 574. 圆觉寺

佛教，佛，明代，西城广宁伯街，地三亩房二十四间，无考。

维持会报告84。燕都丛考275。北京寺庙历史资料464。

### 575. 自在庵

佛教，佛，清代，西城保安寺胡同，地六亩房二十八间，无考。

维持会报告184。北京寺庙历史资料39。

### 576. 关帝庙

道教/佛教，关羽，清代，西交民巷平安胡同，无考。

维持会报告184。

### 577. 三财关帝庙

道教/佛教，关羽，清代，西城白庙胡同，地一亩五房二十五间，无考。

维持会报告184。北京寺庙历史资料449。

### 578. 石灯吉祥寺（石灯庵、唐吉祥寺）

佛教，佛观世音韦驮伽蓝等，明代，南闹市口猪尾巴胡同，清时四十二间，

民居。

维持会报告 184。今日北京 379。燕都丛考 261。顺天府志 490。北京寺庙历史资料 122。

### 579. 弥勒院

佛教，弥勒佛，明代，北新华街，南北七丈二东西四丈房十二间，无考。

维持会报告 184。北京寺庙历史资料 46。

### 580. 双塔庆寿寺

佛教，佛，元代，西长安街路北，无存，

维持会报告 184。顺天府志 482。唐土名胜图会 65。北京考古集成六 553 十四 335 - 561。金中都 265。

### 581. 马神庙

佛教，马神佛关帝老君等，清代，前门石碑胡同马神庙胡同，房三十五间，无考。

维持会报告 185。北京寺庙历史资料 132。

### 582. 关帝庙

道教/佛教，关羽，明代，西城新建胡同，南北六丈四东西六丈六房三十二间，无考。

维持会报告 1185。北京寺庙历史资料 69。

### 583. 清凉庵

佛教，佛，民国八年，前门西顺城街，东西四丈三南北五丈房十六间，无考。

维持会报告 185。北京寺庙历史资料 162。

### 584. 法光寺（舍饭寺、幡杆 寺、蜡烛寺）

佛教，佛，明代，西城民丰胡同，

地一亩房二十三间，无考。

今日北京 410。维持会报告 185。顺天府志 491。唐土名胜图会 66。北京寺庙历史资料 92。

### 585. 关帝庙

道教/佛教，关羽，明代，西城高碑胡同，无考。

维持会报告 185。

### 586. 天仙庵

道教/佛教，天仙娘娘佛等，明代，西单劈柴胡同，东西九丈南北十二丈六房三十二间，无考。

维持会报告 186。北京寺庙历史资料 54。

### 587. 三教寺（三教庵）

佛教，佛，明代，旧中京畿道，地九分房十七间，无考。

维持会报告 186。北京寺庙历史资料 451。

### 588. 弘庆寺

佛教，佛，明代，西城冰窖胡同，南北三十中六后十一丈房三十七间，无考。

维持会报告 187。北京寺庙历史资料 93。

### 589. 藏经殿

佛教，佛，北塔寺东夹道，地二亩房三十一间，无考。

维持会报告 187。北京寺庙历史资料 47。

### 590. 天仙庵

道教/佛教，天仙娘娘佛等，清代，阜内南顺城街，无考。

维持会报告 187。

### 591. 法藏寺

佛教，佛，明代，西城北沟沿胡同，

无考。

维持会报告 187。

### 592. 方丈庙

佛教，佛，清代，白塔寺东夹道，南北十六丈东西九丈房三十二间，无考。

维持会报告 187。北京寺庙历史资料 115。

### 593. 普安寺

佛教，佛，明代，西城翊教胡同，南向殿全地二亩房二十七间，民居。

维持会报告 187。今日北京 394。北京考古集城十四 265。北京寺庙历史资料 177。

### 594. 慈因寺

佛教，佛，明代，西城宫门口胡同，地六亩房一百间，无考。

维持会报告 187。北京寺庙历史资料 97。

### 595. 弥陀寺

佛教，佛，明代，新街口南大街，地五分房十二间，无考。

维持会报告 187。北京寺庙历史资料 451。

### 596. 昭应宫

西城西镇国寺东，无考。

析津志辑佚 93。

### 597. 普恩寺

佛教，佛，明代，西四甘石桥北羊皮市，地四亩房七十二间，无考。

维持会报告 187。唐土名胜图会 64。北京寺庙历史资料 446。

### 598. 广善寺

佛教，佛，明代，西四宝产市街，地十五亩坟六十二亩房一百四十二间，

无考。

维持会报告 187。北京寺庙历史资料 446。

### 599. 观音寺

佛教，观音，明代，西城北沟沿东观音寺，地三亩房五十一间，无考。

维持会报告 187。北京寺庙历史资料 105。

### 600. 正觉寺（正法寺）

佛教，佛，明代，西城宝产寺街，地八亩房六十三间，无考。

维持会报告 188。燕都丛考 356。北京寺庙历史资料 40。

### 601. 宝禅寺（元普庆寺）

佛教，佛，明代，西城武王后胡同，地三亩坟七十八亩房六十四间，无考。

维持会报告 188。燕都丛考 347。北京寺庙历史资料 439。西城区地名志 168。

### 602. 崇圣寺

佛教，佛，明代，西华门外皇城根，地二亩房四十三间，无考。

维持会报告 188。北京寺庙历史资料 438。析津志辑佚 68。

### 603. 弥勒院

佛教，佛，明代，西直门内南小街，地九亩房八十五间，无考。

维持会报告 188。北京寺庙历史资料 46。

### 604. 无量寺

佛教，佛，明代，西城兵马司胡同，地四亩房三十五间，无考。

维持会报告 188。北京寺庙历史资料 144。

### 605. 毗卢寺

佛教，佛，清代，西城护国寺棉花

胡同，地二亩房二十六间，无考。

维持会报告 188。北京寺庙历史资料 65。

### 606. 威灵庙

佛教，佛，西城大小帽儿胡同，无考。

燕都丛考 356。

### 607. 正觉寺（正觉禅林）

佛教，佛，明代，西城正觉寺胡同，南向殿全地三亩九房五十九间，无考。

今日北京 401。维持会报告 188。顺天府志 495－498。北京寺庙历史资料 428。

### 608. 双关帝庙（倒座关帝庙）

佛教，关羽岳飞周仓关平等，元代，西四北大街，北向一进黄瓦，无考。

维持会报告 188。北京考古集成九 1268。燕都丛考 324。唐土名胜图会 67。

### 609. 华严寺

佛教，佛，明代，西城安成胡同，地一亩五房十五间，无考。

维持会报告 188。北京寺庙历史资料 499。

### 610. 铁关帝庙

佛教，关羽，清代，阜内南顺城街，南北六丈东西六丈房十间半，无考。

北京寺庙历史资料 116。维持会报告 188。

### 611. 观音庵

佛教，观音，清代，西四前桃园，地二亩房十二间，无考。

北京寺庙历史资料 496。维持会报告 188。

### 612. 隆长寺（圣祚隆长寺）

佛教，五方佛罗汉观音等，明代，

西城报子胡同，三层殿配楼钟鼓楼，民居。

维持会报告 188。北京考古集成八 1190。唐土名胜图会 188。顺天府志 494。

### 613. 西方寺

佛教，佛观音关羽等，明代，西四石碑胡同，地三亩房六十三间，无考。

维持会报告 188。北京寺庙历史资料 70。

### 614. 普庆寺

佛教，佛，明代，新街口南大街，地十丈方房四十三间前后院，无考。

北京寺庙历史资料 44。维持会报告 188。

### 615. 普庆寺（大承华普庆寺）

佛教，佛，元代，西城宝禅寺旧位，无考。

唐土名胜图会 69。日下旧闻考 804。

### 616. 祝寿寺（响铃寺）

佛教，佛，清代，新街口南大街，山门东向，无存。

燕都丛考 324。北京寺庙历史资料 44。顺天府志 496。今日北京 417。

### 617. 华嘉寺

佛教，佛，明代，阜内锦什坊街，地四亩九分房四十七间，无考。

维持会报告 189。燕都丛考 358。北京寺庙历史资料 485。

### 618. 观音庵

佛教，观音，明代，阜内小水车胡同，地一亩房十间，无考。

维持会报告 189。北京寺庙历史资料 479。

### 619. 华嘉寺

佛教，佛，明代，西城华嘉寺街，

地五亩房四十四间，无考。

北京寺庙历史资料 42。

### 620. 万福寺

佛教，佛祖关羽关平周仓，西城北草厂，地二亩七分房二十三间，无考。

北京寺庙历史资料 480。维持会报告 189。

### 621. 广济寺

佛教，佛，明代，西直门大街，地四亩房五十八间，无考。

维持会报告 189。北京寺庙历史资料 143。

### 622. 观音寺

佛教，观音，明代，西城大帽胡同，无考。

维持会报告 189。

### 623. 五圣庵

道教/佛教，五圣，明代，新街口北大街，无考。

维持会报告 189。

### 624. 永泰寺

佛教，佛，明代，西城高井胡同，地五亩八分房五十间半，无考。

维持会报告 189。燕都丛考 376。唐土名胜图会 72。

### 625. 永祥寺

佛教，佛，清代，西城永祥寺胡同，地三亩房 7 间，无考。

维持会报告 189。燕都丛考 374。

### 626. 庆宁寺

佛教，佛，清代，西四北武王侯胡同，东西十丈南北十五丈八房二十八间，无考。

维持会报告 189。燕都丛考 281。北京寺庙历史资料 147。

### 627. 关帝庙

佛教，关羽，明代，西城大帽胡同，无考。

维持会报告 189。

### 628. 永寿观音庵（普通剃度子孙寺）

佛教，佛菩萨关羽，清代，阜内大茶叶胡同，南北九丈五尺东西十一丈五尺房二十间，无考。

维持会报告 189。

### 629. 明珠寺

佛教，佛，清代，西城棣果厂，地二亩房二十一间，无考。

维持会报告 189。

### 630. 朝阳庵

佛教，文殊普贤菩萨，西直门柳巷胡同，地九分六房一间半，无考。

维持会报告 189。北京寺庙历史资料 541。

### 631. 关帝庙

道教/佛教，关羽，西城砖塔胡同，无考。

维持会报告 189。

### 632. 翊教寺（檀柘寺下院）

佛教，佛，元代，西城育教胡同，东西二十三南北二十八丈房九十八间，无考。

维持会报告 189。北京考古集成十四 265。燕都丛考 370－371。顺天府志 494。北京寺庙历史资料 153。

### 633. 净业寺（初名智光寺）

佛教，佛，明代，德内西海北河沿，庙地八亩八塔院六亩房八十间区保，存

前殿西配楼。

维持会报告 89。今日北京 404。北京考古集成十四 371。唐土名胜图会 71。北京寺庙历史资料 38。

### 634. 赐福禅林

佛教，佛，清代，西城羊房胡同，自有二亩房三十二间，无考。

维持会报告 190。北京寺庙历史资料 530。

### 635. 重兴寺（古刹天佑重兴寺）

佛教，佛，清代，德内花枝胡同，东西八丈六南北四丈五房十二间，无考。

维持会报告 190。北京寺庙历史资料 137。

### 636. 吉祥庵

佛教，佛，清代，德内尚勤胡同，地八分房二十四间，无考。

维持会报告 190。北京寺庙历史资料 541。

### 637. 隆兴寺

佛教，佛，清代，德内糖房胡同，地二亩房二十二间，无考。

维持会报告 190。北京寺庙历史资料 540。

### 638. 西双广济寺（双寺）

佛教，佛，明代，德内大石桥双寺胡同，地三十亩房百多间附属众多，无考。

维持会报告 190。北京寺庙历史资料 473。

### 639. 古刹佑圣禅林

佛教，佛，唐代，德内甘水桥，地房众多详见北京寺庙历史资料 146，无考。

维持会报告 190。燕都丛考 405。北京寺庙历史资料 146。

### 640. 寿明寺

佛教，佛，明代重修，德内甘水桥，南向殿全地三亩房六十九间，区保部分殿存碑存五塔寺。

维持会报告 190。今日北京 400。燕都丛考 405。

### 641. 广仁寺

佛教，佛，德内果子市，地一亩三房二十三间，无考。

维持会报告 190。北京寺庙历史资料 467。

### 642. 紫竹林（护国紫竹禅林）

佛教，佛，清代重修，德内菠萝仓，地二亩殿三房二十五间，无考。

维持会报告 190。北京寺庙历史资料 48。

### 643. 观音庵

佛教，观音，清代重修，三座桥东钱串胡同，地二亩房二十五间，无考。

维持会报告 190。北京寺庙历史资料 5465。

### 644. 三元伏魔宫

佛教，佛，清代，烟袋斜街，地南北二丈五东西二丈八房二十三间，无考。

维持会报告 190。北京寺庙历史资料 444。

### 645. 拈花寺（千佛寺、护国报恩千佛禅寺）

佛教，佛，明代，旧鼓楼大街大石桥胡同，南向殿全，区保大部分存。

今日北京 406。唐土名胜图会 71。燕都丛考 418。维持会报告 191。北京考古集成十四 186 – 330 八 1182。顺天府志 502。

### 646. 永泉寺

佛教，佛，明代，德胜桥，地一亩三分房二十六间，无考。

北京寺庙历史资料 32－448。北京考古集成十四 190－371。维持会报告 191。

### 647. 永泉寺

佛教，佛，清代，南闹市口前百户庙，地半亩房十一间，无考。

北京寺庙历史资料 241－556。

### 648. 马灵官庙（马神庙）

佛教，马神，明代，西城羊房胡同，地二亩半房二十八间，无考。

维持会报告 191。燕都丛考 412。北京寺庙历史资料 446。

### 649. 海潮庵（海潮观音寺〈禅林〉）

佛教，观音等，明代，地外银锭桥胡同，地四亩房四十一间，存山门。

维持会报告 191。燕都丛考 407。北京寺庙历史资料 50－444。北京考古集成十四 190－371。顺天府志 499。

### 650. 护国德胜庵

佛教，佛，明代，德内果子市铁影壁胡同，地三亩三房三十四间，无考。

北京寺庙历史资料 148－439。

### 651. 广化寺（敕赐广化寺）

佛教，佛，元代，西城鸭儿胡同，南向规模宏大五路，完好。

北京寺庙历史资料 433。今日北京 394。维持会报告 191。唐土名胜图会 70。北京考古集成十四 186－330、190－371。

### 652. 什刹海庙（什刹海庵）

佛教，佛，明代，德内段家胡同，东向南北十八丈房四十六间，存部分殿。

维持会报告 191。北京考古集成十四 371。唐土名胜图会 71。北京寺庙历史资料 115。

### 653. 观音寺

佛教，观音，明代，德内观音寺胡同，南向北面棍贝子府，无考。

维持会报告 191。

### 654. 普济寺（高庙）

佛教，佛关羽，明代，德内蒋养房高庙胡同，方圆三百五十丈房八十九间，无考。

维持会报告 191。北京考古集成十四 312。燕都丛考 412。北京寺庙历史资料 495。

### 655. 铁佛寺

佛教，佛，清代，旧鼓楼大街，地一亩六房十五间，无考。

维持会报告 191。北京寺庙历史资料 495。

### 656. 汇通祠（镇水观音庵）

佛教，佛，明代，积水潭北岸，地六亩房二十间，新修复郭守敬馆。

北京寺庙历史资料 486。维持会报告 192。北京考古集成十四 268－372。唐土名胜图会 71。

### 657. 弘善寺（敕赐弘善寺寺）

佛教，佛，明代，西城弘善寺胡同，地四亩房四十四间另附属地房，无考。

维持辉报告 192。燕都丛考 407。北京寺庙历史资料 512。

### 658. 心华寺（小龙华寺）

佛教，佛，明代，德内孝友胡同，地七亩房三十九间德外附属地四亩，无考。

维持会报告 192。北京寺庙历史资料

486。燕都丛考 403。北平庙宇通检内五。

### 659. 真武庙

道教/佛教，真武帝，唐代，德胜桥西海北河沿，无考。

维持会报告 192。北京考古集成十四 371。

### 660. 鸡足宝刹

佛教，佛，清代，后鼓楼苑，地七亩房三十间，无考。

维持会报告 192。北京寺庙历史资料 515。

### 661. 关帝庙

道教/佛教，关羽，清代，西长街老爷庙胡同，无考。

维持会报告 192。

### 662. 静默寺（静默庵）

佛教/道教，明关羽清佛，明代，北长街路西，东向地四亩房七十八间殿全，存民居。

维持会报告 193。今日北京 410。唐土名胜图会 21。顺天府志 477。燕都丛考 428－430。

### 663. 白衣庵

佛教，佛，明代，地外义溜胡同，地五分房二十三间，无考。

维持会报告 193。北京寺庙历史资料 446。

### 664. 显应观（太监道士庙）

道教，玉皇关真武菩七神，明代，西城四西斜街，地十一亩一分房一百七十五间，无考。

维持会报告 217。唐土名胜图会 64。

### 665. 玄真观

道教，玄元皇帝，清修，西城四道

湾，地三亩房五十七间，无考。

维持会 218。北京寺庙历史资料 574。

### 666. 九天宫

道教，明代，西城兵马司胡同，地三亩五房二十三间，无考。

维持会报告 218。北京寺庙历史资料 579。

### 667. 吕祖庙

道教，吕洞宾，清代，阜内马市桥北河沿，殿院旁院不等房二十二间，无考。

维持会报告 218。北京寺庙历史资料 346。

### 668. 斗母宫

道教，西四三道栅栏，地二亩三分房二十五间，无考。

维持会报告 218。北京寺庙历史资料 194－577。

### 669. 显灵宫（火德观天将庙、火德显灵宫）

道教，萨真人王灵官真武，明代，西四兵马司四眼井，南向雄伟古柏房五十一间，民居。

维持会报告 218。今日北京 421。北京考古集成十四 351。唐土名胜图会 65。顺天府志 492。燕都丛考 3342－345。

### 670. 广福观（浮佑宫）

道教，明代，烟袋斜街，地四亩房六十三间，民居。

维持会报告 218。北京考古集成十四 372。燕都丛考 383。北京寺庙历史资料 575。

### 671. 火德庙（火德真君庙）

道教，关羽火、德真君，唐代，地

安门外路西，地五亩塔院坟地五十二亩房八十五间，新葺。

维持会报告218，唐土名胜图会25。北京考古集成十四180－371。北京寺庙历史资料578。顺天府志162。

### 672. 玉皇庙

道教，玉皇大帝，新街口蒋养房铁香炉胡同，地三亩五分房三十三间，无考。

维持会报告218。北京寺庙历史资料580。

### 673. 白云仙院

道教，烟袋斜街广福观西院，民居。北京考古集成十四372。

### 674. 大慈九阳宫

道教，明代，西城北草厂，无考。

维持会报告219。

### 675. 妙缘观（旧真武庙）

道教，明代，西城大石桥胡同，地八亩房四十一间，无考。

维持会报告219。唐土名胜图会71。3燕都丛考418。北京寺庙历史资料587。

### 676. 玉皇阁（玉皇庙）

道教，玉皇大帝，清代，旧鼓楼大街北端，地五亩二分房四十四间，无考。

维持会报告219。唐土名胜图会71。3燕都丛考393。北京寺庙历史资料585。

### 677. 大马关帝庙

道教，关羽，明代，地安门内内恭俭胡同，地一亩七房三十间泥大马两匹，存遗迹。

维持会报告219。北京寺庙历史资料188－576。

### 678. 关帝庙

道教，关羽，新街口大四条，无考。

维持会报告219。

### 679. 火神庙

道教，火神，明代，景山后街旧18号，地不足一亩四房十四间，无考。

北京寺庙历史资料204－618。

### 680. 玄天庙

道教，清代，西城福绥境胡同，地一亩房十四间，无考。

维持会报告219。北京寺庙历史资料588。

### 681. 吕祖祠

道教，吕洞宾关羽，清代，阜内大街，地二分房五间，无考。

维持会报告219。北京寺庙历史资料592。

### 682. 祝寿寺

道教，新街口南大街，地一亩二分房五十五间半，无考。

维持会报告219。北京寺庙历史资料591。

### 683. 白衣庵

道教，明代，西城能人寺胡同，地三分房十一间，无考。

维持会报告219。北京寺庙历史资料31。

### 684. 广德吕祖观庙

道教，吕洞宾，明代，西城北帅府胡同，地四亩房三十七间，无考。

维持会报告219。北京寺庙历史资料193。

### 685. 粉子胡同清真寺（伊斯兰）

真主，西四南大街粉子胡同，维持会报告225。

### 686. 锦什坊清真寺（普寿寺）

伊斯兰，真主，元代，西城锦什坊街，东向门三堂室俱全，存区保西城协会于此。

维持会报告 225。今日北京 420。唐土名胜图会 36。燕都丛考 281。

### 687. 手帕胡同清真寺

伊斯兰，真主，清代，西单手帕胡同。

维持会报告 226。北京的宗教 247。

### 688. 清真寺

伊斯兰，真主，清代，六部口西牛肉湾。

维持会报告 226。北京的宗教 247。

### 689. 清真寺

伊斯兰，真主，清代，西单北大街。

维持会报告 226。北京的宗教 247。

### 690. 清真寺

伊斯兰，真主，西内北沟沿，维持会报告 226。北京的宗教 247。

### 691. 清真寺

伊斯兰，真主，清代，什刹海边，无考。

维持会报告 226。北京的宗教 247。

### 692. 中华基督教会（西四教堂）

基督教，基督，西四缸瓦市，存。
维持会报告 232。

### 693. 中华圣公会

基督教，基督，宣内南沟沿。
维持会报告 232。

### 694. 中华圣公会宣道所

基督教，基督，宣内大街旧 199 号。
维持会报告 233。

### 695. 远东宣教会中华圣洁会福音堂

基督教，基督，羊市大街东口路南。
维持会报告 233。

### 696. 远东宣教会中华圣洁会福音堂

圣洁教会，基督教，基督，和平门内北新华街。

维持会报告 233。

### 697. 中华基督教福音堂

基督教，基督，地安门内大街。
维持会报告 234。

### 698. 长老会中华基督会

基督教，基督，鼓楼西大街。
维持会报告 234。

### 699. 新街口基督教会

基督教，基督，西城新街口。
维持会报告 234。

### 700. 美国神召会福音堂

基督教，基督，西四北大街。
维持会报告 234。

### 701. 挪威神召会福音堂

基督教，基督，西城南小街。
维持会报告 235。

### 702. 孔教学会

儒教，西城甘石桥。
维持会报告 238。

### 703. 救世新教总会

和平门内吕祖阁东夹道。
维持会报告 238。

### 704. 北平总主道院

西单舍饭寺胡同。
维持会报告 238。

### 705. 世界红卍字总会

西单舍饭寺胡同。

维持会报告 239。

### 706. 道德学会

西单头条。

维持会报告 239。

### 707. 天主教西堂

天主教，耶稣，清代，西直门内大街路南，南向，存。

维持会报告 216。今日北京 465。

### 708. 天主教北堂

天主教，耶稣，清代，西城西什库，南向，完好。

维持会报告 228。京华古迹寻踪 213。

### 709. 天主教南堂

天主教，耶稣，清代，宣武门内，南向，完好。

今日北京 463。京华古迹寻踪 213。

### 710. 关帝庙

道教，关羽，清代，西城福绥境胡同北头，无考。

北京寺庙历史资料 68。

### 711. 关帝庙

道教，关羽，清代，西城扁担胡同，无考。

北京寺庙历史资料 70。

### 712. 城隍行宫

道教，城隍，明代，地安门外西皇城根，无考。

北京寺庙历史资料 71。

### 713. 真武庙

道教，真武大帝，明代，西四北大街，地二十四丈乘九丈房二十四间，无考。

北京寺庙历史资料 77。

### 714. 真武庙

道教，真武大帝，明代，地安门内西楼巷，东西七丈南北七丈房十四间，无考。

北京寺庙历史资料 78。

### 715. 萧何庙

祠堂，萧何，元代，西直门附近北省西垣，无考。

析津志辑佚 59。

### 716. 吕祖观（钟氏家庙）

道教（家），吕洞宾，清代，西城大拐棒胡同，南北九丈九东西七丈八房二十八间，无考。

北京寺庙历史资料 192。

### 717. 博济庵

佛教，佛，清代，西城细瓦厂，地一亩四房二十六间，无考。

北京寺庙历史资料 124 – 573。

### 718. 灵官庙（太监道庙）

道教，灵官神，清代，南长街灵官庙胡同，地八分房十四间，无考。

北京寺庙历史资料 130 – 575。

### 719. 无量寺

佛教，佛、菩萨、真武等，清代，西城护国寺街，地非正方房十四间，无考。

北京寺庙历史资料 144。

### 720. 无量寺

佛教，佛，明代，西城麻状元胡同，地三亩房二十五间，无考。

北京寺庙历史资料 573。

### 721. 长清观

道观，关帝真武，1925 年，西城府右街，地一亩房二十一间，无考。

北京寺庙历史资料 184。

### 722. 三清观

道教，三清神，清代，西城宫门口横四条，地二亩房二十二间，无考。

北京寺庙历史资料197。

### 723. 关公庙

道教，关羽，明代，宣内大街，东西七丈南北五丈五房九间，无考。

北京寺庙历史资料208。

### 724. 古刹崇阳庵

佛教，佛，大石桥胡同，地不整房二十七间，无考。

北京寺庙历史资料209。

### 725. 弥勒庵

佛教，佛，西内南小街大扒胡同，南北九丈三东西七丈房十二间，无考。

北京寺庙历史资料209。

### 726. 千佛庵

佛教，佛土地爷奶关羽娘娘等，明代，西内黑塔寺胡同，地二亩九分附地二亩三房十一间，无考。

北京寺庙历史资料210。

### 727. 地藏庵

佛教，佛，清代，西城未英胡同，地六亩房四十四间，无考。

北京寺庙历史资料211。

### 728. 地藏庵

佛教，佛，明代，西内南扒儿胡同，地九分房十三间，无考。

北京寺庙历史资料211。

### 729. 万寿弥陀寺

佛教，佛，鼓楼西大街，地二亩二分房三十九间，无考。

北京寺庙历史资料213。

### 730. 观音庵

佛教，观音，清代，西城石碑胡同，地一亩房十一间，无考。

北京寺庙历史资料213。

### 731. 观音庵

佛教，观音，清代，旧鼓楼大街小石桥，南北九丈五东西七丈房十四间，无考。

北京寺庙历史资料214。

### 732. 福德庵

佛教，佛，清代，鼓楼西大街，地一亩多房十三间，无考。

北京寺庙历史资料214。

### 733. 福德庵

佛教，佛，清代，西城果子市，地面不整房四间，无考。

北京寺庙历史资料215。

### 734. 弥陀寺

佛教，佛，明代，西城永泰寺胡同，地一亩房十九间半，无考。

北京寺庙历史资料215。

### 735. 祇园寺

佛教，佛，清代，地安门内西楼巷，地六分房十二间半，无考。

北京寺庙历史资料217-564。

### 736. 真武庙

佛教，真武大帝，清代，西城宫门口中廊下，地不整房十三间，无考。

北京寺庙历史资料218。

### 737. 五圣庵（观音寺、五圣庵）

道教/佛教，观音等，清代，西内南小街观音寺胡同，南北十三丈四东西八丈二三十间，无考。

北京寺庙历史资料219。

### 738. 天仙庵

道教/佛教，菩关吕财土等，明代，西城宫门口西岔，南北十九丈东西六丈八房六十八间，无考。

北京寺庙历史资料219。

### 739. 继志庵

道教/佛教，关吕土四大天王等，明代，南长街，面积不整房六间，无考。

北京寺庙历史资料223。

### 740. 观音寺

佛教，观音等，清代，西内南小街观音寺胡同，地三亩房十七间，无考。

北京寺庙历史资料223 – 556。

### 741. 敕建普济药王庙

道教/佛教，药王，明代，地安门皇城根，东西十八丈房十四间，无考。

北京寺庙历史资料224。

### 742. 万寿寺

佛教，佛，清代，安内西绦胡同，东西十一丈五南北五长八房六十四间，无考。

北京寺庙历史资料233。

### 743. 水月庵

佛教，清代，内二区界水月庵，南北八丈东西三丈房三间，无考。

北京寺庙历史资料233。

### 744. 福德庵

佛教，清代，西内南小街，南北八丈一东西十四丈房二十二间，无考。

北京寺庙历史资料235。

### 745. 三圣庵（三圣庵、关帝庙、荣志家庙）

道教（家），佛关帝，民国四或八年，西内南小街冰窖胡同，地一亩房十六间，无考。

北京寺庙历史资料238 – 628。

### 746. 净修寺

佛教（家），佛韦驮罗汉，清代，西内南草厂半壁街，地九份房十八间，无考。

北京寺庙历史资料240 – 601。

### 747. 龙泉禅林

佛教，佛，明代，西内南草厂北魏胡同，南北十一丈东西六丈房十九间，无考。

北京寺庙历史资料240。

### 748. 古刹圣泉庵

佛教，佛，西城三座桥南官房，南北八丈五东西五丈四房十九间，无考。

北京寺庙历史资料240。

### 749. 崇兴寺

佛教，佛，清代，西城南草厂大后仓，地五亩房三十九间，无考。

北京寺庙历史资料241 – 558。

### 750. 守善堂王宅家庙

佛教（家），佛，清代，德内大街，房十三间，无考。

北京寺庙历史资料241。

### 751. 太平庵

佛教，佛，明代，三座桥东钱串胡同，地二亩四房二十六间半，无考。

北京寺庙历史资料242 – 565。

### 752. 护国金刚慈觉寺

佛教，佛，明代，西城抄手胡同，南北二十四丈房三十三间半，无考。

北京寺庙历史资料244。

### 753. 罗公庵

佛教，佛，清代，西城石碑胡同，东西六丈南北九丈房十三间，无考。

北京寺庙历史资料245。

### 754. 观音庵

佛教，南海大士、佛、娘娘，清代，闹市口西卧佛寺街，地不足一亩房八间，无考。

北京寺庙历史资料246。

### 755. 通明庵

佛教，佛，明代，德内小新开胡同，地不整房二十七间，无考。

北京寺庙历史资料246。

### 756. 关帝庙

道教/佛教，关菩真娘九财等，清代，赵登禹路西小乘巷胡同，地二亩房十七间，无考。

北京寺庙历史资料248－564。

### 757. 真武庙

道教，真武，明代，南长街真武庙胡同，面积不整房十七间，无考。

北京寺庙历史资料261。

### 758. 真武庙

道教，真武，清代，宫门口东廊下，南北十三丈东西七丈五房七间，无考。

北京寺庙历史资料261。

### 759. 真武庙

道教，真武，清代，阜内蒲州馆，东西六丈南北十三丈三房五间，无考。

北京寺庙历史资料261。

### 760. 真武庙

道教，真武，民国三年购，西城铁狮子庙，东西四丈南北五丈，无考。

北京寺庙历史资料261。

### 761. 天仙娘娘庙

道教（家），娘娘，清代，人民大会堂位置旗守卫，东西四丈一南北二丈房

四间，无存。

北京寺庙历史资料263.

### 762. 三观庙（三官庙）

道教，天地水官，明代，地安门内宫监，地八分六房十一间，无考。

北京寺庙历史资料267－618。

### 763. 大悲院

佛教（家），观世音，清代，南长街大悲院，地九分四房十八间，无考。

北京寺庙历史资料268－601。

### 764. 素云观

道教（家），真武关羽等，地安门内宫监，地一亩五房十八间，无考。

北京寺庙历史资料270。

### 765. 五圣祠

道教/佛教，佛关财土药山等神，清代，南长街，地不整房三间半，无考。

北京寺庙历史资料286。

### 766. 五圣祠

道教（家），五圣，清代购，西城松树街，南北一丈五东西一丈房一间，无考。

北京寺庙历史资料287。

### 767. 五圣祠（查氏家庙）

道教（家），清代，西城库资胡同，东西一丈一南北四尺房一间，无考。

北京寺庙历史资料287。

### 768. 三圣祠

道教（家），鲁班财神火神，清代，南长街，地不整房八间，无考。

北京寺庙历史资料288。

### 769. 赵氏家庙（原古刹伏魔大帝庙）

道教（家），清代，西城前马厂，东西五丈四南北三丈房六间，无考。

北京寺庙历史资料 299。

### 770. 土地庙

道教，土地，明代，西城宫门口葡萄园，南北二丈一东西二丈一房三间，无考。

北京寺庙历史资料 302。

### 771. 土地庙

道教，土地，清代，护国寺棉花胡同，地三分二房二间，无考。

北京寺庙历史资料 302。

### 772. 土地祠

道教，土地，清代，旧鼓楼大街小铃铛胡同，东西一丈二南北一丈二房一间，无考。

北京寺庙历史资料 303。

### 773. 土地祠

道教，土地，清代，西城前府胡同，南北一丈二东西九尺房一间，无考。

北京寺庙历史资料 319。

### 774. 苍圣祠

道教，苍圣文昌关吕三齐孔，民国十五年，西城宝禅寺街，地三亩房四十间，无考。

北京寺庙历史资料 318。

### 775. 杭宅家祠

道教（家），祖先、关帝，清代，西城内二区花园大院，地不整房十八间半，无考。

北京寺庙历史资料 318。

### 776. 土地祠

道教，土地，清代，甘石桥石缸胡同，东西二丈南北七尺，无考。

北京寺庙历史资料 320。

### 777. 都土地庙

道教，土地关羽娘娘，西城柳树井，东西十一丈南北七丈房六间，无考。

北京寺庙历史资料 325。

### 778. 土地庙

道教，土地，清代，和平门翠花街，南北二丈东西一丈房二间，无考。

北京寺庙历史资料 325 – 598。

### 779. 真武庙

道教，真武，清代，西城果子观，地不整房三间，无考。

北京寺庙历史资料 327。

### 780. 娘娘庙

道教，娘娘，清代，西城狮子府，地东西四丈南北六丈房三间，无考。

北京寺庙历史资料 334。

### 781. 三义庙

道教，刘关张，清代，西城宫门口西弓匠营，地一亩房九间，无考。

北京寺庙历史资料 344 – 620。

### 782. 城隍庙

道教，城隍，清代，西成众议院东夹道，南北五丈三东西三丈四房五间，无考。

北京寺庙历史资料 351。

### 783. 天仙庙

道教（家），娘关土地财龙观大土，明代，西城京畿道小磨盘院，地一亩二房二十六间，无考。

北京寺庙历史资料 351 – 604。

### 784. 兴隆寺

佛教（家），清代，西城口袋胡同，地一亩二房十九间，无考。

北京寺庙历史资料 356。

### 785. 报恩寺

佛教，佛，清代，西长安街大六部口，地二亩房三十三间，无考。

北京寺庙历史资料 357。

### 786. 显佑寺

佛教（家），佛，清代，北新华街，东西二丈五南北五丈六房六间，无考。

北京寺庙历史资料 359 – 597。

### 787. 三元林寺（三元林）

佛教（家），清代，西城北官坊口，地一亩二房十三间，无考。

北京寺庙历史资料 370 – 597。

### 788. 万寿五圣禅林

佛教，佛，德内丁子街，东西十三丈二房十九间，无考。

北京寺庙历史资料 371。

### 789. 观音堂

佛教，观音等，清代，府右街观音堂，地不整房十一间，无考。

北京寺庙历史资料 371。

### 790. 关帝庙

道教（家），关羽，清代，西城前王公厂，南北六丈东西六丈房六间，无考。

北京寺庙历史资料 375。

### 791. 关帝庙

道教，关羽，清代，宫门口西岔，东西一丈七南北四丈房一间，无考。

北京寺庙历史资料 376。

### 792. 关帝庙

道教（家），关羽，清代，西城马相胡同，地二亩房二十二间，无考。

北京寺庙历史资料 376 – 627。

### 793. 金光氏家祠

祠堂，佛，清代，白塔寺夹道，二亩房十六间，无考。

北京寺庙历史资料 379。

### 794. 武安王庙

祠堂，西城羊市角北街西，无考。

析津志辑佚 57。

### 795. 彭氏家祠

祠堂，明代，西兵马司，东西一丈南北一丈房一间，无考。

北京寺庙历史资料 379。

### 796. 古刹万佛禅林

佛教，佛，清代，西城小黑虎胡同，地不整房十六间，无考。

北京寺庙历史资料 379。

### 797. 法华寺

佛教，佛，明代，西内南小街，南北六丈九东西十一丈房八间，无考。

北京寺庙历史资料 380 – 566。

### 798. 恒乐寺

佛教，佛，清代，西城石碑胡同，南北六丈三东西二十丈房十八间，无考。

北京寺庙历史资料 380。

### 799. 佛堂庙（太监庙）

道教（家），佛，清代，西城老爷庙，地一亩四房十四间，无考。

北京寺庙历史资料 383 – 642。

### 800. 槐宝探海寺

家庙，西城槐宝庵，地不整房十七间，无考。

北京寺庙历史资料 386。

### 801. 大藏龙华寺

佛教，佛，清代，后海北河沿，东西十四丈南北八丈五房二十六间，无考。

北京寺庙历史资料 388。

### 802. 关帝庙

道教（家），关羽，景山后街，地四分房四间，无考。

北京寺庙历史资料 413。

### 803. 同福寺

佛教，佛，西城玉带胡同，南北十八丈东西十一丈房十间，无考。

北京寺庙历史资料 421。

### 804. 梵香寺

佛教，佛，清代，西城麻状元胡同，东西二十六丈南北十三丈房二十二间，无考。

北京寺庙历史资料 421。

### 805. 五门庙（顺治自购自用庙）

道教（家），关羽关平韦驮，清代，护国寺东廊巷，南北二十六丈东西十一丈三房十三间，无考。

北京寺庙历史资料 421。

### 806. 观音寺

佛教，观音等，明代，西城北沟沿观音寺，地三亩房五十一间，无考。

北京寺庙历史资料 444。

### 807. 关帝庙

道教/佛教，关羽，清代，鼓楼西大街新开路，地三亩房三十八间半，无考。

北京寺庙历史资料 452。

### 808. 观音堂

佛教，观音，西皇城根旧 19 号，地四亩房二十七间半，无考。

北京寺庙历史资料 471。

### 809. 福寿关帝庙

道教/佛教，关羽，明代，西城高碑胡同，地一亩八房三十三间，无考。

北京寺庙历史资料 548。

### 810. 天仙庵

道教/佛教，天仙，清代，德内前罗圈胡同，地一亩八房十间半，无考。

北京寺庙历史资料 551。

### 811. 万善寺

佛教，佛，民国三年，德内蒋养房胡同，地六亩五房三十四间，无考。

北京寺庙历史资料 389－554。

### 812. 观音寺

佛教，观音，明代，西长安街大栅栏，地一母六房十六间，无考。

北京寺庙历史资料 560。

### 813. 重阳庵

佛教，佛，旧鼓楼大街大石桥胡同，地二亩房二十七间，无考。

北京寺庙历史资料 556。

### 814. 弥勒庵

佛教，佛，明代，西内南小街大安胡同，地八分房十二间，无考。

北京寺庙历史资料 565。

### 815. 延禧寺

佛教，佛，明代，弓弦胡同 29 号，无存。

北平庙宇通检内二。

### 816. 关帝庙

道教/佛教，关羽，清代，西城宫门口后大坑，地六分六房六间，无考。

北京寺庙历史资料 566。

### 817. 观音庵

佛教，观音，清代，旧鼓楼大街小石桥胡同，地一亩房十四间，无考。

北京寺庙历史资料 571。

### 818. 钟氏家祠

祠堂，清代，西城大拐棒胡同，地

一亩五房二十七间，无考。

北京寺庙历史资料597。

### 819. 元天观

道教（家），清代，宫门口玉皇阁，地十亩房四十二间，无考。

北京寺庙历史资料598。

### 820. 吉祥护国关帝庙

道教，关羽，明代，西城宫门口福绥境，地一亩七分房三十一间，无考。

北京寺庙历史资料598。

### 821. 灵通娘娘庙

道教/佛教，娘娘，清代，西城大乘寺，地四分房四间，无考。

北京寺庙历史资料599。

### 822. 火神庙

道教，火神，宫门口火神庙，地一亩五房四间，无考。

北京寺庙历史资料600。

### 823. 玉钵真武庙

道教，真武，明代，西华门外玉钵庙胡同，南向地一亩三房十七间半，民居。

北京寺庙历史资料602。唐土名胜图会29。燕都丛考425。今日北京410。顺天府志477。6、北京考古集成十四323。

### 824. 土地庙

道教，土地，清代，德内果子市，地一亩半房四间，无考。

北京寺庙历史资料605。

### 825. 小真武庙

道教/佛教，真武，清代，马市桥蒲州馆内，地一厘房一间，无考。

北京寺庙历史资料608。

### 826. 三官庙

道教，天地水官，民国十二年，德内

西海北河沿，地一亩房二十二间，无考。

北京寺庙历史资料612。

### 827. 土地庙

道教，土地，清代，西城宫门口西岔，地一分房一间，无考。

北京寺庙历史资料615。

### 828. 财神庙

道教/佛教，财神，清代，西兵马司，房一间，无考。

北京寺庙历史资料617。

### 829. 忉利宫

佛教，佛，民国二十五年，西长安街，地八分房十间，无考。

北京寺庙历史资料631。

### 830. 关帝庙

道教，关羽，清代，西城南闹市口，地一亩三房二十间，无考。

北京寺庙历史资料633。

### 831. 财神庙

道教（家），财神，清代，西四羊肉胡同，地三分房一间，无考。

北京寺庙历史资料634。

### 832. 五圣祠

道教，五圣，德内松树街，地二分七房一间，无考。

北京寺庙历史资料635。

### 833. 土地祠

道教，土地，清代，南新华街，地四亩二房一百二十间设安平水会，无考。

北京寺庙历史资料636。

### 834. 长春寺

佛教，佛关药财土等，民国六年，西板桥大街，地五分房十五间，无考。

北京寺庙历史资料644。

### 835. 铸钟娘娘庙（女冠庙）

道教，娘娘，民国十八年，鼓楼铸钟厂，地二亩一房二十间，无考。

北京寺庙历史资料 670。

### 836. 吉祥寺（女冠庙）

道教，明代，西城大茶叶胡同，地八分房十六间，无考。

北京寺庙历史资料 670。

### 837. 石佛寺

佛教，佛，元代，西城城隍庙东南，无考。

析津志辑佚 67。

### 838. 法藏寺

佛教，佛，元代，元金城坊石佛寺西北，无考。

析津志辑佚 78。

### 839. 顺天寺

佛教，元代，元咸宜坊内，无考。

析津志辑佚 78。

### 840. 妙善寺

佛教，元代，元咸宜坊沙监，无考。

析津志辑佚 78。

### 841. 静真观

道教，元代，广济寺西，无考。

析津志辑佚 90。

### 842. 云巖观

道教，元代，金水河西集庆里，无考。

析津志辑佚 90。

### 843. 佑圣寺

佛教，元代，大都城隍庙附近，无考。

析津志辑佚 93。

### 844. 元社稷坛

祭坛，元代，元和义门内之南，无考。

顺天府志 126。

### 845. 明社稷坛

祭坛，明代，中山公园内，存。

顺天府志 117。

### 846. 永安寺（白塔寺）

佛教，藏佛，清代，北海公园，南向有明代基址多殿，完好。

今日北京 274。唐土名胜图会 31。

### 847. 阐福寺（曾为蚕馆）

佛教，佛，明代，北海公园北岸，南向殿全，部分存。

今日北京 278。顺天府志 464。

### 848. 西天梵境（大西天禅林、天王殿）

佛教，佛，明代，北海公园北岸，南向楠木殿有塔牌坊琉璃阁，基本完好。

今日北京 277。北海北岸风光 110。北京考古集成六 462。北京名园趣谈 105。

### 849. 万佛楼

佛教，佛，清代，北海植物园西部，琉璃三层殿金佛，无存。

今日北京 279。北海北岸风光 123。北京考古集成十四 290。

### 850. 先蚕坛（明雷霆洪应殿）

祭坛，蚕神，清代，北海东北部，垣一百六十丈方坛北绿顶殿南向，基本完好。

北京名园趣谈 76。唐土名胜图会 32。北海东岸风光 1。

### 851. 承光殿（仪天殿、明乾光殿）

佛教，白玉佛，元代，北海团城上，殿正方黄琉璃顶，完好。

今日北京 279。北海团城 131。北京名园趣谈 76。京华古迹寻踪 36。唐土名胜图会 30。

### 852. 蔡锷祠（快雪堂）

祠堂，蔡锷等八人，清代（1902），北海北岸，南向五间，基本完好。

今日北京 451。北海北岸风光 25。

### 853. 智珠殿

佛教，文殊菩萨，清代，北海琼华岛东侧半月城上，东向殿外有四牌楼，存。

北海琼华岛 23。

### 854. 琳光殿

佛教，增胎韦驮增胎天王，清代，北海琼华岛西侧，西向，存。

北海琼华岛 37。

### 855. 甘露殿

佛教，大慈悲菩萨，清代，北海琼华岛西侧，西向珠光殿上方，存。

北海琼华岛 37。

### 856. 小西天（极乐世界、观音殿）

佛教，极乐世界山上有佛，清代，北海西北部，黄琉璃亚洲最大 1600 平方米，存。

北海北岸风光 1。北京考古集成十四 249。

### 857. 龙王庙

道教，龙王，北海蚕坛桥南船坞北，无考。

日下旧闻考 391－385。

### 858. 绮望楼

儒教，孔子，清代，景山公园，宽五深三左右长庑五十间南向，存。

今日北京 286。景山 16。

### 859. 寿皇殿（少年宫）

皇家祖庙，清代列祖，清代，景山公园，规模大，存。

今日北京 286。唐土名胜图会 27。景山 35。

### 860. 护国忠义庙

道教，关羽，景山公园，存。

唐土名胜图会 27。景山 40。

### 861. 真武殿

道教，真武，景山公园关帝庙后，黑琉璃瓦黄剪边顶，存。

景山 40。

### 862. 传心殿（明神祠）

道教，五师井神皇帝王师等，明朝，故宫前朝东路文华殿东，南向五楹，存。

今日北京 212。紫禁城宫殿 170。酌中志 151。故宫志 34。

### 863. 圣济殿

道教，历代名医，明代，故宫东路文渊阁位，无存。

今日北京 212。紫禁城宫殿 170。酌中志 151。

### 864. 仁寿殿

佛教，长寿佛，清代，北海西北角墙外，无存。

日下旧闻考 653。燕都丛考 441。顺天府志 480。北平地名典 42。

### 865. 钦安殿

道教，安元天上帝，明代，故宫御花园，南向，存。

今日北京 216。顺天府志 63。故宫志 65。

### 866. 奉先殿

祠堂，皇家列祖，明代，故宫东六宫东南，南向工字形九间，存。

今日北京 223。故宫志 82。

### 867. 玄穹宝殿 （天穹宝殿）

道教，昊天上帝，清代，故宫景阳宫东乾东五所南，南向五楹配殿三间三合院式，存。

今日北京 224。故宫志 79。

### 868. 抚辰殿

道教，普天众仙及四季神，清代，故宫西路，南向三楹，存。

今日北京 236。

### 869. 雨花阁

佛教，诸佛三清神，清代，故宫西路，喇嘛教式南向三层阁，存。

今日北京 248。北京考古集成十四 131。故宫志 118。

### 870. 梵华殿 （梵华楼）

佛教，黄教宗喀巴，清代，故宫外东路，二层楼七楹，存。

今日北京 242。

### 871. 中正殿 （原名玄及宝 殿、隆德殿）

明道清佛，明三清帝明供佛，清代，故宫西路，1922 年火烧余前宝华殿，今日北京 248。北京考古集成十四 131。故宫志 122。

### 872. 宝华殿

明道清佛，欢喜佛，清代，故宫西路，存。

今日北京 249。故宫志 134。

### 873. 佛日殿

佛教，喇嘛佛，清代，故宫外东路，二层三楹进深一，存。

今日北京 241。故宫志 135。

### 874. 城隍庙

道教，城隍爷，清代，故宫西北角楼南，山门各殿三十间，存印刷厂用。

北京考古集成十四 372。北京历史地图集 45。故宫志。

### 875. 马神庙

道教，马神，明代，故宫东南部，无考。

酌中志 150。北京历史地图集 36。

### 876. 大佛堂

佛教，喇嘛佛，明代，故宫西部慈宁宫，南向七楹，存。

今日北京 246。北京历史地图集 45。唐土名胜图会 34。

### 877. 四神祠

道教，青龙白虎朱雀玄武，明代，故宫御花园，北向亭式，完好。

顺天府志 63。酌中志 147。北京历史地图集 45。故宫志 71。

### 878. 圣济殿

道教，三皇历代名医，明代，故宫东部文华殿北文渊阁位，改建为文渊阁。

酌中志 151。

### 879. 神祠

道教，井神，明代，故宫文华殿东。

酌中志 151。北京历史地图集 35。

### 880. 神庙

道教，仁圣陈老娘娘住，明代，故宫东路慈庆宫位。

酌中志 151。

### 881. 万善殿

佛教，三世佛，清代，中海东岸明崇智殿旧址，存。

日下旧闻考 356。北京名园趣谈 61。

## 882. 咸若馆（明称咸若亭）

佛教，三世佛救度母，明代，故宫西路，南向五间，存。

紫禁城宫殿176。故宫志110。

## 883. 宝相楼

佛教，宗喀吧三世佛等，明代，故宫西路，西向两层阔七间，存。

紫禁城宫殿176。故宫志111。

## 884. 吉云楼

佛教，三世佛救度母，明代，故宫西路，东向阔七间，存。

紫禁城宫殿176。故宫志111。

## 885. 慈荫楼

佛教，三世佛救度母，明代，故宫西路，南向五间，存。

紫禁城宫殿176。故宫志111。

## 886. 梵宗楼

佛教，文殊菩萨，清代，故宫西路，二层三开楼，存。

故宫志121。

## 887. 祀马神所（马神庙）

道教，马神，清代，城隍庙东，无存。

故宫志143。

## 888. 英华殿（隆禧殿）

佛教，五莲菩萨，明代，故宫西北隅，南向阔五间庑殿顶，存。

紫禁城宫殿176。故宫志116。

## 889. 祀孔处

儒教，孔子及众先贤，故宫乾清宫东庑拐角北，南向阔五间庑殿顶。

故宫志56。

## 890. 中山堂（拜殿、享殿、祭殿）

祠堂，孙中山，民国，中山公园，

南向面五间黄琉璃瓦，完好。

今日北京282。

## 891. 清真寺（回人礼拜寺）

伊斯兰教，真主，清代，新华门对过安福胡同，存遗迹。

网。北京的宗教246。

## 892. 大觉寺

佛教，佛，鼓楼大街北药王庙9号，无存。

北平庙宇通检内五。

## 893. 永泉庵（涌泉寺）

佛教，佛，德内大街，无存。

北平庙宇通检内五。

## 894. 海会庵

佛教，佛，后海鸦儿胡同，无存。

北平庙宇通检内五。

## 895. 白马祠（地安门西）

无存。

北平庙宇通检内五。

## 896. 石湖寺

佛教，元代，德内北湖滨，无存。

北平庙宇通检内五。

## 897. 万严寺

佛教，佛，元代，德内日中坊，无存。

北平庙宇通检内五。

## 898. 莲花庵

佛教，佛，德胜桥湾西北，无存。

北平庙宇通检内五。

## 899. 兴善寺

佛教，佛，后海鸦儿胡同，无存。

北平庙宇通检内五。

## 900. 大佛寺

佛教，西大街路东，无存。

北平庙宇通检内六引京师坊巷志稿
四０，三０。天咫偶闻三，二七。

### 901. 大佛堂

佛教，佛，内官监胡同，无存。

北平庙宇通检内六。

### 902. 天主堂（天主教）

耶稣，明代，蚕池西口内，无考。

北平庙宇通检内六。

### 903. 库神庙

道教，库神，明代，南池子南口缎
库前巷6号，无考。

北平庙宇通检内六。

### 904. 傅文忠公祠

祠堂，傅文忠，清代，后门马神庙，
无考。

北平庙宇通检内六。

### 905. 象一宫（大高元殿东）

无考。

北平庙宇通检内六。

### 906. 万法殿

佛教，佛，明代，白石桥西魏家胡
同，无考。

北平庙宇通检内六。

### 907. 时应宫

清代，中南海，无考。

北平庙宇通检公园。

### 908. 海神祠

道教，海神，明代，中南海待月轩
南，无考。

北平庙宇通检公园。

### 909. 五神祠

道教，南海花、山、土、城、龙五
神，中南海同豫轩前，无考。

北平庙宇通检公园。

### 910. 千秋亭

明代，故宫斗坛亭前，无考。

北平庙宇通检故宫。

### 911. 神霄殿（崇光殿）

道教，明代，崇仁门内，无考。

北平庙宇通检故宫。

### 912. 奉天殿（皇极殿）

道教，明代，皇极门内，无考。

北平庙宇通检故宫。

## 外城东部

### 913. 安国寺

佛教，佛，明代，崇外安国寺街，
无考。

北平庙宇通检外五区。

### 914. 关帝庙

道教/佛教，关羽，外城东孝顺胡
同，无考。

维持会报告193。

### 915. 关帝圣境

道教/佛教，关羽，明代，外城东薛
家湾胡同，南北十三丈九东西六丈三房
三十四间，无考。

维持会报告193。唐土名胜图会82。
燕都丛考491。

### 916. 重兴关帝庙

道教/佛教，关羽，明代，外城东薛
家湾胡同，南北十八丈四房五十三间，
无考。

维持会报告193。北京寺庙历史资
料452。

### 917. 雷音寺

佛教，佛，明代，前门外芦草园，
地一亩房四十三间，无考。

维持会报告 193。北京寺庙历史资料 457。

### 918. 喜神庙

佛教，佛，明代，前门长巷下三条，地半亩房十三间半，无考。

维持会报告 193。北京寺庙历史资料 456。

### 919. 观音阁

佛教，观音，明代，前门外打磨厂，地二亩房四十三间半，无考。

维持会报告 193。北京寺庙历史资料 455。

### 920. 大西竺庵

佛教，佛，明代，前门外南芦草园，地二亩房八十间，无考。

维持会报告 193。北京寺庙历史资料 437。

### 921. 火神庙

道教，火神，明代，外城东巾帽胡同，地一亩房十八间半，无考。

维持会报告 193。北京寺庙历史资料 436。

### 922. 土地神祠

道教/佛教，土地，明代，外城东高庙胡同，地四厘二房一间，无考。

维持会报告 193。北京寺庙历史资料 434。

### 923. 关帝高庙

道教/佛教，关羽，明代，外城东珠市口高庙胡同，地一亩三分房三十四间，无考。

维持会报告 193。北京寺庙历史资料 434。北京考古集成九 1268。

### 924. 福德禅林

佛教/道教，佛等科神土地，清代，

外城东罗家井，地一亩一房十九间半，无考。

维持会报告 193。北京寺庙历史资料 435。

### 925. 永寿寺

佛教/道教，佛观音关帝等，明代，外城东石虎胡同，地二亩五房四十间，无考。

维持会报告 194。北京寺庙历史资料 436。燕都丛考 543。

### 926. 弘福寺（宏福寺、红佛寺）

佛教，佛，明代，前门外兴隆寺街翔凤胡同，地三亩四房四十四间，无考。

维持会报告 194。北京寺庙历史资料 431。燕都丛考 485。

### 927. 火神庙

道教/佛教，火神关帝佛，清代，前门外北芦草园，地三分三房二十二间，无考。

维持会报告 194。北京寺庙历史资料 505。

### 928. 铁山寺（铁山募捐修桥筑寺）

佛教，佛等，明代，东珠市口路北，地三四亩二分房六十二间，部分存。

维持会报告 194。唐土名胜图会 82。燕都丛考 490。北京考古文集十四 263。北京寺庙历史资料 75。

### 929. 西竹禅林

佛教，佛，清代，前门外南芦草园，地一亩八房十九间半，无考。

维持会报告 194。北京寺庙历史资料 490。

### 930. 大慈寺

佛教，佛，清代，前门外草厂三条，

地五分七房十间，无考。

维持会报告 194。北京寺庙历史资料 491。

### 931. 地藏庵

佛教，地藏菩萨，明代，外城东茶食胡同，地二亩房十亩，无考。

维持会报告 194。北京寺庙历史资料 479。

### 932. 地藏庵

佛教，地藏菩萨，明代，外城三里河北桥湾，地一亩五房二十二间，无考。

维持会报告 194。北京寺庙历史资料 483。

### 933. 乾泰寺

佛教，佛，明代，外城东冰窖胡同，地三亩房五十二间，无考。

维持会报告 194。北京寺庙历史资料燕都丛考 490。

### 934. 五圣庵

佛教，五圣，外城东南官园西五圣庵胡同，地五分房二十一间，无考。

维持会报告 194。北京寺庙历史资料 524。

### 935. 五圣庵

佛教，五圣，明代，外城东南官园胡同，地不足一亩房十五间塔院五亩，无考。

北京寺庙历史资料 53。

### 936. 圆觉寺

佛教，佛，明代，三里河东魏村社，无考。

北平庙宇通检外一区。

### 937. 通明寺

佛教，佛，清代，外城东高家营，东

西六丈南北九丈五房而二十一间，无考。

维持会报告 194。北京寺庙历史资料 164。

### 938. 镇海寺

佛教，佛关帝菩萨等，明代，正阳门外之东月墙，地三亩房二十九间，无存。

维持会报告 194。北京寺庙历史资料 110 – 480。

### 939. 白衣庵

佛教，佛菩萨等，明代，外城东茶食胡同，地一亩房十间半，无考。

维持会报告 194。北京寺庙历史资料 124 – 491。燕都丛考 491。

### 940. 大慈庵

佛教，佛菩萨等，明代，外城东柳树井，地二亩七房六十八间佛像 123 尊，无考。

维持会报告 194。北京寺庙历史资料 497。

### 941. 三官庙

道教，天地水神，明代，外城东冰窖胡同，地五分房十九间，无考。

燕都丛考 483 – 489。

### 942. 积善寺（九泉积善寺）

佛教，佛，明代，外城东包头胡同，地七分房二十三间，无考。

维持会报告 197。燕都丛考 541。北京寺庙历史资料 491。

### 943. 地藏寺

佛教，地藏菩萨，清代，外城东地藏寺街，二亩六房四十六间，无考。

维持会报告 197。燕都丛考 561。北京寺庙历史资料 492。

### 944. 火神庙

道教/佛教，火神佛等，清代，外城

东中头条胡同，地八分九房二十三间，无考。

维持辉报告 197。燕都丛考 542。北京寺庙历史资料 489。

### 945. 财神庙

道教/佛教，财神佛等，清代，外城北羊市口，地四分一房三间，无考。

维持会报告 197。北京寺庙历史资料 150 - 489。

### 946. 白衣庵

佛教，观音娘娘，清修，崇外英子胡同，地一亩一房二十三间，无考。

维持会报告 197。北京寺庙历史资料 549。

### 947. 拈花禅寺（拈花寺）

佛教，佛，清代，广渠门内拈花寺（板厂南里），地一百零八亩房七十三间规模大，民居。

维持会报告 197。今日北京 414。北京寺庙历史资料 548。北京考古集成八 1182。顺天府志 506。唐土名胜图会 83。

### 948. 安化寺

佛教，佛，明代，广渠门内拈花寺（板厂南里），地二十四亩房百多间，无考。

维持会报告 197。今日北京 397。燕都丛考 548。北京寺庙历史资料 546。

### 949. 火神庙

道教/佛教，火神，明代，外城东下堂子胡同，地一亩半房十二间，无考。

维持会报告 197。燕都丛考 548。北京寺庙历史资料 542。

### 950. 火神庙

道教/佛教，火神，明代，广渠门内板厂，地七亩半房六十八间，无考。

维持会报告 198。北京寺庙历史资料 539。

### 951. 大兴法华寺

佛教，佛，明代，广渠门外法华寺，地三十亩房一百五十二间，无考。

维持会报告 198。北京寺庙历史资料 503。

### 952. 三元寺

佛教，佛，明代，外城东下头条，地一亩房十五间，无考。

维持会报告 198。北京寺庙历史资料 503。

### 953. 崇兴寺

佛教，佛，明代，外城东铁辘轳把胡同，东西十五丈南北五丈五房二十一间，无考。

维持会报告 198。北京寺庙历史资料 501。燕都丛考 540 - 545。

### 954. 关帝庙

道教/佛教，关羽佛，清代，外城东中四条，地二亩二分房三十一间，无考。

维持会报告 198。北京寺庙历史资料 499。

### 955. 福喜庵

佛教，佛，清代，东花市汪太乙扁担胡同，地九分二房十八间，无考。

维持会报告 198。燕都丛考 541。北京寺庙历史资料 496。

### 956. 万佛寺（万福寺）

佛教，佛，明代，崇外珠（猪）营，地二亩七房四十五间，无考。

维持会报告 198。燕都丛考 542。北京寺庙历史资料 153 - 495。

### 957. 关帝庙

道教/佛教，关羽佛，明代，外城东上

堂子胡同，地二亩四房二十一间，无考。

维持会报告 198。燕都丛考 543。北京寺庙历史资料 493。

### 958. 大慈庵

佛教，佛，明代，外城东东河槽，地一亩一房二十四间，无考。

维持会报告 198。燕都丛考 543。北京寺庙历史资料 493。

### 959. 白衣庵

佛教，娘娘佛，明代，崇外下头条，地二亩房十九间，无考。

维持会报告 198。北京寺庙历史资料 491。

### 960. 隆安寺

佛教，佛，明代，广渠门内白桥大街东，南向殿齐全房基地十亩一百六十间明代，完好市保。

维持会报告 198。顺天府志 505。今日北京 398。唐土名胜图会 82。北京寺庙历史资料 454。

### 961. 关帝庙

道教/佛教，关羽佛，清代，外城东关帝庙街，地三分八房十九间半，无考。

维持会报告 198。北京寺庙历史资料 460。

### 962. 白衣庵

佛教，娘娘佛，明代，花市上二条，地一亩六房二十二间半，无考。

维持会报告 198。北京寺庙历史资料 440。

### 963. 卧云庵

佛教，佛关羽关平周仓等，清代，外城东上四条，地一亩房十四间，无考。

维持会报告 198。燕都丛考 537 –

538。北京寺庙历史资料 136 – 432。

### 964. 关帝庙

道教/佛教，关羽佛，明代，外城东东草市，地一亩七房三十七间，无考。

维持会报告 198。唐土名胜图会 83。北京寺庙历史资料 432。

### 965. 白衣庵（白衣禅林）

佛教，娘娘佛，清代，花市中头条，地一亩六房二十一间，无考。

维持会报告 198。燕都丛考 537 – 538。北京寺庙历史资料 433。

### 966. 三元寺

佛教，佛，明代，崇外中头条，地六分房十三间，无考。

维持会报告 198。燕都丛考 542。北京寺庙历史资料 506。

### 967. 广法寺

佛教，佛，明代，外城东南小市口四川营，地二亩三房六间，无考。

维持会报告 199。北京寺庙历史资料 503。

### 968. 关帝庙

道教/佛教，关羽佛，清代，外城东石板胡同，地一亩一房二十二间，无考。

维持会报告 199。北京寺庙历史资料 508。

### 969. 关帝庙

道教/佛教，关羽，清代，外城东香炉胡同，地二亩房二十七间，无考。

维持会报告 199。北京寺庙历史资料 82。

### 970. 关帝庙

道教/佛教，关羽佛，清代，外城东唐洗泊街，地一亩多房二十间，无考。

维持会报告 199。北京寺庙历史资料 463。

### 971. 夕照寺（金台夕照）

佛教，佛，明代，广渠门内，地六十一亩房一百一十间规模大，残存区保。

维持会报告 199。今日北京 409。唐土名胜图会 83。顺天府志 503。北京考古集成十四 359。北京寺庙历史资料 135－469。

### 972. 卧佛寺（妙音寺）

佛教，佛，明代，外城东花市斜街卧佛前街，地一亩九房六十一间坟地六亩，部分存区保。

维持会报告 199。今日北京 400。唐土名胜图会 82。燕都丛考 537－545。北京寺庙历史资料 467。

### 973. 观音堂

佛教，观音，清代，外城东北河槽，地七分房十三间，无考。

维持会报告 199。北京寺庙历史资料 465。

### 974. 广慧寺

广惠寺，佛教，佛，明代，外城东东半壁街，地一亩多房二十九间，无考。

维持会报告 199。北京寺庙历史资料 463。

### 975. 寿佛寺

佛教，佛，清代，外城东中四条，地三亩房四十四间，无考。

维持会报告 199。北京寺庙历史资料 463。

### 976. 甘露寺

佛教，佛，明代，外城东揽杆寺，地二亩五房二十九间，无考。

维持会报告 199。北京寺庙历史资料 461。

### 977. 圣泉寺

佛教，佛，清代，外城东后河沿，地二亩八房四十三间，无考。

维持会报告 199。燕都丛考 538。北京寺庙历史资料 460。

### 978. 护法关帝庙

道教/佛教，关羽佛，清代，广渠门内双龙巷，地三亩房十间，无考。

维持会报告 199。北京寺庙历史资料 539。

### 979. 关王庙

道教/佛教，关羽佛，明代，外城东四神庙，地一亩六房三十四间，无考。

维持会报告 201。燕都丛考 561。北京市街巷名称录 145。北京寺庙历史资料 472。

### 980. 天庆寺（辽永泰寺旧址）

佛教，佛，辽代，外城东东晓市，无考。

维持会报告 202。燕都丛考 479－650。北京寺庙历史资料 521。北平庙宇通检外五区。

### 981. 清化寺

佛教，佛，明代，外城东清化寺街三里河南，地六亩七房九十五间，无考。

维持会报告 202。燕都丛考 479－650－652。顺天府志 509。北京寺庙历史资料 112－502。

### 982. 慈源寺

佛教，佛，明代，外城东东晓市金鱼池东，地五亩八房八十八间，无考。

维持会报告 202。顺天府志 509。北京寺庙历史资料513。

### 983. 明因寺（三圣寺）

佛教，佛，明代，外城东明因寺街三里河东，南北二十丈东西十四丈五房八十八间，无考。

维持会报告203。今日北京405。北京寺庙历史资料534。顺天府志509。燕都丛考650－651。6、唐土名胜图会83。

### 984. 关帝庙

道教/佛教，关羽佛，珠市口东南，无考。

维持会报告203。

### 985. 财神庙

道教/佛教，财神，外城东半壁街南，无考。

维持会报告203。

### 986. 关帝庙

道教，关羽，清代，外城东豆腐巷，南北六丈三东西二丈房十六间半，无考。

维持会报告220。北京寺庙历史资料201。

### 987. 观音庙

道教，观音，明代，正阳门前东侧，房基一亩多房十三间碑亭，

无存。

维持会报告220。北京寺庙历史资料586。

### 988. 玄帝庙

道教，真武，明代，前门外东玄帝庙街，地九分三房四十三间，无存。

维持会报告220。北京寺庙历史资料589。

### 989. 双关帝庙

道教，关羽，清代，崇外河泊厂，

地一分二房五间，无考。

维持会报告220。北京寺庙历史资料201。

### 990. 火神庙（悟元观下院）

道教，火神，明代，花市大街，南北二十丈东西六丈九房二十七间，部分修复。

维持会报告220。燕都丛考540－543。北京寺庙历史资料203。

### 991. 五显关帝庙

道教，关羽，辽金，外城楼流所，地四亩四房四十三间，无考。

维持会报告220。北京寺庙历史资料577。

### 992. 乐善寺

道教，外城东下四条，地一亩九房十五间，无考。

维持会报告220。北京寺庙历史资料580。

### 993. 广宁观

道教，清代，外城东南岗子，地二亩房三十六间，无考。

维持会报告220。燕都丛考561。北京寺庙历史资料579。

### 994. 火神庙

道教，火神，明代，崇外大石桥，地二亩房二十四间，无考。

维持会报告220。燕都丛考561－562。北京寺庙历史资料，

### 995. 药王庙

道教，伏羲神农黄帝，明代，崇外下二条，地五亩三房二十六间，无考。

维持会报告221。燕都丛考547。北京寺庙历史资料591。

### 996. 玉清观（斗老阁）

道教，玉清神，清代，外城东南岗子，地十六顷四十亩房一百五十一间亭一塔一，无考。

维持会报告221。燕斗丛考561－548－554。北京寺庙历史资料593。

### 997. 太阳宫

道教，太阳星君，外城东南岗子，地三十亩九房二十三间，无考。

维持会报告221。燕都丛考548－554。唐土名胜图会83。北京考古集成十四352。北京寺庙历史资料194－593。

### 998. 南极庙

道教，清代，外城东南极庙街（幸福北里），地五亩房三十四间，无考。

维持会报告221。北京寺庙历史资料206－596。

### 999. 蟠桃宫（护国太平蟠桃宫、太平宫）

道教，王母娘娘吕祖，明代，东便门内后河沿，北向地八亩房二十七间殿全，1987年彻底清除，残余碑。

维持会报告221。北京考古集成九1283－1285十四352。今日北京421。唐土名胜图会82。京华古迹寻踪70。北京寺庙历史资料595。

### 1000. 药王庙

道教，伏羲神农黄帝孙思邈，明代，外城东晓市（11中），南向殿全地十一亩房二百一十四间，完好区保。

维持会报告221。今日北京440。北京寺庙历史资料590。顺天府志508。北京考古集成九1281。唐土名胜图会83。燕都丛考650。

### 1001. 精忠庙

道教，岳飞，明代，外城东精忠庙街，地一亩房一百五十四间半门外秦桧，无存。

维持会报告221，北京考古集成十四263。

### 1002. 前门月城大士庙

道教，洪承畴，明代，前门外东侧，无存改为真武庙。

燕都丛考476。

### 1003. 萧公堂

道教，鄱阳湖神（萧公），明代，前门外东河沿，无考。

燕都丛考479。

### 1004. 慈源寺

佛教，前门外东河沿，无存。

燕都丛考479。

### 1005. 玉皇庙

道教，玉皇大帝，前门外打磨厂，无考。

燕都丛考479。

### 1006. 关帝庙

道教，关羽，前门外打磨厂，无考。

燕都丛考479。

### 1007. 朝阳阁（龙王堂）

佛教，佛，明代，前门外东城根大席胡同，地一亩房二十六间半，无存。

燕都丛考479。北京寺庙历史资料526。

### 1008. 吉安二忠祠（怀忠祠）

祠堂，文信国李忠萧帮华，明末清初，外城东抄手胡同鲜鱼口，无考。

燕都丛考483。

### 1009. 灵官庙

道教，外城东板厂胡同，无考。

燕都丛考 485。

### 1010. 小崇祯观

道教，崇文门大街西大崇祯观小巷内，无存，

燕都丛考 484－485。

### 1011. 准提庵（药行会馆）

佛教，清代，外城东兴隆寺街，地二亩房三十七间，无考。

燕都丛考 487。北京寺庙历史资料 598。

### 1012. 兴隆寺

佛教，佛，清代，外城东兴隆寺街，无存，

燕都丛考 487。崇文区地名志 57。

### 1013. 钱镠祠

祠堂，吴越王钱镠，清代，外城东芦草园，无考。

燕都丛考 488。

### 1014. 南泉寺

明，外城东三里河东，无考。

燕都丛考 488－489。

### 1015. 玉泉庵

明，外城东三里河西，无考。

燕都丛考 489。

### 1016. 泰山行宫

道教，明代，外城东三里河东，无考。

燕都丛考 489。

### 1017. 阎王庙（延旺庙）

道教，外城东草厂十条东，无考。

燕都丛考 490－491。

### 1018. 土地庙（小土地庙）

道教，土地神，清代，外城东黄雀胡同，南北一丈二东西一丈六房二间，无考。

燕都丛考 491。北京寺庙历史资料 345。

### 1019. 永安寺

佛教，外城东石虎胡同，无考。

燕都丛考 491。

### 1020. 大慈庵

佛教，外城东三里河大街北，无考。

燕都丛考 491。

### 1021. 双关帝庙

道教，关羽，外城东石虎胡同，无考。

燕都丛考 491。

### 1022. 铁柱宫（护国灵佑宫 真武庙十方道院）

道教，旌阳真人，明代，外城东打磨厂，无考。

燕都丛考 479。

### 1023. 镇海寺

佛教，佛菩萨，明代，崇文门外大街路东，三亩房二十九间，无考。

燕都丛考 537。北京寺庙历史资料 110－480。

### 1024. 天仙庙

道教/佛教，七仙女，明代，崇外东河沿，无考。

燕都丛考 537。

### 1025. 无量庵

佛教，明代，崇外东河沿，无考。

燕都丛考 537－540。

### 1026. 增福庙

佛教，崇外东河沿，无考。

燕都丛考 537－540。

### 1027. 白云寺

佛教，崇外东河沿，无考。

燕都丛考 537。

### 1028. 积谷寺

佛教，崇外东河沿，无考。

燕都丛考 537。

### 1029. 万福寺

佛教，崇外东河沿，无考。

燕都丛考 537。

### 1030. 净度寺

佛教，崇文门东南，无考。

燕都丛考 537。

### 1031. 五圣祠

道教，崇外上三条，无考。

燕都丛考 538。

### 1032. 崇恩寺（崇恩福元寺）

元武宗御容，元代，崇外后河沿，无考。

燕都丛考 538。

### 1033. 悟元观

道教，崇外神木厂，无考。

燕都丛考 540。

### 1034. 都灶君庙

道教，灶神，明代，外城东花市，八月朔到三日庙会，无考。

燕都丛考 543。

### 1035. 观音庵

佛教，观音，外城东樱子胡同，无考。

燕都丛考 541。

### 1036. 观音庵

佛教，观音，外城东中三条，无考。

燕都丛考 542。

### 1037. 观音庵

佛教，观音，外城东国强胡同，无考。

燕都丛考 543。

### 1038. 五圣禅林

道教/佛教，五圣，外城东南营，无考。

燕都丛考 541。

### 1039. 关帝庙

道教，关羽，外城东后河沿下头条，无考。

燕都丛考 543。

### 1040. 天龙寺（明金华会馆）

佛教，佛，明代，外城东下国强胡同，无考。

燕都丛考 545。

### 1041. 金山寺

佛教，佛，明代，外城东北部（崇北坊），敕建，无考。

燕都丛考 547。

### 1042. 南台寺

佛教，佛，广渠门内安化寺南，无考。

燕都丛考 548－552。

### 1043. 上地庙

道教，广渠门内安化寺西，无考。

燕都丛考 548。

### 1044. 弥勒庵

佛教，弥勒佛，广渠门内土地庙西，无考。

燕都丛考 548。

### 1045. 延庆寺

佛教，佛，外城东大石桥南，无考。

燕都丛考 548。

### 1046. 文昌宫

道教，文昌星，外城东浙绍义园南，无考。

燕都丛考 548。

## 1047. 北小庙

天坛东墙外，无考。

燕都丛考 548。

## 1048. 南小庙

天坛东墙外，无考。

燕都丛考 548。

## 1049. 五圣祠

道教，五圣，龙潭湖北，无考。

燕都丛考 548。

## 1050. 三义庙

道教，刘关张，龙潭湖位，无考。

燕都丛考 548。

## 1051. 甘露寺

佛教，佛，龙潭湖位，无考。

燕都丛考 548。

## 1052. 吉祥庵

佛教，佛，左安门内街西，无考。

燕都丛考 548。

## 1053. 宝庆寺

佛教，佛，外城东枣子营，无考。

燕都丛考 545。

## 1054. 交龙庵

道教，广渠门内南火神庙南，无考。

燕都丛考 548。

## 1055. 忠义观

道教，外城东隆安寺附近，无考。

燕都丛考 545。

## 1056. 五虎庙

道教，关张赵马黄，明代，外城东法华寺南，无考。

燕都丛考 554。

## 1057. 红庙

道教，关羽，珠市口东南草市之南，无考。

燕都丛考 645。

## 1058. 紫竹林（担子市）

外城东精忠庙街旁，无考。

燕都丛考 645 – 646。

## 1059. 东极宫

道教，外城金鱼池东，无考。

燕都丛考 650。

## 1060. 真元观

道教，元代，元文明门外，无存。

析津志辑佚 88。

## 1061. 江东大王祠

祠堂，元代，元文明门外，无存。

析津志辑佚 88。

## 1062. 天坛

祭坛，明代，外城东，完好。

顺天府志 109。

## 1063. 上唐刀清真寺

伊斯兰教，真主，清代，崇外上唐刀，无考。

维持会报告 225。北京的宗教 230。

## 1064. 清真女子沐浴礼拜传习所（清真女寺）

伊斯兰教，真主，外城东雷家胡同，无考。

维持辉报告 225。北京的宗教 271。

## 1065. 上堂子清真寺

伊斯兰教，真主，清代，崇外上堂子胡同，无考。

维持会报告 225。北京的宗教 230。

## 1066. 花市清真寺

伊斯兰教，真主，明代，外城花市大街，东向二进院殿堂俱全，完好。

维持会报告 226。今日北京 420。北京考古集成九 1253。

### 1067. 美以美福音堂

基督教，耶稣，崇外花市大街，无考。

维持会报告 231。

### 1068. 中华基督教会

基督教，耶稣，崇外东柳树井，无考。

维持会报告 232。

### 1069. 远东宣教会中华圣洁会 福音堂

基督教，耶稣，天桥大街路东，无考。

维持会报告 233。

### 1070. 挪威神召会福音堂

基督教，耶稣，崇外南晓市口崇善巷，无考。

维持会报告 235。

### 1071. 挪威神召会福音堂

基督教，耶稣，崇外东河槽，无考。

维持会报告 235。

### 1072. 财神庙

道教/佛教，财神，外城东半壁街南，无考。

维持会报告 203。北京寺庙历史资料。

### 1073. 白云观音庙 （白云观音庵）

佛教，观音，明代，外城东玄帝庙街，东西六丈六南北七丈二房十七间，无考。

维持会报告 219。北京寺庙历史资料 190－576。

### 1074. 大崇祯观

道教，明代，外城东崇祯观，地六亩四房七十间，无考。

维持辉报告 220。北京寺庙历史资料 581。

### 1075. 三官庙

道教，天地水神，清代，外城东戬子市，东西四丈六南北七丈八房十三间，无考。

维持会报告 220。北京寺庙历史资料 205。

### 1076. 元帝庙 （元真观）

道教，崇外西茶食胡同，无考。

燕都丛考 491。

### 1077. 普贤禅林 （普贤庵）

佛教，普贤菩萨，明代，外城东鞭子巷四条，二亩余房三十间，无考。

燕都丛考 650。北京寺庙历史资料 568。

### 1078. 山川坛

祭坛，先农山川太岁神祇，明代，外城东天坛内，门北向地一百零三顷垣六里，存。

今日北京 458。

### 1079. 太岁坛

祭坛，太岁神，明代，外城东山川坛内，南向七间三出陛东西配殿，存。

今日北京 459。

### 1080. 天神坛

祭坛，云雨风雷诸天神，明代，外城东山川坛南门外东，南向方形一层四出陛边长 16 米，无存工厂占。

今日北京 459。

### 1081. 圆丘坛 （圆丘、祭天台）

祭坛，祭天台，明代，外城天坛内坛南部，圆形上下三层上层直径九丈，存。

今日北京 455。

### 1082. 天仙庵

佛教，明代，兴隆街39号，无考。

北平庙宇通检外一区。

### 1083. 南泉寺

佛教，佛，三里河北桥湾，无考。

北平庙宇通检外一区。

### 1084. 华严寺（槐寺）

佛教，佛，三转桥东魏村社，无考。

北平庙宇通检外一区。

### 1085. 灵佑宫

祠堂，许旌阳真人，明代，打磨厂江西会馆，无考。

北平庙宇通检外一区。

### 1086. 灵官庙

道教，灵官，灵官庙胡同，无考。

北平庙宇通检外一区。

### 1087. 三官庙

道教，天地水神，清代，中头条胡同，无考。

北平庙宇通检外三区。

### 1088. 土地庙（小土地庙）

道教，土地爷，广渠门内南里，无考。

北平庙宇通检外三区。

### 1089. 吉祥寺

佛教，佛，吉祥寺1号，无考。

北平庙宇通检外三区。

### 1090. 妙音寺

佛教，佛，崇南坊，无考。

北平庙宇通检外三区。

### 1091. 法藏寺（地藏庵、弥陀寺）

佛教，地藏菩萨，金代，崇外南岗子法华寺后，无考。

北平庙宇通检外三区。

### 1092. 马神庙

道教，马神，牛角湾马神庙3号，无考。

北平庙宇通检外三区。

### 1093. 崇教寺

佛教，佛，崇外大街东南，无考。

北平庙宇通检外三区。

### 1094. 崇恩观

道教，元代，花市上四条36号，无考。

北平庙宇通检外三区。

### 1095. 隆兴庵

佛教，佛，小兴隆寺，无考。

北平庙宇通检外三区。

### 1096. 景福寺（石佛寺）

佛教，佛，左内三转桥，无考。

北平庙宇通检外三区。

### 1097. 普陀寺

佛教，佛，东便门内桥北，无考。

北平庙宇通检外三区。

### 1098. 弥勒庵

佛教，佛，东便门内下头条，无考。

北平庙宇通检外三区。

### 1099. 福宁庵

佛教，佛，明代，小兴隆街东，无考。

北平庙宇通检外三区。

### 1100. 宝应寺

佛教，佛，崇外大街东南，无考。

北平庙宇通检外三区。

### 1101. 炉圣庵

道教，老君，明代，广渠门内南里面西南，山西冶行修建，无考。

北平庙宇通检外三区。

## 1102. 真武庙

道教，真武帝，崇外晓市大街，无考。

北平庙宇通检外五区。

# 外城西部

### 1103. 海潮庵

佛教，崇外晓市大街，无考。

北平庙宇通检外五区。

### 1104. 福祥寺

佛教，佛，明代，外城西西草厂，地三亩房三十九间，无考。

维持会报告195。北京寺庙历史资料476。

### 1105. 地藏寺

佛教，地藏菩萨，外城西山西街，地三亩房六十二间另有坟地二亩半，无考。

维持会报告195。北京寺庙历史资料474。

### 1106. 慈航寺

佛教，佛，明代，宣外大街东铁门旧68号，地四亩二房二十八间，无考。

维持会报告195。北京寺庙历史资料474。

### 1107. 关帝庙（归地藏寺管理）

道教/佛教，关羽，外城西山西街，地长五丈八尺宽一丈八尺房四间，无考。

维持会报告195。北京寺庙历史资料80。

### 1108. 准提庵

佛教，佛，明代，外城西石头胡同，地九分三房二十二间，无考。

维持会报告195。北京寺庙历史资料121－472。

### 1109. 大宏庙（归龙泉寺管）

佛教，佛，民国元年，外城西三眼井，地二亩房四十一间，无考。

维持会报告195。北京寺庙历史资料149－470。

### 1110. 财神庙（归地藏寺管理）

道教/佛教，财神，外城西西铁门，地五分房五间，无考。

维持会报告195。北京寺庙历史资料150－470。

### 1111. 五道庙

道教/佛教，道教五道将军，明代，外城西五道庙，地一亩房二十八间，无考。

维持会报告195。燕都丛考501。北京寺庙历史资料149－466。

### 1112. 观音寺

佛教，观音，明代，外城西观音寺，地九分五房五十八间，无考。

维持会报告195。北京寺庙历史资料462。

### 1113. 协资庙

佛教，佛，清代，外城西协资庙胡同，地六亩房三十四间，无考。

维持会报告195。燕都丛考501。北京寺庙历史资料461。

### 1114. 延寿庵

佛教，佛，清代，外城西石头胡同，地八分房十七间，无考。

维持会报告195。北京寺庙历史资料459。

### 1115. 关帝庙

道教/佛教，关羽，琉璃厂东北园，地八分八房二十间，无考。

维持会报告195。北京寺庙历史资

料458。

### 1116. 天仙庵 （比丘尼）

佛教，天仙，清代，虎坊桥棉花胡同9号，地一亩三房三十六间，无考。

维持会报告195。燕都丛考534。

### 1117. 延寿寺

佛教，佛，辽金，外城西佘家胡同，南北二十一丈东西七丈五房四十六间，无考。

维持会报告195。唐土名胜图会86。北京寺庙历史资料457。

### 1118. 五圣庙

道教/佛教，五圣，清代，外城西香炉五条，南北五丈八东西二丈四七间房，无考。

维持会报告195。北京寺庙历史资料178。

### 1119. 娘娘庙

道教/佛教，娘娘，明代，外城西炭儿胡同，南北七丈二东西不等房十七间，无考。

维持会报告195。北京寺庙历史资料453。

### 1120. 文光寺

佛教，佛，明代，外城西小安澜胡同，地一亩一房二十八间，无考。

维持会报告196。北京寺庙历史资料451。

### 1121. 福峰寺

佛教，佛，清代，外城西西河沿，地二亩房二十八间，无考。

维持会报告196。北京寺庙历史资料450。

### 1122. 万寿关帝庙 （粗旗杆庙）

道教/佛教，关羽，明代，外城西西

河沿，地三亩房五十九间，无考。

维持会报告196。燕都丛考495。唐土名胜图会86。北京寺庙历史资料450。

### 1123. 白衣庵

佛教，娘娘，明代，外城西西壁营，地三分二房七间半，无考。

维持会报告196。北京寺庙历史资料450。

### 1124. 万佛寺

佛教，菩萨，明代，外城西万佛寺湾，地二亩四房五十一间，无考。

维持会报告196。北京寺庙历史资料436。

### 1125. 三圣庵

道教/佛教，菩萨，明代，外城西火神庙夹道，地一亩房十九间，无考。

维持会报告196。北京寺庙历史资料163。

### 1126. 龙王堂

道教/佛教，龙王，清代，外城西排字胡同，地二亩房四十六间，无考。

维持会报告196。北京寺庙历史资料429。

### 1127. 白衣庵

佛教，菩萨，外城西虎坊桥，地二亩五房三十一间，无考。维持会报告196。北京寺庙历史资料430。

### 1128. 白衣庵

佛教，菩萨，民国十二年，外城西老墙根，地三亩四房四十六间，无考。

维持会报告196。北京寺庙历史资料505。

### 1129. 莲花寺

佛教，佛，清代，外城西石头胡同，

地五分七房十三间，无考。

维持会报告 196。北京寺庙历史资
料 426。

### 1130. 警觉寺

佛教，佛等，清代，外城西百顺胡
同，地八分房十六间，无考。

维持会报告 196。北京寺庙历史资
料 504。

### 1131. 北极庵

佛教，佛，清代，外城西北极庵胡
同，地一亩一房二十二间，无考。

维持会报告 196。燕都丛考 503。顺
天府志 524。北京寺庙历史资料 523。

### 1132. 铁老鹳庙

佛教，佛，清代，外城西铁老鹳庙，
地二亩三房十四间，无考。

维持会报告 196。燕都丛考 523 –
524。北京寺庙历史资料 522。

### 1133. 福生庵

佛教，佛，清代，外城西南唐洗伯
街，东西四丈南北九丈房十八间，无考。

维持会报告 196。北京寺庙历史资
料 501。

### 1134. 观音寺

佛教，观音等，外城西永光寺街，
地六分六房十六间，无考。

维持会报告 196。北京寺庙历史资
料 499。

### 1135. 抬头庵（比丘尼）

佛教，外城西观音寺街后胡同，古
树数十围，无考。

唐土名胜图会 86。

### 1136. 寿佛寺

佛教，佛，清代，外城西梁家园，

无考。

唐土名胜图会 86。

### 1137. 石关帝庙

道教/佛教，关羽，明代，外城西五
斗斋，地八分五房二十五间，无考。

维持会报告 197。北京寺庙历史资
料 515。

### 1138. 火神庙

道教/佛教，火神，外城西小安澜营
头条，地六厘房一间，无考。

维持会报告 197。北京寺庙历史资
料 27。

### 1139. 火神庙

道教/佛教，火神，外城和平门外小
安澜营头条 4 号，地一亩房十二间半，
无考。

维持会报告 197。北京寺庙历史资
料 533。

### 1140. 娘娘庙

道教/佛教，娘娘，外城西后青厂，
地四分房十一间，无考。

维持会报告 197。北京寺庙历史资
料 87。

### 1141. 英济堂

佛教，佛观音关帝周仓等，外城西
茶食胡同，地二亩房二十五间，无考。

维持会报告 197。北京寺庙历史资
料 532。

### 1142. 玉极庵

佛教，外城西王广福斜街，无考。

维持会报告 197。

### 1143. 地藏庵

佛教，地藏关圣十殿阎王等，明代，
外城西琉璃厂西门，地二亩半房十九间，

无考。

维持会报告 197。北京寺庙历史资料 526。

### 1144. 灵鹫寺

佛教，佛玉皇等，清代，外城西延寿寺街茶儿胡同，地七分九房十七间，无考。

维持会报告 197。北京寺庙历史资料 549。

### 1145. 常效寺（崇效寺）

佛教，佛，唐代，外城西白纸坊陈家胡同，地八十二亩房一百三十间殿全，山门等部分存区保小学占。

维持会报告 199。今日北京 373。顺天府志 519。京华古迹寻踪 178。北京寺庙历史资料 476。

### 1146. 隆庆寺

佛教，佛，清代，广安门内大街，地三亩五房四十八间，无考。

维持会报告 199。北京寺庙历史资料 476。

### 1147. 千佛寺

佛教，佛，明代，外城西菜园，地五亩房十六间，无考。

维持会报告 199。燕都丛考 635 - 639。北京寺庙历史资料 475。

### 1148. 张相公庙（文昌阁）

道教/佛教，张夏、文武两帝，清代，外城西延旺庙街，地一亩一房二十八间，无考。

维持会报告 200。燕都丛考 624 - 630。北京考古集成十四 186。唐土名胜图会 89。北京寺庙历史资料 473。

### 1149. 三义庙（三个关帝庙）

道教/佛教，关羽、张、高、河，清

代，宣外上斜街，地七分五房十八间，无考。

维持会报告 200。燕都丛考 569。北京寺庙历史资料 473。

### 1150. 小报国寺

佛教，佛，明代，外城西报国寺西夹道，地八亩房五十二间辽碑，无考。

维持会报告 200。燕都丛考 594 - 595。北京寺庙历史资料 176。

### 1151. 永乐寺

佛教，佛，清代，外城西姚家井，地长不等房六十四间，无考。

维持会报告 200。北京寺庙历史资料 32 - 469。

### 1152. 大悲院（赵公祠）

佛教，昆明人赵转譔，唐代，外城法源寺前街白帽胡同，地十一亩四房二十九间，无考。

维持会报告 200。燕都丛考 611 - 612。北京寺庙历史资料 469。

### 1153. 广恩寺

佛教，佛，唐代，广安门内大街斜街口，地十一亩房三十二间砖塔一座，无考。

维持会报告 200。北京寺庙历史资料 453。北平庙宇通检外四区。

### 1154. 韦驮寺（韦驮庵）

佛教，韦驮，清代，广安门内大街，地四亩房六十七间，无考。

维持会报告 200。北京寺庙历史资料 506。

### 1155. 中华寺

佛教，佛关帝等，明代，广安门内大街，地二亩房四十六间，无考。

维持会报告200。北京寺庙历史资料152－505。

### 1156. 宏衍寺

佛教，佛，清代，外城西醋章胡同，地一亩余房三十间，无考。

维持会报告200。北京寺庙历史资料93。

### 1157. 圣安寺（大延圣寺、明普济寺、柳湖寺）

佛教，佛，唐代，外城西南横街西口外，明时六十一亩房一百三十二间，无考。

维持会报告200。北京寺庙历史资料522。

### 1158. 圣寿寺

佛教，佛，明代，外城白纸坊陈家胡同，地二十五亩房三十四间，无考。

维持会报告200。北京寺庙历史资料521。

### 1159. 报国寺（大慈仁寺）

佛教，佛，辽代，广安门内，七进院七层殿十三级毗卢阁，完好。

维持会报告200。今日北京381。北京寺庙历史资料175－515。唐土名胜图会87。燕都丛考593。顺天府志524。

### 1160. 善果寺（唐安寺）

佛教，佛，后梁，广安门内北广义街，地连附属七十一亩房三百零二间，无存。

维持会报告200。唐土名胜图会88。顺天府志513。北京考古集成十四369。北京寺庙历史资料145。

### 1161. 极乐院（极乐寺）

佛教，佛，明代，右安门内，地十

二亩房六间，无考。

维持会报告200。燕都丛考635。

### 1162. 峨嵋庵

佛教，佛，清代，广安门内王子坊，地三亩房三十八间，无考。

维持会报告200。北京寺庙历史资料530。

### 1163. 广慧寺（广惠寺）

佛教，佛，明代，宣外老墙根司家坑，地十三亩七房一百二十间东向三路，民居，

维持会报告200。燕都丛考576。顺天府志511。北京考古集成十四379。北京寺庙历史资料429。

### 1164. 长椿寺（清：浙寺）

佛教，佛曾停李大钊灵，明代，宣外下斜街，门东殿南二十一亩房二百一十八间区保，新葺。

维持会报告200。燕都丛考577。唐土名胜图会87。北京考古集成八1193十四263。今日北京407。北京寺庙历史资料444。

### 1165. 清泰寺

佛教，佛，明代，广安门内大街，地十九亩房六十四间，无考。

维持会报告201。北京寺庙历史资料440。

### 1166. 永庆寺

佛教，佛，明代，外城西教子胡同，地一亩一房十九间半，无考。

维持会报告201。燕都丛考602。北京寺庙历史资料435。

### 1167. 观音院

佛教，观音关帝等，清代，外城西

官菜园上街南口，地十六亩房二百零五间，无考。

维持会报告 201。北京寺庙历史资料 47。

### 1168. 慈悲寺

佛教，佛，明代，外城西报国寺东夹道，地二十六亩房一百四十四间，无考。

维持会报告 201。北京寺庙历史资料 95。

### 1169. 伏魔庵

道教/佛教，佛，明代，外城西丞相胡同，地边长不等房五十三间，无考。

维持会报告 201。北京寺庙历史资料 430。

### 1170. 保安寺

佛教，佛，明代，外城西保安寺街，地五亩三房六十八间，无考。

维持会报告 201。燕都丛考 488。顺天府志 520。北京寺庙历史资料 429。

### 1171. 法源寺（唐悯忠寺、法源律寺）

佛教，佛，唐代，外城西法源寺街，南向七进六院地数顷房六百余间，完好。

维持会报告 201。北京考古集成一 620 十四 186－374。唐土名胜图会 88。今日北京 374。

### 1172. 净土寺

佛教，佛，明代，外四区王子坟，地五亩房二十七间半，无考。

维持会报告 201。燕都丛考 598。北京寺庙历史资料 528。

### 1173. 莲华寺（莲花寺）

佛教，佛，明代，外城莲华寺湾，地五亩二房九十四间，无考。

维持会报告 201。燕都丛考 613。顺天府志 517。北京寺庙历史资料 526。

### 1174. 关帝庙

道教/佛教，关羽，清代，外城西南横街西头，地东西三丈南北十丈房七间，无考。

维持会报告 201。北京寺庙历史资料 129。

### 1175. 七圣庙

道教/佛教，七圣，清代，外城西蓝旗营，地一亩房五间，无考。

维持会报告 201。燕都丛考 613。北京寺庙历史资料 147。

### 1176. 华藏庵

佛教，佛，明代，外城西便门内南大道，南北十七丈东西十四丈房十四间，无考。

维持会报告 201。北京寺庙历史资料 125。

### 1177. 观音寺

佛教，观音，明代，永定门大街旧七号（先农坛南），地三亩房四十九间，新葺。

维持会报告 201。北京寺庙历史资料 475。唐土名胜图会 91。

### 1178. 大慧寺

佛教，佛，明代，外城西九道湾，地一亩一房四十一间半，无考。

维持会报告 201。北京寺庙历史资料 468。

### 1179. 法华禅林

佛教，佛，清代，外城南横街南堂子胡同，地一亩房十五间，无考。

维持会报告 201。北京寺庙历史资

料 472。

### 1180. 增寿寺

佛教，佛，辽代，外城南横街，地二亩三房三十八间，无考。

维持会报告 202。北京寺庙历史资料 464。北平庙宇通检外四区。

### 1181. 般若寺

佛教，佛，明代，外城西九道湾，地一亩九房四十五间，无考。

维持会报告 202。北京寺庙历史资料 463。

### 1182. 延寿寺（智泉寺、龙兴寺、普觉寺）

佛教，佛，东魏，外城西悯忠寺东，无存。

北京考古集成四 141 五 50。

### 1183. 龙泉寺（五台寺、张文襄公祠）

佛教/祠堂，张之洞，元代，外城西南下洼子龙爪槐 2 号，地五十五亩房二百三十五间另附属地房，龙泉小学区保。

维持会报告 202。今日北京 393。顺天府志 521。北京考古集成十四 186。燕都从考 660－662。析津志辑佚 72。

### 1184. 关帝庙

道教/佛教，关羽，清代，外城西留学路，地二亩半房十四间，无考。

维持会报告 202。燕都丛考 655。北京寺庙历史资料 452。

### 1185. 三元庵

佛教，佛，明代，外城西养羊胡同，地六分房九间，无考。

维持会报告 202。北京寺庙历史资料 436。

### 1186. 古佛寺

佛教，佛，明代，外城西储子营，地二亩一分房二十间，无考。

维持会报告 202。北京寺庙历史资料 432。

### 1187. 宏济寺

佛教，佛，清代，外城西红庙前街，地二亩房六十九间，无考。

维持会报告 202。北京寺庙历史资料 507。

### 1188. 清慈庵

佛教，佛，明代，外城南横街黑窑厂，地四亩房四十八间，无考。

维持会报告 202。北京寺庙历史资料 126－478。

### 1189. 福清寺（福庆寺）

佛教，佛，明代，外城西粉房琉璃街，地三亩九房六十一间，无考。

维持会报告 202。北京寺庙历史资料 522。

### 1190. 关帝庙

道教/佛教，关羽，明代，外城西阡儿路高庙胡同，地二亩房十二间，无考。

维持会报告 202。北京寺庙历史资料 516。

### 1191. 皂君庙（灶君庙）

道教/佛教，灶神，清代，外城虎坊路，地六分房十七间半，无考。

维持会报告 202。北京寺庙历史资料 515。

### 1192. 五圣庵

道教/佛教，五圣，清代，外城西阡儿胡同（路），地八亩八房七十三间，无考。

维持会报告 202。北京寺庙历史资料 513。

### 1193. 火神庙

道教／佛教，火神，清代，外城陶然亭北（窑台），地四亩二房五间，无考。

维持会报告 203。北京寺庙历史资料 527。

### 1194. 陶然亭

佛教，佛，辽代，外城陶然亭公园，合计七十二亩房八十五间，残迹。

维持会报告 3。北京寺庙历史资料 546。

### 1195. 花神庙

道教（家），花神，清代，外城陶然亭北（窑台），地一亩一房五间，无考。

维持会报告 203。北京寺庙历史资料 669。燕都丛考 660。

### 1196. 龙树寺

外城陶然亭公园，无存。
北京名园趣谈 178。

### 1197. 慈悲庵

佛教，佛，元代，外城陶然亭公园，残迹。

北京名园趣谈 183。

### 1198. 三门阁火神庙

道教／佛教，火神，清代，外城西窑台，地六厘房一间角楼一座，无考。

维持会报告 203。燕都丛考 660。北京寺庙历史资料 540。

### 1199. 通法寺（铜法寺）

佛教，佛，明代，外城西铜法寺，地五亩六房三十五间，无考。

维持会报告 202。燕都丛考 657。北京寺庙历史资料 513。

### 1200. 太岁庙

道教，值岁神，明代，外城西九道湾，地一亩三分房二十七间，无考。

维持会报告 220。北京寺庙历史资料 578。

### 1201. 吕祖庙（吕祖祠）

道教，吕洞宾，清代，外城西琉璃厂厂甸，南北九丈一东西七丈二房二十五间，无考。

维持会报告 220。北京寺庙历史资料 196。

### 1202. 真武庙

道教，真武帝，清代，宣武门外观音寺扁担胡同，地二亩四房五十二间，无考。

维持会报告 220。北京寺庙历史资料 182。

### 1203. 玄帝庙（玄帝观）

道教，玄武帝，明代，宣武门外骡马市大街，地六分一房七间半，无考。

维持会报告 220。北京寺庙历史资料 596。

### 1204. 三圣观

道教，三圣，明代，右安门内后身，地五亩房三十二间，无考。

维持会报告 221。北京寺庙历史资料 575。

### 1205. 万寿西宫（护国关帝庙）

道教，关羽吕，明代，右内盆儿胡同（彭光胡同），南向地一亩余房三十三间，部分残存区保。

维持会报告 221。今日北京 423。北京考古集成九 1268 十四 352－370。唐土名胜图会 88。北京寺庙历史资料 208

−581。

### 1206. 万寿宫（万寿东宫）

道教，右安门内万寿西宫之东，无存。

北京考古集成九 1268 十四 352 −370。

### 1207. 玉皇庙

道教，玉皇大帝，明代，外城西保安寺街，地八分房而十三间，无考。

北京寺庙历史资料 180。维持会报告 221。

### 1208. 灶君庙

道教，灶王神，宣外达智桥，地八分三房十间，无考。

维持会报告 221。北京寺庙历史资料 207。

### 1209. 道祖观

道教，吕洞宾，明代，宣外樱桃园，地八亩房五十七间，无考。

维持会报告 221。北京寺庙历史资料 595。

### 1210. 关帝庙

道教，关羽，西便门内杨道庙，地一亩六房十五间光绪归白云观，无存。

维持会报告 221。北京寺庙历史资料 201。

### 1211. 云居寺

佛教（家），佛，清代，前门外大街路西云居寺胡同，地八分九房二十一间，无考。

燕都丛考 493。北京寺庙历史资料 642。

### 1212. 正乙祠

祠堂，明代，和平门大街路东，清代戏楼存。

燕都丛考 495。

### 1213. 云峰寺

佛教，佛，前门外西河沿，无考。

燕都丛考 495。

### 1214. 火德真君庙

道教，火神，明代，前门外路西粮食店街，东西七丈六南北二丈二房九间，无考。

燕都丛考 496。北京寺庙历史资料 298。

### 1215. 真武庙

道教，真武帝，清代，外城西湿井胡同，房二十九间，无考。

燕都丛考 497。北京寺庙历史资料 328。

### 1216. 眼药庵（晋阳庵）

佛教，铜大士，唐代，西珠市口潘家河沿南口，铜大士像尉迟敬德监造，无考。

燕都丛考 498 − 659。帝京景物略 180。金中都图。

### 1217. 兴胜寺（兴盛寺、兴圣寺）

佛教，佛，明代，琉璃厂南，南向有铜钟，无考。

燕都丛考 504 − 525。

### 1218. 北火神庙

道教，火神，明代，前门大街廊坊头条，无考。

燕都丛考 501。

### 1219. 大宏庙

外城西杨梅竹斜街，无考。

燕都丛考 502。

1220. **娘娘庙**

道教，娘娘，外城西香炉营胡同六条，无考。

燕都丛考502。

1221. **海北寺（海波寺）**

佛教，佛，外城西海北寺街，无考。

燕都丛考502－504－508－507。

1222. **永光寺**

佛教，佛，明代，外城西永光寺东街，元大万寿寺旧址，无考。

燕都丛考502－506。北京名胜古迹辞典206。

1223. **大隐庵（大隐禅林、余姚乡祠）**

佛教，佛，明代，外城西西河沿，无考。

燕都丛考503。

1224. **永兴寺**

佛教，佛，明代，外城西柳巷，无考。

燕都丛考503。

1225. **龙王庙**

道教（家），龙王，清代，外城西青灰厂前街，东西三丈五南北五丈八房七间有潭，无考。

燕都丛考506。北京寺庙历史资料337。

1226. **饭子庙**

道教，山土龙财关杨文等神，清代，外城西樱桃斜街，边长不等房十五间坟地二亩，无考。

燕都丛考509。

1227. **小马神庙**

道教，马神，外城西小椿树胡同，无考。

燕都丛考512。

1228. **大马神庙**

道教，马神，外城西小椿树胡同，无考。

燕都丛考509－512。

1229. **六圣祠**

道教，六圣，外城西小椿树胡同，无考。

燕都丛考509－512。

1230. **财神馆**

道教，财神，宣外大街福建会馆，私人财神庙，菜市口中学存部分殿址。

燕都丛考564。北京的会馆89－90。

1231. **头庙（关庙）**

道教，关羽三皇，明代，宣外达智桥北，古迹轩辕门额，无考。

燕都丛考564－569－571。

1232. **二庙（孔雀寺）**

佛教，宣外大耳胡同（孔雀胡同），无考。

燕都丛考564－571。

1233. **三庙（山右三忠祠）**

祠堂，张铨、高邦佐、何廷魁，明代，宣外上斜街，今山西会馆。

燕都丛考564－571。

1234. **先贤祠（观善堂）**

祠堂，东坡木主，宣外芝麻街，无考。

燕都丛考575。

1235. **灶君庙**

道教，灶君，宣外玉虚观至三合殿一带，八月初一到初三开市，无考。

燕都丛考584。

1236. **准提庵**

佛教，佛，广安门大街之南，无考。

燕都丛考598。

### 1237. 道士观（元长生观）

道教，元代，牛街路西石羊胡同南，丘处机门第崇德创建，无考。

燕都丛考 599－600。

### 1238. 天齐庙

道教，广安门大街之南箭杆胡同，无考。

燕都丛考 613。

### 1239. 延旺庙（阎王庙）

道教，文武二帝，外城西南横街驴驹胡同，旧关帝庙，无考。

燕都丛考 624－630。

### 1240. 关帝庙

道教，关羽，外城西大川淀，无考。

燕都丛考 631。

### 1241. 龙王庙

道教，龙王，外城西大川淀，无考。

燕都丛考 630。

### 1242. 五圣祠

五圣，外城西大川淀，无考。

燕都丛考 631。

### 1243. 土地庙

道教，土地神，外城西蔡家胡同，无考。

燕都丛考 631。

### 1244. 福禄庵

道教，外城西蔡家胡同，无考。

燕都丛考 631。

### 1245. 华严寺（圣贤庵）

佛教，外城西盆儿胡同，无考。

燕都丛考 632。

### 1246. 祖师庙

右内之西印刷厂边，无考。

燕都丛考 635。

### 1247. 昙花寺

外城西枣林街西，无考。

燕都丛考 635。

### 1248. 五道庙

道教，道教五道将军，外城西枣林街西，无考。

燕都丛考 635。

### 1249. 三官庙

道教，天地水官，外城西枣林街西，无考。

燕都丛考 635。

### 1250. 天仙庵

七仙女，外城西第一监狱附近，无考。

燕都丛考 635。

### 1251. 大清观

道教，外城西三教寺附近，无考。

燕都丛考 635。

### 1252. 右安寺

右安门内路东，无考。

燕都丛考 635。

### 1253. 白虎庙

道教，白虎，外城西北部昊天寺北，无考。

析津志辑佚 57。

### 1254. 高庙（关庙）

道教，关羽，右安门内双桥之北，无考。

燕都丛考 635。

### 1255. 灵官庙

道教，道教护法神灵官，宣外上斜街，无考。

燕都丛考 569。

### 1256. 谢叠山祠（谢文节祠）

祠堂，南宋诗人谢叠山，宣外西砖

胡同（法源寺后街），余二层小楼区保。

燕都丛考 604。宣武区地名志 99。

### 1257. 三教寺（玉皇庙）

道教，玉皇文昌诸葛雷神等，明代，外城西盆儿胡同，西向正殿左右殿后殿，无考。

燕都丛考 632。北京历史地图集 76。

### 1258. 清泉庵

外城西蜡烛胡同西，无考。

燕都丛考 657。

### 1259. 佑圣寺

佛教，明代，永定门西北角，南北七丈九东西二十一丈四十六间，新茸部分。

燕都丛考 641。北京寺庙历史资料 146。

### 1260. 四圣庙

四圣，珠市口西南，无考。

北京历史地图集 77。

### 1261. 观音庵

佛教，观音，外城西珠市口锥子胡同南，无考。

燕都丛考 653。

### 1262. 双五道庙

道教，五道将军，清代，外城西万明路东，东西二丈五南北不等，无考。

燕都丛考 655－656。北京寺庙历史资料 382。

### 1263. 四神庙

道教，二郎吕祖关福禄寿禧，外城西万明路东，无考。

燕都丛考 656。

### 1264. 西四圣庙

外城西虎坊路口西南，无考。

北京历史地图集 77。

### 1265. 高庙

外城西虎坊路口西，无考。

燕都丛考 657。

### 1266. 地藏庵

佛教，地藏菩萨，外城西虎坊路东高庙南，无考。

燕都丛考 657。

### 1267. 崇兴寺

佛教，佛，明代，外城西骡马市大街，敕建，无考。

燕都丛考 657－659。

### 1268. 响鼓庙

明代，外城西骡马市大街崇兴寺南，高地长半亩前后殿各三楹，无考。

燕都丛考 657－659。

### 1269. 弥陀庵

佛教，弥陀佛，外城西潘家河沿，地一亩四房二十间，无考。

燕都丛考 659。

### 1270. 板井高庙

道教，关羽，外城西潘家河沿南口，无考。

燕都丛考 660。

### 1271. 劈炉庵

外城西贾家胡同东南，无考。

燕都丛考 660。

### 1272. 灵佑宫

外右五区警察署，外城西香厂路南，无考。

燕都丛考 656。

### 1273. 东岳庙

道教，东岳大帝 72 司，明代，外城西南下洼子，无考。

燕都丛考 657。

### 1274. 城隍庙（江南城隍庙都城隍庙）

道教，城隍，明代，外城南下洼南横街东口，庙前有喜轿清明中元十一开放，无考。

燕都丛考 658。

### 1275. 铁牛大力神庙

外城金施仁门内东南，无存，

析津志辑佚 54。

### 1276. 杜康庙

道教，杜康像，外城西北西大巷，设酒门，无存。

析津志辑佚 54。

### 1277. 资圣寺

外城西北部，无考。

析津志辑佚 54。

### 1278. 岳庙（元代枝庙）

道教，外城西南金阳春门附近，无考。

析津志辑佚 54。

### 1279. 岳庙

道教，东岳大帝，外城西部元长春宫之东，无考。

析津志辑佚 54。

### 1280. 岳庙

道教，东岳大帝，外城西太庙寺西，无考。

析津志辑佚 54。

### 1281. 小东岳庙

道教，东岳大帝，外城西大栅栏西，无考。

燕都丛考 249。

### 1282. 太庙寺

外城西部，无考。

析津志辑佚 54。

### 1283. 米市胡同清真寺

伊斯兰教，真主，外城西米市胡同，无考。

北京的宗教 271。

### 1284. 清真女寺

伊斯兰教，真主，民国，外城西牛街寿刘胡同，改幼儿园。

维持会报告 225。北京的宗教 270。

### 1285. 牛街清真寺

伊斯兰教，真主，外城西牛街，完好。

维持会报告 225。今日北京 418。北京考古集成六 5851 九 1240－1251 十四 329。

### 1286. 礼拜寺

伊斯兰教，真主，宣外大街，无考。

维持会报告 225。

### 1287. 天桥清真寺

伊斯兰教，真主，民国，外城西天桥，无考。

维持会报告 226。北京的宗教 271。

### 1288. 笤帚胡同清真寺

伊斯兰教，真主，明代，前门外笤帚胡同，无考。

维持会报告 227。

### 1289. 羊肉胡同礼拜寺

伊斯兰教，真主，前门外羊肉胡同，无考。

燕都丛考 501。

### 1290. 美以美会福音堂

基督教，基督，外城西珠市口，东

向三层楼，完好。

维持会报告 231。

### 1291. 美以美会福音堂

基督教，基督，外城西宣武门外，
无考。

维持会报告 231。

### 1292. 美以美会福音堂

基督教，基督，外城西白纸坊，
无考。

维持会报告 231。

### 1293. 美以美会福音堂

基督教，基督，外城西永定门，
无考。

维持会报告 231。

### 1294. 美以美会福音堂

基督教，基督，外城西小沙土园，
无考。

维持会报告 232。

### 1295. 梓潼帝君庙（祖庙）

祖宗，外城西旧湛（仙）露坊北，
无存。

析津志辑佚 56。

### 1296. 武成王庙

祠堂，外城西金富义坊，无考。
金中都图。

### 1297. 清白神庙

道教，章庙幕官，外城西圣安寺之
东，无存。

析津志辑佚 57。

### 1298. 楼梓大王庙

外城西天宝宫前，无存。

析津志辑佚 57。

### 1299. 崔府君庙

外城西南部春台坊火巷街南，无存。

析津志辑佚 57。

### 1300. 白马神君庙（白马神
居庙）

道教，慕容氏白马，金旧城东部路
北，无存。

析津志辑佚 57。金中都辽南京图。
金中都图。

### 1301. 三灵侯庙

道教

外城西天宝宫西，无存。

析津志辑佚 57。金中都辽南京图金
中都图。

### 1302. 太师梁忠烈王祠堂

祠堂，梁宗弼，外城西太虚观附近，
无存。

析津志辑佚 62。

### 1303. 归义寺

佛教，唐代，外城西时和坊，无存。

析津志辑佚 67。金中都辽南京图金
中都图。北京考古集成五 51。

### 1304. 绵山寺

佛教，外城西悯忠寺西，无存。

析津志辑佚 67。

### 1305. 报先寺

佛教，辽代，辽金旧城内，无存。

析津志辑佚 67。

### 1306. 延洪寺（延洪禅寺）

佛教，唐代，辽拱辰门金崇智门内，
无存。

析津志辑佚 68。金中都城图辽南
京图。

### 1307. 圣恩寺（大悲阁）

佛教，唐代，辽金旧城内，无存。

析津志辑佚 69。北京历史地图集 24

金中都城金中都辽南京图。

### 1308. 弘法寺

佛教，金代，辽金旧城内，无存。

析津志辑佚68。北京历史地理图集24 金中都城。北京考古集成五52。

### 1309. 兴禅寺

佛教，外城悯忠寺西圣安寺东，无考。

析津志辑佚68－73。

### 1310. 崇仁寺

佛教，外城旧玉田坊，无考。

析津志辑佚69。

### 1311. 崇孝寺

佛教，外城西金东华门外，无考。

析津志辑佚69。金中都辽南京图金中都图。

### 1312. 驻跸寺

佛教，唐代，外城西敬客坊双庙北街东，无考。

析津志辑佚70。金中都辽金图。北京考古集成五52。

### 1313. 双庙

佛教，外城西敬客坊驻跸寺南，无考。

析津志辑佚70。

### 1314. 宝集寺

佛教，唐代，外城旧披云楼对巷五十武，无考。

析津志辑佚70。

### 1315. 崇国寺

佛教，唐代，南城大悲阁北，无考。

析津志辑佚72。金中都金中都图。

### 1316. 天王寺（今天宁寺）

佛教，辽，南城黄土坡上，有塔，

天宁寺部分存。

析津志辑佚72。金中都辽南京图。

### 1317. 玉虚宫

南城仙露坊，无考。

北京历史地图集24。

### 1318. 仙露寺（万寿寺支院）

佛教，唐代，南城仙露坊，无考。

析津志辑佚72。北京历史地图集24。金中都辽金图。北京考古集成五51。

### 1319. 胜严寺

佛教，南城春（金）台坊，无考。

析津志辑佚72。金中都金中都图。

### 1320. 仰山寺

佛教，辽代，南城竹林寺西，无存。

析津志辑佚72。金中都图。

### 1321. 竹林寺

佛教，佛，辽代，南城金代显忠坊，无存。

析津志辑佚73。金中都图。北京考古集成五50。

### 1322. 荐福寺

佛教，南城金彰义门内，无存。

析津志辑佚73。金中都图。

### 1323. 宝塔寺

佛教，南城竹林寺西北，无存。

析津志辑佚73。金中都图。

### 1324. 大崇恩福元寺（南镇寺）

佛教，海山，元代，大都城南，无考。

网：元大都敕建佛寺分布特点及建筑模式。

### 1325. 刘便宜祠堂

祠堂，刘仲录，白云观西北隅，无考。

析津志辑佚 61。

### 1326. 紫金寺（庆寿寺支院）

佛教，彰义门内西北，无考。

析津志辑佚 73。北京历史地图集 24。金中都图。

### 1327. 胜因寺

佛教，南城四隅头苜蓿苑，无考。

析津志辑佚 73。

### 1328. 崇教寺

佛教，南城大悲阁南，无考。

析津志辑佚 76。

### 1329. 崇国寺

佛教，南城大悲阁北，无考。

析津志辑佚 76。金中都图。

### 1330. 清安寺

佛教，南城清国寺东庆堂，无考。

析津志辑佚 76。

### 1331. 殊胜寺

佛教，南城金光泰门稍南，无考。

析津志辑佚 76。

### 1332. 渤海寺

佛教，南城西华潭西，无存。

析津志辑佚 76。金中都图。

### 1333. 弥陀寺

佛教，南城玉虚观北，无考。

析津志辑佚 76。

### 1334. 奉福寺

佛教，北魏，南城彰义门内之南，无存。

金中都图。北京考古集成五 52。

### 1335. 罗汉寺

佛教，南城奉福寺东，无存。

析津志辑佚 76。

### 1336. 法光寺

佛教，南城竹林寺东街北，无考。

析津志辑佚 76。金中都图。

### 1337. 福圣寺（潭水院）

佛教，金代，南城右街，无考。

析津志辑佚 76。

### 1338. 普安寺

佛教，南城彰义门内开远坊，无考。

析津志辑佚 77。

### 1339. 净垢寺

佛教，南城美俗坊，无考。

析津志辑佚 77。

### 1340. 持精寺

佛教，南城春台坊东局之南，无考。

析津志辑佚 77。

### 1341. 观音寺

佛教，南城天寿寺西，无考。

析津志辑佚 77。

### 1342. 天寿寺

佛教，南城开阳坊阁街之东，无考。

析津志辑佚 78。

### 1343. 毗卢寺

佛教，南城开阳坊天寿寺西，无考。

析津志辑佚 77。

### 1344. 万佛兴化寺

佛教，南城天寿寺西北，无考。

析津志辑佚 78。

### 1345. 宝喜寺

佛教，南城披云楼东街西，无考。

析津志辑佚 77。

### 1346. 九圣寺

佛教，南城光泰门附近殊胜寺后，无考。

析津志辑佚 77。

## 1347. 永宁寺

佛教，南城殊胜寺东北，无考。

析津志辑佚 77。

## 1348. 三觉寺

佛教，辽代，南城天庆寺东，无考。

析津志辑佚 78。

## 1349. 昭庆寺

佛教，南城天庆寺西，无考。

析津志辑佚 77。

## 1350. 心宝寺

佛教，南城弥陀寺东，无考。

析津志辑佚 77。

## 1351. 诏庆寺（石檀寺）

佛教，南城东施仁门外，无考。

析津志辑佚 78。

## 1352. 关帝庙

道教，关羽，明代，前门脸西侧，无存。

维持会报告 220。

## 1353. 西祥寺

佛教，南城仙露坊，无考。

析津志辑佚 84。

## 1354. 修真院

金代，南城靠阳西坊，无考。

析津志辑佚 852。金中都图。

## 1355. 兴教院（头陀妙真院）

佛教，南城铁牛坊，无考。

析津志辑佚 85。

## 1356. 肃清院

佛教，南城卢龙坊，无考。

析津志辑佚 86。

## 1357. 下生院（下生寺）

佛教，南城仙露坊东，无考。

析津志辑佚 86。金中都图。

## 1358. 武安王庙

南城阳春门东官窑厂南，无考。

析津志辑佚 57。

## 1359. 武安王庙

南城彰义门内黑楼子街，无考。

析津志辑佚 57。

## 1360. 武安王庙

南城开远坊，无考。

析津志辑佚 57。

## 1361. 魏家道院

道教，南城曲荷坊，无考。

析津志辑佚 86。金中都图。

## 1362. 延福院

南城咸宁坊，无考。

析津志辑佚 87。

## 1363. 妙真院

南城铁牛坊，无考。

析津志辑佚 87。

## 1364. 释伽院

佛教，南城咸宁坊，无考。

析津志辑佚 87。

## 1365. 西禅院

佛教，南城春台坊，无考。

析津志辑佚 87。

## 1366. 善化院

南城美俗坊，无考。

析津志辑佚 87。

## 1367. 居坚院

南城美俗坊，无考。

析津志辑佚 87。

## 1368. 丹阳观

道教，南城周桥西南，无考。

析津志辑佚 87。

## 1369. 天长观

道教，南城归义寺南，无考。

析津志辑佚 87。金中都图。

## 1370. 崇元观

道教，南城春台坊，无考。

析津志辑佚 87。金中都图。

## 1371. 玉阳观

道教，南城敬客坊，无考。

析津志辑佚 87。

## 1372. 洞神观

道教，南城南巡院西北，无考。

析津志辑佚 88。金中都图。

## 1373. 清逸观

道教，南城周桥之西延庆寺西北，无考。

析津志辑佚 88。

## 1374. 宁真观

道教，南城正南礼乐坊渤海寺西，无考。

析津志辑佚 88。

## 1375. 静远观

道教，南城荐祠寺南，无考。

析津志辑佚 88。金中都图。

## 1376. 玉华观

道教，南城西堂西北，无考。

析津志辑佚 88。

## 1377. 固本观

道教，南城长春宫之南开远坊，无考。

析津志辑佚 88。金中都图。

## 1378. 东阳观（左府宅）

道教，南城西营之北，无考。

析津志辑佚 88。金中都图。

## 1379. 清都观

道教，南城太庙寺之西，无考。

析津志辑佚 89。

## 1380. 清真观

道教，南城奉先坊，无考。

析津志辑佚 89。

## 1381. 清本观

道教，南城长春宫东南，无考。

析津志辑佚 89。金中都图。

## 1382. 长生观

道教，南城金丰宜门，无考。

析津志辑佚 89。金中都图。

## 1383. 崇玄观

道教，南城施仁门北水关北，无考。

析津志辑佚 90。金中都图。

## 1384. 昭明观

道教，南城皇城内，金昭明宫旧址，无考。

析津志辑佚 90。

## 1385. 清和观

道教，南城敬客坊南至元寺西，无考。

析津志辑佚 90。

## 1386. 至元寺

佛教，南城敬客坊，无考。

析津志辑佚 90。

## 1387. 葆光观

道教，南城圣安寺东北，无考。

析津志辑佚 90。

## 1388. 重阳观

道教，南城奉佛寺西，无考。

析津志辑佚 90。

## 1389. 清虚观

道教，南城大悲阁前上沙地，无考。

### 1390. 云阳观

道教，南城西华潭西，无考。

析津志辑佚 90。

### 1391. 披云观

道教，南城大悲阁西南，无考。

析津志辑佚 90。

### 1392. 灵虚观

道教，南城悯忠寺前，无考。

析津志辑佚 90。金中都图。

### 1393. 延寿观

道教，南城云仙台西，无考。

析津志辑佚 90。

### 1394. 碧虚观

道教，南城玉虚观西南，无考。

析津志辑佚 91。

### 1395. 玉清观

道教，南城黄土坡南尽头，无考。

析津志辑佚 9。

### 1396. 修真观

道教，南城楼子庙近北西开阳坊，无考。

析津志辑佚 91。金中都图。

### 1397. 紫峰观

道教，南城延寿寺后，无考。

析津志辑佚 91。

### 1398. 五岳观

道教，南城文庙西北，无考。

析津志辑佚 91。

### 1399. 昊天观

道教，南城云仙台下，无考。

析津志辑佚 91。

### 1400. 冲和观

道教，南城顺承门外，无考。

### 1401. 弘阳观

道教，南城大悲阁西，无考。

析津志辑佚 92。金中都图。

### 1402. 棲真观

道教，南城大悲阁西南，无考。

析津志辑佚 92。

### 1403. 紫虚观

道教，南城阳春门内，无考。

析津志辑佚 92。金中都图。

### 1404. 洞真观

道教，南城烟霞观东南，无考。

析津志辑佚 92。

### 1405. 烟霞观

道教，南城洞真观西北，无考。

析津志辑佚 92。

### 1406. 玉华观

道教，南城会城门内，无考。

析津志辑佚 92。金中都图。

### 1407. 守静庵

佛教，南城周桥西，无考。

析津志辑佚 92。

### 1408. 大顺庵

佛教，南城周桥西，无考。

析津志辑佚 92。

### 1409. 弥陀庵

佛教，南城，无考。

析津志辑佚 92。

### 1410. 不二庵

佛教，南城，无考。

析津志辑佚 92。

### 1411. 白云宫

道教，南城长春宫东南，无考。

析津志辑佚 92。

### 1412. 太清宫

道教，南城东太保，无考。

析津志辑佚93。

### 1413. 广福宫（广福院）

道教，南城，无考。

析津志辑佚93。金中都图。

### 1414. 崇仙宫（女冠众）

道教，顺宗皇帝影像，南城长春宫东南，无考。

析津志辑佚93。

### 1415. 太和宫

道教，南城天师（崇祯）宫北，无考。

析津志辑佚93。

### 1416. 延祥观

道教，南城南巡警院东，无考。

析谨志辑佚92。

### 1417. 遇真观

道教，南城兵马司后，无考。

析津志辑佚92。

### 1418. 通真观

道教，南城南兵马司北，无考。

析津志辑佚92。

### 1419. 通玄观

道教，南城遇真观北，无考。

析津志辑佚92。

### 1420. 保安观

道教，南城南院之东，无考。

析津志辑佚92。

### 1421. 妙真庵

南城周桥西，无考。

析津志辑佚92。

### 1422. 南庵

南城周桥西，无考。

析津志辑佚92。

### 1423. 玉华庵

南城丽泽门内，无考。

金中都图。

### 1424. 太极宫

南城会城门内，无考。

金中都图。

### 1425. 真常观

道教，南城会城门内之东，无考。

金中都图。

### 1426. 玄真观

道教，南城真常观南，无考。

金中都图。

### 1427. 药师寺

南城彰义门内皇城北，无考。

金中都图。

### 1428. 大万安禅寺

佛教，南城延庆坊，无考。

金中都图。

### 1429. 清胜寺

佛教，南城皇城西南，无考。

金中都图。

### 1430. 大开泰寺

佛教，辽代，南城通玄门内，无存。

金中都图。北京考古集成五52。

### 1431. 大昊天寺

佛教，佛，辽代，南城棠阴访，地百顷塔六檐八角高二百余尺，无存。

金中都图。北京考古集成五50。

### 1432. 寿圣寺

佛教，南城东甘泉坊，无考。

金中都图。

### 1433. 灵泉禅院

佛教，南城棠阴坊，无考。

### 1434. 宝应寺

佛教，唐代，南城金皇城西北（干面胡同），无考。

金中都图。北平庙宇通检外四区。

### 1435. 十方万佛兴化院

佛教，南城丰宜门内之东，无考。

金中都图。

### 1436. 兴德宫

南城光泰门内之西，无考。

金中都图。

### 1437. 万寿寺

佛教，南城门内之北，无考。

金中都图。

### 1438. 大万寿寺

佛教，世宗章宗后御容，金代，南城光泰门街之东，寺内佛，无考。

金中都图。析津志辑佚69。

### 1439. 三学寺

佛教，辽代，南城康乐坊，无考。

金中都图。北京考古集成五52。

### 1440. 延寿宫

南城铜马坊铁牛坊之间，无考。

金中都图。

### 1441. 法宝寺

佛教，南城宣曜门内内路南，无考。

金中都图。

### 1442. 明远庵

佛教，南城西开阳坊，无考。

金中都图。

### 1443. 天宝宫

南城东开阳坊，无考。

金中都图。

### 1444. 大觉寺

佛教，南城东河渠坊，无考。

金中都图。

### 1445. 先农坛

祭坛，外城西永定门大街西，存。

顺天府志119。

### 1446. 神祇坛

祭坛，外城西先农坛内，存。

顺天府志120。

### 1447. 旗纛庙

外城神祇坛内，存。

顺天府志134。

### 1448. 从容庵

佛教，金元之际，旧燕京城内，无考。

帝京景物略179。

### 1449. 金太庙（皇家庙）

金代，外城西中都城内，巨阀于内城南千步廊，无存。

顺天府志122。

### 1450. 金社稷坛

祭坛，金代，外城西，四周垣南门三间内垣开四门，无存。

顺天府志122。

### 1451. 永寿寺

伊斯兰教，明代，宣武门外教子胡同，无存。

北京的宗教231。

### 1452. 火祖庙（火神庙）

道教，火神，明代，琉璃厂，无考。

北平庙宇通检外二区。

### 1453. 火神庙（火神）

清代，李纱帽胡同火神庙夹道，无存。

北平庙宇通检外二区。

### 1454. 正觉寺

佛教，佛，清代，西草场 89 号，无存。

北平庙宇通检外二区。

### 1455. 仁威观

道教，明代，琉璃厂火神庙西，无考。

北平庙宇通检外二区。

### 1456. 圆通庵（圆通寺）

佛教，佛，棉花胡同五条裘家街，无考。

北平庙宇通检外二区。

### 1457. 地藏庵

佛教，地藏菩萨，西河沿排子胡同，无考。

北平庙宇通检外二区。

### 1458. 明教寺

佛教，佛，阎王庙前街，无考。

北平庙宇通检外二区。

### 1459. 闻喜庵

佛教，佛，赶驴市，无考。

北平庙宇通检外二区。

### 1460. 真武殿

道教，真武帝，琉璃厂西，无考。

北平庙宇通检外三区。

### 1461. 一茎庵

西便门内，无考。

北平庙宇通检外四区。

### 1462. 七圣庙

道教，七圣，广安门内南菜园，无考。

北平庙宇通检外四区。

### 1463. 七圣庙

道教，七圣，烂漫胡同内箭杆胡同，无考。

北平庙宇通检外四区。

### 1464. 小圣安寺

佛教，佛，唐代，白纸坊，无考。

北平庙宇通检外四区。

### 1465. 水月庵

佛教，佛，烂漫胡同，无存，北平庙宇通检外四区。

### 1466. 永乐寺

佛教，佛，右安门内姚家井，无考。

北平庙宇通检外四区。

### 1467. 永庆寺（圣安寺下院）

佛教，佛，教子胡同2号，无考。

北平庙宇通检外四区。

### 1468. 玉虚观

道教，金代，玉虚观，无考。

北平庙宇通检外四区。

### 1469. 白马寺

佛教，佛，隋代，南横街西口外，无考。

北平庙宇通检外四区。

### 1470. 火神庙

道教，火神，明代，百马寺坑，无考。

北平庙宇通检外四区。

### 1471. 妙光阁

下斜街一茎庵后，无考。

北平庙宇通检外四区。

### 1472. 张公祠

祠堂，张文达，盆儿胡同，无考。

北平庙宇通检外四区。

**1473. 接待寺**

佛教，佛，达智桥，无考。

北平庙宇通检外四区。

**1474. 广德寺（大悲阁）**

佛教，佛，唐代，斜街口，无考。

北平庙宇通检外四区。

**1475. 都土地庙（旧老君堂〈金〉）**

道教，土地爷，明代，下斜街，
无考。

北平庙宇通检外四区。

**1476. 圆通观**

道教，南横街西口外，无存。

北平庙宇通检外四区。

**1477. 新寺**

佛教，佛，宣外宣南坊，无考。

北平庙宇通检外四区。

**1478. 碧霞元君庙**

道教，碧霞元君，宣外宣南坊，
无考。

北平庙宇通检外四区。

**1479. 赵公祠**

祠堂，法源寺前街，无考。

北平庙宇通检外四区。

**1480. 海庆庵（朝庆禅林）**

佛教，佛，达智桥 10 号，无考。

北平庙宇通检外四区。

**1481. 畿辅先哲祠**

祠堂，历代忠义，清代，下斜街，
无考。

北平庙宇通检外四区。

**1482. 静宁寺**

佛教，佛，法源寺左近处，无考。

北平庙宇通检外四区。

**1483. 仁寿寺**

佛教，佛，先农坛后崔家井，无考。

北平庙宇通检外五区。

**1484. 斗姥宫**

道教，清代，先农坛西，无考。

北平庙宇通检外五区。

**1485. 晋阳寺**

佛教，佛，潘家河沿，无考。

北平庙宇通检外五区。

**1486. 晋太高庙**

南堂子晋太高庙，无考。

北平庙宇通检外五区。

**1487. 都城隍庙**

道教，城隍，清代，宣外城隍庙街，
无考。

北平庙宇通检外五区。

**1488. 真武庙**

道教，真武帝，明代，先农坛西，
无考。

北平庙宇通检外五区。

**1489. 太岁坛**

祭坛，先农坛内，存，北平庙宇通
检外五区。

**1490. 地祇坛**

祭坛，先农坛内，北平庙宇通检外
五区。

**1491. 山川坛（俗称先农坛）**

祭坛，明代，永定门大街路西，存。

北平庙宇通检外五区。

**1492. 地藏庵**

佛教，地藏菩萨，外西太平巷南，
无存。

北平庙宇通检外五区。

**1493. 关帝庙**

道教，关羽，黑窑场南口，无存。

北平庙宇通检外五区。

**1494. 关帝庙**

道教，关关羽，安国寺街，无存。

北平庙宇通检外五区。

# 东郊部分

**1495. 普陀寺**

佛教，佛，东便门桥北，无考。

燕都丛考 545。

**1496. 普惠生祠（魏忠贤生祠）**

祠堂，魏忠贤，明代，东坝马坊，29 所黄琉璃瓦殿九重金身像，无考。

北京考古集成八 991。

**1497. 关帝庙**

道教，关羽药王财神，明代，广渠门外十里河，地十七丈七见方房二十三间，无考。

北京考古集成九 1268。北京寺庙历史资料 59。

**1498. 天妃宫（天妃庙灵慈宫佑圣延寿宫）**

道教，天妃娘娘，元代，朝外西口路南河边，东岳庙下院无存。

北京考古集成十四 352。顺天府志 528。唐土名胜图会 93。

**1499. 太阳宫**

道教，太阳神（大明神），清代，东直门外太阳宫村，无存。

朝阳区地名志 449。网。

**1500. 韦公寺（韦公庄）**

明代，左外弘善寺村，风景美范围大敕建，无考。

今日北京 403。

**1501. 隆寿寺**

佛教，佛，明代，朝阳门外小亮马桥，东西六丈南北十丈房九间，无存。

今日北京 409。顺天府志 508。唐土名胜图会 93。

**1502. 勤襄公祠**

祠堂，勤襄佟图赖及夫人，清代，朝阳门外，无考。

顺天府志 176。

**1503. 华光寺**

佛教，佛，明代，东直门外之北，有碑记，无考。

顺天府志 527。

**1504. 灵应寺**

佛教，佛，明代，东直门外之北华光寺南，无考。

顺天府志 527。

**1505. 长庆寺**

佛教，佛，元代，朝阳门外，传有龙绕树飞后皮落，无考。

顺天府志 528。

**1506. 最胜寺**

佛教，佛，明代，朝外东坝，无考。

顺天府志 528。

**1507. 双林寺**

佛教，佛，东便门外循河五里处，无考。

顺天府志 528。

**1508. 广惠寺**

佛教，佛，明代，东便门外，大雄天王伽蓝钟鼓楼长廊山门，无考。

顺天府志 528。

### 1509. 观音庵

佛教，观音，明代，东便门外，无考。

顺天府志 529。

### 1510. 睿亲王祠

祠堂，睿忠亲王及福晋，清代，朝阳门外，大门三间正五东西各三绿瓦，无考。

顺天府志 173。

### 1511. 酒仙庙

道教，酒神，朝阳酒仙桥坝河旧河道旁，无存，朝阳区地名志 49。

### 1512. 娘娘行宫（东顶孤榆树庙）

道教，碧霞元君，明代，东直门外三里行宫庙，地五亩房三十间四月十八庙会，无存。

今日北京 438。北京寺庙历史资料 580。维持会报告 221。京华古迹寻踪 93－95。北京考古集成 349。

### 1513. 土地庙

道教，土地，清代，朝外大桥东路北，地一亩八房六间，无考。

维持会报告 221。北京寺庙历史资料 580。

### 1514. 观音阁

佛教/道教，观音，明代，东便门外九龙山，地一亩六附属顷多房十八间，无考。

维持会报告 221。北京寺庙历史资料 189－581。

### 1515. 慈尊十八狱庙（十八层地狱庙）

道教，清代，朝外路南，地八亩七房一百一十六间，无考。

维持会报告 222。北京风俗地图（1936）。北京寺庙历史资料 585。

### 1516. 天仙宫（东岳庙下院）

道教，催生送子眼光及它神，明代，朝外大街路南，地三亩三房五十五间，88 年彻底拆除。

维持会报告 222。北京寺庙历史资料 584。北京考古集成十四 353。

### 1517. 东岳庙

道教，东岳大帝，元代，朝外大街路北，中东西三路南向九十一亩三百七十二间元代，完好国保。

维持会报告 222。今日北京 434。北京考古集成九 1273 十四 356－366－358。顺天府志 156。北京寺庙历史资料 584。

### 1518. 九天宫（九天普化宫）

道教，雷公电母等，明代，朝外大街路北东岳庙东，地十三亩二房五十二间半，大殿存区保。

维持会报告 222。京华古迹寻踪 205。北京考古集成 352。北京寺庙历史资料 588。

### 1519. 玉皇庙

道教，玉皇大帝，明代，东外麦子店，地及附属十四亩房九十六间，无存。

维持会报告 223。北京寺庙历史资料 589。

### 1520. 地母庙

道教，地母娘娘，明代，东郊菱角坑（朝外北大街），地一亩房七间，原存殿 5 配房 3 间民居区保。

维持会报告 223。北京寺庙历史资料 592。朝阳区地名志 748。

### 1521. 天仙庙

道庙/佛教，天仙，明代，东外驼房

营五条，地一亩七房二十二间，无考。

维持会报告 203。北京寺庙历史资料 661。

### 1522. 朝阳寺

佛教，佛，明代，东外东中街，东西十三丈南北十一丈房十二间，无考。

维持会报告 203。北京寺庙历史资料 66。

### 1523. 真武庙

道教/佛教，真武帝，清代，朝外单店村，地四亩九房十八间，存正殿三东西耳各三间区保。

维持会报告 203。北京寺庙历史资料 78－431。朝阳区地名志 437。

### 1524. 弥陀寺

佛教，弥陀佛，明代，朝外吉市口七条，地七丈五见方房六十间另有空地，无考。

维持会报告 203。北京寺庙历史资料 514。

### 1525. 般若寺

佛教，佛，明代，朝外下四条，地四亩二房三间，无考。

维持会报告 203。北京寺庙历史资料 531。

### 1526. 岳王庙

道教/佛教，岳飞，清代，朝外单店村，地二分房一间，无考。

维持会报告 203。北京寺庙历史资料 531。

### 1527. 普济寺

佛教，佛，清代，朝外石佛营，地十亩房三十间耕四亩坟十七亩，无考。

维持会报告 203。北京寺庙历史资

料 530。

### 1528. 龙王庙

道教/佛教，龙王，明代，东便门外二间房，地一亩六房二十三间，无考。

维持会报告 204。北京寺庙历史资料 527。

### 1529. 朝阳庵

佛教，佛，明代，朝外高碑店，地三亩七附二十二亩房四十八间，无考。

维持会报告 204。北京寺庙历史资料 524。

### 1530. 关帝庙

道教/佛教，关羽，清代，东外东坝镇，地六亩房十五间，无考。

维持会报告 204。北京寺庙历史资料 57。

### 1531. 关帝庙

道教/佛教，关羽，东直门外驼房营，南北十七丈东西十丈房十三间，无考。

维持会报告 204。北京寺庙历史资料 57。

### 1532. 关帝庙

道教/佛教，关羽，东外九仙桥，南北六丈东西八丈房十四间，无考。

维持会报告 204。北京寺庙历史资料 57。

### 1533. 关帝庙

道教/佛教，关羽，清代，东便门外二闸村，南北四丈三东西五丈一房七间另有地，无考。

维持会报告 204。北京寺庙历史资料 56。

### 1534. 关帝庙

道教/佛教，关羽，东直门外二贝子

坟，南北十一丈五东西六丈五房一间另地，无考。

维持会报告 204。北京寺庙历史资料 56。

### 1535. 三界伏魔庵

道教/佛教，关羽，明代，广渠门外官庄村，地十一亩三房二十七间，无考。

维持会报告 204。北京寺庙历史资料 669。

### 1536. 观音寺

佛教，观音，明代，东外西八间房，地三亩房四十九间大式硬山箍脊筒瓦，存北东殿各三间及南院区保。

维持会报告 204。北京寺庙历史资料 547。朝阳区地名志 419。

### 1537. 观音寺

佛教，观音，明代，东便门外北花园，庙三亩九附二亩耕八亩二十三间，无考。

维持会报告 204。北京寺庙历史资料 96－545。

### 1538. 药王庙

道教/佛教，药王，明代，朝外王家园，东西十一丈五南北十五丈五二十一间，无考。

维持会报告 204。北京寺庙历史资料 88。

### 1539. 白虎庙

道教，虎，朝外桥南，无考。

析津志辑佚 56。

### 1540. 七圣祠

道教/佛教，泥神像 13 尊，明代，朝外高碑店，地一亩房一间，无考。

维持会报告 204。北京寺庙历史资料 543。

### 1541. 铁塔院

佛教，明代，东直门外关厢，地一亩五铁塔一件，无考。

维持会报告 204。北京寺庙历史资料 541。

### 1542. 广福寺（广福院）

佛教，佛，清代，东直门外关厢，地二亩六房十五间，无考。

维持会报告 204。北京寺庙历史资料 538。

### 1543. 西方寺

佛教，佛，东直门外中中街，地十一亩房二十四间，无考。

维持会报告 204。北京寺庙历史资料 537。

### 1544. 灵瑞寺

佛教，佛，清代，朝外北营房东街，地三亩四房二十四间，无考。

维持会报告 204。北京寺庙历史资料 537。

### 1545. 海含（会）禅林（海慧寺）

佛教，佛，明代，朝外神路街，地十五亩房九十四间，无考。

维持会报告 205。北京寺庙历史资料 518。

### 1546. 真武庙

道教/佛教，真武帝，明代，朝外大街，地二亩余房二十五间，无考。

维持会报告 205。北京寺庙历史资料 29。

### 1547. 水月庵（万录寺）

佛教，佛，明代，朝外二条，地四亩房四十七间半，无考。

维持会报告 205。北京寺庙历史资料 53。

### 1548. 普济寺

佛教，佛，明代，朝外大街，地三亩余房三十七间，无考。

维持会报告 205。北京寺庙历史资料 44。

### 1549. 月河寺（宝藏寺）

佛教，佛，明代，朝外月河寺胡同，地七亩一附六十亩房六十六间，无考。

维持会报告 205。北京寺庙历史资料 481。

### 1550. 广济庵

佛教，佛，明代，朝外东大桥，地五亩房三十四间，无考。

维持会报告 205。北京寺庙历史资料 478。

### 1551. 关帝庙

道教/佛教，关羽，明代，朝外大街，地八分房十四间，无考。

维持会报告 205。北京寺庙历史资料 84。

### 1552. 关帝庙

道教/佛教，关羽，明代，广渠门外南花园，地五亩二房十三间，无考。

维持会报告 205。北京寺庙历史资料 668。

### 1553. 关帝庙

道教/佛教，关羽，明代，广渠门外南花园，地五亩余房十三间，无考。

维持会报告 205。北京寺庙历史资料 669。

### 1554. 鬼王庵关帝庙

道教/佛教，关羽，东直门外一分署鬼王庵，地一分五房一间，无考。

维持会报告 206。北京寺庙历史资料 640。

### 1555. 关帝庙

道教/佛教，关羽，明代，东郊三（块）板村，地一亩一房七间，无考。

维持会报告 205。北京寺庙历史资料 483。

### 1556. 关帝庙

道教/佛教，关羽，清代，广渠门外粮食市，地二亩房十三间，无考。

维持会报告 211。北京寺庙历史资料 60。

### 1557. 十方院

佛教，清代，朝外高碑店，地十五亩房三十七间，无考。

维持会报告 206。北京寺庙历史资料 486。

### 1558. 头道行宫

佛教，佛，明代，朝外大街东大桥，地二亩五房八间，无考。

维持会报告 205。北京寺庙历史资料 477。

### 1559. 正良院

佛教，佛，明代，东直门外六里屯，地四亩三附四十五亩房三十四间半，无考。

维持会报告 205。北京寺庙历史资料 520。

### 1560. 双土地庙

道教/佛教，土地爷，明代，东便门外二土地庙，地一亩房二十三间，无考。

维持会报告 205。北京寺庙历史资料 520。

### 1561. 七圣庙

道教/佛教，七圣，清代，东直门外
将台洼，东西三丈九南北五丈四房一间，
无考。

维持会报告 205。北京寺庙历史资
料 168。

### 1562. 弥陀寺

佛教，弥陀佛，明代，朝外单店村，
东西四十南北二十丈二十五间附地，
无考。

维持会报告 205。北京寺庙历史资
料 41。

### 1563. 古西方院

佛教，佛，明代，东直门外六里屯，
地一亩半房七间塔一座附地十八亩，
无考。

维持会报告 205。北京寺庙历史资
料 488。

### ▪1564. 娘娘庙

道教/佛教，娘娘，清代，东直门外
将台洼，地三亩房六间，无考。

维持会报告 205。北京寺描历史资
料 494。

### 1565. 慈云寺

佛教，佛，明代，朝外慈云寺村，
房地十三亩六耕二十亩房一百间，无考。

维持会报告 206。北京寺庙历史资
料 484。

### 1566. 普门寺

佛教，佛，明代，广渠门外小郊亭，
庙地十亩附五十五亩房二十间，无考。

维持会报告 206。北京寺庙历史资
料 483。

### 1567. 延寿寺

佛教，佛，清代，东直门外西中街，
地十三亩房八十五间，无考。

维持会报告 206。北京寺庙历史资
料 481。

### 1568. 武基寺（报恩寺、圆觉寺）

佛教，佛，明代，广渠门外老君堂，
地六亩四房三十一间附坟地六亩，无存。

维持会报告 212。北京寺庙历史资
料 506。

### 1569. 南观音寺

佛教，观音，金代，广渠门外南观
音寺，地十亩房八十三间附坟地二十亩，
无考。

维持会报告 212。北京寺庙历史资
料 102。

### 1570. 潘道庙

佛教，佛，清代，广渠门外南磨房，
地五亩一房三十四间，无存。

维持会报告 211。北京寺庙历史资
料 466。

### 1571. 延寿寺（马房寺）

佛教，佛，明代，广渠门外大井村，
地八亩房八间，无存。

维持辉报告 211。北京寺庙历史资
料 37。

### 1572. 净住寺（喇嘛庙）

佛教，佛，清代，朝阳门外，无存。

唐土名胜图会 93。

### 1573. 普贤寺

佛教，佛，明代，东直门外东中街，
地二亩多房耳闻人十六间，无考。

维持会报告 196。北京寺庙历史资
料 450。

### 1574. 三忠祠

祠堂，诸葛亮岳飞文天祥，明代，

东便门外，祠堂三间左右六间山门后濯缨亭，无存。

今日北京446。

### 1575. 清真寺

伊斯兰教，真主，元代，东直门外重庄（察慈小区），殿东向大门西向，迁东直门桥附近区保。

维持会报告226。东城区地名志323。

### 1576. 清真寺

伊斯兰教，真主，清代，朝外南下坡（杜家楼），殿东向，存正殿配殿有光绪匾区保。

维持会报告225。朝阳区地名志743－733。

### 1577. 清真寺

伊斯兰教，真主，清代，朝外管庄西会村，殿东向九间南北各三间配殿，殿存区保。

维持会报告朝阳区地名志743－733。

### 1578. 清真寺

伊斯兰教，真主，民国，朝外管庄，殿东向三卷棚硬山脊攒尖亭，存大殿区保。

朝阳区地名志743－733。

### 1579. 清真寺

伊斯兰教，真主，明代，朝外常营乡常营村，殿东向二进院大殿进八间阔五，存殿区保。

朝阳区地名志743－732。

### 1580. 清真寺

伊斯兰教，真主，清代，朝外八里庄158号，新葺区保。

网。

### 1581. 清真寺

伊斯兰教，真主，清代，朝外杨闸，新葺区保。

网上。

### 1582. 清真寺

伊斯兰教，真主，清代，朝外中街，无考。

维持会报告226。

### 1583. 清真女寺

伊斯兰教，真主，朝外观音寺街，无考。

北京的宗教271。

### 1584. 中华基督教会

基督教，基督，东直门外，无考。

维持会报告226。

### 1585. 清真寺

伊斯兰教，真主，明代，通州马驹桥北门口村，东向一进院有配殿，存区保。

通县地名志187－378。光绪. 通州志。

### 1586. 清真寺

伊斯兰教，真主，明代，通州张家湾镇堡头村，东向一进院有配殿，新葺。

通州志。

### 1587. 清真寺

伊斯兰教，真主，明代，通州张家湾镇枣林庄，东向一进院有配殿，新葺。

通州志。

### 1588. 清真寺

伊斯兰教，真主，清代，通州永乐店村，东向一进院有配殿，新葺。

通州志。

### 1589. 清真寺

伊斯兰教，真主，元代，通州牛作坊，东向一进院有配殿，新葺。

通州志。

### 1590. 清真寺

伊斯兰教，真主，清代，通州西关，门南向一进院，新葺。

通州志。

### 1591. 清真寺

伊斯兰教，真主，明代，通州东关，门南向一进院，无存。

通州志。

### 1592. 清真寺

伊斯兰教，真主，明代，通州张家湾村，东向殿阔三进深六间有配殿，完好区保。

通县地名志375。通州志。

### 1593. 清真寺

伊斯兰教，真主，元代，通州区清真寺胡同，东向规模宏大院长60宽40米，完好市保。

今日北京419。通县地名志375。通州志。

### 1594. 清真寺

伊斯兰教，真主，明代，通州于家务乡于家务村，东向一进跨北院，存区保。

通县地名志378。通州志。

### 1595. 沙姑庙（凌家家庙）

家庙，明代，通州西集镇沙古堆，建于沙滩上南向一进院，无考。

通县地名志238。

### 1596. 东大寺

明代，通州或潞县镇东寺庄，南向二进院，无考。

通县地名志247。

### 1597. 大寺庙（关帝庙）

道教，关羽，辽代，通州潞县镇尚武集，无考。

通县地名志250。

### 1598. 兴济庵

明代，通州马驹桥镇六郎庄，无考。

通县地名志262。

### 1599. 宝林寺

佛教，佛，元代，通州潞城镇大东各庄，南向二进院，无存。

通县地名志224。日下旧闻考1827。

### 1600. 延庆寺

佛教，佛，金代，通州潞城镇前瞳，南向三进院，无存。

通县地名志230。清代通洲志。

### 1601. 凌家庙（凌家家庙）

家庙，清代，通州潞城镇凌家庙，南向一进院，无存。

通县地名志231。

### 1602. 监斋庙

道教，监斋神，通州治所南，山门一间殿三间，无存。

北京考古文集十四183。

### 1603. 三义庙（山东会馆）

道教，刘关张，明代，通州玉带河大街路南，北向一进院，基本完好区保。

通州志。

### 1604. 水仙庵（莲花寺）

道教，水神河伯，元代，通州张家湾北门外通惠河东岸，西向一进院，无存。

北京考古集成十四365。通州志。

### 1605. 佑胜教寺（塔庵）

佛教，燃灯佛，辽代，通州大成街

北侧，近有十三层燃灯塔，存大光明殿.

今日北京 368。京华古迹寻踪 145。唐土名胜图会 111。通州志。

### 1606. 忠武王庙（常遇春祠、常国公庙）

祠堂，常遇春，明代，通州城东南角，南向一进院，无存，唐土名胜图会 112。通州志。

### 1607. 观音寺

佛教，观音关周关三世佛，元代，通州招里村西，南向二进山门三正殿三观音一间，部分存区保。

今日北京 409。通州志。

### 1608. 伏魔大帝宫（大关庙）

道教，关羽地藏，明代，通州西大街与中山街交接处，东向三进山门三前后配各三间，后殿存区保。

今日北京 422。通州志。

### 1609. 静安寺

佛教，佛地藏，金代，通州镇静安寺胡同，南向二进，存区保。

通县地名志 375。通州志。

### 1610. 三士庙

道教，关帝娘娘玉皇，明代，通州张家湾镇陆辛庄，南向三进正殿配房耳房，存区保。

通县地名志。通州志。通州网。

### 1611. 三官庙

道教，天地水官神，明代，通州城三官庙胡同，西向一进院，无存。

通县地名志 19。通州志。

### 1612. 水月庵（水月院）

佛教，观世音，明代，通州城水月院胡同，南向一进院，无存。

通县地名志 21。通州志。

### 1613. 武定庵

佛教，观世音，明代，通州城武定庵胡同，南向一进，无存。

通县地名志 24。通州志。

### 1614. 华严寺

佛教，佛，明代，通州车站路东侧，南向一进院，无存。

通县地名志 23。通州志。

### 1615. 财神庙

道教，财神，明代，通州东关大街东侧，南向一进院，无考。

通县地名志 34。通州志。

### 1616. 周仓庵

道教，周仓，明代，通州城周仓庵胡同，南向一进院，无考。

通县地名志 35。通州志。

### 1617. 弥陀庵

佛教，佛，明代，通州旧城西南，南向二进院，无考。

通县地名志 35。通州志。

### 1618. 药王庙

道教，药王，明代，通州城大街西侧，东向一进院，无考。

通县地名志 37。通州志。

### 1619. 城隍庙

道教，城隍，明代，通州神路街，无考。

通县地名志 37。通州志。

### 1620. 莲花寺（莲花庵）

佛教，佛，明代，通州城莲花寺胡同，李卓吾曾居南向一进，无考。

通县地名志 37。通州志。

### 1621. 悟仙观

道教，元代，通州南门内西侧，南向一进院，无考。

通县地名恣38。通州志。

### 1622. 紫竹庵

佛教，观音，明代，通州城紫竹庵胡同，南向一进院，无考。

通县地名志40。通州志。

### 1623. 大寺（元慈恩寺、明 靖嘉寺）

佛教，三世佛，元代，通州北大街北段东侧，无考。

通县地名志42。通州志。

### 1624. 大关庙（关帝庙）

道教，关羽，元代，通州城大关庙胡同，南向二进院，无考。

通县地名志43。通州志。

### 1625. 天后宫（福建会馆）

道教，天后娘娘，明代，通州城天后宫胡同，南向二进院，无考。

通县地名志43。通州志。

### 1626. 白马关帝庙

道教，关羽老君，明代，通州城白马关帝庙胡同，南向二进院，无存。

通县地名志46。通州志。

### 1627. 西五道庙（五路神祠）

道教，清代，通州城五道庙胡同，南向一进院，无考。

通县地名志47。通州志。

### 1628. 五道庙

道教，清代，通州拐棒胡同，南向一进院，无考。

通县地名志47。通州志。

### 1629. 观音寺

佛教，观音，明代，通州城教育会胡同北，南向一进院，无存。

通县地名志49。通州志。

### 1630. 堂子

萨满教，清代，通州堂子胡同，立竿祭天，无考。

通县地名志52。通州志。

### 1631. 小圣庙（小神庙）

道教，河神，明代，通州永顺镇小圣庙村，南向二进院，无考。

通县地名志63。通州志。

### 1632. 关帝庙（大棚关帝庙）

道教，关羽，明代，通州永顺镇大栅村，南向一进院，无考。

通县地名志63。通州志。

### 1633. 大悲禅林（明法华庵）

佛教，佛，明代，通州永顺镇大悲林村，南向一进院，无考。

通县地名志74。通州志。

### 1634. 北大寺

佛教，元代，通州宋庄镇北寺村，南向二进院，无考。

通县地名志98。通州志。

### 1635. 佑民观（李二寺）

道教，河神玉皇圣母等，明代，通州张家湾镇里二泗村，北向三进院李二进，建筑无存仅存古树区保。

通县地名志378。通州志。

### 1636. 万善寺

佛教，佛，明代，通州马驹桥镇大葛庄，南向二进院，无存曾区保。

通县地名志378。通州志。

**1637. 白庙（关帝庙）**

道教，关羽，明代，通州宋庄镇白庙村，南向二进院，无考。

通县地名志 99。通州志。

**1638. 观音庵**

佛教，观音，明代，通州宋庄镇师姑庄，南向二进院，无考。

通县地名志 100。通州志。

**1639. 佛慧寺**

佛教，佛，元代，通州宋庄镇双埠头，南向三进院，无考。

通县地名志 112。通州志。

**1640. 草寺（草洼寺碧霞宫）**

道教，碧霞元君，明代，通州宋庄镇草寺村，南向三进院，无考。

通县地名志 114。通州志。

**1641. 三义庙**

道教，刘关张，明代，通州或潞县镇大香仪村，南向二进院，无考。

通县地名志 136。通州志。

**1642. 关帝庙**

道教，关羽，明代，通州潞县镇石槽村，南向二进院，无考。

通县地名志 141。通州志。

**1643. 露云观**

道教，元代，通州张家湾镇潞观村，南向二进院，无考。

通县地名志 155。通州志。

**1644. 大南顶（娘娘庙、碧霞元君庙）**

道教，碧霞元君，明代，通州马驹桥南，无存。

北京考古集成八 1130 十四 349。顺天府志 349。

**1645. 立禅庵（唐净业院、明净业寺）**

佛教，佛，唐代，通州张家湾镇立禅庵，南向一进院，无考。

通县地名志 170。顺天府志 805。通州志。

**1646. 文殊庵（文殊寺）**

佛教，文殊菩萨，金代，通州马驹桥镇古庄，南向一进院，无考。

通县地名志 186。

**1647. 回银寺**

佛教，清代，通州马驹桥镇后银子，南向一进院，无考。

通县地名志 189。

**1648. 聚银寺**

佛教，清代，通州马驹桥镇前银子，南向一进院，无考。

通县地名志 192。

**1649. 关帝庙**

道教，关羽，明代，通州台湖镇董村，南向一进院，无考。

通县地名志 205。

**1650. 梓潼帝君庙（祖庙文昌祠）**

道教，文昌帝，元代，通州城南大街，无考。

析津志辑佚 56。

**1651. 关帝庙**

道教，关羽，明代，通州宋庄镇平家疃，南向二进院，无考。

顺天府志 723。通州志。

**1652. 关帝庙**

道教，关羽，明代，通州侉子店，南向二进院，无考。

顺天府志 723。通州志。

### 1653. 关帝庙

道教，关羽，明代，通州东隈子村，南向二进院，无考。

顺天府志 723。通州志。

### 1654. 牟尼院（元高丽寺、明广福寺）

佛教，铁佛，元代，通州张家湾西门内，南向三进院正殿供佛祖，无存。

北京考古文集十四 335。通县地名志 167。日下旧闻考 1826。通州志。

### 1655. 宝光寺（法华寺）

佛教，佛，元代，通州茨渠村，南向二进正殿后舍利塔，存钟区保。

今日北京 389。北京考古文集十四 348。通县地名志 201－374。通州志。

### 1656. 玉皇庙

道教，玉皇帝，明代，通州张家湾镇城东，南向二进院，无存。

北京考古文集十四 357。

### 1657. 关帝庙

道教，关羽，明代，通州城南门外王恕园，无考。

顺天府志 722。通州志。

### 1658. 关帝庙（铜关庙）

道教，关羽，明代，通州铜关庙胡同，南向二进院，无考。

顺天府志 722。通州志。

### 1659. 关帝庙

道教，关羽，明代，通州铜关庙接北侧，南向一进院，无考。

顺天府志 722。

### 1660. 关帝庙

道教，关羽，明代，通州东关粮食市，南向一进院，无考。

顺天府志 722。通州志。

### 1661. 关帝庙（回马关帝庙）

道教，关羽，明代，通州中山大街，南向一进院，无考。

顺天府志 722。通州志。

### 1662. 关帝庙

道教，关羽，明代，通州永顺镇五里店，南向二进院，无考。

顺天府志 722。

### 1663. 关帝庙

道教，关羽，明代，通州东门外菜园子，南向一进院，无考。

顺天府志 722。通州志。

### 1664. 关帝庙（双关帝庙）

道教，关羽，明代，通州南门外，南向一进院，无考。

顺天府志 722。

### 1665. 关帝庙

道教，关羽，明代，通州南门外窑场，南向一进院，无考。

顺天府志 722。通州志。

### 1666. 关帝庙

道教，关羽，明代，通州北门外竹木场，南向二进院，无考。

顺天府志 722。

### 1667. 关帝庙

道教，关羽，明代，通州漷县镇十字街，南向二进院，无考。

顺天府志 723。

### 1668. 关帝庙

道教，关羽，清代，通州宋庄镇北村，南向一进院，无考。

顺天府志 723。

### 1669. 玉皇庙

道教，玉皇帝，元代，通州土桥村，面通惠河二进，无存。

北京考古集成十四 357。

### 1670. 玉皇庙

道教，玉皇大帝，明代，通州张家湾长店头，南向二进院，无考。

顺天府志 723。

### 1671. 达摩庵（俗菩萨庙）

佛教，达摩佛，元代，通州张家湾土桥村，面通惠河二进，存残迹。

北京考古集成十四 357。

### 1672. 天妃宫（福建会馆）

道教，天妃娘娘，通州北门外新建村，东向二进院，无考。

顺天府志 723。通州志。

### 1673. 关帝庙

道教，关羽，明代，通州潞城镇孙各庄，南向二进院，无考。

通县地名志 214。通州志。

### 1674. 三官庙

道教，天地水神，明代，通州新城西水关，南向一进院，无考。

顺天府志 724。

### 1675. 三官庙

道教，天地水神，明代，通州闸桥，北向一进院，无考。

顺天府志 724。通州志。

### 1676. 三官庙

道教，天地水神，明代，通州西关，玲珑脊，无考。

顺天府志 724。

### 1677. 三官庙

道教，天地水神，明代，通州张家湾南门外，北向一进院，无考。

顺天府志 724。

### 1678. 三官庙（福德庙）

道教，天地水神，明代，通州张家湾镇土桥，东向一进院，无考。

顺天府志 724。通州志。

### 1679. 三官庙

道教，天地水神，明代，通州北门外高井，南向一进院，无考。

顺天府志 724。

### 1680. 三皇庙

道教，天皇地皇人皇，清代，通州北门外瓮城，无存。

顺天府志 724。

### 1681. 真武庙

道教，真武帝，明代，通州北关，南向一进院，无考。

顺天府志 724。

### 1682. 真武庙，浙省乡祠

道教，真武帝，明代，通州治所南，南向一进院，无考。

顺天府志 724。

### 1683. 真武庙（无量寺）

道教，真武帝，明代，通州西海子，南向一进院，无考。

顺天府志 724。

### 1684. 真武庙

道教，真武帝，明代，通州哈巴桥，南向一进院，无考。

顺天府志 724。

### 1685. 真武庙

道教，真武帝，明代，通州张家湾镇张家湾村，南向一进院，无考。

顺天府志 724。

## 1686. 真武庙

道教，真武帝，明代，通州宋庄镇
上码头，南向二进院，无考。

顺天府志724。

## 1887. 真武庙

道教，真武帝，明代，通州潞城镇
刘各庄，南向二进院，无考。

顺天府志724。

## 1688. 真武庙

道教，真武帝，清代，通州高安屯，
南向一进院，无考。

顺天府志724。

## 1689. 药王庙

道教，药王，明代，通州西门外太
平寺南，南向一进院，无考。

顺天府志725。

## 1690. 药王庙

道教，药王，明代，通州南关，南
向一进院，无考。

顺天府志725。

## 1691. 药王庙

道教，药王，明代，通州卫，南向
二进院，无考。

顺天府志725。

## 1692. 药王庙

道教，药王，明代，通州新城后街，
南向一进院，无考。

顺天府志725。

## 1693. 文庙（孔庙学宫）

儒教，孔子，元代，通州大成街北
侧，南向五进院，山门戟门大成殿存
区保。

通州志。

## 1694. 药王庙

道教，药王，明代，通州宋庄镇双
埠头，南向二进院，无考。

顺天府志725。

## 1695. 药王庙

道教，药王，明代，通州或漷县镇
南门外，南向一进院，无考。

顺天府志725。

## 1696. 紫清宫（红孩儿庙）

道教，紫清真君，清代，通州大成
街北侧，南向一进院，新修复。

通州志。

## 1697. 龙王庙

道教，龙王，清代，通州土坝，南
向一进院，无考。

顺天府志725。

## 1698. 仓神庙（明初军仓）

道教，仓神，明代，通州旧城西大
街北侧，山门一间殿三间，托儿所用

北京考古集成十四183。

## 1699. 龙王庙

道教，龙王，清代，通州新城西门
外，南向一进院，无考。

顺天府志725。

## 1700. 龙王庙

道教，龙王，明代，通州或漷县镇
草场，南向二进院，无考。

顺天府志725。

## 1701. 龙王庙

道教，龙王，清代，通州新城北后
街，南向一进院，无考。

顺天府志728。

## 1702. 东岳庙

道教，泰山帝，明代，通州东门外

罗家口，南向一进院，无考。

顺天府志 725。

### 1703. 天主堂

天主教，耶稣，清末，通州玉带大街北侧，东向一进院，无考。

通州志。

### 1704. 东岳庙

道教，泰山帝，明代，通州张家湾东门外，南向一进院，无考。

顺天府志 725。

### 1705. 火神庙

道教，火神，明代，通州旧城南门外，南向一进院，无考。

顺天府志 725。

### 1706. 火神庙

道教，火神，明代，通州旧城南门内，北向一进院，无考。

顺天府志 725。

### 1707. 火神庙

道教，火神，明代，通州土坝，南向一进院，无存。

顺天府志 725。

### 1708. 火神庙

道教，火神，明代，通州张家湾南门内，南向一进院，无存。

顺天府志 725。

### 1709. 火神庙

道教，火神，明代，通州张家湾南门外，北向一进院，无存。

顺天府志 725。

### 1710. 火神庙

道教，火神，明代，通州潞县南门外，北向一进院，无存。

顺天府志 725。

### 1711. 火神庙

道教，火神，明代，通州新城北侧，南向一进院，无存。

顺天府志 728。

### 1712. 马神庙

道教，马神，明代，通州守备署内，南向一进院，无存。

顺天府志 725。

### 1713. 马神庙

道教，马神，朝阳区坝上正北，无存。

顺天府志 725。

### 1714. 八腊庙

道教，四方八腊神，明代，通州旧城南二里，南向一进院，无存。

顺天府志 726。通州志。

### 1715. 八腊庙

道教，四方八腊神，明代，通州潞县城隍庙，南向一进院，无存。

顺天府志 726。通州志。

### 1716. 社稷坛

祭坛，社稷神，明代，通州北门外，南向一进院，无存。

顺天府志 721。通州志。

### 1717. 风云雷雨山川坛

祭坛，诸神，明代，通州南关药王庙西，南向一进院，无存。

顺天府志 721。通州志。

### 1718. 先农坛

祭坛，先农神，明代，通州八腊庙西南，南向一进院，无存。

顺天府志 722。通州志。

### 1719. 厉坛

祭坛，无祭野鬼神，明代，通州北

门外赦孤台，南向一进院，无存。

顺天府志722。通州志。

### 1720. 灵官庙

道教，北独仙官，明代，通州东关，南向二进院，无存。

顺天府志726。通州志。

### 1721. 许真君庙（万寿宫江西漕运会馆）

道教，道士许逊，明代，通州城内罗家桥，南向二进院，无存。

顺天府志726。通州志。

### 1722. 大王庙

道家，翊化神赵武，明代，通州东关，东向一进院，无存。

顺天府志727。通州志。

### 1723. 鬼王庙

道教，鬼王，清代，通州西水门，南向一进院，无存。

顺天府志727。通州志。

### 1724. 张相公庙

道教，河神宋人张夏，明代，通州治所南，南向一进院，无存。

顺天府志727。通州志。

### 1725. 城隍庙

道教，城隍，明代，通州潞县八腊庙西，南向一进院，无存。

顺天府志726。通州志。

### 1726. 太平寺

佛教，明代，通州西门外五里店，南向一进院，无存。

顺天府志725。

### 1727. 晏公庙

道教，明代，通州东关，南向一进院，无存。

顺天府志727。

### 1728. 真君庙

道教，明代，通州宋庄镇翟里村，南向一进院，无存。

顺天府志727。

### 1729. 张真人庙

道教，明代，通州新城南门外，南向一进院，无存。

顺天府志727。

### 1730. 祖斛庙

道教，明代，通州北门外，南向一进院，无存。

顺天府志727。

### 1731. 祖斛庙

道教，明代，通州张家湾城外，南向一进院，无存。

顺天府志727。

### 1732. 护国崇宁真君庙（老爷庙）

道教，明代，通州永乐店镇永乐店村，南向二进院，无存。

顺天府志727。日下旧闻考1840。

### 1733. 真君庙

道教，明代，通州北门金砖厂后，南向一进院，无存。

顺天府志727。

### 1734. 灶君庙

道教，灶王爷，明代，通州新城南街，南向一进院，无存。

顺天府志728。

### 1735. 文昌庙

道教，文昌神，明代，通州学宫西，南向一进院，无存。

顺天府志728。

寺
庙
北
京

### 1736. 工部福德神祠

祠堂，明代，通州司空分署街之西，南向一进院，无存。

顺天府志 728。

### 1737. 正阳祠

祠堂，明代，通州新城南街灶君庙东，南向一进院，无存。

顺天府志 729。

### 1738. 吕祖祠

道教，吕洞宾，清代，通州法盖庄，南向一进院，无存。

顺天府志 729。通州志。

### 1739. 阎忠烈祠

祠堂，阎应元，清代，通州大关庙胡同，南向一进院，无存。

顺天府志 729。通州志。

### 1740. 李壮烈公专祠

祠堂，李右文，清代，通州城隍庙后街，南向一进院，无存。

顺天府志 729。通州志。

### 1741. 土地庙

道教，土地，明代，通州永道衙门内，南向一进院，无存。

顺天府志 729。

### 1742. 土地庙

道教，土地，明代，通州东路厅衙门内，南向一进院，无存。

顺天府志 729。

### 1743. 土地庙

道教，土地，明代，通州州治仪门内东，南向一进院，无存。

顺天府志 729。

### 1744. 土地庙

道教，土地，明代，通州漷县州判

署大门内东，南向一进院，无存。

顺天府志 729。

### 1745. 碧霞行宫

道教，碧霞元君，明代，通州堂子胡同，南向二进院，无存。

顺天府志 723。

### 1746. 龙神庙

道教，龙王，明代，通州漷县州判署大门内东，南向一进院，无存。

顺天府志 729。

### 1747. 马神庙

道教，马神，明代，通州漷县州判署大门内东，南向一进院，无存。

顺天府志 729。

### 1748. 土地祠

道教，土地，明代，通州旧城东门外，南向一进院，无存。

顺天府志 729。

### 1749. 于襄公祠

祠堂，于襄勤，清代，通州署土地祠内，南向一进院，无存。

顺天府志 730。

### 1750. 烈妇叶氏祠

祠堂，许绅妻叶氏女，明代，通州新城内，东向一进院，无存。

顺天府志 730。

### 1751. 岳文肃公祠

祠堂，岳文肃，明代，通州漷县学宫东，南向一进院，无存。

顺天府志 730。

### 1752. 应寺（观音寺灵应寺）

佛教，佛，元代，通州永乐店镇应寺村，无考。

通县地名志 331。

### 1753. 乐山神祠

祠堂，通州，无存。

顺天府志 732。

### 1754. 通惠祠（吴公祠）

道教，吴仲，明代，通州北关新建村，南向一进院，无存。

顺天府志 733。

### 1755. 七佛寺

佛教，佛，辽代，通州于家务镇吴寺村，南向三进院，无考。

通县地名志 303。

### 1756. 宝塔寺

佛教，佛，明代，通州新城南门外，无存。

顺天府志 805。

### 1757. 宝通寺

佛教，佛，明代，通州新城南门外，南向二进院，无存。

顺天府志 805。

### 1758. 法华寺（宝光寺）

佛教，佛，明代，通州新城西北，南向一进院，无存。

顺天府志 806。

### 1759. 寿安寺

佛教，佛，辽代，通州西集镇望君疃村，南向二进院，无存。

日下旧闻考 1827。

### 1760. 林皋寺（兴国寺）

佛教，佛，唐代，通州张家湾镇张家湾村，无存。

日下旧闻考 1826。

### 1761. 圆通寺

佛教，佛，明代，通州张家湾镇张家湾村，无存。

日下旧闻考 1826。

### 1762. 铁牛寺（五行寺、铁锚寺）

佛教，佛，明代，通州张家湾运河西，东向二进院，无存。

日下旧闻考 1826。

### 1763. 孤舟寺

佛教，佛，明代，通州张家湾东门外，南向山门三殿 31 吨铁锚，遗址存碑。

日下旧闻考 1826 - 1827。北京考古文集十四 183。

### 1764. 寿安寺

佛教，佛，辽代，通州或潞县镇北堤寺，南向二进院，无考。

通县地名志 285 - 289。

### 1765. 善通寺（普通寺）

佛教，佛，辽代，通州宋庄镇富豪村，无存。

日下旧闻考 1827 - 1828。

### 1766. 隆兴寺（娘娘庙）

佛教，佛，金代，通州宋庄镇富豪村，南向二进院，无存。

日下旧闻考 1827 - 1828。

### 1767. 永庆寺

佛教，佛，金代，通州潞城镇大豆各庄，南向二进院，无存。

日下旧闻考 1827 - 1828。

### 1768. 白浮寺

佛教，佛，元代，通州马驹桥镇柏福庄，无考。

通县地名志 265。

### 1769. 慈孝华严寺

佛教，佛，明代，通州永乐店镇永乐店村，南向二进院，无存。

日下旧闻考 1840。

### 1770. 九圣庙

道教，明代，通州潞城镇后屯，南向一进院，无存。

通县地名志 213。

### 1771. 清真寺

伊斯兰教，真主，元代，顺义后沙峪乡回民营村，东向殿三北房三水房三间地五亩，存。

顺义县地名志 269。

### 1772. 清真寺

伊斯兰教，真主，清代，顺义高丽营七村，东向地五亩房 310 平方米，存。

顺义县地名志 75。

### 1773. 清真寺

伊斯兰教，真主，顺义牛栏山，三间，存。

顺义县地名志 60。

### 1774. 清真寺

伊斯兰教，真主，顺义杨镇，无考。网上。

### 1775. 东岳庙

道教，泰山帝，顺义东门外，无存。

顺天府志 751。

### 1776. 药王庙

道教，药王，顺义东门外，无存。

顺天府志 751。

### 1777. 药王庙

道教，药王，顺义魏家店，无存。

顺天府志 751。

### 1778. 真武庙

道教，真武帝，顺义杨各庄，无考。

顺天府志 751。

### 1779. 缔兴寺 （西大寺）

佛教，佛，明代，顺义县西南，无考。

顺天府 6 志 814。日下旧闻考 2233。

### 1780. 灵迹院 （头陀寺）

佛教，佛，唐代，顺义牛栏山后，无考。

顺天府志 814。

### 1781. 白云观

道教，元代，顺义呼奴山，无考。

顺天府志 814。

### 1782. 崇庆寺

佛教，佛，元代，顺义，无考。

顺天府志 814。

### 1783. 弥陀寺

佛教，佛，明代，顺义西北滩头村，无考。

顺天府志 814。

### 1784. 卧佛寺

佛教，顺义史山，无考。

顺天府志 814。

### 1785. 龙王庙

道教，龙王，顺义牛栏山潮白河汇合处，无考。

日下旧闻考 2230。

### 1786. 龙云寺

顺义，日下旧闻考 2230。

### 1787. 广济寺

佛教，明代，顺义城北，无考。

顺义县地名志 559。

### 1788. 聚真观

道教，明代，顺义旧城内，无考。

顺义县地名志 559。

**1789. 虫王庙**

道教，明代，顺义张镇乡，四周白色，无考。

顺义县地名志170。

**1790. 火神庙**

道教，火神，顺义南门外，无考。

顺天府志751。

**1791. 开元寺（东大寺　隆〈龙〉兴寺）**

佛教，佛，唐代，顺义东门，山门月台殿全大殿二进，仅存后殿。

今日北京377。顺义县地名志480。北京考古集成十四327。

**1792. 元圣宫**

道教，顺义牛栏山，南向庙前牌楼殿全四十间，中学占用区保。

今日北京422。顺义县地名志479。北京考古集成八1184 十四355。

**1793. 无梁阁**

明代，顺义大孙各庄乡故庄子村东，方阁楼无梁砖石券，无存。

今日北京411。顺义县地名志478。

**1794. 张相公庙（张堪庙）**

祠堂，东汉太守张堪，顺义北小营乡前鲁各庄，无存。

今日北京429。顺义县地名志480。

**1795. 望泉寺**

明代，顺义西南望泉寺村，无考。

顺义县地名志43。

**1796. 红寺**

明代，顺义城北红寺村，无考。

顺义县地名志154。

**1797. 二郎庙**

道教，二郎，明代，顺义城东二郎庙村，前后殿有配殿，无考。

顺义县地名志158。

**1798. 白庙**

明代，顺义城北白庙村，白墙，无考。

顺义县地名志225。

**1799. 陀头庙**

佛教，观音，明代，顺义城北陀头庙村，无考。

顺义县地名志329。

**1800. 吴雄寺**

佛教，佛，明代，顺义东南吴雄寺村，太监吴雄捐建，无考。

顺义县地名志393。

**1801. 孔庙**

儒教，孔子，金代，顺义城关二中内，规模宏大，元代碑存。

顺义县地名志481。

**1802. 大云寺**

佛教，佛，辽代，顺义旧城南门外，无考。

顺义县地名志478。

**1803. 椒园庙**

元代，顺义东南长山，无考。

顺义县地名志550。

**1804. 乡绅祠**

祠堂，乡绅，明代，顺义，无考。

顺义县地名志555。

**1805. 清净庵**

佛教，明代，顺义，无考。

顺义县地名志557。

**1806. 天仙宫**

道教，顺义，无考。

顺义县地名志557。

## 1807. 先天宫

顺义。

顺义县地名志 557。

## 1808. 社稷坛

祭坛，顺义西门外北坡，无存。

顺天府志 751。

## 1809. 风云雷神山川坛

祭坛，顺义东门外南冈，无存。

顺天府志 751。

## 1810. 厉坛

祭坛，顺义北门外西冈，无存。

顺天府志 751。

## 1811. 城隍庙

道教，城隍，顺义西门内文庙侧，无存。

顺天府志 751。

## 1812. 八腊庙

道教，八腊神，顺义北门内，无存。

顺天府志 751。

## 1813. 关帝庙

道教，关羽，顺义南门内，无存。

顺天府志 751。

## 1814. 关帝庙

道教，关羽，顺义东月城内，无存。

顺天府志 751。

## 1815. 关帝庙

道教，关于，顺义牛栏山，无存。

顺天府志 751。

## 1816. 关帝庙

道教，关羽，顺义杨各庄，无存。

顺天府志 751。

## 1817. 关帝庙

道教，关羽，顺义白各庄，无存。

顺天府志 751。

## 1818. 马王庙

道教，马王神，顺义署东马号内，无存。

顺天府志 751。

## 1819. 上神庙

道教，顺义署大门内，无存。

顺天府志 751。

## 1820. 岳神庙

道教，山岳神，顺义禁房内，无存。

顺天府志 751。

## 1821. 元帝庙

道教，顺义县署东，无存。

顺天府志 751。

## 1822. 三官庙

道教，天地水神，密云旧城南门外，无存。

密云县地名志光绪图。

## 1823. 华岩庵

佛教，佛，密云旧城南门外东，无存。

密云县地名志光绪图。

## 1824. 龙王庙

道教，龙王，密云新城与旧城南门外，无存。

密云县地名志光绪图。

## 1825. 白衣庵

娘娘，密云旧城中西部，无存。

密云县地名志光绪图。

## 1826. 宏善寺

佛教，佛，明代，密云东邵渠庄，无存。

顺天府志 816。

## 1827. 财神庙

道教，财神，密云旧城西北部，

无存。

密云县地名志光绪图。

### 1828. 慈悲庵

佛教，佛，密云新城与旧城之间，无存。

密云县地名志光绪图。

### 1829. 清真寺

伊斯兰教，真主，密云县城新长安区，东向，新葺。

密云县地名志33。

### 1830. 清真寺

伊斯兰教，真主，清代，密云古北口镇河西村，东向，新葺。

密云县地名志104。

### 1831. 八腊庙（公德祠堂）

道教/祠堂，八腊神杨博谭伦，明代，密云东门外，古北口抗倭戚继光建。

北京考古文集八1042。顺天府志755。

### 1832. 超胜庵

佛教，佛关帝，东汉，密云云峰山上。

密云县地名志114－122。

### 1833. 张相公庙（疑为顺义前鲁各庄）

道教，河神宋人张夏，密云。

北京考古文集十四186－360。

### 1834. 宝泉寺

佛教，佛，密云城北白岩村，碑古柏存碑砌学校围墙内。

北京考古文集十四335。

### 1835. 白果寺（香岩寺）

佛教，佛，元代，密云巨各庄镇久远庄，千年白果松树。

北京考古文集十四362。日下旧闻考2274。顺天府志813。密云县地名志76。

### 1836. 圣水庵

密云。

唐土名胜图会120。

### 1837. 龙女祠

明代，密云河南寨乡圣水头村。

密云县地名志151。

### 1838. 龙女庵

密云城南10里圣水山上。

唐土名胜图会120。

### 1839. 杨令公祠（威灵庙）

祠堂，杨继业，辽代，密云古北口村山上，南向，存区保。

密云县地名志106。今日北京444。顺天府志958。唐土名胜图会120。

### 1840. 龙泉寺

佛教，三世佛，元代，密云东北白龙潭，西向二进院，部分存区保。

今日北京386。密云县地名志425。

### 1841. 南天门

道教，真武帝，清代，密云上甸子乡杨庄子村北，断谷筑墙开券门上真武大帝殿，建筑无存。

今日北京414。

### 1842. 大悲阁

佛教，佛，清代，密云上甸子乡杨庄子村北，建筑无存。

今日北京414。

### 1843. 文庙

儒教，孔子，元代，密云鼓楼大街路北，南向，仅存大成殿。

今日北京431。密云县地名志12。

### 1844. 药王庙

道教，药王，明代，密云古北口河东村，无考。

今日北京 435。密云县地名志 106。

### 1845. 潮河神祠

道教，潮河之神，清代，密云东北95 里，无存。

### 1846. 昭惠灵显真君庙

道教，密云，无考。

密云碑林。

### 1847. 霞峰观

道教，元代，密云石城乡王庄子村，无考。

顺天府志 813。密云碑林。

### 1848. 观音寺

佛教，观音，明代，密云不老屯乡大窝铺村，无考。

密云碑林。

### 1849. 观音寺

佛教，观音，密云河南寨乡台上村，无考。

密云碑林。

### 1850. 三圣会庙

密云城一街，无考。

密云碑林。

### 1851. 佑国寺

佛教，佛，元代，密云十里铺村，无考。

顺天府志 813。密云碑林。日下旧闻考 2274。

### 1852. 白云寺

佛教，佛，密云河南寨乡提辖庄，无考。

密云碑林。

### 1853. 净莲寺

佛教，佛，密云河南寨姓宁村，无存。

密云碑林。密云县地名志 148。

### 1854. 三宁庙

密云旧城西北隅，无存。

密云碑林。

### 1855. 吉祥庵

佛教，密云李庄村，无考。

密云碑林。

### 1856. 东岳庙

道教，东岳泰山帝，明代，密云东门外，无考。

顺天府志 755。密云碑林。

### 1857. 观音寺

佛教，观音，密云河南寨姓西河村，无考。

密云碑林。

### 1858. 城隍庙

道教，城隍，密云城内，无存。

密云碑林。密云县地名志光绪地图。顺天府志 755。

### 1859. 龙皇庵

道教，密云，无存。

密云碑林。

### 1860. 真武庙

道教，真武帝，密云旧城内，无存。

顺天府志 757。密云县地名志 12。

### 1861. 龙兴寺（锥塔寺）

佛教，唐代，密云城内锥塔胡同，无存。

顺天府志 812。密云县地名志 31。

### 1862. 节孝祠

祠堂，王氏女，明代，密云城内孝

贤牌胡同，无存。

顺天府志754。密云县地名志30。

### 1863. 灶君庙

道教，灶王，密云城内皂君巷，无存。

密云县地名志33。

### 1864. 关帝庙

道教，关羽，密云城内关帝巷，无存。

密云县地名志33－34。

### 1865. 玉皇庙

道教，玉皇大帝，密云城内玉皇庙胡同，无存。

密云县地名志41。

### 1866. 黑山寺

辽代，密云溪翁庄镇黑山寺，无存。

密云县地名志52。

### 1867. 白龙潭庙

道教，小白龙，密云巨各庄镇龙堂子，无考。

密云县地名志65。

### 1868. 娘娘庙

道教，娘娘，辽代，密云太师屯镇城子，无考。

密云县地名志84。

### 1869. 万寿行宫

清代，密云古北口镇河西村。

密云县地名志104。

### 1870. 吕祖庙

道教，吕洞宾，密云古北口镇河西村，无考。

密云县地名志104。

### 1871. 吉祥寺

佛教，佛，明代，密云不老屯镇边

庄子，无考。

密云县地名志104。

### 1872. 小龙王庙

道教，龙王，密云不老屯镇龙潭沟，无考。

密云县地名志114。

### 1873. 文安寺

密云不老屯镇白土沟，无考。

密云县地名志118。

### 1874. 老爷庙

道教，关羽，密云不老屯镇老爷庙，无考。

密云县地名志120。

### 1875. 老爷庙

道教，关羽，密云不老屯镇老爷庙，无考。

密云县地名志120。

### 1876. 宁村庙

密云河南寨乡宁村，无考。

密云县地名志148。

### 1877. 龙女祠

道教，明代，密云河南寨乡圣水头村，戚继光建，无考。

密云县地名志151。日下旧闻考2257。

### 1878. 中庄庙

密云河南寨乡中庄村，无考。

密云县地名志152。

### 1879. 山神庙

道教，山神，密云河南寨乡新兴村，无考。

密云县地名志157。

### 1880. 椴洼寺

密云大城子乡椴洼寺，无考。

密云县地名志 180。

### 1881. 回龙寺（草寺）

密云大城子乡东草茨，无考。

密云县地名志 187。

### 1882. 碰河寺

密云大城子乡碰河寺村，无考。

密云县地名志 191。

### 1883. 老爷庙

道教，关羽，密云大城子乡老爷沟，无考。

密云县地名志 189。

### 1884. 尼姑庵

佛教，佛，密云大城子乡上庵村，无考。

密云县地名志 192。

### 1885. 黄门庙

密云的城子乡黄门庙村，无考。

密云县地名志 199。

### 1886. 井寺

密云东邵渠乡井寺村，无考。

密云县地名志 212。

### 1887. 老爷庙

道教，关羽，密云东邵渠乡老爷庙村，无考。

密云县地名志 213。

### 1888. 龙王庙

道教，龙王，密云东庄禾乡龙王庙，无考。

密云县地名志 243。

### 1889. 二郎庙

道教，二郎神，明代，密云新城子乡二郎庙村，无考。

密云县地名志 253。

### 1890. 坡头庙

密云新城子乡庙岭梁，无考。

密云县地名志 267。

### 1891. 关帝庙

道教，关羽，清代，密云高岭乡瑶亭村，无考。

密云县地名志 281。

### 1892. 尼姑庵

佛教，佛，清代，密云高岭乡东关，无考。

密云县地名志 284。

### 1893. 观音寺

佛教，佛，清代，密云上甸子乡南天门，无考。

密云县地名志 290。

### 1894. 南海大士庙

佛教，清代，密云上甸子乡南天门，无考。

密云县地名志 290。

### 1895. 真武大帝庙

道教，真武帝，清代，密云上甸子乡南天门，无考。

密云县地名志 290。

### 1896. 关圣帝君庙

道教，关羽，清代，密云上甸子乡南天门，无考。

密云县地名志 290。

### 1897. 二郎爷庙

道教，二郎神，清代，密云上甸子乡南天门，无考。

密云县地名志 290。

### 1898. 清修寺

佛教，佛，唐代，密云西田各庄乡渤海寨村，无考。

顺天府志 812。日下旧闻考 2296。

### 1899. 卧佛寺

佛教，佛，唐代，密云青铜山下，无考。

顺天府志 812。日下旧闻考 2274。

### 1900. 圣德寺

佛教，佛，唐代，密云穆家峪乡羊山庄，无考。

顺天府志 812。

### 1901. 圣寿寺

佛教，佛，唐代，密云黄家庄，无考。

顺天府志 812。

### 1902. 冶山上寺

辽代，密云东北冶山，无存。

顺天府志 812。日下旧闻考 2274。

### 1903. 冶山下寺

辽代，密云东北冶山，无存。

顺天府志 812。日下旧闻考 2274。

### 1904. 清都观（洞真宫）

道教，金代，密云西北清都山，无考。

顺天府志 812。

### 1905. 崇福寺

佛教，佛，元代，密云东部栗园庄，无考。

顺天府志 813。

### 1906. 塔山寺

元代，密云北省庄，无考。

顺天府志 813。

### 1907. 地藏庵

佛教，地藏菩萨，元代，密云西骆驼庄，无考。

顺天府志 813。

### 1908. 观音庵

佛教，观音，元代，密云穆家峪乡荆子谷，无考。

顺天府志 813。

### 1909. 天盆寺（天门寺）

佛教，佛，元代，密云贾家庄，无考。

顺天府志 813。日下旧闻考 2258。

### 1910. 黍谷庙

密云黍谷山，无考。

日下旧闻考 2258。

### 1911. 邹大夫祠

祠堂，邹衍，密云新旧二城之间，无存。

日下旧闻考 2258。

### 1912. 邹衍庙

邹衍，密云黍谷山，无存。

日下旧闻考 2258。

### 1913. 龙泉寺

密云八里庄，无考。

顺天府志 813。

### 1914. 开元寺

佛教，佛，元代，密云太师屯镇太师庄，无考。

顺天府志 813。

### 1915. 庆峰观

道教，元代，密云县南，无考。

顺天府志 813，日下旧闻考 2275。

### 1916. 谷寿寺

佛教，佛，元代，密云东 30 里，无考。

日下旧闻考 2269。

### 1917. 三教寺

佛教，佛，唐代，密云青铜山下，

无考。

日下旧闻考 2274。

### 1918. 大悲庵（栖真院了师庵）

佛教，佛，明代，密云新城东北部，无考。

日下旧闻考 2274。密云县地名志图。

### 1919. 元君庙

道教，碧霞元君，明代，密云石匣地西门，无考。

顺天府志 756。

### 1920. 元君庙

道教，碧霞元君，明代，密云古北口城南五里，无考。

顺天府志 756。

### 1921. 五龙祠

道教，明代，密云县治南，无考。

顺天府志 756。

### 1922. 五龙祠（龙潭神祠）

道教，清代，密云石盆谷（白龙潭景区），无考。

顺天府志 756。日下旧闻考 2270。

### 1923. 五龙祠

道教，密云石匣城，无考。

顺天府志 756。

### 1924. 忠义祠

祠堂，前代死难臣，明代，密云县东门外，无存。

顺天府志 756。

### 1925. 忠义祠

祠堂，前代死难臣，明代，密云古北口，无考。

顺天府志 756。

### 1926. 英济王庙

祠堂，明代，密云县西北，越人孟

大贤舍宅知县修建，无存。

顺天府志 757。

### 1927. 张公庙（浙绍乡祠）

祠堂，宋人张夏，密云县西二里，无存。

顺天府志 757。

### 1928. 真武庙

道教，真武大帝，明代，密云新城内，背倚城北，无存。

顺天府志 757。

### 1929. 邢公堂祠

道教，总督邢玠，密云旧城东门内，无存。

顺天府志 757。

### 1930. 尹公祠。

祠堂，知县尹同皋，密云县学宫西，无存。

顺天府志 757。

### 1931. 三皇庙

道教，天、地、人皇，密云县署北，无存。

顺天府志 757。

### 1932. 玉皇庙

道教，玉皇大帝，密云新城都司署内，无存。

顺天府志 757。

### 1933. 蔡总兵祠

祠堂，清代，密云古北口北关，无考。

顺天府志 759。

### 1934. 大安寺（白猿院）

佛教，佛，北齐，密云东北五十里，无存。

北京考古集成四 1412。

**1935. 关王庙**

道教，关羽，明代，密云古北口，无考。

顺天府志754。

**1936. 关王庙**

道教，关羽，明代，密云石岭塘，无考。

顺天府志754。

**1937. 关王庙**

道教，关羽，明代，密云石匣城西门内，无考。

顺天府志754。

**1938. 关王庙**

道教，关羽，明代，密云石匣城北，无考。

顺天府志754。

**1939. 关王庙**

道教，关羽，唐代，密云县署南，无考。

顺天府志754。

**1940. 八腊庙**

道教，八腊神，明代，密云石匣城外，戚继光建，无考。

顺天府志755。

**1941. 城隍庙**

道教，城隍，密云古北口，无考。

顺天府志755。

**1942. 城隍庙**

道教，城隍，密云石匣城，无考。

顺天府志755。

**1943. 龙王庙**

道教，龙王，明代，密云南关东，无考。

顺天府志755。

**1944. 药王庙**

道教，药王，密云新城南门外，无考。

顺天府志755。

**1945. 药王庙**

道教，药王，密云石匣城，无考。

顺天府志755。

**1946. 药王庙**

道教，药王，密云石匣城南门外，无考。

顺天府志755。

**1947. 火神庙**

道教，火神，密云新城南门外，无考。

顺天府志755。

**1948. 火神庙**

道教，火神，密云石匣城，无考。

顺天府志755。

**1949. 火神庙**

道教，火神，密云石匣城南门外校场，无考。

顺天府志755。

**1950. 马神庙**

道教，马神，明代，密云新城西北，无考。

顺天府恣755。

**1951. 马神庙**

道教，马神，密云石匣城南门外校场，无考。

顺天府志755。

**1952. 钓鱼台庙**

元代，密云，无考。

顺天府志755。

### 1953. 宴公庙（水神宴公仔）

明代，密云城南关，无考。

顺天府志 755。

### 1954. 东岳庙（泰山大帝）

明代，密云古北口东关外，无考。

顺天府志 756。

### 1955. 元君庙

道教，泰山圣母行宫，明代，密云西北谷，无考。

顺天府志 756。

### 1956. 元君庙

道教，娘娘庙，明代，密云县东北，无考。

顺天府志 756。

### 1957. 社稷坛

祭坛，社稷神，明代，密云城西三里，无考。

顺天府志 753。

### 1958. 风雨雷神坛（风神庙）

祭坛，风雨雷神，明代，密云城南一里，无考。

顺天府志 753。

### 1959. 先农坛

祭坛，农神，明代，密云旧城东门内，无考。

顺天府志 753。

### 1960. 厉坛

祭坛，密云县东门外，无考。

顺天府志 753。

### 1961. 武庙（旗纛庙）

道教，元代，密云县北，无考。

顺天府志 753。密云县地名志光绪图。

### 1962. 文昌祠

道教，文昌君，清代，密云旧城东南，无存。

顺天府志 753。

### 1963. 文昌祠

道教，文昌君，清代，密云旧城鼓楼，无存。

顺天府志 753。

### 1964. 文昌祠

道教，文昌君，清代，密云新城东南白檀书院，无存。

顺天府志 753。

### 1965. 文昌祠

道教，文昌君，清代，密云新城西北，无存。

顺天府志 753。

### 1966. 文昌阁

道教，文昌君，清代，密云古北口，无存。

顺天府志 754。

### 1967. 魁星楼

道教，清代，密云旧城东南隅，无存。

顺天府志 754。

### 1968. 名宦祠

祠堂，名宦，明代，密云学宫内，无存。

顺天府志 754。

### 1969. 乡贤祠

祠堂，明代，密云学宫内，无存。

顺天府志 754。

### 1970. 石佛寺

佛教，佛，元代，密云西北十里风山，无考。

日下旧闻考 2259。

### 1971. 喇嘛庙

佛教，藏佛，元代，密云番子牌乡喇嘛栅子村，无考。

密云县地名志 333。

### 1972. 山神庙

道教，山神，密云石城乡山神庙村，无考。

密云县地名志 342。

### 1973. 白庙

密云四合堂乡白庙子村，白墙，无考。

密云县地名志 358。

### 1974. 大佛寺

佛教，佛，密云新城西北部，无存。

密云县地名志光绪图。

### 1975. 瘟神庙

道教，瘟神，密云新城西北部，无存。

密云县地名志光绪图。

### 1976. 永慈庵

佛教，佛，密云新城东门内，无存。

密云县地名志光绪图。

### 1977. 昙云寺

佛教，佛，密云新城东南隅，无存。

密云县地名志光绪图。

### 1978. 五道庙

密云新城南门内，无存。

密云县地名志光绪图。

### 1979. 圣师庙

密云新城南门外西，无存。

密云县地名志光绪图。

### 1980. 藏经庵

佛教，佛，密云新城与旧城之间，

无存。

密云县地名志光绪图。

### 1981. 九圣祠

密云新城与旧城之间，无存。

密云县地名志光绪图。

### 1982. 龙王庙

道教，龙王，密云新城与旧城之间南部，无存。

密云县地名志光绪图。

### 1983. 鲁班庙

道教，鲁班爷，密云旧城西门内，无存。

密云县地名志光绪图。

### 1984. 开元庵

佛教，佛，密云旧城西南部，无存。

密云县地名志光绪图。

### 1985. 古关庙

关羽，密云旧城西南部，无存。

密云县地名志光绪图。

### 1986. 侧座庙

密云旧城南门外西，无存。

密云县地名志光绪图。

### 1987. 小圣庙

密云旧城南门外西，无存。

密云县地名志光绪图。

### 1988. 龙王庙

道教，密云旧城南门外西，无存。

密云县地名志光绪图。

### 1989. 菩萨庙

佛教，菩萨，明代，平谷金海湖镇靠山集村，北向地 600 平方米殿全山门东有石刻，仅存大殿区保。

平谷县文物志。网。

### 1990. 菩萨庙

佛教，菩萨，辽代，平谷夏各庄镇贤王庄村，南向地 600 平方米殿全有经幢，仅存正殿三和山门。

平谷文物志。

### 1991. 吉祥庵

佛教，平谷王辛庄镇小辛寨村，南向地 1300 平方米山门平门殿全，仅存正殿三和石碑一。

平谷文物志。

### 1992. 兴隆庵

佛教，佛，明代，平谷镇北抬头村，南向地 3000 平方米正配殿全，存正殿三区保。

平谷文物志。

### 1993. 三泉寺

金代，平谷金海湖镇东马各庄村，无考。

日下旧闻考 2280。

### 1994. 白云寺

佛教，佛，金代，平谷黄松峪乡白云寺村，无考。

日下旧闻考 2285。

### 1995. 水峪寺

佛，平谷夏各庄镇龙家务村，无考。

日下旧闻考 2285。

### 1996. 碣石寺（碣山寺）

佛教，佛，元代，平谷金海镇东上营村，无存。

唐土名胜图会 122。平谷县志。

### 1997. 兴隆寺（肖家院）

佛教，佛，元代，平谷王辛庄镇太后村，仅存元碑二井一石件。

唐土名胜图会 122。平谷县地名志

1303。日下旧闻考 2280。

### 1998. 石佛寺

佛教，佛，唐代，平谷马坊镇石佛寺村，南向正殿三层东西配殿石佛，仅存几尊石佛像。

今日北京 374。平谷县地名志 140。

### 1999. 延祥观（元宝观）

道教，元代，平谷南独乐河村，无存。

今日北京 427。顺天府志 835。日下旧闻考 2285。

### 2000. 碧霞元君庙（娘娘庙）

道教，泰山帝之女，唐代，平谷刘店乡丫吉山，山上殿堂雄伟梁栋回廊壮观，存区保。

今日北京 429。平谷县地名志 292。

### 2001. 兴善寺（水峪寺）

佛教，佛，唐代，平谷南独乐河镇峨嵋山村东沟村，规模宏大佛道殿全位山中部，仅留泉水和三生石。

平谷县地名志 295 – 359。顺天府志 835。

### 2002. 文庙（孔庙）

儒教，孔子，元代，平谷旧城南大街，门西殿南向牌楼拱桥东西五庑，二中位置建筑全无。

平谷县地名志 359。

### 2003. 城隍庙

道教，城隍，明代，平谷旧城中北部，南向规模宏大似文庙，无存。

平谷县地名志 360。

### 2004. 火神庙

道教，火神，明代，平谷旧城南门外，前后殿各五东西配三有钟鼓楼，

无存。

平谷县地名志 360。

### 2005. 药王庙

道教，药王，平谷南旧城南口路西，南向四合院正殿耳房门前戏楼，无存。

平谷县地名志 361。

### 2006. 临泉寺（高村寺）

佛教/道教，刘关张佛菩萨等，辽代，平谷东高村镇中心小学内，南向正殿两侧有配殿，存正殿三古柏石碑井区保。

平谷县地名志 361。日下旧闻考 2285。

### 2007. 红庙（关帝庙）

道教，关羽，明代，平谷镇西关外南叉子街，三间殿前有红栅栏，无存。

平谷县地名志 22。

### 2008. 八腊庙

道教，八腊神，明代，平谷镇西关外寺渠村，无存。

平谷县地名志 35。

### 2009. 龙泉寺

佛教，佛，平谷山东庄镇北寺村，无存。

平谷县地名志 55。

### 2010. 娘娘庙

道教，娘娘，明代，平谷马坊镇李蔡街村，无存。

平谷县地名志 140。

### 2011. 塔儿寺

佛教，平谷马坊镇塔儿寺村，无存。

平古县地名志 143。

### 2012. 普贤寺（普贤菩萨庙）

佛教，菩萨，平谷东高村镇普贤屯

村，无存。

平谷县地名志 150。

### 2013. 高庙

明代，平谷马昌营镇高庙村，庙高28 层台阶，无存。

平谷县地名志 157。

### 2014. 云峰寺（双杨二柏云峰寺）

佛教，佛，明代，平谷峪口镇云峰寺村，有双杨双柏，无存。

平谷县地名志 176。

### 2015. 陀头寺（陀寺）

佛教，佛，明代，平谷峪口镇陀头寺村，无存。

平谷县地名志 177。

### 2016. 双泉寺

佛教，佛，金代，平谷金海湖镇东上营村，寺前有金代碑，无考。

平谷县地名志 219。

### 2017. 娘娘庙

佛教，娘娘，平谷金海湖镇东上营村，仅存残碑。

平谷县地名志 219 – 295。日下旧闻考 2280。

### 2018. 槁寺

佛教，佛，平谷黄松峪乡槁寺村，无存。

平谷县地名志 236。

### 2019. 白云寺（继广寺）

佛教，佛关羽，平谷黄松峪乡槁寺村，南向地 1300 平方米正配殿各三，仅存石碑一。

平谷县地名志 236。顺天府志。

### 2020. 大寺

平谷熊儿寨乡小寺峪村北，无存。

平谷县地名志 243。

### 2021. 九花庵（尼姑庵）

佛教，佛，平谷熊儿寨乡魏家村，庵外有韭菜花，无存。

平谷县地名志 245。

### 2022. 五里庙

佛教，平谷镇罗营镇五里店村，无存。

平谷县地名志 263。

### 2023. 东寺

平谷镇罗营镇东寺峪村西，无存。

平谷县地名志 265 - 276。

### 2024. 观音庙

佛教，观音，平谷镇罗营镇大庙峪村，无存。

平谷县地名志 275。

### 2025. 玉皇阁

道教，玉皇大帝，清代，平谷刘店镇北吉山村，山顶多边形，存。

平谷县地名志 292。

### 2026. 药王庙

道教，药王，平谷刘店镇北吉山村，一进院，存。

平谷县地名志 292。

### 2027. 轩辕庙（黄帝庙）

道教，轩辕黄帝，汉代，平谷山东庄村，地二十六亩山门殿碑亭廊，部分存。

平谷县地名志 295。顺天府志 794。

### 2028. 马神庙

道教，马神，平谷镇旧城县治西，无存。

顺天府志 796。

### 2029. 虫神庙

道教，虫神，平谷刘店镇北吉山村，存。

撰者探访得之。

### 2030. 东岳庙

道教，泰山大帝，平谷刘店镇北吉山村，存。

撰者探访得之。

### 2031. 三皇殿

道教，天地人皇，平谷刘店镇北吉山村，存。

撰者探访得之。

### 2032. 紫霄宫

道教，平谷刘店镇北吉山村，存。

撰者探访得之。

### 2033. 菩萨庙

道教，菩萨，平谷刘店镇北吉山村，存。

撰者探访得之。

### 2034. 巡山庙（山神庙）

道教，山神白马，平谷刘店镇北吉山村，一进院，存。

撰者探访得之。

### 2035. 财神庙

道教，财神，平谷刘店镇北吉山村，一进院，存。

撰者探访得之。

### 2036. 积善庵

佛教，佛，平谷镇旧城东鹿角村，一进院，存。

撰者探访得之。

### 2037. 社稷坛

祭坛，社稷神，明代，平谷旧城外西北，无存。

顺天府志 794。

### 2038. 风云雷神山川坛

祭坛，风雨神，明代，平谷旧城城外西北，无存。

顺天府志 794。

### 2039. 邑厉坛

祭坛，平谷旧城城外正北，无存。

顺天府志 794。

### 2040. 关帝庙

道教，关羽，元代，平谷旧城西门瓮城内，无存。

顺天府志 794。

### 2041. 东岳庙

道教，泰山大帝，平谷旧城西门外，无存。

顺天府志 795。

### 2042. 真武庙

道教，真武帝，平谷旧城北城上，无存。

顺天府志 795。

### 2043. 崔府君庙

平谷山东庄镇桥头营村，无考。

顺天府志 795。

### 2044. 龙王庙

道教，龙王，平谷城南寺渠，无考。

顺天府志 796。

### 2045. 净宁寺（鹿角寺）

佛教，佛，金代，平谷镇西鹿角村，无考。

顺天府志 833。日下旧闻考 2285。

### 2046. 净严寺

佛教，佛，辽代，平谷王辛庄镇大辛寨村，无考。

顺天府志 833。日下旧闻考 2285。

### 2047. 石佛寺

佛教，佛，元代，平谷北东胡家务村，无考。

顺天府志 833。日下旧闻考 2285。

### 2048. 慈福寺（山东寺）

佛教，佛，明代，平谷山东庄镇山东庄村，无考。

顺天府志 833。日下旧闻考 2285。

### 2049. 觉雄寺

佛教，辽代，平谷县治西，无存。

顺天府志 833。日下旧闻考 2285。

### 2050. 香岚寺（波谷寺）

佛教，佛，金代，平谷渔子山砦，无存。

顺天府志 834。

### 2051. 南天观音寺

佛教，观音，清代，密云上甸子乡南天门，无存。

密云县地名志 290。

### 2052. 云岩寺

佛教，佛，辽代，平谷刘家店乡栲栳山，殿有铜佛和木佛，存断壁残碑。

顺天府志 816。

### 2053. 石佛寺（暂时名）

佛教，佛，元代，密云太师屯镇白龙潭村，三层殿正立菩萨两旁站佛，遗迹。

北京文物报 2007 年 1 期 2 版。

### 2054. 蒋公祠

祠堂，明代，平谷丫吉山刘家店，无考。

顺天府志 764。

### 2055. 砸堂寺（宝泉寺、云泉寺）

佛教，佛，汉代，平谷丫吉山，

无考。

顺天府志 815。日下旧闻考 2234
－2246。

### 2056. 崇兴庵（尼姑庵）

佛教，佛，明代，孙河中学内，存
部分建筑古树区保。

朝阳区地名志 332。

### 2057. 灵惠寺

佛教，佛，东直门外南。

北平庙宇通检东南郊。

### 2058. 关帝庙

道教，关羽，朝阳区楼梓庄乡曹各
庄，无存。

朝阳区地名志 408。

### 2059. 马神庙

道教，马神，朝阳区楼梓庄乡曹各
庄，无存。

朝阳区地名志 408。

### 2060. 马神庙

道教，马神，明代，朝阳区东坝村
北路旁土丘，无存。

朝阳区地名志 432。

### 2061. 大清寺

佛教，佛，清代，朝阳区将台乡大
清寺，无存。

朝阳区地名志 423。

### 2062. 娘娘庙

道教，娘娘，明代，朝阳区东坝村
村，存后殿三间东西耳各二区保。

朝阳区地名志 432。

### 2063. 石佛寺

佛教，佛，朝阳区东风乡石佛营，
无存。

朝阳区地名志 462。

### 2064. 高庙

朝阳区东风乡高庙村，无存。

朝阳区地名志 462。

### 2065. 七圣庙

道教，七圣，清代，朝阳区香河园
七圣庙，地东西五丈南北五丈三房五间
村建，无存。

朝阳区地名志 92。北京寺庙历史资
料 253。

### 2066. 牛王庙

道教，牛王神关羽，清代，三元桥
北部桥体下位置，两层殿宇前牛神后关
羽，无存。

朝阳区地名志 98。

### 2067. 三元庵

道教，关羽，朝阳区三元里东部，
二进院，无存。

朝阳区地名志 98。

### 2068. 萧君庙

朝阳区将台乡肖君庙村，无存。

朝阳区地名志 423。

### 2069. 观音寺

佛教，观音，明代，朝外吉市口七
条，存殿三耳二间房管占用。

朝阳区地名志 174。

### 2070. 清真寺

伊斯兰教，真主，朝外水门关胡同，
无存。

朝阳区地名志 179。

### 2071. 黄庙

清代，朝外四条，无存。

朝阳区地名志 166。

### 2072. 喇嘛寺（喇嘛庙）

佛教，佛，朝外三条，无存。

朝阳区地名志 178。

### 2073. 三佛寺

佛教，佛，清代，朝外三丰胡同，无存。

朝阳区地名志 183。

### 2074. 延静寺（慈云寺僧人家庙）

家庙，佛，朝外延静里，无存。

朝阳区地名志 211。

### 2075. 红庙

道教，关羽，朝外红庙经济学院内，无存。

朝阳区地名志 214。

### 2076. 药王庙

道教，药王，清代，朝外管庄地区联合收割机厂内，存正殿三间区保。

朝阳区地名志 222。

### 2077. 紫薇宫

建国门外长富宫位置，无存。

朝阳区地名志 234。

### 2078. 灵通观

道教，建国门外永安南里建华南路南端，无存。

朝阳区地名志 234。

### 2079. 五圣庙（武圣庙）

五圣，潘家园街道武圣路，无存。

朝阳区地名志 288。

### 2080. 金蝉庵

朝阳区伐头金蝉里南磨房厚俸村，无存。

朝阳区地名志 304 – 536。

### 2081. 通法寺

佛，朝外。

北平庙宇通检东南郊。

### 2082. 崇兴寺

佛教，佛，明代，朝阳区楼梓庄，存大殿。

朝阳区地名志 409。

### 2083. 关帝庙

道教，关羽，朝阳区孙河乡后苇沟，三进三层殿，存一殿。

朝阳区地名志 333 – 536。

### 2084. 五圣庵

道教，朝阳区楼梓庄，遗迹存。

朝阳区地名志 409。

### 2085. 大寺（吉祥寺）

佛教，佛，明代，朝阳区崔各庄乡奶子房，无存。

朝阳区地名志 336。

### 2086. 老爷庙

道教，关羽，朝阳区崔各庄乡奶子房，无存。

朝阳区地名志 337。

### 2087. 娘娘庙

道教，娘娘，朝阳区崔各庄乡奶子房，无存。

朝阳区地名志 337。

### 2088. 三爷庙

道教，三爷，朝阳区崔各庄乡奶子房，无存。

朝阳区地名志 337。

### 2089. 龙王庙

道教，龙王，朝阳区崔各庄乡奶子房，无存。

朝阳区地名志 337。

### 2090. 老爷庙

道教，关羽，朝阳区崔各庄，仅存古树。

### 2091. 菩萨庙

佛教，菩萨，清代，朝阳区南皋村，大式硬山筒瓦，存大殿三间区保。

朝阳区地名志 343。

### 2092. 关帝庙

道教，关羽药王菩萨牛马虫等神，朝阳区南皋乡东辛店，大式硬山筒瓦，存大殿三间市保。

朝阳区地名志 343。

### 2093. 娘娘庙（南庙、天仙庙、菩萨庙）

道教/佛教，娘娘，朝阳区来广营乡清河营，存东西配各三后院西配三间。

朝阳区地名志 354。

### 2094. 关帝庙，

道教，关羽，朝阳区来广营村，存大殿三间。

朝阳区地名志 354。

### 2095. 关帝庙

道教，关羽，明代，朝阳区来广营乡东湖渠村，存后殿配殿各三间区保。

朝阳区地名志 361。

### 2096. 关帝庙

道教，关羽，明代，朝阳区来广营乡北湖渠村，存殿三间区保。

朝阳区地名志 363。

### 2097. 护国天仙圣母庙

道教，天仙娘娘，清代，朝阳区来广营乡北湖渠村，存殿三间区保。

朝阳区地名志 363。

### 2098. 娘娘庙

道教，娘娘，明代，朝阳区来广营乡南湖渠村，后殿西配各三间区保。

### 2099. 真武庙

道教，真武帝，朝阳区金盏村，存古树。

朝阳区地名志 387。

### 2100. 南宫庙

朝阳区金盏乡长店村，存古树，

朝阳区地名志 388。

### 2101. 行宫庙

朝阳区金盏乡行宫庙村，无存。

朝阳区地名志 389。

### 2102. 玉皇庙

道教，玉皇大帝，清代，朝阳区东八里桥，南向二进院，无考。

顺天府志 723。

### 2103. 马神庙（马神祠）

道教，马神，朝阳区坝上正北北马房村，无考。

顺天府志 725。朝阳区地名志 389。

### 2104. 永济寺

佛教，佛，唐代，朝阳区双桥，无存。

日下旧闻考 1827 – 1828。

### 2105. 觉华寺

佛教，佛，朝阳区十八里店，无考。

日下旧闻考 1836。

### 2106. 日坛

祭坛，太阳神，明代，朝阳门外，完好国保。

顺天府志 128。

### 2107. 元先农坛

祭坛，农神，元代，朝阳门外，无存。

顺天府志 125。

### 2108. 仓神庙

道教，仓神，朝阳门外储济仓，无存。

顺天府志 125。

### 2109. 菩萨庙

佛教，菩萨，朝阳区平房乡黄杉木店，无存。

朝阳区地名志 472。

### 2110. 火神庙

道教，火神，朝阳区平房乡黄杉木店，无存。

朝阳区地名志 472。

### 2111. 五道庙

道教，五道将军，朝阳区平房乡黄杉木店，无存。

朝阳区地名志 472。

### 2112. 真武庙

道教，真武帝，明代，朝阳区常营乡五里桥，无存。

朝阳区地名志 477。

### 2113. 定福寺

佛教，佛，朝阳区三间房乡定福寺，无存。

朝阳区地名志 483。

### 2114. 娘娘庙（小寺、碧霞宫）

道教，碧霞元君，朝阳区管庄乡小寺村，存。

朝阳区地名志 492。

### 2115. 娘娘庙

道教，娘娘，清代，朝阳区豆各庄乡西马各庄，存大殿及古树。

朝阳区地名志 499。

### 2116. 张义祠堂

祠堂，清代，朝阳区豆各庄村，存。

朝阳区地名志 500。

### 2117. 清真寺

伊斯兰教，真主，清代，朝阳区黑庄户乡万子营村，存区保。

朝阳区地名志 506。

### 2118. 地藏庵

佛教，地藏菩萨，朝阳区高碑店村，无存。

朝阳区地名志 522。

### 2119. 关帝庙

道教，关羽，清代，朝阳区高碑店乡南楼仔庄，存区保。

朝阳区地名志 536。

### 2120. 南五圣庙

道教，五圣，朝阳区南磨房乡南五圣庙村西，大殿三间东西配殿各三间，无存。

朝阳区地名志 533。

### 2121. 龙王庙

道教，河神，朝阳区南磨房乡龙王庙村，无存。

朝阳区地名志 534。

### 2122. 观音堂（菩萨庙）

佛教，观音，清代，朝阳区王四营乡观音堂村，存配殿一间工厂用。

朝阳区地名志 544。

### 2123. 关帝庙

道教，关羽，朝阳区王四营乡小海子，无存。

朝阳区地名志 544。

### 2124. 老君庙

道教，太上老君，朝阳区王四营乡孛罗营，无存。

朝阳区地名志 551。

### 2125. 重兴寺

佛教，佛祖十八罗汉，朝阳区管庄乡重兴寺村，北向，无考。

朝阳区地名志492。

### 2126. 元真观

道教/佛教，明代，朝外。

北平庙宇通检东南郊。

# 南郊部分

### 2127. 隆禧寺

佛教，佛，明代，左安门外东皋村，无考。

顺天府志530。唐图名胜图会93。

### 2128. 广恩寺（清胜寺、周桥寺）

佛教，佛，辽代，右安门外菜户营，无考。

顺天府志531。唐土名胜图会93。

### 2129. 九莲慈荫寺

佛教，佛，明代，右安门外三里，前中后殿，无考。

顺天府志531。唐土名胜图会93。

### 2130. 宝林寺

佛教，佛，金代，大兴采育，无考。

北京考古集成十四644。

### 2131. 岱王庙（大王庙）

明代，卢沟桥西街，无考。

丰台区地名志394。

### 2132. 玉皇庙

道教，玉皇大帝，清代，大兴长子营乡长子营村，无考。

北京考古集成九1286。

### 2133. 河神祠（龙王庙、南惠济寺）

道教，龙神，金代，宛平城西关外，东向三进戏楼钟鼓楼，无存。

北京日报2003年8月23日。丰台区地名志395。

### 2134. 玉皇庙

道教，玉皇大帝，永定河南岸头工公义庄，无考。

顺天府志535。

### 2135. 万泉寺

右安门外，有水阁，无考。

顺天府志531。唐土名胜图会93。

### 2136. 河神祠

道教，河神，清代，大兴庞各庄镇赵村南，存乾隆碑区保。

今日北京448。大兴县地名志269-340。

### 2137. 花神祠（花王庙）

道教，花神，清代，丰台樊家村，南向正殿后殿东西各三间，无考。

今日北京443。

### 2138. 福生寺（弥勒庵）

佛教，佛，清代，丰台卢沟桥北五里，无存。

今日北京414。

### 2139. 关帝庙

道教/佛教，关羽，右安门外关厢，无存。

维持会报告208。

### 2140. 灵岳庙

道教/佛教，右安门外白庙村，无考。

维持会报告210。

### 2141. 安乐林（安乐禅林）

佛教，佛，永定门外安乐林，无考。

维持会报告210。今日北京418。

### 2142. 宝华寺

佛教，佛，永定门外宝华寺，无考。

维持会报告 210。

### 2143. 关帝庙

道教/佛教，关羽，左安门外关厢，无考。

维持会报告 210。

### 2144. 地藏庵

佛教，地藏菩萨，右安门外三条，无考。

维持会报告 211。

### 2145. 三关庙（疑为三官庙）

道教/佛教，天地水官，右安门外三官庙，无考。

维持会报告 211。

### 2146. 地藏庵

佛教，地藏菩萨，永定门外地藏庵村，无考。

维持会报告 211。

### 2147. 菩萨庙

佛教，佛，左安门外，无考。

维持会报告 211。

### 2148. 海潮观音庵

佛教，观音，永定门外时家村，无考。

维持会报告 211。

### 2149. 九圣庵

佛教，九圣，永外黄土坑，无考。

维持会报告 211。

### 2150. 兴隆寺

佛教，佛，右安门外菜户营，无考。

维持会报告 211。

### 2151. 海慧寺

佛教，佛，明代，永外大红门路海慧寺村，殿三方一丈配殿十二钟鼓楼等，无考。

维持会报告 211。丰台区地名志 395。

### 2152. 廻香亭

佛教，佛，永定门外廻香亭一路，无考。

维持会报告团 11。

### 2153. 马神庙

道教/佛教，马神，丰台马神庙村，无考。

维持会报告 211。

### 2154. 倒座观音堂

佛教，观音，永外倒座观音堂，北向，无考。

维持会报告 212。

### 2155. 五显财神庙

道教/佛教，财神，南郊三里河，无考。

维持会报告 212。

### 2156. 达园寺

佛教，佛，右安门外于家胡同，无考。

维持会报告 212。

### 2157. 关帝庙

道教/佛教，关羽，左安门外羊坊村，无考。

维持会报告 212。

### 2158. 忠祐寺

佛教/道教，关羽，左安门外马回甸（方庄），南向山门正殿后殿各三配十二间，修复完整区保。

维持会报告 212。丰台区地名志 405。

### 2159. 胜因寺

佛教，佛，永外东铁匠营，无考。

维持会报告 212。

### 2160. 二郎庙

道教，二郎，永外二郎庙村，无考。

维持会报告 223。

### 2161. 观音堂

佛教/道教，观音，永外狮子馆，无考。

维持会报告 223。

### 2162. 美以美福音堂

基督教，耶稣，右安门外，无考。

维持会报告 231。

### 2163. 美以美福音堂

基督教，耶稣，丰台区南苑镇，无考。

维持会报告 231。

### 2164. 关帝庙

道教，关羽，大兴长子营乡北辛庄，前后殿东西配殿，无考。

大兴提供，

### 2165. 北天主教堂（北天堂）

天主教，天主，清代，丰台北天堂村，无考。

北京考古集成八 1014。丰台区地名志 316。

### 2166. 护国万行寺

佛教，佛，明代，丰台槐树岭，有新建碑。

北京考古集成八 1203。

### 2167. 清真寺

伊斯兰教，真主，清代，丰台长辛店，门南殿东向殿亭回廊，完好区保。

丰台区地名志 395。

### 2168. 昭忠祠（劝忠祠）

祠堂，冯玉祥部殉国官兵，民国，

丰台南苑嘉则庄，地十顷上五厢六中凉亭，仅存石碑。

丰台区地名志 399。

### 2169. 关帝庙（小老爷庙）

道教，关羽，清代，丰台长辛店，西向，形制无存。

丰台区地名志 403。

### 2170. 娘娘宫

道教，娘娘，明代，丰台长辛店，东向正殿前月台南北配殿各三，长辛店小学占。

丰台区地名志 403。

### 2171. 火神庙（善庆宫旧址）

道教，火神，明代，丰台长辛店，西向，部分存区保。

丰台区地名志 403。

### 2172. 五显财神庙

道教，财神，明代，丰台六里桥旁，南向山门一戏台三正后配各三，存古槐两棵。

丰台区地名志 401。

### 2173. 观音庙

佛教，观音，丰台花乡潘家庙，潘家集资，无考。

丰台区地名志 220。

### 2174. 昆吾公庙

金代宣曜门外官窑厂南，无考。

析津志辑佚 57。

### 2175. 关帝庙

道教，关羽，丰台花乡潘家庙，潘家集资，无考。

丰台区地名志 220。

### 2176. 镇国寺（关帝庙）

道教，关羽，明代，丰台花乡镇国

寺村，无存。

丰台区地名志230。

### 2177. 花神庙

道教，花姑，丰台花乡镇国寺村，无存。

丰台区地名志230。

### 2178. 纪家庙（三皇庙）

道教，三皇，明代，丰台花乡纪家庙村，纪姓集资，无存。

丰台区地名志238。

### 2179. 释迦寺

佛教，佛，丰台南苑释家寺村，无存。

丰台区地名志264。

### 2180. 白庙

丰台南苑石榴庄白庙村，庙前影壁白色，无存。

丰台区地名志266。

### 2181. 双庙

丰台南苑石榴庄双庙村，两庙相对而立，无存。

丰台区地名志267。

### 2182. 金郊坛

祭坛，金代，金代丰宜门外丰台，圆形三成十二陛四门各三门，无存。

顺天府志121。

### 2183. 金风雨雷师坛

祭坛，金代，金端礼门外西南，无存。

顺天府志123。

### 2184. 元郊坛

祭坛，元代，永定门外七里，三百零八亩坛三成每高八尺一，无存。

顺天府志123。

### 2185. 金太庙

祖庙，皇祖，金代，金代南千步廊，无存。

顺天府志122。

### 2186. 金社稷坛

祭坛，金代，金中都城，四周垣四门三间坛一级四陛，无存。

顺天府志122。

### 2187. 昭庆院

元代，元代大兴县，无存。

析津志辑佚86。

### 2188. 火神庙（前三圣庙）

道教，火神，清代，大兴黄村老街南口，北向，存正殿单位占用。

大兴区地名志341。

### 2189. 关帝庙

道教，关羽，清代，大兴老街北端，无存。

大兴县地名志28。

### 2190. 观音寺（镇国观音寺）

佛教，观音，大兴黄村镇海子角村，无存。

大兴县地名志29。

### 2191. 洪善寺

佛教，明代，大兴安定镇东白塔，无考。

大兴县地名志135－144。

### 2192. 关帝庙

道教，关羽，大兴黄村镇小营村，仅存石碑。

大兴县地名志46。

### 2193. 清真寺

伊斯兰教，真主，清代，大兴西红门，东向殿三间南北各七间配殿，存区保。

大兴县地名志 352。

### 2194. 清真寺

伊斯兰教，真主，明代，大兴庞各庄镇薛营，地 1500 平方米古柏殿三区保，存。

大兴县地名志 353。

### 2195. 清真寺

伊斯兰教，真主，清代，大兴礼贤村，地四亩半建筑 620 平方米殿三间清代，存区保。

大兴县地名志 150－352。

### 2196. 清真寺

伊斯兰教，真主，清代，大兴安定镇东白塔，殿三间，存区保。

大兴县地名志 135－354。

### 2197. 清真寺

伊斯兰教，真主，清代，大兴南各庄崔指挥营，东向殿三间，存。

大兴县地名志 248。

### 2198. 清真寺

伊斯兰教，真主，大兴榆垡镇留士庄，存。

大兴县地名志 166。

### 2199. 天主教堂

天主教，耶稣，清代，大兴榆垡镇西胡林，存。

大兴县地名志 170。

### 2200. 天主教堂

天主教，耶稣，清代，大兴榆垡镇求贤村，存。

大兴县地名志 168。

### 2201. 天主教堂

天主教，耶稣，清代，大兴长子营

乡牛坊村，存。

大兴县地名志 210。

### 2202. 天主教堂

天主教，耶稣，清代，大兴黄村镇前大营，存。

大兴县地名志 44。

### 2203. 圣缘寺

佛教，大兴安定镇大渠村，无考。

大兴县地名志 135。

### 2204. 清泉庵

佛教，佛，明代，大兴亦庄镇康村，无考。

大兴县地名志 75。

### 2205. 东胡各庄庙

大兴安定镇东胡各庄，无考。

大兴县地名志 135。

### 2206. 双塔寺

佛教，佛，明修，大兴安定镇后安定村，地 1500 平方米，仅存古银杏树。

大兴县地名志 138－141－350。

### 2207. 盛福寺

佛教，佛，大兴安定镇马各庄，无考。

大兴县地名志 140。

### 2208. 老君堂

道教，泰山老君，大兴亦庄镇小羊坊，无考。

大兴县地名志 74。

### 2209. 南堂庙

辽，大兴安定镇佟家务，无考。

大兴县地名志 143。

### 2210. 永安寺

佛教，佛，大兴安定镇通州马坊，南向，无考。

大兴县地名志 144。

### 2211. 姜太公庙

道教，姜子牙，大兴安定镇于家务，无考。

大兴县地名志 144。

### 2212. 王化庄庙

大兴礼贤镇王化庄，无考。

大兴县地名志 155。

### 2213. 辛教庵（尼姑庵）

佛，明代，大兴礼贤镇辛家安，无考。

大兴县地名志 158。

### 2214. 天仙圣母庙

道教，圣母，大兴与榆垡镇西瓮各庄，南向殿三间，无考。

大兴县地名志 171。

### 2215. 普宁寺

佛教，佛，明代，大兴庞各庄，无考。

大兴县地名志 176。

### 2216. 庆国寺

佛教，佛，大兴庞各庄镇南李渠，小学占用。

大兴县地名志 180。

### 2217. 关帝庙

道教，关羽，明代，大兴庞各庄镇张新庄，存古柏。

大兴县地名志 186。

### 2218. 广佛寺

佛教，大兴采育镇广佛寺村，无考。

大兴县地名志 190。

### 2219. 铜佛寺（长庆寺）

佛教，佛，明代，大兴采育镇铜佛寺村，1958 年存大殿三间，无考。

大兴县地名志 190 – 193。

### 2220. 乌云寺（海彗寺）

佛教，佛，明代，大兴采育镇潘铁营，无考。

大兴县地名志 192。

### 2221. 南大红门庙

明代，大兴堡青云店镇南大红门，无考。

大兴县地名志 200。

### 2222. 镇国寺

佛教，佛，大兴青云店寺上村，无考。

大兴县地名志 200。

### 2223. 良善坡庙

佛教，佛，明代，大兴长子营镇上长子村，无考。

大兴县地名志 205。

### 2224. 朱脑村庙

明代，大兴长子营镇朱脑村，无考。

大兴县地名志 213。

### 2225. 显应寺

佛教，佛，明代，大兴采育镇凤河营村，仅存古树。

大兴县地名志 223。

### 2226. 前半壁营庙

明代，大兴采育镇东半壁店，无考。

大兴县地名志 224。

### 2227. 前半壁营庙

明代，大兴采育镇东半壁店，无考。

大兴县地名志 224。

### 2228. 庙洼营庙

明代，大兴采育镇庙洼营村，无考。

大兴县地名志 225。

## 2229. 碧霞元君庙（娘娘庙）

道教，碧霞元君，明代，大兴魏善庄镇王各庄，无考。

大兴县地名志233。

## 2230. 伊庄庙

清代，大兴魏善庄镇伊庄，无考。

大兴县地名志235。

## 2231. 东沙窝庙

大兴魏善庄镇东沙窝，无考。

大兴县地名志240。

## 2232. 石佛寺

佛教，大兴榆伐镇石佛寺村，寺无存碑埋地下无寻。

大兴县地名志254－349。

## 2233. 昭提寺

佛教，佛，明代，大兴榆伐镇西宋各庄，无考。

大兴县地名志255。

## 2234. 开华寺

佛教，佛，辽代，大兴礼贤镇贺北村，无考。

大兴县地名志264。

## 2235. 东岳庙

道教，泰山大帝，大兴庞各镇常各庄，无考。

大兴县地名志271。

## 2236. 观音寺

佛教，观音，大兴庞各庄镇梁家务，无考。

大兴县地名志274。

## 2237. 浮屠寺

佛教，佛，元代，大兴北藏村镇北藏村，无考。

大兴县地名志280。

## 2238. 金台寿峰寺

佛教，佛，辽代，大兴礼贤镇内，井水甘甜，枯水井存。

大兴县地名志150－342。

## 2239. 灵言寺

佛教，佛，大兴榆垡镇履磕村，无考。

大兴县地名志352。

## 2240. 大庆寿寺（乱塔寺）

佛教，佛，金代，丰台王佐乡瓦窑村，附近塔十数座，存密檐塔一座。

丰台区地名志396。

## 2241. 关圣庙

道教，关羽，府西高丽庄（疑今花乡高立庄），无考。

唐土名胜图会97。

## 2242. 药王庙

道教，药王，民国，南郊骆驼湾，无考。

北京寺庙历史资料250。

## 2243. 三宝古刹

大兴采育镇大皮营，存明碑一。

大兴县志。文物志。

## 2244. 天仙圣母庙

道教，大兴魏善庄后大营，存1943年碑一。

大兴县志。文物志。

## 2245. 地藏王庙

佛教，地藏菩萨，大兴庞各庄镇四各庄，存1936年碑一。

大兴县志。文物志。

## 2246. 严祐宫

大兴庞各庄，存1931年碑一。

大兴县志。文物志。

### 2247. 关帝庙

道教，关羽，大兴礼贤镇，存清碑一。

大兴县志。文物志。

### 2248. 真武庙

道教，真武大帝，大兴榆伐镇太子务，存清碑一。

大兴县志。文物志。

### 2249. 关帝庙火神

道教，关羽火神，大兴青云店镇中屯，存清碑一。

大兴县志。文物志。

### 2250. 普济真君庙

道教，药王，大兴榆伐镇西黄伐，存清碑一。

大兴县志。文物志。

### 2251. 关帝庙

道教，关羽，大兴榆伐镇南张华，存清碑一。

大兴县志。文物志。

### 2252. 昊天寺

佛教，大兴榆伐镇西张华，存明碑一。

大兴县志。文物志。

### 2253. 白果寺

大兴采育镇康营，存明碑一。

大兴县志。文物志。

### 2254. 天仙圣母庙

道教，大兴青云店镇东店，存明碑一。

大兴县志。文物志。

### 2255. 大悲寺

佛教，佛，大兴长子营镇河津营，存明碑一。

大兴县志。文物志。

### 2256. 观音寺

佛教，观音，大兴长子营镇西北台，存明碑一。

大兴县志。文物志。

### 2257. 观音寺

佛教，大兴魏善庄镇西芦伐，存明碑一。

大兴县志。文物志。

### 2258. 药王庙

道教，药王，大兴原皇家苑囿内，无存。

大兴县志。文物志。

### 2259. 元灵宫

道教，玉皇大帝，清代，朝阳区小红门西南，南向山门三间规模宏大，无存。

北京考古集成十四 355 – 375。顺天府志 466。

### 2260. 中顶（护国中顶岱岳普济宫）

道教，碧霞元君，明代，丰台南苑中顶村，南向唐旧址山门砖砌枋木，存石碑区保。

丰台区地名志 399。北京考古集成九 1289 十四 3545。顺天府志 531。

### 2261. 万寺（后改为中顶）

佛教，佛，唐代，丰台中顶村，无存。

北京考古集成九 1288。顺天府志 531。

### 2262. 药王庙

道教，孙思邈等，明代，丰台看丹村，基本完整区保。

北京考古集成十四 340。丰台区地名志。

### 2263. 分钟寺（粉妆寺）

明代，丰台左安门外小红门外路北端，无存。

北京考古集成十四 341。

### 2264. 小南顶（南顶）

道教，碧霞元君，丰台大红门路南顶村，门外有牌坊，仅存牌坊于橡胶五厂。

北京考古集成十四 349。丰台区地名志 396。

### 2265. 天仙娘娘庙

道教，天仙娘娘，大兴采育镇南辛庄，前后东西配殿，58 年存戏楼。

大兴提供。

### 2266. 万佛延寿寺（护国万寿延寿寺、高庙）

佛教，佛，明代，丰台大井村，大悲阁东向西有汉白玉牌坊，营业员。

北京考古集成十四 323 - 350。丰台区地名志 402。

### 2267. 伏魔大帝庙

道教，关羽，大兴青云店乡大谷店，1958 年尚存正殿金代经幢。

大兴提供。

### 2268. 永慕寺

佛教，佛，清代，永外旧宫村西北，大殿五间南北配殿各三间殿后经房，无存。

北京考古集成十四 375。顺天府志 466。

### 2269. 关帝庙

道教/佛教，关羽、真武、三世佛，

明代，永外旧宫村西南，南向山门南向三进院，无存。

顺天府志 466。

### 2270. 红寺（元灵宫）

道教，朝阳区小红门乡红寺村，红色围墙，无存。

朝阳区地名志 581。

### 2271. 檀香木家庙

家庙，朝阳区十八里店乡西直河，无存。

朝阳区地名志 560。

### 2272. 真武庙（木桩庙）

道教，真武帝，明代，朝阳区小红门乡马道村，无存。

朝阳区地名志 585。

### 2273. 海会寺

佛教，佛，明代，左安门外西马家庄，无存。

北平庙宇通检东南郊。

### 2274. 崇宁观

道教，永外一百里，无考。

北平庙宇通检东南郊。

### 2275. 义犬寺

道教，狗神，明代，左安门外蕃育署，无存。

北平庙宇通检东南郊。

## 西郊部分

### 2276. 慈寿寺（玲珑塔）

佛教，佛，明代，阜成门外八里庄，山门钟鼓楼殿全八角十三层塔，只余塔和石碑。

维持会报告 213。今日北京 405。北京考古集成八 1124。顺天府志 544。唐土

名胜图会 97。

### 2277. 真觉寺（五塔寺）

佛教，佛，明代，西直门外长河北岸，南向大殿五后殿五金刚宝座塔，基本完整。

北京考古集成八 984－1142－1145 十四 367。今日北京 395。顺天府志 98。

### 2278. 觉生寺（大钟寺）

佛教，佛，清代，西直门外大钟寺，南向各殿全钟楼挂永乐大钟，基本完整。

今日北京 415，顺天府志 552。北京考古集成九 1212 十四 363。京华古迹寻踪 38。

### 2279. 南观音寺（大慈观音寺、海慧禅林）

佛教，观音，金代，广安门外手帕胡同，无存。

顺天府志 534。北京考古集成十四 323－379。唐土名胜图会 96。

### 2280. 树洞庙

清代，广安门外关厢，无存。

北京考古集成十四 187。

### 2281. 昌运宫（混元灵应宫、天禧昌运宫）

道教，明代，西外西三环北路东，垣二百余丈门庑百余殿宇七重，无存留地名。

北京考古集成十四 351。顺天府志 550。

### 2282. 昭应宫

道教，真武帝，元代，西外长河之南，地百顷，无存。

北京考古集成十四 351。

### 2283. 元福宫

道教，明代，西八里庄慈寿寺西，前后殿配殿齐南向神四十七尊，无存。

北京考古集成十四 351。

### 2284. 北观音寺

佛教，观音，明代，广外手帕胡同，地四亩房十五间，无考。

北京历史地图集 69。北京寺庙历史资料 106－550。

### 2285. 普会寺（驻跸寺）

佛教，佛，辽代，海淀区普惠南里，东向石围百余丈殿全有古树，存古银杏新立迹址碑。

顺天府志 538。日下旧闻考 1589。京华古迹寻踪 158。

### 2286. 关帝庙

道教，关羽，海淀区公主坟苑家村胡同南口，无存。

当地百姓所见。

### 2287. 蔡公庙

明代，海淀区羊房店街道蔡公庄，明御马监太监蔡秀恭建，无存。

当地百姓所见。

### 2288. 财神庙

道教，财神，明代，广安门外六里桥之西，南向山门一前牌楼后戏台殿三间，无考。

唐图名胜图会 96。老北京庙会 103。

### 2289. 福生寺

佛教，佛，广安门外，无考。

唐图名胜图会 96。

### 2290. 普济堂

佛教，佛，广安门外，无考。

唐土名胜图会 96。

### 2291. 崇寿寺（铁狮子庙）

佛教，佛，明代，西边门外羊坊店，

太监刘允乘建，无存。

唐土名胜图会 97。顺天府志 538。身边的历史 6。

### 2292. 三义庙

道教，刘关张，明代，府西核桃园，房十六间，无存。

唐土名胜图会 93。

### 2293. 碧霞元君庙

道教，碧霞元君，明代，海淀羊坊店崇寿寺东，无存。

顺天府志 538。

### 2294. 太乙集仙观

道教，太上老君，府西冯家庄，无考。

唐土名胜图会 93。

### 2295. 观音庵

佛教，观音，明代，海淀羊坊店路南，有碑，无存。

顺天府志 538。

### 2296. 静乐堂（葬宫女处）

阜外慈慧寺后二里处，葬宫女处，无存。

唐土名胜图会 97。

### 2297. 双林寺（太监冯保别
称双林）

佛教，佛，明代，阜外二里沟，太监墓地殿三重，无存。

唐土名胜图会 98。顺天府志 546。今日北京 404。

### 2298. 保明寺（黄姑寺）

佛教，佛，明代，阜外香山显应寺左，陕西女尼墓地，无考。

顺天府志 546。唐土名胜图会 98。

### 2299. 元福寺

佛教，阜成门外，无考。

唐土名胜图会 98。

### 2300. 通霞观

道教，明代，西外极乐寺西，无存。

唐土名胜图会 98。

### 2301. 白塔庵（崇庆寺）

佛教，佛，明代，西三环路东中国画院近处，有白塔，存白塔。

今日北京 410。

### 2302. 嘉兴观

道教，明代，西外马尾沟，观右葬利玛窦，无存。

今日北京 428。

### 2303. 马尾沟教堂（仁恩寺）

天主教，耶稣，明代，西外车公庄 6号，利玛窦墓前有教堂东向，墓完好市保。

今日北京 463。

### 2304. 定南武壮王祠

祠堂，孔有德及夫人，清代，广安门外，围一大门三正偏各三黑琉璃瓦，无考。

顺天府志 176。

### 2305. 宏化寺

佛教，佛，广安门外天宁寺东南，殿后有塔七层，无考。

顺天府志 533。

### 2306. 真空寺

佛教，佛，明代，广安门外西五里，太监建有碑，无考。

顺天府志 534。

### 2307. 万佛延寿阁

佛教，佛，明代，广安门外大井村，

无考。

顺天府志 534。

### 2308. 大悲阁

佛教，大士，明代，广安门外大井村延寿阁后，金身三丈六寺前石道有坊，无考。

顺天府志 534。

### 2309. 斗姥阁

道教，明代，西便门外白云观东，无考。

顺天府志 537。

### 2310. 真常观（长春宫别院）

道教，明代，西便门外白云观西北，无考。

顺天府志 537。

### 2311. 清逸观

道教，西便门外白云观西北，观内有琴台，无考。

顺天府志 537。

### 2312. 兴教寺

佛教，佛，明代，阜外双林寺东，地一顷五十八亩，无考。

顺天府志 547。

### 2313. 义井庵

佛教，佛，明代，西便门外大悲阁前，井水甘甜，无考。

顺天府志 534。

### 2314. 广恩寺（丰福寺、三教寺、广神寺、灵佑观）

佛教，佛，辽代，西便门外白云观西南，经幢刻陀罗尼经，无考。

顺天府志 537。

### 2315. 无量庵（灵佑观）

佛教，佛，明代，阜外玉渊潭附近，无存。

顺天府志 538。

### 2316. 普济寺

佛教，佛，明代，阜成门外玉渊潭附近，有钟，无存。

顺天府志 538。

### 2317. 静义庵

佛教，佛，明代，阜成门外玉渊潭附近，无存。

顺天府志 538。

### 2318. 圆通观

道教，明代，阜成门外玉渊潭附近，无存。

顺天府志 538。

### 2319. 永安寺

佛教，佛，明代，阜成门外玉渊潭附近蔡公庄，无存。

顺天府志 538。

### 2320. 观音寺

佛教，观音大士，明代，阜成门外玉渊潭附近，正佛殿六间观音殿于后有配殿，无存。

顺天府志 539。

### 2321. 广济庵（广慧寺下院、观音堂）

佛教，佛，明代，阜成门外白堆子，于荒圮观音堂旧址建设，无存。

顺天府志 541。

### 2322. 五道庙（五道圣庙）

道教，明代，阜成门外玉渊潭附近，无存。

顺天府志 541。

### 2323. 观音堂

佛教，明代，阜成门外玉渊潭附近，

后改建为广济庵，无存。

顺天府志 541。

### 2324. 胜泉寺

佛教，明代，阜外高丽庄，无存。

顺天府志 541。

### 2325. 广慧寺

佛教，佛，明代，阜外朱家庄，于五华寺旧址建设，无存。

顺天府志 541。

### 2326. 五华寺

佛教，佛，阜外朱家庄，后改建为广慧寺，无存。

顺天府志 541。

### 2327. 万明寺

佛教，佛，明代，阜外甘家口，无考。

顺天府志 542。

### 2328. 园觉禅寺

佛教，佛，明代，阜外三里河路北，太监建有钟，无考。

顺天府志 541。

### 2329. 报恩寺

佛教，佛，明代，阜外甘家口，无存。

顺天府志 542。

### 2330. 广福禅林

佛教，佛，明代，阜外甘家口，有磬，无存。

顺天府志 542。

### 2331. 大悲庵

佛教，佛，明代，阜外甘家口，有钟，无存。

顺天府志 542。

### 2332. 资福寺（卧佛寺）

佛教，佛，明代，阜外大街衍法寺西，门南向太监建有塔，无考。

顺天府志 543。

### 2333. 永隆寺（地藏寺）

佛教，佛，金代，阜外香山乡漏泽园，无考。

顺天府志 544。

### 2334. 法藏寺（永庆禅林、摩阿庵别院）

佛教，佛，明代，阜外八里庄，有碑，无考。

顺天府志 545。

### 2335. 慈育院（旧称碧霞元君庙）

道教，碧霞元君，明代，阜外十里庄，无考。

顺天府志 546。

### 2336. 定慧寺（善法寺、云惠寺）

佛教，佛，明代，阜外定慧寺，南向四合院殿三间配殿全，存大殿明清碑区保。

今日北京 395。顺天府志 546。维持会报告 210。

### 2337. 延宁庵

佛教，佛，阜外定慧寺西，无存。

顺天府志 546。

### 2338. 报诚寺

佛教，佛，明代，阜外十里庄半壁店，无存。

顺天府志 546。

### 2339. 普同庵

佛教，佛，明代，阜外十里庄半壁店，无存。

### 2340. 威灵观音庵

佛教，佛，明代，阜外田村，无考。

顺天府志 546。

### 2341. 宝峰庵

佛教，佛，明代，阜外田村，有碑，无考。

顺天府志 546。

### 2342. 灵通观

道教，佛，明代，西外高粱桥西，有碑，无存。

顺天府志 548。

### 2343. 云林寺

佛教，佛，明代，西外高粱桥西，无存。

顺天府志 548。

### 2344. 佑胜观

道教，明代，西外大慧寺东，无存。

顺天府志 549。今日北京 402。

### 2345. 真武祠

道教，真武帝，明代，西外大慧寺北，无存。

顺天府志 549。日下旧闻考 1632。

### 2346. 海潮观音庵

佛教，观音大士关羽等，阜成门外关厢，地四亩六房六十五间，无考。

维持会报告 206。北京寺庙历史资料 51。

### 2347. 文殊庵

佛教，文殊菩萨，清代，西便门外关厢，地八分房十三间，无考。

维持会报告 206。北京寺庙历史资料 468。

### 2348. 三啸庵（三笑庵、剃度丛林寺院）

佛教，佛，明代，西外半壁店今万年青宾馆位，地三亩四殿九群房六间耕地一亩六，无考。

维持会报告 206。北京寺庙历史资料 461。顺天府志 549。身边的历史 68。

### 2349. 延庆寺

佛教，佛，明代，西外广源闸西万寿寺东侧，地二十二亩房六十一间附地二十六亩，部分建筑存。

维持会报告 206。顺天府志 549。北京寺庙历史资料 36－460。

### 2350. 大悲庵（鹫峰寺下院）

佛教，佛，阜外马神庙，殿二十二间山门五间，无存。

维持会报告 206。身边的历史 12。

### 2351. 兴国寺

佛教，佛，明代，西外双榆树，地三亩七房三十四间井一口，无存。

维持会报告 206。北京寺庙历史资料 448。

### 2352. 双关帝庙（隆福庵）

道教/佛教，关羽，明代，海淀双关帝庙村，无考。

维持会报告 207。身边的历史 53。

### 2353. 文明寺

佛教，佛，明代，阜外礼士路，地四亩三房十二间，无考。

维持会报告 207。顺天府志 542。北京寺庙历史资料 447。

### 2354. 碧霞宫

道教/佛教，碧霞元君，明代，海淀厢黄旗西营，地五十亩房而二十九间，无考。

维持会报告 207。北京寺庙历史资料 521。

### 2355. 朝阳庵

佛教，佛，清代，西外二里沟朝阳庵，地三亩房三间，无考。

维持会报告 207。北京寺庙历史资料 519。

### 2356. 广禧寺

佛教，佛，明代，海淀满水井村，地三顷五十九亩房十一间，无考。

维持会报告 207。北京寺庙历史资料 518。

### 2357. 万寿寺

佛教，佛，明代，西外广源闸西，南向东中西三路殿齐全规模大，基本完好保存。

维持会报告 207。今日北京 406。唐土名胜图会 98。北京考古集成八 1090／十四 323。

### 2358. 贤王祠

祠堂／佛教，清代，海淀白家疃，地六顷八房四十六间山门三座，无考。

维持会报告 207。北京寺庙历史资料 512。

### 2359. 太平庵

佛教，佛，明代，海淀白家疃，地七亩房残存六间，无考。

维持会报告 207。北京寺庙历史资料 120。

### 2360. 潮河禅林

佛教，佛，西外五塔寺村，房基二亩附地十二亩房十二间，无考。

维持会报告 207。北京寺庙历史资

料 529。

### 2361. 吉庆寺

佛教，佛，明代，西外哈喇庙，房基十八亩附地九十三亩房五十八间，无考。

维持会报告 207。北京寺庙历史资料 529。

### 2362. 火神庙

道教／佛教，火神，阜外大街关厢，地二亩余房三十间，无考。

维持会报告 207。

### 2363. 笑祖塔院

佛教，笑祖佛，明代，西外笑祖塔院村，房基十余亩祭田六亩房十九间，无考。

维持会报告 207。北京寺庙历史资料 528。

### 2364. 莲社寺

佛教，佛，清代，海淀蓝靛厂，房基二亩余附地四十二亩房三十六间，无考。

维持会报告 207。北京寺庙历史资料 525。

### 2365. 天缘寺

佛教，佛，明代，阜外三里河，地十三亩七房二十一间，无考。

维持会报告 208。

### 2366. 园广寺

佛教，佛，明代，阜外南营房，房基二十四亩附地十一亩房一百二十一间，无考。

维持会报告 208。北京考古集成十四 323。

### 2367. 北观音寺

佛教，观音，明代，广安门外北观

音寺，地四亩房十五间，无考。

维持会报告 208。北京寺庙历史资料 106。

### 2368. 三塔寺（西域寺）

佛教，佛，明代，阜外三塔寺村（马尾沟），地七分九房二十七间半，无考。

维持会报告 208。唐土名胜图会 98。今日北京 396。顺天府志 544。北京考古集成八 1070。

### 2369. 观音寺

佛教，观音，清代，阜外黑石头村，东西十四丈南北十八丈房八间，无考。

维持会报告 208。北京寺庙历史资料 104。

### 2370. 摩诃庵

佛教，佛，明代，阜外八里庄，南向三大殿山门东西跨院角楼，基本完好市保。

维持辉报告 208。唐土名胜图会 97。今日北京 403。北京考古集成十四 129 − 364。

### 2371. 弥陀寺

佛教，佛，明代，阜外集（巨）山村，地二亩五分房六间，无考。

维持会报告 208。北京寺庙历史资料 40。

### 2372. 净土寺

佛教，佛，明代，西外红果园，房基二亩耕地八亩房十五间坟七塔，无考。

维持会报告 208。北京寺庙历史资料 208。

### 2373. 宝珠洞

佛教，佛，唐代，西外车道沟（四平台），地六分房二十间有木牌楼，无考。

维持会报告 208。北京寺庙历史资料 208。

### 2374. 善乐寺

佛教，佛，清代，西外车道沟，地三亩七附地十一亩房三十一间，无考。

维持会报告 208。北京寺庙历史资料 164。

### 2375. 永通寺

佛教，佛，明代，海淀许家寺村，地六亩五房十三间，无考。

维持会报告 208。唐土名胜图会 99。顺天府志 552。

### 2376. 延寿禅林

佛教，佛，明代，西外行集寺，地三亩三房十四间，无考。

维持会报告 208。北京寺庙历史资料 511。

### 2377. 法华寺

佛教，佛，明代，西外法华寺村，地一百一十亩房五十一间，无考。

维持会报告 209。北京寺庙历史资料 91 − 505。

### 2378. 大慧寺（大佛寺）

佛教，佛，明代，西外大柳树村，与左佑圣观共 421 亩规模大一百八十三间，市保存大悲殿。

维持会报告 209。今日北京 402。顺天府志 548。日下旧闻考 1632。

### 2379. 真武庙

道教，真武帝，明代，西外大柳树村，无存。

今日北京 402。

### 2380. 极乐寺

佛教，佛，明代，西外太平庄，房基三十亩房五十八间，无考。

维持会报告 209。唐土名胜图会 98。顺天府志 548。北京寺庙历史资料 509。

### 2381. 天宁寺

佛教，佛，北魏，广安门外，有辽塔 57.8 米，存遗迹。

析津志辑佚 78。今日北京 367。

### 2382. 青塔院（青塔禅院、永福寺）

佛教，佛，元代，西郊马家口西红果园（交大二附），地十一亩房二十一间三塔并立，无存。

维持会报告 209。顺天府志 552。身边的历史 36。

### 2383. 仁寿庵

佛教，佛，西外净土寺西，无存。

身边的历史 37。

### 2384. 云净寺

佛教，佛，清代，海淀亮甲店，房基七亩附地一顷五十一房九十四间，无考。

维持会报告 209。北京寺庙历史资料 502。

### 2385. 慈慧寺（倒影庙）

佛教，佛，明代，阜外下关，地十亩南向关厢大道殿雄伟有倒影，无考。

维持会报告 209。京华古迹寻踪 194。顺天府志 543。

### 2386. 遗光寺

佛教，佛，明代，西郊东小府村林科院东北侧，放房基二十余亩附地二顷房七十六间，存山门古树。

维持会报告 209。北京寺庙历史资料 509。身边的历史 74。

### 2387. 关帝庙

道教/佛教，关羽药王真武火神等，清代，海淀恩济庄，房基三十亩附地四十亩房六十间，无考。

维持会报告 209。北京寺庙历史资料 61。

### 2388. 广仁宫（护国洪慈宫西顶碧霞元君庙）

佛教/道教，碧霞元君，明代，海淀蓝靛厂，宫宏伟山门四大天王佛道共，仅存遗迹。

维持会报告 209。北京考古集成十四 354。顺天府志 550。

### 2389. 寿安寺（万寿隆昌寺）

佛教，佛，明代，高粱桥西慈献村，房基一亩五附地三亩五房十六间，无考。

维持会报告 209。顺天府志 551。

### 2390. 慈明寺

佛教，佛，明代，阜外北礼士路，地八十五亩房一百二十一间，无考。

维持会报告 209。顺天府志 542。

### 2391. 崇庆寺

佛教，佛，明代，西外白塔庵村，明白塔庵改之地共五十九亩房三十间，寺无塔存。

维持会报告 209。北京寺庙历史资料 102－497。

### 2392. 衍法寺（元观音寺）

佛教，佛，明代，阜外大街，太监建地十七亩半房一百二十四间，无考。

维持会报告 209。北京寺庙历史资料 496。

### 2393. 普觉寺

佛教，佛，唐代，香山北沟村，房基十二亩房一百九十间亭八间，无考。

维持会报告 210。北京寺庙历史资料 495。

### 2394. 龙泉庵

佛教，佛，清代，香山四平台，房基一顷二十三附地八亩房六十九间，无考。

维持会报告 210。北京寺庙历史资料 493。

### 2395. 寿福禅林（广通寺下院塔坟地）

佛教，佛，清代，西外骆驼脖，地十余亩房十三间井两眼塔一座，无考。

维持会报告 210。北京寺庙历史资料 489。

### 2396. 关帝庙

道教/佛教，关羽，清代，西外高庄，南北七丈九东西十九丈五房八间，无考。

维持辉报告 210。北京寺庙历史资料 62。

### 2397. 药王普德寺

佛教，药王，明代，海淀大泥湾，房基四亩七附地二十四亩房五十八间三进，无存。

维持会报告 210。北京寺庙历史资料 482。

### 2398. 观音阁

佛教，观音，明代，海淀大河庄，东西十二丈南北二十一丈房三十五间，无考。

维持会报告 210。北京寺庙历史资料 482。

### 2399. 关帝庙

道教/佛教，关羽，明代，海淀双桥，地三亩房十九间，无考。

维持会报告 210。北京寺庙历史资料 62。

### 2400. 药王庙

道教/佛教，药王，清代，阜外三里河，房基二亩余附地五十一亩房四十二间，无考。

维持会报告 210。北京寺庙历史资料 174。

### 2401. 三藐庵

佛教，佛，明代，广安门外关厢，地八分房七十八间井二眼，无考。

维持会报告 210。北京寺庙历史资料 517。

### 2402. 三晋庵（三晋庙）

佛教，佛关关周马火鲁班等，清代，广安门外大街，地六亩四分房五十八间，无考。

维持会报告 210。北京寺庙历史资料 535。

### 2403. 慧聚寺

佛教，佛，清代，广安门外柳巷，地八亩四分房四十八间，无考。

维持会报告 211。北京寺庙历史资料 498。

### 2404. 关帝庙

道教/佛教，关羽，明代，广安门外椿树馆，房基三亩二附地十亩房十八间，无考。

维持会报告 211。北京寺庙历史资料 58。

### 2405. 关帝庙

道教/佛教，关羽，广安门外小井村，房基四亩余附地二十七亩房十七间，无考。

维持会报告 212。北京寺庙历史资料 501。

### 2406. 关帝庙

道教/佛教，关羽，清代，海淀正黄村关帝庙，东西七丈七南北五丈七房五间，无考。

维持会报告 211。北京寺庙历史资料 403，

### 2407. 福庆寺（小西门庙）

佛教，佛，清代，西外小西门，地四亩房四十四间半，无存。

维持会报告 213。北京寺庙历史资料 508。

### 2408. 广慧宫（广惠宫、刚秉庙）

佛教，佛，明代，西外成府村吉永庄，房基三亩一分附地二亩七分房六十四间，无存。

维持会报告 213。北京寺庙历史资料 508。身边的历史 97。

### 2409. 西保福寺

佛教，佛，清代，西外保福寺村，房基四亩附地三十二亩房二十八间，无考。

维持会报告 213。北京寺庙历史资料 493。

### 2410. 将军庙

佛教/祠堂，佛，刘猛，圆明园西骚子营横街，地二亩房二十间，无考。

维持会报告 213。北京寺庙历史资料 489。

### 2411. 兴隆寺

佛教，佛，清代，海淀安和桥，地三亩一分房三十一间，无考。

维持会报告 213。北京寺庙历史资料 516。

### 2412. 慈恩寺

佛教，佛，明代，海淀青龙桥小学，地六亩房二十九间，残存三层殿。

维持会报告 213。顺天府志 555。北京寺庙历史资料 529。身边的历史 73。

### 2413. 大寺庙

佛教，佛，明代，西外海淀树村街，地十亩房三十四间，无考。

维持会报告 213。北京寺庙历史资料 526。

### 2414. 关帝庙

道教/佛教，关羽，海淀青龙桥，地二亩房二十二间，无考。

维持会报告 213。北京寺庙历史资料 544。

### 2415. 关帝庙

道教/佛教，关羽，西外曾家庄路北，无考。

维持会报告 213。顺天府志 552。

### 2416. 娘娘庙

佛教，娘娘，明代，广安门外大井村，地一亩房十四间坟地四亩有石碑，无考。

维持会报告 212。北京寺庙历史资料 179。

### 2417. 白云观（天长宫、长春宫、太极宫）

道教，丘处机，唐代，西便门外白云观，房基五十六亩附地一百五十顷房

三百九十一间，存市保。

维持会报告 222。北京寺庙历史资料 594。京华古迹寻踪 185－209。北京考古集成九 1214－1220 十四 380－333－347。今日北京 426。

### 2418. 宝真观

道教，清代，海淀巴沟，地四亩一分房七间，无存。

维持会报告 222。北京寺庙历史资料 594。

### 2419. 悟真观

道教，清代，海淀南坞村横街，房基五亩一附地十七亩房八间，无存。

维持会报告 222。北京寺庙历史资料 594。

### 2420. 大悲庵

道教，清代，海淀青龙桥，太监房基一亩五附地四十亩房三十九间，无考。

维持会报告 223。北京寺庙历史资料 583。

### 2421. 九天庙

道教，关羽真武天师灵官文昌等，明代，阜外九天庙村，地三分房二十间，无考。

维持会报告 222。北京寺庙历史资料 581。身边的历史 11。

### 2422. 金山宝藏寺

道教，明代，西郊老府村，房基十六亩附地二顷二十四亩房一百六十九间，无考。

北京的宗教 271。北京寺庙历史资料 583。

### 2423. 清真礼拜正源寺

伊斯兰教，真主，阜外教场口，无考。

维持会报告 226。

### 2424. 清真寺

伊斯兰教，真主，清代，阜成门外三里大关，无考。

维持会报告 226。

### 2425. 清真寺

伊斯兰教，真主，清代，西直门外南关，无考。

维持会报告 226。北京的宗教 231。

### 2426. 圆明园清真寺

伊斯兰教，真主，圆明园远瀛观附近，与香妃有关，无存。

北京考古集成十四 190。

### 2427. 美以美福音堂

基督教，耶稣，广安门外，无考。

维持会报告 231。

### 2428. 美国神召会福音堂

基督教，耶稣，海淀成府村，无考。

维持会报告 234。

### 2429. 朝真观

道教，明代，西外白石桥西长河北，四碑，无存。

顺天府志 549。

### 2430. 观音庙

佛教，观音，清代，海淀小南庄，合村公建南房一间，无存。

身边的历史 68。

### 2431. 三教庵

佛教，佛，明代，海淀万泉庄，无考。

顺天府志 549。

### 2432. 五圣庵

道教，明代，西外高粱桥西，无考。

顺天府志 549。

### 2433. 佑国元圣庙

道教，明代，西外五圣庙北，无考。

顺天府志 549。

### 2434. 天仙庙

道教，天仙，明代，西外北下关，地三亩房三十七间，无考。

维持会报告 222。顺天府志 549。

### 2435. 延寿庵

佛教，佛，明代，海淀巴沟，无考。

顺天府志 549。

### 2436. 药王庙

道教，药王，西外皇庄，无考。

顺天府志 552。

### 2437. 观音庵（海潮庵）

佛教，观音，明代，西外广通寺南，巡河厂旧址，无考。

顺天府志 551。

### 2438. 龙翔寺

佛教，佛，明代，西外马家口西青塔禅院东，无考。

顺天府志 552。日下旧闻考 1645。

### 2439. 三圣庵

佛教，三圣，清代，西外清华东边四道口南，无考。

顺天府志 553。

### 2440. 圆静寺

佛教，佛，明代，颐和园排云殿旧址，无存。

顺天府志 170。今日北京 323。

### 2441. 云会寺

佛教，佛，清代，颐和园智慧海西侧，北向藏式建筑 1983 年复建，存。

顺天府志 470。今日北京 326。

### 2442. 宿云檐（武关）

道教，关羽，清代，万寿山西端，存。

颐和园 101。

### 2443. 善现寺

佛教，佛，清代，颐和园智慧海东侧，北向，存。

顺天府志 470。今日北京 326。

### 2444. 香岩宗印之阁（四大部洲）

佛教，佛，清代，颐和园万寿山中部，北向，完好。

今日北京 326。颐和园 99。

### 2445. 智慧海

佛教，佛，清代，颐和园万寿山中部，南向，完好。

今日北京 326。北京名园趣谈 313。

### 2446. 转轮藏（高丽寺、法云寺）

佛教，佛，清代，颐和园佛香阁东，正殿二层楼东西双层配亭，完好。

今日北京 328。北京名园趣谈 315。

### 2447. 佛香阁

佛教，大悲菩萨，清代，颐和园山前中部，八面三层四重檐高 41 米石台基 20 米，完好。

今日北京 329。

### 2448. 大报恩延寿寺

佛教，佛，清代，颐和园排云殿旧址，南向五进后多宝殿东慈福楼西罗汉堂，无存。

今日北京 329。顺天府志 470。唐土名胜图会 100。

### 2449. 花承阁

佛教，佛，清代，颐和园后山谵宁堂西，琉璃塔八面七级高 16 米，仅存琉

璃塔。

颐和园 97。

### 2450. 耶律楚材祠

祠堂，耶律楚材，元代，颐和园昆明湖东岸，飨堂墓室元制，完好。

今日北京 331。京华古迹寻踪 33。唐土名胜图会 100。北京考古集成七 444。

### 2451. 龙王庙（广润灵雨祠）

道教，龙王，明代，颐和园南湖岛上，南向殿三间门前三牌坊，完好。

今日北京 332。

### 2452. 涵虚堂（望蟾阁）

佛教，佛，颐和园南湖岛上，三层，建筑完好。

颐和园 107。

### 2453. 凤凰楼（会波楼）

佛教，三世佛，清代，颐和园凤凰墩上，会波楼四周有配殿，无存今有一亭。

今日北京 332。

### 2454. 文昌阁（文关）

道教，文昌星，清代，颐和园昆明湖东岸北部，楼阁，完好。

颐和园 120。京华古迹寻踪 31。

### 2455. 清华轩（五百罗汉堂）

佛教，罗汉，清代，颐和园西部五方阁下，原建筑已改为四合院，现为双四合院。

颐和园 13 - 84。

### 2456. 慈福楼

佛教，佛，明代，颐和园延寿寺东部，今介福堂。

颐和园 13。

### 2457. 昙花阁

佛教，佛，清代，万寿山东部景福阁处，原建筑无存，今景福阁。

颐和园 87。

### 2458. 蚕神庙

道教，道教，清代，颐和园西部耕织图，南向一进院，新葺。

顺天府志 471。

### 2459. 治镜阁

佛教，无量寿佛，清代，颐和园西湖团城岛，楼阁三层内外城四门，只余土围芯。

今日北京 327。日下旧闻考 1407。颐和园 107。

### 2460. 广通寺（广通禅林、元法王寺别院）

佛教，正佛无量寿佛，元代，西外高梁桥西北，南向短垣四角有楼殿全，无存。

顺天府志 551。维持会报告 207。日下旧闻考 1643。今日北京 387。北京考古集成十四 323。

### 2461. 慈献寺（旧万寿隆昌寺）

佛教，佛，明代，西外北下关，无存。

顺天府志 551。维持会报告 207。日下旧闻考 1645。

### 2462. 三圣庵

佛教，三圣，清代，西郊安和桥长春园北门外，无存。

顺天府志 553。

### 2463. 慧福寺（旧清芳庵、俗关帝庙）

佛教/道教，关羽，清代，圆明园宫

门左，无考。

顺天府志 553。

### 2464. 善缘寺（善缘安养禅林）

佛教，佛，明代，圆明园宫门左，殿四十二间，无考。

顺天府志 553。身边的历史 85。

### 2465. 泰山圣母庙（娘娘庙）

道教，娘娘，清代，圆明园宫门左慧福寺西，无考。

顺天府志 553。

### 2466. 前大树庵

佛教，佛，清代，西郊华家屯，因大树，无考。

顺天府志 553。

### 2467. 后大树庵

佛教，佛，清代，西郊华家屯，因大树，无考。

顺天府志 553。

### 2468. 清梵寺

佛教，佛，明代，南海淀，南向殿四十二间半藏藏经，无考。

顺天府志 552。身边的历史 58。

### 2469. 天仙庙

道教，南海淀，无考。

顺天府志 553。

### 2470. 真武庙（三官庙）

道教，天地水官真武，明/清，海殿中关村酒店南侧，门前存两古槐。

顺天府志 553。

### 2471. 白衣观音庵

佛教，观音，南海淀，无考。

顺天府志 553。

### 2472. 三圣庵

佛教，三圣，明代，海淀，无存。

顺天府志 553。

### 2473. 保福寺

佛教，佛，明代，海淀之东，地二亩房十二间，无存。

顺天府志 553。北京寺庙历史资料 389。

### 2474. 长寿寺

佛教，佛，明代，海淀东柳树，无存。

顺天府志 553。

### 2475. 观音庵

佛教，观音，明代，海淀东柳树，有嘉靖大钟，无存。

顺天府志 553。

### 2476. 太平庵

佛教，佛，明代，海淀成府村，无考。

顺天府志 553。

### 2477. 观音庵

佛教，观音，清代，西郊华家屯大树庵东，无考。

顺天府志 553。

### 2478. 延福禅林（延福庵）

佛教，佛，清代，海淀肖家河桥西，房三十八间半，古树存。

顺天府志 553。维持会报告 213。身边的历史 134。

### 2479. 地藏庵

佛教，佛，海淀华家屯大树庵附近，无考。

顺天府志 553。

### 2480. 五圣庵

佛教，五圣，明代，海淀树庄，无存。

### 2481. 观音寺

佛教，观音，明代，海淀树庄，无存。

顺天府志 553。

### 2482. 三官庙

道教，天地水官，海淀圆明园附近，无考。

顺天府志 554。

### 2483. 观音庵（将军庙）

佛教，观音，海淀达官村，无考。

顺天府志 554。

### 2484. 七圣庵（三元寺）

佛教，七圣，海淀青龙桥南，无存。

顺天府志 554。身边的历史 71。

### 2485. 北关帝庙

道教，关龙灶山马财土诸神，清代，海淀青龙桥功德寺北 27 号，正三东西耳各二东配三西配二间，无存。

身边的历史 71。

### 2486. 妙应寺

佛教，佛，明代，海淀青龙桥东，房一间，无存。

顺天府志 554。身边的历史 70。

### 2487. 功德寺（大承天护圣寺）

佛教，佛，元代，海淀青龙桥西，前后左右殿二阁规模宏大，玉泉山中学占用。

顺天府志 554。身边的历史 71。

### 2488. 佘太君庙

祠堂，佘太君，海淀百望山上，存。

顺天府志 555。

### 2489. 黑龙潭龙王庙（神龙祠）

道教，龙王，明修，海淀太舟坞村

南，东向潭三十三间回廊依山殿全，存市保。

顺天府志 163。今日北京 439。唐土名胜图会 100。

### 2490. 海淀三义庙

道教，刘关张，明代，海淀万泉庄，无存。

北京考古集成十四 346。

### 2491. 万寿路三义庙

道教，刘关张，海淀万寿路，无存。

北京考古集成十四 346。

### 2492. 东北旺三义庙

道教，刘关张，海淀东北旺，无考。

北京考古集成十四 346。

### 2493. 倒座观音寺

佛教，观音，清代，海淀南路西端路北，北向阔三间二层东西配各三，无存。

北京历史地图集。身边的历史 56。

### 2494. 石佛殿

佛教，佛，海淀西山农场车耳营村北，东向北魏石佛造像，遗迹存。

北京考古集成十四 336 五 96。

### 2495. 金山寺（金仙庵、金水院）

佛教，佛，金代，海淀北安河西，东向，无考。

北京考古集成五 96 六 91 十四 328。

### 2496. 七佛寺（多宝佛塔禅院）

佛教，佛，明代，海淀东升乡塔院，塔七层实心砖砌正殿东西禅堂，无存。

北京考古集成十四 242。

### 2497. 车耳营关帝庙

道教，关羽，明代，海淀凤凰岭南，南向正殿三后殿三东西院东西北各三，前后殿碑古松。

北京考古集成九1270。

### 2498. 西竺寺

佛教，佛，海淀大觉寺北百步，大觉寺建筑群之一有塔，存残迹。

北京考古集成八1085－1089。

### 2499. 普照寺

佛教，佛，明代，海淀大觉寺附近，东向四合院南北两院大觉寺建筑群之一，无考。

北京考古集成八1088－89五96。身边的历史191。

### 2500. 广善寺

佛教，佛，海淀大觉寺山南，大觉寺建筑群之一，无考。

北京考古集成八1089。

### 2501. 胜果寺

佛教，佛，海淀大觉寺附近，大觉寺建筑群之一，无考。

北京考古集成八1089。

### 2502. 东岳庙

三月庙，道教，东岳大帝，明代，海淀上庄镇永太庄内，两路院有大戏台，碑存五塔寺。

北京考古集成八1024。身边的历史177。

### 2503. 真武庙

道教，真武大帝，清代，海淀榆河乡上庄村，无考。

北京考古集成八1024。

### 2504. 龙母庙（龙王圣母庙）

道教，龙母，清代，海淀榆河乡上庄村，为261医院占用。

北京考古集成八1024。身边的历史177。

### 2505. 法云寺（香水院）

佛教，佛，东汉/金代，西山后妙高峰下，东向三重殿后有双泉，无存。

今日北京383。北京考古集六91。身边的历史189。

### 2506. 黄善院

佛教，佛，海淀聂各庄乡车耳营村，无存。

北京考古集成六91。

### 2507. 芙蓉院（泉水院）

佛教，佛，海淀玉泉山，无存。

北京考古集成六91。

### 2508. 妙峰庵（旮旯庵）

佛教，佛，辽金，海淀凤凰岭，无存。

北京考古集成五96。

### 2509. 悬空寺

佛教，佛，辽金，海淀凤凰岭，无存。

北京考古集成五96。

### 2510. 黄普院（黄普寺、圣水院）

佛教，佛，金代，海淀西山农场车耳营石门村，塔六角七层实心砖砌正殿东西禅堂，仅存塔和山门一殿。

今日北京384。北京考古集成五94。

### 2511. 大觉寺（灵泉寺、清水院）

佛教，佛，辽代，海淀北安河旸台山，东向规模大，存国保。

今日北京379。北京考古集成八1192十四91五96。

### 2512. 秀峰寺

佛教，佛，辽金，海淀凤凰岭，东向三进院殿数十间，无存。

北京考古集成五 96。身边的历史 188。

### 2513. 莲花寺

佛教，佛，辽金，海淀凤凰岭大觉寺南，南向依山三层，无存。

北京考古集成五 96。身边的历史 197。

### 2514. 上方寺

佛教，佛，辽代，海淀凤凰岭聂各庄西驻跸山中，东向依山建有塔和满井，部分存。

北京考古集成五 96。身边的历史 180。

### 2515. 龙泉寺

佛教，佛，辽金，海淀凤凰岭，存遗迹。

北京考古集成五 96。

### 2516. 福寿寺

佛教，佛，辽金，海淀凤凰岭，无存。

北京考古集成五 96。

### 2517. 宝云阁 （金殿）

佛教，佛，清代，颐和园佛香阁西，铜亭高 7.55 米重 207 吨，无存。

今日北京 328。

### 2518. 泉宗庙

道教，龙王龙母真武，清代，海淀万泉庄，泉水皇家园林墙三百九十四丈风景美，无存。

今日北京 442。唐土名胜图会 98。北京考古集成十四 34。身边的历史 157。

### 2519. 圣缘寺

佛教，佛，清代，玉泉山静明园水月庵北，西向四进院前后左右殿后院琉璃塔，无考。

顺天府志 471。日下旧闻考 1407。北京考古集成十四 377。

### 2520. 华藏海禅寺（华藏塔）

佛教，佛，清代，玉泉山，七级八面密檐汉白玉，存塔。

今日北京 302。

### 2521. 龙神祠 （惠济慈佑灵护龙王庙）

道教，龙王，清代，玉泉山，东向正殿三间黄琉璃瓦下为玉泉趵突，无考。

顺天府志 166。

### 2522. 昭化寺

佛教，佛，元代，玉泉山，忽必烈建，无存。

今日北京 302。日下旧闻考 1430。

### 2523. 上华严寺

佛教，佛，明代，玉泉山罗汉洞下，寺无洞存。

今日北京 302。唐土名胜图会 102。顺天府志 471。

### 2524. 下华严寺

佛教，佛，明代，玉泉山罗汉洞下，寺无洞存。

今日北京 302。唐土名胜图会 102。顺天府志 471。

### 2525. 妙高寺

佛教，佛，清代，玉泉山北部，妙高塔立寺后主塔八角形，塔存。

顺天府志 471。京华古迹寻踪 136。

### 2526. 仁育宫（玉泉山东岳庙）

道教，东岳大帝玉泉大帝，清代，玉泉山，西向四进院南北配殿楼殿廊庑连接，无考。

顺天府志 160 - 471。北京考古集成十四 377。

### 2527. 观音洞

佛教，观音，玉泉山，无考。

顺天府志 471。日下旧闻考 1415。

### 2528. 真武庙

道教，真武大帝，玉泉山，无考。

顺天府志 471。日下旧闻考 1415。

### 2529. 双关帝庙

道教，关羽等，玉泉山，无考。

顺天府志 471。日下旧闻考 1415。

### 2530. 观音阁

佛教，观音，玉泉山，无考。

日下旧闻考 1423。

### 2531. 玉泉寺

玉泉寺，无考。

日下旧闻考 1429。

### 2532. 吕公洞

道教，吕洞宾，玉泉山，无考。

日下旧闻考 1429。

### 2533. 龙王祠

道教，龙王，玉泉山吕公洞东，无考。

日下旧闻考 1429。

### 2534. 观音庵

佛教，观音，玉泉山吕公洞附近，无考。

日下旧闻考 1429。

### 2535. 金山寺

佛教，佛灵官娘娘等，明代，玉泉山吕公洞附近华严寺西，南向三进殿正殿三间耳房各三戏楼南向，无存。

日下旧闻考 1429 - 1432 - 1433。身边的历史 142。

### 2536. 观音寺

佛教，观音，玉泉山西二里，无考。

日下旧闻考 1431。

### 2537. 崇祯观

道教，玉泉山下，无考。

日下旧闻考 1431。

### 2538. 隆佑庵

佛教，玉泉山右侧，无考。

日下旧闻考 1432。

### 2539. 龙王庙

道教，龙王，玉泉山玉泉趵突湖上，无考。

日下旧闻考 1413。

### 2540. 水月庵

佛教，佛，玉泉山圣缘寺南，无考。

日下旧闻考 1418。

### 2541. 清凉禅窟

佛教，佛，玉泉山东岳庙北，无考。

北京考古集成十四 376。

### 2542. 广育宫（东岳庙）

道教，泰山帝，玉泉山主峰西北坡下，无考。

北京考古集成十四 355。

### 2543. 妙喜寺

佛教，佛，清代，玉泉山西门外北侧，河墙流经，无存。

顺天府志 555。日下旧闻考 1421。

### 2544. 香露寺

佛教，佛，清代，玉泉山西门外，无存。

### 2545. 普通寺

佛教，佛，清代，玉泉山香露寺西，无存。

顺天府志 556。

### 2546. 妙云寺

佛教，佛，玉泉山普通寺西，无考。

顺天府志 556。

### 2547. 净安寺

西林禅寺，佛教，佛，玉泉山西北，无考。

顺天府志 556。

### 2548. 三教寺

佛教，佛，清代，玉泉山西四王府南，房四十九间，无存。

顺天府志 556。身边的历史 109。

### 2549. 天仙庵

佛教，佛，玉泉山西四王府东北，无考。

顺天府志 556。

### 2550. 香岩寺

佛教，佛，明代，玉泉山华岩洞上方，无考。

顺天府志 471。日下旧闻考 1424。

### 2551. 七圣庵

佛教，佛，明代，玉泉山东北玉泉山中学内，无存。

顺天府志 556。身边的历史 75。

### 2552. 慈云普护

佛教/道教，佛观音关羽龙王等，清代，圆明园中路，前殿三北楼宇三层，仅存废墟。

今日北京 309。

### 2553. 安佑宫

祠堂，康雍乾三帝遗像，清代，圆明园后湖西北，九间庑殿顶大殿各种配殿门前牌坊，存遗迹。

北京名园趣谈 269。圆明园 34。

### 2554. 普济词

道教，天后，清代，圆明园绮春园（万春园），无存。

顺天府志 166。

### 2555. 河神祠

道教，河神，清代，圆明园绮春园（万春园），无存。

顺天府志 166。

### 2556. 关帝庙

道教，关羽，清代，圆明园福海北，无存。

圆明园 25。

### 2557. 关帝庙

道教，关羽，清代，圆明园，无存。

圆明园 25。

### 2558. 关帝庙

道教，关羽，清代，圆明园，无存。

圆明园 25。

### 2559. 宝相寺

佛教，佛，清代，长春园北部，无存。

圆明园 41。顺天府志 470。唐土名胜图会 104。

### 2560. 法慧寺

佛教，佛，清代，长春园北部，无存。

圆明园 41。顺天府志 470。

### 2561. 延寿寺

佛教，佛，清代，圆明园绮春园西

北部，无存。

圆明园44。

### 2562. 正觉寺

佛教，佛菩萨，清代，圆明园万春园中南部，南向五进院规模大，部分新葺。

圆明园44。北京考古集成十四185。

### 2563. 龙王庙

道教，龙王，清代，圆明园福海西岸，无考。

北京历史地图集53。

### 2564. 汇万总春之庙

清代，圆明园后湖西北，无考。

北京历史地图集53。

### 2565. 广育宫

道教，碧霞元君，清代，圆明园夹镜鸣琴之东，无存。

顺天府志469。

### 2566. 花神庙

道教，花神，清代，圆明园长春园西北，无存。

北京历史地图集53。

### 2567. 恩佑寺

佛教，佛，清代，畅春园，门东向正殿五左右配各五，存东门。

今日北京298。日下旧闻考1277。名园趣谈250。顺天府志467。

### 2568. 恩慕寺

佛教，佛，清代，畅春园，存东门。

今日北京299－418。日下旧闻考1277。顺天府志467。

### 2569. 关帝庙

道教，关羽，清代，畅春园无逸斋后，无存。

日下旧闻考1281。

### 2570. 永宁寺

佛教，十六罗汉，清代，万泉庄堤南，无存。

顺天府志469。唐土名胜图会99。

### 2571. 娘娘庙

道教，娘娘，清代，畅春园关帝庙后，殿台建于水中，无存。

日下旧闻考1281。

### 2572. 圣化寺

佛教，佛，清代，畅春园附近，门外有左右桥正殿五西院殿三，无存。

北京考古集成十四341。唐土名胜图会99。身边的历史156。

### 2573. 龙王庙

道教，龙王，清代，畅春园积芳庭东，无存。

唐土名胜图会99。

### 2574. 大昭庙(宗镜大昭之庙)

藏佛，佛，清代，香山静宜园，东向前有牌坊前殿三间后殿四层有，存。

今日北京304。北京考古集成九1230。唐土名胜图会104。

### 2575. 洪光寺

佛教，佛，明代，香山静宜园香山寺西北，东北向圆殿五间左太虚室再左香嚣室，无存。

今日北京305。北京名园趣谈350。日下旧闻考1449。唐土名胜图会104。

### 2576. 香山寺（大永安寺、甘露寺）

佛教，佛，金代，香山静宜园，殿宇五重规模宏大，存遗迹。

今日北京305。北京名园趣谈350。

日下旧闻考 1449。

### 2577. 来青轩（香山寺下院）

佛教，佛，明代，香山静宜园，建依山叠石上二十八景之一，部分存。

今日北京 306。北京名园趣谈 352。

### 2578. 梵香寺

佛教，佛，清代，香山静宜园松堂附近（红旗上营），松数百，松堂完好。

今日北京 307。身边的历史 117。

### 2579. 玉华寺

佛教，佛，明代，香山静宜园，东向正殿三西南为森玉笏，部分遗迹存。

北京名园趣谈 347。日下旧闻考 1456。顺天府志 47 唐土名胜图会 103。

### 2580. 慈寿庵

佛教，佛，香山静宜园，玉华寺东南，无考。

日下旧闻考 1471。

### 2581. 光裕寺

佛教，佛，香山静宜园洪光寺西，无考。

日下旧闻考 141465。

### 2582. 昌化寺

佛教，佛，明代，香山，无存。

今日北京 404。

### 2583. 碧云寺

佛教，佛，元代，香山，东向六层殿堂规模宏大，存市保。

今日北京 3990。日下旧闻考 1459。北京考古集成八 1067。北京名园趣谈 354。京华古迹寻踪 99。

### 2584. 卧佛寺（十方普觉寺、
### 兜率寺等）

佛教，佛，唐代，香山，南向中东

西三路有牌坊钟鼓楼规模大，存市保。

北京名园趣谈 359。顺天府志 556。唐土名胜图会 102。今日北京 375。

### 2585. 广慧庵（广慧观）

佛教，佛，明代，香山樱桃沟蜜蜂养殖所，三进院、东跨院，存中后配殿养蜂所用。

北京植物园志 171。顺天府志 557。

### 2586. 隆教寺

佛教，佛，明代，香山植物园卧佛寺西北，存明碑二。

北京植物园志 172。顺天府志 557。唐土名胜图会 103。

### 2587. 五华寺（五华观、圆殿寺、
### 广慧寺）

佛教，佛，明代，香山樱桃沟红星桥东北，山场二十亩殿十一间，存古桧柏二。

北京植物园志 171。顺天府志 557。唐土名胜图会 103。

### 2588. 普济寺

佛教，佛，明代，香山樱桃沟五间房，无考。

北京植物园志 172。顺天府志 558。

### 2589. 广泉寺

佛教，佛，辽金，香山植物园樱桃沟北坡，无存。

北京植物园志 173。顺天府志 557。唐土名胜图会 103。身边的历史 112。

### 2590. 观音阁（观音堂）

佛教，观音，香山卧佛寺西后山，建磐石上，无考。

北京植物园志 173。顺天府志 557。唐土名胜图会 103。北平庙宇通检西

北郊。

### 2591. 普福庵（小红门）

佛教，佛，香山卧佛寺东，无考。

北京植物园志 173。顺天府志 557。

### 2592. 广应寺

佛教，佛，明代，香山卧佛寺西南一里，无存。

唐土名胜图会 103。顺天府志 557。身边的历史 112。

### 2593. 玉皇庙

道教，玉皇大帝，香山卧佛寺西木兰院山顶，无考。

唐土名胜图会 103。顺天府志 557。帝京景物略 258。

### 2594. 圆通寺

佛教，佛，香山植物园观音堂西，无考。

北京植物园志 163。顺天府志 558。唐土名胜图会 103。

### 2595. 太和庵

佛教，佛，明代，香山植物园樱桃沟观音堂西，无考。

北京植物园志 163。顺天府志 558。唐土名胜图会 103。

### 2596. 天光寺

佛教，佛，香山植物园，无考。

北京植物园志 163。身边的历史 110。

### 2597. 中峰庵（隆恩寺下院）

佛教，佛真武观音，香山西后部石景山西北部猴山腰，一进院正殿三间，仅存迹址区保。

唐土名胜图会 104。北京考古集成十四 362。石景山区地名志 338。

### 2598. 翠岩寺

佛教，佛，香山中峰之北，无考。

北京考古集成十四 362。唐土名胜图会 104。

### 2599. 善应寺

佛教，佛，明代，西山，无存。

帝京景物略 274。

### 2600. 龙王庙

道教，龙王，香山玉华四院（重翠庵），无考。

北京考古集成十四 182。

### 2601. 龙王庙

道教，龙王，香山朝阳洞，无考。

北京考古集成十四 182。

### 2602. 龙王庙

道教，龙王，香山碧云寺卓锡泉，存。

北京考古集成十四 182。

### 2603. 龙王庙

道教，龙王，香山东门外买卖街，无考。

北京考古集成十四 182。

### 2604. 实胜寺

佛教，佛，清代，香山南路红旗村，仅存碑亭。

北京考古集成十四 362。顺天府志 558。

### 2605. 晏公祠

祠堂，众儒家像，明代，香山之阴，无考。

北京考古集成十四 362。帝京景物略 270。

### 2606. 永寿庵

佛教，佛，香山之阴，无考。

### 2607. 朝阳庵

佛教，佛，明代，香山南门头村，殿六间，无存。

顺天府志 561。身边的历史 144。

### 2608. 十方院

佛教，佛，明代，香山南门头村，殿三间舍六间，无存。

顺天府志 561。

### 2609. 雪峰寺

佛教，佛，清代，香山南宝相寺西，无存。

顺天府志 561。

### 2610. 北法海寺

佛教/道教，佛关羽，香山南门头村，东向，无考。

北京考古集成十四 365。

### 2611. 长安寺（翠微寺）

佛教，佛，明代，八大处一处，东向二进院铜钟古树，部分建筑存。

今日北京 337。维持会报告 210。

### 2612. 灵光寺（龙兴寺、觉山寺）

佛教，佛，唐代，八大处二处，南向佛祖舍利塔，存市保。

今日北京 337。维持会报告 210。

### 2613. 三山寺（麻家庵）

佛教，佛，金代，八大处三处，北向三山之间故名一进院大殿五间，存市保。

今日北京 338。维持会报告 208。

### 2614. 大悲寺（隐寂寺）

佛教，佛，元代，八大处四处，东向元刘元之作，存市保。

今日北京 338。维持会报告 207。顺

天府志 562。北京考古集成 364。

### 2615. 龙泉庵（龙王佛）

明代，八大处五处，东向一进院有泉池，存市保。

今日北京 339。顺天府志 562。石景山区地名志 324。

### 2616. 慧云寺（慧云禅林）

佛教，佛关羽，清代，八大处五处，三进院正殿三间无配殿，存市保。

今日北京 339。顺天府志 562。石景山区地名志 324。

### 2617. 香界寺（平坡寺大圆通寺大觉寺圣感寺）

佛教，佛，唐代，八大处六处，南向三路五进院，存市保。

今日北京 339。石景山区地名志 325。

### 2618. 宝珠洞

佛教，佛，清代，八大处七处，南向殿堂三重洞临崖而建，存市保。

今日北京 339。石景山区地名志 328。

### 2619. 证果寺

佛教，佛，隋代，八大处八处，南向，存市保。

今日北京 339。石景山区地名志 327。维持会报告 209。

### 2620. 兴隆寺（厕神庙）

道教，厕神，石景山五里陀小青山上，有遗存区保。

石景山区文委资料。石景山区地名志历史文物地名图。

### 2621. 福田寺

佛教，佛，八大处东南福田墓地，无存。

北京历史地图集 65。石景山区地名

志 395。

### 2622. 胜水寺

佛教，佛，八大处翠微山，无考。

顺天府志 562。

### 2623. 姚家寺（圣水寺、圣水禅林）

佛教，佛，八大出翠微山，东向前后配殿寺西南有泉塔密檐七级，存古塔殿址。

顺天府志 562。石景山区地名志 329。

### 2624. 雾明庵（普照寺）

佛教，佛，八大处翠微山，无考。

顺天府志 562。

### 2625. 嘉禧寺

佛教，佛，八大处翠微山北京军区院内，规模宏大，部队占无存。

顺天府志 562。唐土名胜图会 105。石景山区地名志 399。

### 2626. 翠云庵

佛教，佛，明代，八大处二处高井村，南向二进院正殿配房全，存正殿古松。

顺天府志 563。石景山区地名志 334。

### 2627. 净德寺

佛教，佛，明代，八大处二处高井村，军队占存古槐抱椿区保。

顺天府志 563。

### 2628. 香盘寺（双泉寺、双盘禅林）

佛教，佛，金代，八大处双泉山，因双泉得名寺北宝塔清时南向院较小，存部分古建区保。

顺天府志 564。石景山区地名志 333。

### 2629. 灵福寺

佛教，佛，元代，八宝山公墓附近，太监钢铁墓前，无考。

顺天府志 564。

### 2630. 延寿寺（长龄寺）

佛教，佛，明代，八宝山公墓附近，太监钢铁墓前，无考。

顺天府志 564。北京考古集成八 1206。

### 2631. 护国寺（三义庙）

佛教/道教，佛关羽山神等，明代，八宝山公墓内，山门天王大雄殿配殿，正殿为骨灰堂市保。

顺天府志 564。石景山区地名志 307。北京考古集成八 1206 九 1211。

### 2632. 卢师寺（大天源延寿寺、清凉寺）

佛教，佛，隋代，石景山北部卢师山魔崖附近，曾存一段虎皮墙。

顺天府志 563。唐土名胜图会 105。石景山区地名志 396。

### 2633. 龙泉寺（碧霞元君庙娘娘庙西庙）

佛教/道教，佛、娘娘，模式口北蟠龙龙山，西有泉水南向三路清改碧霞元君庙，主要建筑完好国保。

今日北京 394。石景山区地名志 311。

### 2634. 隆恩寺（昊天寺）

佛教，佛，金代，石景山五里陀西北工程兵大院，军队占用。

今日北京 382。顺天府志 564。北京历史地图集 65。帝京景物略 319。石景山区地名志 401。

### 2635. 山神庙

道教，山神，清代，石景山法海寺

与中峰庵之间，无考。

北京考古集成十四362。

### 2636. 慈善寺

佛教/道教，众佛神，明代，石景山五里陀天台山，佛道众殿庞大，存区保。

今日北京407。石景山区地名志337。维持会报告209。

### 2637. 净土寺

佛教，佛，石景山上，无考。

石景山文委资料。

### 2638. 龙王庙

道教，龙王，石景山黑石头村，无考。

石景山文委资料。

### 2639. 龙王堂

道教，龙王，石景山满井村，无考。

石景山文委资料。

### 2640. 广禧寺

佛教，佛，石景山满井村北，无考。

石景山文委资料。

### 2641. 关帝庙

道教，关羽，石景山西井村，无考。

石景山文委资料。

### 2642. 法海寺

佛教，佛，明代，石景山磨石口，南向殿齐全有壁画，完好市保。

维持会报告209。今日北京396。北京考古集成八1099 – 1114 – 1103 十四189 – 327。

### 2643. 清真寺

伊斯兰教，真主，石景山金顶街，新建。

石景山文委资料。

### 2644. 白庙（关帝庙）

道教，关羽，首钢二轧厂附近，白墙，无存。

石景山区地名志35。

### 2645. 慈祥庵

佛教，佛，明代，石景山模式口，南向地一千五百亩四进院，存古树市保。

石景山区地名志314。

### 2646. 三界伏魔大帝庙（关帝庙）

道教，关羽，明代，石景山模式口大街路北，南向二进院正殿配房全，无考。

石景山区地名志315。

### 2647. 关帝庙

道教，关羽，石景山模式口中学，无考。

石景山区地名志315。

### 2648. 金阁寺

佛教，佛，唐代，永定河畔石景山上，部分建筑存。

石景山区地名志317。唐土名胜图会96。

### 2649. 五神庙

道教，龙马虫财苗五神，石景山北辛安大街东端，西向大殿三楹，存碑。

石景山区地名志318。

### 2650. 伏魔庵（关帝庙）

道教，关羽，石景山麻峪北街，南向正殿三间山门宽4深5米，无存。

石景山区地名志319。

### 2651. 隆庆庵

佛教，佛，明代，石景山虎头山南坡，石室一座深3米宽2.5米高2米，存石室。

石景山区地名志 319。

### 2652. 报隆寺（抱龙庵）

佛教，佛，石景山西北山中，二进院，存遗迹。

石景山区地名志 336。

### 2653. 菩萨寺

佛教，佛，石景山东下庄，无存。

石景山区地名志 330。

### 2654. 观音庵

佛教，观音佛关羽，明代，石景山五里陀西街西端，南向四合院，存古柏。

石景山区地名志 335。

### 2655. 北惠济庙（金代河神庙）

道教，河神、真武，金代，石景山首钢氧气厂内永定河东岸，南向三进院，存清代碑亭区保。

石景山区地名志 393。顺天府志 168。

### 2656. 关帝庙

道教，关羽，石景山庞村，无考。

石景山区地名志 394。

### 2657. 河神祠

道教，河神，石景山赵村西二里永定河北岸，无考。

顺天府志 169。

### 2658. 南惠济庙（龙神庙、河神庙）

道教，河神，金代，宛平城东卢沟桥南，殿三重有戏楼，无存。

今日北京 430。顺天府志 166。

### 2659. 顺天保明寺（皇姑寺、显应寺）

佛教，佛，明代，石景山西黄村，南向四进院三路山门天王大雄殿配殿，大队曾占用。

今日北京 399。北京考古集成八 1156 – 1194 十四 324。石景山区地名志 328。

### 2660. 娘娘庙（灵应娘娘庙）

道教，碧霞元君，元代，石景山八宝山西岭，南向二进院正殿配房全，无存。

北京考古集成八 1206。石景山区地名志 393。

### 2661. 崇国寺（大隆国寺）

佛教，佛，元代，石景山八宝山旧货市场，存霞钵塔。

北京考古集成八 1206。

### 2662. 滕公寺

佛教，石景山杏石口北中峰下，无考。

唐土名胜图会 104。

### 2663. 万佛寺

佛教，佛，石景山杏石口村，无考。

唐土名胜图会 104。

### 2664. 承恩寺

佛教，佛，明代，石景山模式口，南向殿全，大部分存国保。

今日北京 402。顺天府志 563。

### 2665. 涌泉寺（永济寺）

佛教，佛，明代，石景山法海寺东，南向三进院山门各殿戏楼经楼，存遗址石碑。

石景山区地名志 394。

### 2666. 海藏寺

佛教，佛，石景山模式口西隘口北，无存。

石景山区地名志 394。

### 2667. 福惠寺

佛教，佛，石景山卢师山北青龙山，

东向依山而建，存石桥和碑和塔院。

石景山区地名志397。

### 2668. 韬光庵

佛教，佛，八大处西虎头山，无存。

石景山区地名志398。

### 2669. 弘德寺（鸿德寺）

佛教，佛，八大处卢师山顶，存山门额。

石景山区地名志399。北京市历史地图集65。

### 2670. 洪福寺

佛教，佛，八大处卢师山顶，无存。

石景山区地名志399。

### 2671. 越秀庵（越秀禅林）

佛教，佛，石景山秀府村西，存千年古银杏。

石景山区地名志400。

### 2672. 秀峰寺

佛教，佛，明代，石景山某机关大院内，南向，无存。

石景山区地名志400。

### 2673. 石佛寺

佛教，佛，石景山双泉山，石佛高2.2米，无存。

石景山区地名志401。

### 2674. 善化寺

道教，关羽关平周仓，石景山潭峪北高坡上，南向殿三楹，无存。

石景山区地名志331。

### 2675. 地藏庵

佛教，地藏菩萨，石景山中峰，无考。

北京考古集成十四362。

### 2676. 关帝庙（灵应寺关帝庙）

道教，关羽，明代，石景山西下庄，东向二进院正殿配殿全，无考。

石景山区地名志330。

### 2677. 玉皇庙

道教，玉皇大帝，石景山五里陀西街路北，南向一进院正殿三间，无存。

石景山区地名志331。

### 2678. 龙王庙

道教，龙王，石景山五里陀大街东段路北，大殿三楹，仅存民国碑。

石景山区地名志331。

### 2679. 龙王庙

道教，龙王虫神，石景山上石府村，西向一进院，无存。

石景山区地名志332。

### 2680. 善佛寺

佛教，佛、碧霞元君，明代，石景山北部崇山中，南向一进院，存遗迹。

石景山区地名志334。

### 2681. 忠烈祠（忠灵塔）

祠堂，张自忠烈士，民国，石景山区老山，原仿日神社双檐塔改为老山骨灰堂，存骨灰堂。

石景山区地名志387。

### 2682. 大慈寺（护国圣寿大慈寺）

佛教，佛，明代，石景山鲁谷南黄庄大街西段，存古柏石碑。

石景山区地名志308。

### 2683. 崇兴庵（护国崇兴庵）

佛教，佛，明代，石景山鲁谷村东部，东向二进院正殿配殿全，部分建筑及碑。

石景山区地名志309。

### 2684. 五圣宫

道教/佛教，五圣、阵亡明军魂，明代，石景山杨庄大街路北，南向山门黄琉璃瓦正殿深5.5宽6米，部分存。

石景山区地名志310。

### 2685. 观音庵

佛教/道教，观音，明代，海淀区朱各庄南村，无存。

身边的历史1。

### 2686. 七圣庙

道教/佛教，菩萨、佛等七圣，明代，海淀朱各庄南村，无存。

身边的历史1。

### 2687. 天仙庙

佛教，天仙，明代，海淀区朱各庄，无存。

身边的历史1。

### 2688. 五道庙

道教，五道将军，清代，海淀区沙沟村，无存。

身边的历史1。

### 2689. 五圣神祠

道教，五圣，明代，海淀区沙窝，无存。

身边的历史2。

### 2690. 龙泉观

道教/佛教，如来、关羽、财神等，清代，海淀区枣林村，无存。

身边的历史2。

### 2691. 三皇庙

道教，三皇，海淀区301医院，无存。

身边的历史2。

### 2692. 兴隆寺

佛教，佛，海淀区沙窝，无存。

身边的历史2。

### 2693. 关帝祠

道教，关羽，卧佛寺西七圣庙附近，无考。

顺天府志558。

### 2694. 普安塔院

普陀山天仙庵西，无考。

北平庙宇通检西北郊。

### 2695. 药王庙

道教，药王，卧佛寺西七圣庙附近，无考。

顺天负志558。

### 2696. 茶栅庵

佛教，卧佛寺西七圣庙附近，无考。

顺天府志558。

### 2697. 山神庙

道教，山神，卧佛寺西七圣庙附近，无考。

顺天府志558。

### 2698. 梵音寺

佛教，佛，清代，演武厅西南，无考。

顺天府志560。

### 2699. 永感庵

佛教，佛，演武厅西南，无考。

顺天府志560。

### 2700. 长岭寺

佛教，佛，演武厅西梵音寺后，无考。

顺天府志560。

### 2701. 延寿庵

佛教，佛，演武厅西，无考。

顺天府志 560。

### 2702. 宝谛寺

佛教，佛，清代，演武厅西，无考。

顺天府志 560。

### 2703. 胜公寺

佛教，佛，演武厅西，无考。

顺天府志 560。

### 2704. 宝相寺

佛教，佛，清代，演武厅西，无考。

顺天府志 560。

### 2705. 崇寿寺（永峰庵旧址）

佛教，佛，明代，演武厅西宝相寺南，无存。

顺天府志 561。

### 2706. 永峰庵

佛教，佛，明代，演武寺西宝相寺南，无考。

顺天府志 561。

### 2707. 西禅寺（翠微寺）

佛教，佛，明代，香山南门头村东小村，无考。

顺天府志 561。北平庙宇通检西北郊。

### 2708. 瑞云庵（妙觉禅寺）

佛教，佛，明代，海淀西山农场车耳营西，陡峭山顶建三米塔六角七层密檐砖，存山门洞佛殿塔。

今日北京384。北京考古集成八1196十四363。

### 2709. 宝藏寺（苍雪庵）

佛教，佛，明代，海淀金山口玉泉山北，无考。

顺天府志 555。

### 2710. 松树庵（白虎口）

佛教，佛，海淀青龙桥功德寺近处，无考。

顺天府志 554。

### 2711. 妙峰山娘娘庙（北顶天仙庙、灵感宫、惠济祠）

道教，碧霞元君等，明代，门头沟妙峰山涧沟村，南向一进院山门三正殿三间，完好区保。

今日北京441。北京考古集成九1287十四181－354。门头沟文物志367。

### 2712. 龙王庙

道教，龙王、诸神诸佛，明代，门头沟三家店村，存。

北京考古集成十四357。

### 2713. 岱王庙

道教，岱王，明代，卢沟桥西路北，正殿配殿戏楼，存遗迹。

北京考古集成十四180。

### 2714. 白云岩石佛堂（菩萨殿儿、白云禅寺）

佛教，佛，明代，门头沟龙泉镇赵家洼，南向阔4.2米深4.6米殿高2.45米，存区保。

北京考古集成十四188。门头沟文物志367。

### 2715. 崇化寺（清水禅寺）

佛教，佛，元代，门头沟九龙山，地六十亩寺北两山间建塔，基本完好区保。

北京考古集成八1031十四339。

### 2716. 戒台寺（慧聚寺、万寿禅寺）

佛教，佛，唐代，戒台寺西马鞍山，

东向规模大，完好国保。

顺天府志 566。唐土名胜图会 105。今日北京 372。北京考古集成一 627－643 八 1176 十四 189。

### 2717. 观音寺

佛教，佛，马鞍山万寿寺南，有道孚塔，无考。

顺天府志 566。

### 2718. 西峰寺（西峰禅林、玉泉寺、会聚寺）

佛教，佛，唐代，门头沟区雁翅镇金城山下，疗养院占用区保。

今日北京 378。顺天府志 556。京华古迹寻踪 175。北京考古集成一 645 八 1175。门头沟文物志 349、363。

### 2719. 白瀑寺（白瀑寿峰禅林）

佛教，佛，辽代，门头沟区雁翅镇金城山下，南向正殿三间，存殿堂金塔区保。

今日北京 380。北京考古集成一 648。门头沟区地名志 177。

### 2720. 灵岳寺（白贴山院）

佛教，佛，唐代，门头沟斋堂灵岳寺村北十里白铁山，南向有钟鼓楼，山门部分殿存市保。

今日北京 376。门头沟区地名志 274。北京考古集成一 653 五 53－361－366。

### 2721. 楼隐禅寺（仰山寺）

佛教，佛，辽代，门头沟仰山，五峰八亭之胜景，存遗迹和塔区保。

今日北京 381。顺天府志 565。唐土名胜图会 105。北京考古集成一 648。门头沟区地名志 221。门头沟文物志 347。

### 2722. 潭柘寺（嘉福／龙泉／岫云／大万寿寺）

佛教，佛，西晋，门头沟潭柘山侧，规模宏大，完好国保。

今日北京 365。顺天府志 566。唐土名胜图会 105。北京考古集成八 1179 十四 338－345。

### 2723. 柏山寺

佛教，佛，唐代，门头沟沿河城东北，存遗迹和碑。

北京考古集成一 652。

### 2724. 龙泉禅寺

佛教，佛，元代，门头沟潭柘山侧，石幢塔五层石檐高 3 米多，遗迹存。

北京考古集成一 653。

### 2725. 圣因寺（永翠寺、剩银寺、剩余寺）

佛教，佛，元代，门头沟青山乡椴木沟（寺上村），遗迹存。

北京考古集成一 653。门头沟文物志 371。

### 2726. 双林寺

佛教，佛，辽代，门头沟清水乡上清水村，部分遗迹和经幢市保。

北京考古集成五 356。

### 2727. 灵严寺

佛教，佛，唐代，门头沟清水乡齐家庄村，南向地七亩殿面阔三间 12.6 米，存一殿市保。

门头沟地名志 129。北京考古集成四 1418。

### 2728. 广智禅林

佛教，佛，明代，门头沟鲁家滩南，东向有过接塔和石桥，存遗迹。

北京考古集成八1141。

### 2729. 中门寺

佛教，佛，明代，门头沟龙泉镇中门寺，无存。

门头沟区地名志103。

### 2730. 老爷庙

道教，关羽，门头沟城子镇民权胡同，正殿存。

门头沟区地名志18。

### 2731. 史家庵

佛教，佛，清代，门头沟龙泉镇中门寺，无考。

门头沟区地名志103。门头沟文物志367。

### 2732. 清水禅寺（崇化禅寺）

佛教，佛，元代，门头沟城子镇城子村，古塔遗迹存区保。

门头沟区地名志101。门头沟文物志364。

### 2733. 白云寺

佛教，佛，清代，门头沟龙泉镇中门寺，无考。

门头沟区地名志103。

### 2734. 窑神庙

道教，窑神，明代，门头沟龙泉镇门头口，前后各三间殿，遗迹存区保。

门头沟区地名志103。门头沟文物志367。

### 2735. 真武庙

道教，真武帝，门头沟东辛房西龙门，无考。

门头沟区地名志140。

### 2736. 龙王庙（龙王庵）

道教，龙王，门头沟东辛房街道，无考。

门头沟区地名志36。门头沟文物志349。

### 2737. 关帝庙（什坊院）

道教，关羽，门头沟东辛房街道，存。

门头沟区地名志36。门头沟文物志370。

### 2738. 崇敬庵（崇境庵、东庙）

明代，门头沟东辛房，南向，学校用。

门头沟区地名志38－102。门头沟文物志。

### 2739. 娘娘庙

道教，娘娘，门头沟东辛房东店，无考。

门头沟区地名志46。

### 2740. 三圣庙（西庙）

佛教，三圣，门头沟西辛房，无存。

门头沟区地名志50－102。

### 2741. 五道庙

道教，五道将军，门头沟东辛房宽街，无考。

门头沟区地名志50。

### 2742. 玉皇庙（白云观下院）

道教，玉皇大帝斗姆树神等，元代，门头沟大台街玉皇庙，四合院建筑，存一间正殿。

门头沟区地名志60。

### 2743. 秀峰庵

佛教，佛，明代，门头沟大台木城涧，残存。

门头沟区地名志59。门头沟文物志349。

**2744. 龙王庙**

道教，龙王，门头沟大台唐家坟，部分残存。

门头沟区地名志59。

**2745. 娘娘庙**

道教，娘娘，门头沟大台唐家坟，部分残存。

门头沟区地名志59。

**2746. 菩萨庙**

佛教，菩萨，门头沟大台唐家坟，部分残存。

门头沟区地名志59。

**2747. 观音大殿（观音禅林）**

佛教，观音，元代，门头沟斋堂镇，部分存区保。

门头沟区地名志66。门头沟文物志364。

**2748. 宝峰寺**

佛教，佛，辽代，门头沟东斋堂，残存区保。

门头沟区地名志68。门头沟文物志363。

**2749. 弥勒寺（地藏菩萨庙）**

佛教，佛，门头沟西斋堂，无考。

门头沟区地名志68。门头沟文物志367。

**2750. 娘娘庙（天仙娘娘庙、灵应天仙庙）**

道教，天仙娘娘，清代，门头沟西斋堂，无考。

门头沟区地名志68。门头沟文物志345。

**2751. 关公庙（龙王伏魔庵）**

道教，关羽，清代，门头沟爨底下，残存。

门头沟区地名志75。门头沟文物志367。

**2752. 关帝庙铁锚寺**

道教，关羽、铁锚神，明代，门头沟龙泉镇三家店，三合院建筑，区保。

门头沟区地名志106。

**2753. 二郎庙**

道教，二郎（李冰父子等），明代，门头沟龙泉镇三家店，残存区保。

门头沟区地名志106。

**2754. 白衣观音庵**

佛教，观音，唐代，门头沟龙泉镇三家店，存区保。

门头沟区地名志106。门头沟文物志363。

**2755. 椒园寺（蛟牙寺）**

佛教，佛，辽代，门头沟龙泉镇龙泉务，遗迹古树藏塔存区保。

门头沟区地名志100。门头沟文物志363。

**2756. 崇化禅寺（清水禅院）**

佛教，佛，门头沟龙泉镇城子村西，遗迹古碑古树。

门头沟区地名志99。

**2757. 关帝庙**

道教，关羽，明代，门头沟龙泉镇琉璃渠，存区保。

门头沟区地名志101。

**2758. 峰口庵**

佛教，佛，明代，门头沟龙泉镇门头口，无考。

门头沟区地名志103。

## 2759. 万佛堂（万佛寺）

佛教，佛，明代，门头沟永定镇万佛堂村，大殿三重规模宏大，遗迹塔迹石碑区保。

门头沟区地名志 121。

## 2760. 玄帝庙

道教，玄帝，明代，门头沟永定镇石厂村，门楼青石雕刻正殿三间并亭，残存。

门头沟区地名志 122。

## 2761. 圆照寺

佛教，佛，明代，门头沟永定镇石厂村，遗存。

门头沟区地名志 122。门头沟文物志 364。

## 2762. 龙泉寺

佛教，佛等，明代，门头沟齐家庄乡杜家庄，出土石件。

门头沟区地名志 129。门头沟文物志 365。

## 2763. 慈光寺

佛教，佛，门头沟齐家庄乡张家庄，存古松。

门头沟区地名志 131。

## 2764. 龙王庙

道教，龙王，门头沟齐家庄乡瓦窑村，无考。

门头沟区地名志 133。

## 2765. 山神庙

道教，山神，门头沟齐家庄乡瓦窑村，无考。

门头沟区地名志 133。

## 2766. 黄安陀古庙

唐代，门头沟黄塔乡黄安陀村百花山顶，李克用修建，无存。

门头沟区地名志 141。

## 2767. 天主教堂（天主教）

清代，门头沟黄塔乡张家铺村，存正堂 3 间区保。

门头沟区地名志 139。

## 2768. 天主教堂

天主教，天主、圣母，元代，门头沟军饷乡桑峪，完好。

门头沟区地名志 168。

## 2769. 清真寺

伊斯兰教，真主，门头沟城子大街，完好。

门头沟区地名志 278。

## 2770. 达摩庙

佛教，佛，门头沟清水乡达摩庄，建筑无存。

门头沟区地名志 147。

## 2771. 五道庙

道教，五道将军，门头沟清水乡达摩庄，无存。

门头沟区地名志 147。

## 2772. 通仙观（白云观下院、老君庙）

道教，元代，门头沟清水乡燕家台，存碑区保。

门头沟区地名志 148。门头沟文物志 346。

## 2773. 福田寺

佛教，佛，明代，门头沟清水乡田寺村，无存。

门头沟区地名志 150。

## 2774. 龙王庙

道教，龙王，门头沟清水乡椴木沟，

无考。

门头沟区地名志151。

### 2775. 山神庙

道教，山神，门头沟清水乡椴木沟，无考。

门头沟区地名志151。

### 2776. 观音寺（大悲岩观音寺）

佛教，观音，明代，门头沟沿河乡向阳口，残存区保。

门头沟区地名志160。门头沟文物志365。

### 2777. 娘娘庙

道教，娘娘，明代，门头沟军饷村，有碑。

门头沟区地名志164。门头沟文物志34367。

### 2778. 玉皇庙

道教，玉皇大帝，门头沟军饷乡灵水村，无考。

门头沟区地名志167。

### 2779. 菩萨庙

佛教，菩萨，门头沟军饷乡灵水村，无考。

门头沟区地名志167。

### 2780. 娘娘庙

道教，娘娘，门头沟军饷乡灵水村，残存。

门头沟区地名志167。

### 2781. 灵水寺（灵泉禅寺）

佛教，佛，汉代，门头沟军饷乡灵水村，残存。

门头沟区地名志167。门头沟文物志346、363。

### 2782. 龙王庙（南海火龙王庙）

道教，龙王，金代，门头沟军饷乡灵水村，残存区保。

灵水村现场。门头沟文物志363。

### 2783. 德胜寺

佛教，佛，明代，门头沟大村乡大村，无存。

门头沟区地名志171。

### 2784. 山神庙

道教，山神，明代，门头沟大村乡山神庙村，无考。

门头沟区地名志172。

### 2785. 安家滩庙（福寿寺）

门头沟北岭乡安家滩村，存碑。

门头沟区地名志187。门头沟文物志368。

### 2786. 老爷庙

门头沟北岭乡小店子村，存古钟。

门头沟区地名志188。

### 2787. 三官庙

道教，天地水官，门头沟北岭乡官道村，无考。

门头沟区地名志189。

### 2788. 龙王庙

道教，龙王，门头沟北岭乡瓜草地，存古槐。

门头沟区地名志192。

### 2789. 关帝庙

道教，关羽，清代，门头沟色树坟乡东落坡，存古柏石碑。

门头沟区地名志200。门头沟文物志347。

### 2790. 关帝庙

道教，关羽，门头沟色树坟乡东马

各庄，存古树。

门头沟区地名志203。

### 2791. 皇姑寺

皇姑，门头沟色树坟乡西马各庄，无考。

门头沟区地名志204。

### 2792. 温水峪庙

门头沟色树坟乡西马各庄，存明代钟。

门头沟区地名志204。

### 2793. 高朝寺

佛教，佛，门头沟潭柘寺乡贾沟村，无存。

门头沟区地名志211。

### 2794. 观音洞

佛教，观音关羽关平周仓，明代，门头沟永定乡坡村南，山洞内，洞存像无。

门头沟区地名志277。门头沟文物志350/366。

### 2795. 宝林寺

佛教，佛，明代，门头沟永定镇冯村西，遗存。

门头沟区地名志111。门头沟文物志364。

### 2796. 雀儿庵

佛教，佛，门头沟潭柘寺后山，无考。

帝京景物略318。

### 2797. 尼姑庵

佛教，佛，门头沟潭柘寺乡贾沟村，残存殿和石碑。

门头沟区地名志211。

### 2798. 大云寺

佛教，佛，唐代，门头沟妙峰山涧沟村，遗存。

门头沟文物志363。

### 2799. 古佛寺

佛教，佛，唐代，门头沟龙泉镇大峪村，无存。

门头沟文物志363。

### 2800. 菩萨洞

佛教，菩萨，唐代，门头沟清水镇江水河村，遗存。

门头沟文物志363。

### 2801. 紫荆寺

佛教，佛，辽代，门头沟雁翅镇田庄村，无存。

门头沟文物志363。

### 2802. 护国显光禅寺

佛教，佛，辽代，门头沟百花山菩萨顶，遗存。

门头沟文物志363。

### 2803. 弘业寺

佛教，佛，辽代，门头沟清水镇齐家庄村，残存。

门头沟文物志363。

### 2804. 胜泉岩寺

佛教，佛，金代，门头沟清水镇田寺村，残存。

门头沟文物志363。

### 2805. 龙王庙

道教，龙王，金代，门头沟清水村下清水村，遗存。

门头沟文物志364。

### 2806. 团山寺

佛教，佛，元代，门头沟军饷镇桑

峪村，遗存。

门头沟文物志364。

### 2807. 古胜寺

佛教，佛，门头沟永定镇曹各庄村，无存。

门头沟文物志364。

### 2808. 崇兴院

元代，门头沟雁翅镇雁翅村，无存。

门头沟文物志364。

### 2809. 太乙集仙观

道教，太乙君，元代，门头沟永定镇冯村，无存。

门头沟文物志364。

### 2810. 弥陀寺

佛教，佛，元代，门头沟摊戒风景区马鞍山，无存。

门头沟文物志364。

### 2811. 龙岩寺

佛教，佛，元代，门头沟王平办事处西王平村，残存。

门头沟文物志364。

### 2812. 崇兴寺

佛教，佛，元代，门头沟永定镇新称村，无存。

门头沟文物志364。

### 2813. 龙王观音寺

佛教/道教，龙王、观音，元代，门头沟军饷镇灵水村，无存。

门头沟文物志364。

### 2814. 胜泉禅寺

佛教，佛，元代，门头沟王平办事处孟家胡同村，无存。

门头沟文物志364。

### 2815. 敕赐净明禅寺

佛教，佛，元代，门头沟龙泉镇岳家坡，遗存。

门头沟文物志364。

### 2816. 文昌庙

道教，文昌星，门头沟军饷镇灵水村，无存。

门头沟文物志364。

### 2817. 瑞云寺

佛教，佛，门头沟军饷镇煤窝村，无存。

门头沟文物志364。

### 2818. 魁星楼

道教，魁星，门头沟军饷镇灵水村，无存。

门头沟文物志364。

### 2819. 广慧寺

佛教，佛，明代，门头沟潭柘寺镇桑峪村，残存。

门头沟文物志364。

### 2820. 月岩寺

佛教，佛，门头沟永定镇王家村，残存。

门头沟文物志364。

### 2821. 朝阳庵

佛教，明代，门头沟王平办事处安家庄村，遗存。

门头沟文物志364。

### 2822. 胜泉寺

佛教，佛，明代，门头沟永定镇碣石村，遗存。

门头沟文物志364。

### 2823. 敕赐永安寺

佛教，佛，明代，门头沟永定镇何

各庄村，无存。

门头沟文物志364。

### 2824. 敕赐宝觉寺

佛教，佛，明代，门头沟北岭办事处小店子村，无存。

门头沟文物志364。

### 2825. 福昌寺

佛教，佛，明代，门头沟永定镇童子山，无存。

门头沟文物志364。

### 2826. 敕赐太清观

道教，太清，明代，门头沟永定镇何各庄村，遗存。

门头沟文物志364。

### 2827. 敕赐常觉寺

佛教，佛，明代，门头沟永定镇冯村，无存。

门头沟文物志364。

### 2828. 阳坡寺

佛教，佛，明代，门头沟潭柘寺镇阳坡园村，遗存。

门头沟文物志364。

### 2829. 奉福禅寺

佛教，佛，明代，门头沟永定镇栗园庄村，遗存。

门头沟文物志364。

### 2830. 宝峰寺

佛教，佛，明代，门头沟永定镇冯村，无存。

门头沟文物志364。

### 2831. 敕赐净德禅寺

佛教，佛，明代，门头沟永定镇童子山，无存。

门头沟文物志364。

### 2832. 娘娘庙

道教，娘娘，明代，门头沟潭柘寺镇阳坡园村，遗存。

门头沟文物志364。

### 2833. 龙泉寺

明代，门头沟王平地区清水涧村，无存。

门头沟文物志364。

### 2834. 敕赐宝林寺

佛教，佛，明代，门头沟永定镇冯村，遗存。

门头沟文物志364。

### 2835. 敕赐弘恩寺

佛教，佛，明代，门头沟潭柘寺镇南辛房村，残存。

门头沟文物志365。

### 2836. 永明庵

佛教，佛，明代，门头沟龙泉镇大峪高家园，遗存。

门头沟文物志365。

### 2837. 洪恩寺

佛教，佛，明代，门头沟潭柘寺镇，无存。

门头沟文物志365。

### 2838. 朝阳庵

佛教，佛，明代，门头沟雁翅村，遗存。

门头沟文物志365。

### 2839. 兴隆寺

佛教，佛，明代，门头沟清水镇张家庄村，残存。

门头沟文物志365。

### 2840. 圣母观音寺

佛教，观音，明代，门头沟东斋堂，

无存。

门头沟文物志365。

### 2841. 崇宁庵

佛教，佛，明代，门头沟龙泉镇小横岭，无存。

门头沟文物志365。

### 2842. 崇兴寺

佛教，佛，明代，门头沟永定镇新称村，残存区保。

门头沟文物志365。

### 2843. 关帝庙

道教，关羽，明代，门头沟潭柘寺镇鲁滩，残存。

门头沟文物志365。

### 2844. 药王庙

道教，药王，明代，门头沟雁翅村朝阳山，无存。

门头沟文物志365。

### 2845. 圣寿庵

佛教，佛，明代，门头沟北岭办事处王平口，遗存。

门头沟文物志365。

### 2846. 极乐庵

佛教，佛，明代，门头沟龙泉务镇琉璃渠村，无存。

门头沟文物志365。

### 2847. 龙凤庵

明代，门头沟军饷乡西胡林村，无存。

门头沟文物志365。

### 2848. 龙王庙

道教，龙王，明代，门头沟龙泉镇琉璃渠村，残存。

门头沟文物志365。

### 2849. 观泉庵

明代，门头沟军饷村，无存。

门头沟文物志365。

### 2850. 盛泉岩道观

道教，明代，门头沟木城涧矿区沿柳沟，遗存。

门头沟文物志365。

### 2851. 朝阳庵

佛教，佛，明代，门头沟龙泉镇大峪村，无存。

门头沟文物志365。

### 2852. 真武庙

道教，真武帝，明代，门头沟斋堂镇沿河城，无存。

门头沟文物志365。

### 2853. 弥勒庵

佛教，弥勒佛，明代，门头沟军庄村，无存。

门头沟文物志365。

### 2854. 仙人洞（菩萨洞）

佛教，菩萨，明代，门头沟斋堂镇沿河城，遗存。

门头沟文物志365。

### 2855. 元通寺

佛教，佛，明代，门头沟妙峰山镇南庄村，无存。

门头沟文物志365。

### 2856. 二郎庙

道教，二郎，明代，门头沟西斋堂，无存。

门头沟文物志365。

### 2857. 双圣庙

道教，二圣，明代，门头沟龙泉镇大峪村，遗存。

门头沟文物志 365。

### 2858. 九圣庙

道教，九圣，明代，门头沟军饷镇西胡林，无存。

门头沟文物志 365。

### 2859. 三义庙

道教，刘关张，明代，门头沟大台矿，无存。

门头沟文物志 365。

### 2860. 三官庙

道教，天地水官，明代，门头沟龙泉镇原小横岭村，无存。

门头沟文物志 365。

### 2861. 三官庙

道教，天地水官，明代，门头沟龙泉镇三家店，无存。

门头沟文物志 365。

### 2862. 三官庙

道教，天地水官，明代，门头沟斋堂镇西斋堂，无存。

门头沟文物志 365。

### 2863. 山神庙

道教，山神，明代，门头沟妙峰山镇下苇甸村村，无存。

门头沟文物志 365。

### 2864. 广慧庵

佛教，佛，明代，门头沟永定镇愿西宴祖寨村，无存。

门头沟文物志 365。

### 2865. 广熙寺

佛教，佛，明代，门头沟军庄镇，无存。

门头沟文物志 365。

### 2866. 火神庙

道教，火神，明代，门头沟军庄镇，无存。

门头沟文物志 365。

### 2867. 尼僧寺

佛教，佛，明代，门头沟斋堂镇马栏村，无存。

门头沟文物志 365。

### 2868. 古赤脚李庵

道教，赤脚李医生仙人，明代，门头沟军庄镇，无存。

门头沟文物志 365。

### 2869. 龙泉庵

明代，门头沟潭柘寺镇草甸水村，无存。

门头沟文物志 365。

### 2870. 龙泉庵

明代，门头沟王平村，无存。

门头沟文物志 365。

### 2871. 龙王庙

道教，龙王，明代，门头沟大台矿，无存。

门头沟文物志 365。

### 2872. 龙王庙

道教，龙王，明代，门头沟龙泉镇大峪村，无存。

门头沟文物志 366。

### 2873. 龙王庙

道教，龙王，明代，门头沟龙泉镇龙门村，无存。

门头沟文物志 366。

### 2874. 龙王庙

道教，龙王，明代，门头沟军庄镇东杨陀村，无存。

门头沟文物志366。

### 2875. 龙王庙

道教，龙王，明代，门头沟军庄镇孟悟村，无存。

门头沟文物志366。

### 2876. 龙王庙

道教，龙王，明代，门头沟军庄村，无存。

门头沟文物志366。

### 2877. 龙王庙

道教，龙王，明代，门头沟军饷镇东胡林村，无存。

门头沟文物志366。

### 2878. 龙王庙

道教，龙王，明代，门头沟斋堂镇火村，无存。

门头沟文物志366。

### 2879. 龙王庙

道教，龙王，明代，门头沟斋堂镇白虎头村，无存。

门头沟文物志366。

### 2880. 龙王庙

道教，龙王，明代，门头沟斋堂镇牛站村，无存。

门头沟文物志366。

### 2881. 龙王庙

道教，龙王，明代，门头沟斋堂镇原北山庄，无存。

门头沟文物志366。

### 2882. 龙王庙

道教，龙王，明代，门头沟王平地区清水涧，无存。

门头沟文物志366。

### 2883. 龙王庙

道教，龙王，明代，门头沟斋堂镇西斋堂，无存。

门头沟文物志366。

### 2884. 龙王庙

道教，龙王，明代，门头沟军饷村，无存。

门头沟文物志366。

### 2885. 关帝庙

道教，关羽，明代，门头沟王平地区桥耳涧村，无存。

门头沟文物志366。

### 2886. 关帝庙

道教，关羽，明代，门头沟军庄镇，无存。

门头沟文物志366。

### 2887. 关帝庙

道教，关羽，明代，门头沟潭柘寺镇原张各庄，无存。

门头沟文物志366。

### 2888. 关帝庙

道教，关羽，明代，门头沟永定镇曹各庄，无存。

门头沟文物志366。

### 2889. 华严寺

佛教，佛，明代，门头沟王平地区原厘儿窑村，无存。

门头沟文物志366。

### 2890. 观音庵

佛教，观音，明代，门头沟妙峰山镇陇家庄，无存。

门头沟文物志366。

### 2891. 弥勒寺

佛教，弥勒佛，明代，门头沟西斋

堂村，无存。

门头沟文物志366。

### 2892. 府君庙

明代，门头沟王平地区王平村，无存。

门头沟文物志366。

### 2893. 柳峪寺

佛教，佛，明代，门头沟斋堂镇马栏村，无存。

门头沟文物志366。

### 2894. 洪智寺

佛教，佛，明代，门头沟龙泉镇龙泉务村，残存。

门头沟文物志366。

### 2895. 秀峰寺

佛教，佛，明代，门头沟军庄镇，无存。

门头沟文物志366。

### 2896. 郝家庵

佛，明代，门头沟军庄镇郝家房村，无存。

门头沟文物志366。

### 2897. 娘娘庙

道教，娘娘，明代，门头沟王平地区王平村，无存。

门头沟文物志366。

### 2898. 清泰寺

佛教，佛，明代，门头沟王平地区原横岭村，无存。

门头沟文物志366。

### 2899. 花园庵

佛教，佛，明代，门头沟妙峰山镇南庄村，无存。

门头沟文物志366。

### 2900. 元通庵

佛教，佛，明代，门头沟潭柘寺镇赵家台村，遗存。

门头沟文物志366。

### 2901. 慈圣寺

佛教，佛，明代，门头沟妙峰山镇樱桃沟，遗存。

门头沟文物志366。

### 2902. 龙王庙

道教，龙王，明代，门头沟清水镇上清水村，无存。

门头沟文物志366。

### 2903. 观音堂

佛教，观音，明代，门头沟清水镇小龙门村，无存。

门头沟文物志366。

### 2904. 朝阳三慧洞

明代，门头沟潭戒景区马鞍山，残存。

门头沟文物志366。

### 2905. 极乐洞

佛教，佛，明代，门头沟潭戒景区马鞍山，残存。

门头沟文物志366。

### 2906. 张仙洞圣泉庵

明代，门头沟潭戒景区马鞍山，残存。

门头沟文物志366。

### 2907. 关帝庙

道教，关羽，明代，门头沟斋堂镇沿河村，无存。

门头沟文物志366。

### 2908. 城隍庙

道教，城隍，明代，门头沟斋堂镇

沿河村，无存。

门头沟文物志366。

### 2909. 滴水岩天泉寺

明代，门头沟秒峰山镇南庄村北，遗存。

门头沟文物志366。

### 2910. 龙泉庵

明代，门头沟大台办事处庄户村，残存。

门头沟文物志366。

### 2911. 娘娘庙

道教，娘娘，明代，门头沟妙峰山下苇甸村，残存。

门头沟文物志366。

### 2912. 娘娘殿

道教，娘娘，明代，门头沟雁翅镇太子墓，无存。

门头沟文物志367。

### 2913. 三义庙

道教，刘关张，明代，门头沟王平地区牛角岭，残存。

门头沟文物志367。

### 2914. 文庙（圣人庙）

儒教，孔子，明代，门头沟斋堂镇沿河城，无存。

门头沟文物志367。

### 2915. 老君堂

道教，太上老君，明代，门头沟斋堂镇沿河城，无存。

门头沟文物志367。

### 2916. 龙王庙

道教，龙王，明代，门头沟东斋堂，无存。

门头沟文物志367。

### 2917. 天仙娘娘庙

道教，明代，门头沟东斋堂，残存。

门头沟文物志367。

### 2918. 王老庵

明代，门头沟大台办事处千军台村，无存。

门头沟文物志367。

### 2919. 永庆庵

佛教，佛，明代，门头沟戒潭景区石佛村，遗存。

门头沟文物志367。

### 2920. 龙王观音禅林

道教/佛教，龙王、观音，明代，门头沟斋堂镇马栏村，残存区保。

门头沟文物志367。

### 2921. 毗卢寺

佛教，佛，明代，门头沟军饷镇大韩岭村，遗存。

门头沟文物志367。

### 2922. 观音庵

佛教，观音，明代，门头沟王平办事处峰口庵，遗存。

门头沟文物志367。

### 2923. 华延寺

佛教，佛，明代，门头沟北岭办事处孤草地村。

门头沟文物志367。

### 2924. 吉祥庵

佛教，佛，明代，门头沟永定镇栗园村。

门头沟文物志367。

### 2925. 法幢庵

佛教，佛，明代，门头沟斋堂镇马栏村。

门头沟文物志 367。

### 2926. 潘阆庙

明代，门头沟龙泉镇圈门以西，无存。

门头沟文物志 367。

### 2927. 妙庵

佛教，明代，门头沟斋堂镇马栏村南山，无存。

门头沟文物志 367。

### 2928. 龙王庙

道教，龙王，明代，门头沟大台办事处北港沟，遗存。

门头沟文物志 367。

### 2929. 娘娘庙

道教，娘娘，明代，门头沟大台办事处北港沟，遗存。

门头沟文物志 367。

### 2930. 观音菩萨庵

佛教，观音菩萨，明代，门头沟大台办事处北港沟，残存。

门头沟文物志 367。

### 2931. 明朝庵

佛教，佛，明代，门头沟北岭办事处十子沟，无存。

门头沟文物志 367。

### 2932. 城隍庙

道教，城隍，明代，门头沟东斋堂，无存。

门头沟文物志 367。

### 2933. 孔雀庙

明代，门头沟潭柘寺北，残存。

门头沟文物志 367。

### 2934. 娘娘庙

道教，娘娘，明代，门头沟雁翅镇

香子台，存区保。

门头沟文物志 367。

### 2935. 树神庙

道教，树神，明代，门头沟龙泉镇三家店，无存。

门头沟文物志 367。

### 2936. 玄真观

道教，明代，门头沟永定镇石门营，无存。

门头沟文物志 367。

### 2937. 桃花庵

明代，门头沟永定镇黑港村，无存。

门头沟文物志 367。

### 2938. 关帝伏魔庵

道教，关羽，清代，门头沟妙峰山镇涧沟村，残存。

门头沟文物志 367。

### 2939. 三皇庙

道教，三皇，清代，门头沟涌定镇卧龙岗，遗存。

门头沟文物志 367。

### 2940. 天仙圣母庙

道教，圣母，清代，门头沟军饷镇灵水村，残存。

门头沟文物志 367。

### 2941. 城隍庙

道教，城隍，清代，门头沟军庄镇西杨陀村，无存。

门头沟文物志 367。

### 2942. 上娘娘庙

道教，娘娘，清代，门头沟百花山顶，遗存。

门头沟文物志 367。

**2943. 下娘娘庙**

道教，娘娘，清代，门头沟百花山顶，遗存。

门头沟文物志367。

**2944. 天庆庵**

佛教，佛，清代，门头沟龙泉镇南官园村，遗存。

门头沟文物志367。

**2945. 马王庙**

道教，马王，清代，门头沟王平地区王平村。

门头沟文物志368。

**2946. 五圣庙（五圣）**

清代，门头沟龙泉镇宽街。

门头沟文物志368。

**2947. 三教庵**

佛教，佛，清代，门头沟龙泉镇琉璃渠村。

门头沟文物志368。

**2948. 关帝庙**

道教，关羽，清代，门头沟北岭办事处平地村。

门头沟文物志368。

**2949. 天仙庵**

道教，天仙，清代，门头沟王平办事处焦家岭村。

门头沟文物志368。

**2950. 山神庙**

道教，山神，清代，门头沟王平办事处焦耳涧村。

门头沟文物志368。

**2951. 药王庙**

道教，药王，清代，门头沟永定镇桥户营村。

门头沟文物志368。

**2952. 三义庙**

道教，刘关张，清代，门头沟龙泉镇天桥浮村。

门头沟文物志368。

**2953. 龙王庙**

道教，龙王，清代，门头沟清水镇小龙门村。

门头沟文物志368。

**2954. 大佛殿**

佛教，佛，清代，门头沟雁翅镇田庄北。

门头沟文物志368。

**2955. 关帝庙**

道教，关羽，清代，门头沟雁翅镇河南台村。

门头沟文物志368。

**2956. 关帝伏魔宝殿**

道教，关羽，清代，门头沟妙峰山镇涧沟村。

门头沟文物志368。

**2957. 观音寺**

佛教，观音，清代，门头沟潭柘寺镇南村。

门头沟文物志368。

**2958. 嘉兴庵（东庙）**

佛教，清代，门头沟永定镇上岸村。

门头沟文物志368。

**2959. 三圣庙**

道教，三圣，清代，门头沟大台办事处东板桥村，无存。

门头沟文物志368。

**2960. 关帝庙**

道教，关羽，清代，门头沟大台办

事处木城涧，无存。

门头沟文物志 368。

### 2961. 天主教堂

天主教，耶稣，清代，门头沟永定镇曹各庄村，存区保。

门头沟文物志 368。

### 2962. 龙王庙

道教，龙王，清代，门头沟永定镇王村，残存。

门头沟文物志 368。

### 2963. 关帝庙

道教，关羽，清代，门头沟永定镇王村，遗存。

门头沟文物志 368。

### 2964. 观音菩萨庙

佛教，观音菩萨，清代，门头沟永定镇石门营，遗存。

门头沟文物志 368。

### 2965. 关帝庙

道教，关羽，清代，门头沟永定镇石门营，残存。

门头沟文物志 368。

### 2966. 二郎庙

道教，李兵父子，清代，门头沟清水镇下清水村，无存。

门头沟文物志 368。

### 2967. 天主教堂

天主教，耶稣，清代，门头沟永定镇张家铺村，存区保。

门头沟文物志 368。

### 2968. 龙王庙

道教，龙王，清代，门头沟清水镇黄塔村，无存。

门头沟文物志 368。

### 2969. 龙王庙

道教，龙王，清代，门头沟清水镇塔河村，无存。

门头沟文物志 368。

### 2970. 龙王庙

道教，龙王，请代，门头沟王平地区安家庄，无存。

门头沟文物志 368。

### 2971. 关帝庙（老爷庙）

道教，关羽，清代，门头沟妙峰山镇担礼村，残存。

门头沟文物志 368。

### 2972. 灵泉庵

佛教，佛，清代，门头沟斋堂镇黄岭西村，残存。

门头沟文物志 368。

### 2973. 平顶山庙

清代，门头沟王平地区王平村山上，遗存。

门头沟文物志 368。

### 2974. 文昌关帝药王庙

道教，文昌、关羽、药王，门头沟龙泉镇圈门里，残存。

门头沟文物志 368。

### 2975. 三圣祠

道教，三圣，门头沟清水镇燕家台村，无存。

门头沟文物志 368。

### 2976. 九圣庙

道教，九圣，门头沟煤矿，无存。

门头沟文物志 368。

### 2977. 山神庙

道教，山神，门头沟斋堂镇东岭沟，无存。

门头沟文物志 368。

**2978. 山神庙**

道教，山神，门头沟清水镇下清水村，无存。

门头沟文物志 368。

**2979. 山神庙**

道教，山神，门头沟王平地区南港村，无存。

门头沟文物志 368。

**2980. 山神庙**

道教，山神，门头沟北岭办事处官道村，无存。

门头沟文物志 368。

**2981. 山神庙**

道教，山神，门头沟北岭办事处王平口村，无存。

门头沟文物志 368。

**2982. 广化寺**

佛教，佛，门头沟妙峰山镇斜河涧村，残存。

门头沟文物志 368。

**2983. 大台庙**

门头沟大台矿，无存。

门头沟文物志 368。

**2984. 三教庵**

佛教，佛，门头沟大台办事处西桃园，残存。

门头沟文物志 368。

**2985. 三官庙**

道教，天地水官，门头沟斋堂镇沿河城，无存。

门头沟文物志 368。

**2986. 三官庙**

道教，天地水官，门头沟北岭办事

处白道子村，遗存。

门头沟文物志 368。

**2987. 五道庙**

道教，五道将军，门头沟军饷乡杨斤秒峪村，残存。

门头沟文物志 369。

**2988. 五道神祠**

道教，五道将军，门头沟军饷乡杨家村，无存。

门头沟文物志 369。

**2989. 五道庙**

道教，五道将军，门头沟军饷乡灵水村，无存。

门头沟文物志 369。

**2990. 五道神祠**

道教，五道将军，门头沟清清水镇上清水村，残存。

门头沟文物志 369。

**2991. 五道神祠**

道教，五道将军，门头沟雁翅镇房良村，残存。

门头沟文物志 369。

**2992. 五道庙**

道教，五道将军，门头沟雁翅镇太子墓村，残存。

门头沟文物志 369。

**2993. 五道庙**

道教，五道将军，门头沟王平地区南港村，残存。

门头沟文物志 369。

**2994. 五道庙**

道教，五道将军，门头沟王平地区南涧村，残存。

门头沟文物志 369。

## 2995. 五道庙

道教，五道将军，门头沟北岭办事处王平口村，残存。

门头沟文物志 369。

## 2996. 五道庙

道教，五道将军，门头沟北北岭办事处南岭村，残存。

门头沟文物志 369。

## 2997. 五道庙

道教，五道将军，门头沟永定镇王村，残存。

门头沟文物志 369。

## 2998. 五道庙

道教，五道将军，门头沟永定镇冯村，残存。

门头沟文物志 369。

## 2999. 五道庙

道教，五道将军，门头沟永定镇栗园村，残存。

门头沟文物志 369。

## 3000. 五道庙

道教，五道将军，门头沟斋堂镇沿河城，残存。

门头沟文物志 369。

## 3001. 马王庙

道教，马王，门头沟龙泉镇三家店村，残存。

门头沟文物志 369。

## 3002. 马王庙

道教，马王，门头沟斋堂镇沿河城，无存。

门头沟文物志 369。

## 3003. 马王庙

道教，马王，门头沟清水镇下清水村，无存。

门头沟文物志 369。

## 3004. 韦光寺

佛教，佛，门头沟妙峰山镇担礼村，存。

门头沟文物志 369。

## 3005. 文昌庙

道教，文昌君，门头沟斋堂镇沿河城，无存。

门头沟文物志 369。

## 3006. 火神庙

道教，火神，门头沟斋堂镇沿河城，无存。

门头沟文物志 369。

## 3007. 牛王庙

道教，牛王，门头沟斋堂镇沿河城，无存。

门头沟文物志 369。

## 3008. 基督教堂

基督教，基督，门头沟永定镇王村南焦家坡，残存。

门头沟文物志 369。

## 3009. 太清观

道教，太清，门头沟龙泉镇三家店村，遗存。

门头沟文物志 369。

## 3010. 玄帝观

道教，玄帝，门头沟军饷乡灵水村北山，无存。

门头沟文物志 369。

## 3011. 永翠寺

佛教，佛，门头沟清水镇椴木沟村，无存。

门头沟文物志 369。

**3012. 虫王庙**

道教，虫王，门头沟清水镇下清水村，无存。

门头沟文物志369。

**3013. 北庵庙**

观音庵，佛教，观音，门头沟龙泉镇龙泉务村北，无存。

门头沟文物志369。

**3014. 玉皇庙**

道教，玉皇大帝，门头沟清水镇椴木沟九山村，无存。

门头沟文物志369。

**3015. 龙泉寺**

门头沟王平地区韭园村，无存。

门头沟文物志369。

**3016. 圣泉寺**

门头沟斋堂镇火村虎狼沟，无存。

门头沟文物志369。

**3017. 中门寺**

佛教，佛，门头沟龙泉镇中门寺村，无存。

门头沟文物志369。

**3018. 龙王庙**

道教，龙王，门头沟斋堂镇大三里村，无存。

门头沟文物志369。

**3019. 龙王庙**

道教，龙王，门头沟斋堂镇东岭村，无存。

门头沟文物志369。

**3020. 龙王庙**

道教，龙王，门头沟军饷乡杨家村，无存。

门头沟文物志369。

**3021. 龙王庙**

道教，龙王，门头沟清水镇梁柱台下村，无存。

门头沟文物志369。

**3022. 龙王庙**

道教，龙王，门头沟雁翅镇苇子水村，无存。

门头沟文物志369。

**3023. 龙王庙**

道教，龙王，门头沟清水镇艾峪村，无存。

门头沟文物志369。

**3024. 龙王庙**

道教，龙王，门头沟雁翅镇房良村，残存。

门头沟文物志369。

**3025. 龙王庙**

道教，龙王，门头沟雁翅镇房良村，残存。

门头沟文物志369。

**3026. 龙王庙**

道教，龙王，门头沟北岭办事处瓜草地村，无存。

门头沟文物志369。

**3027. 龙王庙**

道教，龙王，门头沟清水镇达摩庄村，无存。

门头沟文物志369。

**3028. 龙王庙**

道教，龙王，门头沟雁翅镇田庄村，无存。

门头沟文物志369。

**3029. 龙王庙**

道教，龙王，门头沟雁翅镇太子墓

村，残存。

门头沟文物志369。

### 3030. 龙王庙

道教，龙王，门头沟王平地区办事处韭园村，残存。

门头沟文物志369。

### 3031. 龙王庙

道教，龙王，门头沟大台办事处西桃园，残存。

门头沟文物志370。

### 3032. 龙王庙

道教，龙王，门头沟永定镇石厂村，无存。

门头沟文物志370。

### 3033. 龙王庙

道教，龙王，门头沟北岭办事处焦家岭村，无存。

门头沟文物志370。

### 3034. 龙王庙

道教，龙王，门头沟雁翅镇淤白村，残存。

门头沟文物志370。

### 3035. 龙王庙

道教，龙王，门头沟斋堂镇沿河城，无存。

门头沟文物志370。

### 3036. 龙王庙

道教，龙王，门头沟王平地区九龙山，无存。

门头沟文物志370。

### 3037. 黑龙庙

道教，龙王，门头沟斋堂镇沿和城，无存。

门头沟文物志370。

### 3038. 镇龙庙

道教，龙王，门头沟潭戒景区平原村，无存。

门头沟文物志370。

### 3039. 镇海侯庙

道教，门头沟斋堂镇沿河城，无存。

门头沟文物志370。

### 3040. 兴泉庵

门头沟清水镇张家庄村，无存。

门头沟文物志370。

### 3041. 地上庵

门头沟王平地区清水涧，无存。

门头沟文物志370。

### 3042. 华严寺

佛教，佛，门头沟斋堂镇火村，无存。

门头沟文物志370。

### 3043. 华严寺

佛教，佛，门头沟斋堂镇高铺村，无存。

门头沟文物志370。

### 3044. 华严洞

佛教，佛，门头沟潭戒景区平原村，遗存。

门头沟文物志370。

### 3045. 西庙

门头沟永定镇上岸村，无存。

门头沟文物志370。

### 3046. 太古观音庙

佛教，观音，门头沟马鞍山，残存。

门头沟文物志370。

### 3047. 白衣庵

佛教，观音，门头沟军饷乡灵水村，无存。

门头沟文物志 370。

### 3048. 仙人洞菩萨庙

佛教，菩萨，门头沟军庄镇灰峪北山，无存。

门头沟文物志 370。

### 3049. 观音菩萨庙

佛教，观音，门头沟军饷乡杨家村，无存。

门头沟文物志 370。

### 3050. 观音庵

佛教，观音，门头沟清水镇上清水村，无存。

门头沟文物志 370。

### 3051. 观音庵

佛教，观音，门头沟清水镇梁庄台上村，无存。

门头沟文物志 370。

### 3052. 观音庵

佛教，观音，门头沟王平地区王平村，无存。

门头沟文物志 370。

### 3053. 观音庵

佛教，观音，门头沟妙峰山镇丁家滩村，无存。

门头沟文物志 370。

### 3054. 东观音洞

佛教，观音，门头沟潭柘寺东山，遗存。

门头沟文物志 370。

### 3055. 菩萨庙

佛教，菩萨，门头沟斋堂镇黄岭西村，无存。

门头沟文物志 370。

### 3056. 菩萨庙

佛教，菩萨，门头沟军饷乡东胡林村，无存。

门头沟文物志 370。

### 3057. 菩萨庙

佛教，菩萨，门头沟百花山，遗存。

门头沟文物志 370。

### 3058. 菩萨庙

佛教，菩萨，门头沟雁翅镇碣石村，遗存。

门头沟文物志 370。

### 3059. 菩萨庙

佛教，菩萨，门头沟王平地区马各庄，无存。

门头沟文物志 370。

### 3060. 菩萨庙

佛教，菩萨，门头沟龙泉镇大峪村，无存。

门头沟文物志 370。

### 3061. 菩萨庙

佛教，菩萨，门头沟东斋堂，无存。

门头沟文物志 370。

### 3062. 关帝庙

道教，关羽，门头沟斋堂双石头村，无存。

门头沟文物志 370。

### 3063. 关帝庙

道教，关羽，门头沟斋堂镇梁庄台下村，无存。

门头沟文物志 370。

### 3064. 关帝庙

道教，关羽，门头沟清水乡下清水村，无存。

门头沟文物志 370。

**3065. 关帝庙（老爷庙）**

道教，关羽，门头沟百花山，遗存。

门头沟文物志370。

**3066. 关帝庙**

道教，关羽，门头沟雁翅镇马家套村，残存。

门头沟文物志370。

**3067. 关帝庙**

道教，关羽，门头沟太子墓村，残存。

门头沟文物志370。

**3068. 关帝庙**

道教，关羽，门头沟雁翅镇碣石村，残存。

门头沟文物志370。

**3069. 关帝庙**

道教，关羽，门头沟王平办事处落坡村，残存。

门头沟文物志370。

**3070. 关帝庙**

道教，关羽，门头沟王平办事处南港村，无存。

门头沟文物志370。

**3071. 关帝庙**

道教，关羽，门头沟潭柘寺镇桑峪村，无存。

门头沟文物志370。

**3072. 关帝庙**

道教，关羽，门头沟岢罗陀村，无存。

门头沟文物志371。

**3073. 关帝庙**

道教，关羽，门头沟军庄镇灰峪村，残存。

门头沟文物志371。

**3074. 关帝庙**

道教，关羽，门头沟龙泉镇大峪村，无存。

门头沟文物志371。

**3075. 关帝庙**

道教，关羽，门头沟龙泉镇石港村，无存。

门头沟文物志371。

**3076. 关帝庙**

道教，关羽，门头沟龙泉镇西辛房，残存。

门头沟文物志371。

**3077. 关帝庙**

道教，关羽，门头沟城子小学，无存。

门头沟文物志371。

**3078. 关帝庙**

道教，关羽，门头沟王平地区九龙山，无存。

门头沟文物志371。

**3079. 关帝庙**

道教，关羽，门头沟潭柘寺镇南辛房村，无存。

门头沟文物志371。

**3080. 老爷庙**

道教，关羽，门头沟清水乡燕家台村，无存。

门头沟文物志371。

**3081. 老爷庙**

道教，关羽，门头沟雁翅镇下马岭村，残存。

门头沟文物志371。

**3082. 老爷庙**

道教，关羽，门头沟妙峰山镇那南樱桃村，残存。

门头沟文物志371。

**3083. 老爷庙**

道教，关羽，门头沟北岭办事处官道村，无存。

门头沟文物志371。

**3084. 老爷庙**

道教，关羽，门头沟军庄镇东山村，无存。

门头沟文物志371。

**3085. 护国明王殿**

道教，门头沟潭柘寺东北山，残存。

门头沟文物志371。

**3086. 财神庙**

道教，财神，门头沟龙泉镇琉璃渠村南，无存。

门头沟文物志371。

**3087. 灵官庙**

道教，灵官，门头沟王平地区九龙山顶，无存。

门头沟文物志371。

**3088. 灵官殿**

道教，灵官，门头沟妙峰山镇涧沟村，残存。

门头沟文物志371。

**3089. 灵隐寺**

道教，佛，门头沟大台办事处北港沟，无存。

门头沟文物志371。

**3090. 药王庙**

道教，药王，门头沟清水镇下清水村，无存。

门头沟文物志371。

**3091. 药王庙**

道教，药王，门头沟军饷乡桑峪村，残存。

门头沟文物志371。

**3092. 药王庙**

道教，药王，门头沟永定镇桥户营村，无存。

门头沟文物志371。

**3093. 药王庙**

道教，药王，门头沟龙泉镇龙泉务村，存。

门头沟文物志371。

**3094. 剩余寺**

佛教，佛，门头沟清水镇椴木沟寺上村，无存。

门头沟文物志371。

**3095. 盛银寺**

佛教，佛，门头沟永定镇冯村，无存。

门头沟文物志371。

**3096. 禅乐寺**

佛教，佛，门头沟永定镇冯村，无存。

门头沟文物志371。

**3097. 城隍庙**

道教，城隍，门头沟龙泉镇琉璃渠村，无存。

门头沟文物志371。

**3098. 清泰寺**

佛教，佛，门头沟斋堂镇黄岭西村，无存。

门头沟文物志371。

### 3099. 菩提洞

佛教，佛，门头沟潭柘寺东山，残存。

门头沟文物志371。

### 3100. 九天娘娘庙

道教，娘娘，门头沟王平地区九龙山，无存。

门头沟文物志371。

### 3101. 九天娘娘庙

道教，娘娘，门头沟龙泉镇圈门，无存。

门头沟文物志371。

### 3102. 九天娘娘庙

道教，娘娘，门头沟龙泉镇龙凤坡，无存。

门头沟文物志371。

### 3103. 娘娘庙

道教，娘娘，门头沟龙泉镇拦龙山，无存。

门头沟文物志371。

### 3104. 娘娘庙

道教，娘娘，门头沟永定镇何各庄村，遗存。

门头沟文物志371。

### 3105. 娘娘庙

道教，娘娘，门头沟雁翅镇珠窝村，无存。

门头沟文物志371。

### 3106. 娘娘庙

道教，娘娘，门头沟永定镇栗园村，遗存。

门头沟文物志371。

### 3107. 娘娘庙

道教，娘娘，门头沟清水镇下清水村，无存。

门头沟文物志371。

### 3108. 娘娘庙

道教，娘娘，门头沟军庄镇灰峪村，无存。

门头沟文物志371。

### 3109. 娘娘庙

道教，娘娘，门头沟军庄镇孟悟村，残存。

门头沟文物志371。

### 3110. 娘娘庙

道教，娘娘，门头沟龙泉镇三家店村西街，无存。

门头沟文物志371。

### 3111. 娘娘庙

道教，娘娘，门头沟斋堂镇沿河城，无存。

门头沟文物志371。

### 3112. 朝阳庵

佛教，佛，门头沟斋堂镇沿河城，无存。

门头沟文物志371。

### 3113. 朝阳寺

佛教，佛，门头沟清水镇上清水村，无存。

门头沟文物志371。

### 3114. 翠峰庵

佛教，佛，门头沟清水镇田寺村，无存。

门头沟文物志371。

### 3115. 天齐庙

道教，泰山帝，门头沟妙峰山镇涧沟村，存。

门头沟文物志371。

### 3116. 玉皇顶

道教，玉皇大帝，门头沟妙峰山镇涧沟村，存。

门头沟文物志 370。

### 3117. 喜神庙

道教，喜神，门头沟妙峰山镇涧沟村，无存。

门头沟文物志 370。

### 3118. 奎星阁

道教，魁星，门头沟斋堂镇沿河城，无存。

门头沟文物志 372。

### 3119. 河神庙

道教，河神，门头沟清水镇下清水村，无存。

门头沟文物志 372。

### 3120. 魁星楼

道教，魁星，门头沟龙泉镇龙泉务村，无存。

门头沟文物志 372。

### 3121. 凤林寺

佛教，佛，金代彰仪门外雪堂之西，无存。

析津志辑佚 78。

### 3122. 月坛

祭坛，月亮神，阜成门外，部分建筑存。

顺天府志 118。今日北京 462。

### 3123. 神游观

道教，金会城门外，无考。

析津志辑佚 89。

### 3124. 观音庵

佛教，观音，清代，海淀小南庄，公产房六间，无存。

身边的历史 68。

### 3125. 西岳庙

道教，阜外西岳庙，无考。

维持会报告 222。

### 3126. 三官庙

道教，天地水官，海淀长春桥西，无考。

维持会报告 222。

### 3127. 玄圣观

道教，清代，西外北下关，殿三十间，无存。

维持会报告 222。身边的历史 37。

### 3128. 关帝庙

道教，关羽，海淀长春桥西，无考。

维持会报告 222。

### 3129. 关圣庙

道教，关羽，明代，海淀蓝靛厂广仁宫东，无考。

今日北京 440。

### 3130. 城隍庙

道教，城隍，阜外大街，无考。

维持会报告 222。

### 3131. 慈悲院

佛教，佛，清代，阜外关厢，房基二亩三附地三分房四十六间铺房十间，无考。

维持会报告 206。唐土名胜图会 93。顺天府志 542。北京寺庙历史资料 447。

### 3132. 开元寺

佛教，佛，海淀白家滩，无考。

顺天府志 569。

### 3133. 十方院

佛教，佛，兜率寺西南，无考。

日下旧闻考 2096。

**3134. 西方庵**

佛教，佛，海淀青龙桥南，无考。

顺天府志 555。

**3135. 白塔庵**

佛教，佛，北三环西路大钟寺北，无存。

日下旧闻考 1650－6649。

**3136. 皂君庙（灶君庙）**

道教，灶王神，清代，海淀四道口西派出所内，房基十一亩四坟地三十一亩房四十七间，存碑。

撰者探访得之。北京寺庙历史资料 613。

**3137. 关帝庙**

道教，关羽，良乡罗府街西，无考。

顺天府志 710。

**3138. 关帝庙**

道教，关羽，良乡城外东南，无考。

顺天府志 710。

**3139. 关帝庙**

道教，关羽，良乡长阳，无考。

顺天府志 710。

**3140. 关帝庙**

道教，关羽，良乡篱笆房，无考。

顺天府志 710。

**3141. 关帝庙**

道教，关羽，良乡城内东南，无考。

顺天府志 710。

**3142. 关帝庙**

道教，关羽，良乡黄新庄，无考。

顺天府志 710。

**3143. 关帝庙**

道教，关羽，良乡五里店，无考。

顺天府志 710。

**3144. 关帝庙**

道教，关羽，良乡丁村，无考。

顺天府志 710。

**3145. 关帝庙**

道教，关羽，良乡钱管营，无考。

顺天府志 710。

**3146. 关帝庙**

道教，关羽，良乡望诸村，无考。

顺天府志 710。

**3147. 关帝庙**

道教，关羽，良乡南梨园，无考。

顺天府志 710。

**3148. 关帝庙**

道教，关羽，良乡十三里，无考。

顺天府志 710。

**3149. 关帝庙**

道教，关羽，良乡旧店，无考。

顺天府志 710。

**3150. 关帝庙**

道教，关羽，良乡燕谷店，无考。

顺天府志 710。

**3151. 关帝庙**

道教，关羽，良乡平各庄，无考。

顺天府志 710。

**3152. 关帝庙**

道教，关羽，良乡兴隆庄，无考。

顺天府志 710。

**3153. 关帝庙**

道教，关羽，良乡拜村，无考。

顺天府志 710。

**3154. 关帝庙**

道教，关羽，良乡阳合庄，无考。

顺天府志 710。

### 3155. 关帝庙

道教，关羽，良乡南召村，无考。

顺天府志710。

### 3156. 关帝庙

道教，关羽，良乡关庄，无考。

顺天府志710。

### 3157. 关帝庙

道教，关羽，良乡祖庄，无考。

顺天府志710。

### 3158. 城隍庙

道教，城隍，良乡县衙署西南，后因扩城变城外，无考。

顺天府志711。

### 3159. 龙王庙

道教，龙王，良乡城隍庙内，无存。

顺天府志711。

### 3160. 药王庙

道教，药王，良乡石村，无存。

顺天府志711。

### 3161. 药王庙

道教，药王，良乡城隍庙内，无存。

顺天府志711。

### 3162. 药王庙

道教，药王，良乡东门内，无存。

顺天府志711。

### 3163. 药王庙

道教，药王，良乡塔湾村，无存。

顺天府志711。

### 3164. 八腊祠

道教，四方八腊并刘猛，良乡城隍庙内，无存。

顺天府志711。

### 3165. 真武庙

道教，真武帝，良乡北门内，无存。

顺天府志711。

### 3166. 真武庙

道教，真武帝，良乡十三里，无存。

顺天府志711。

### 3167. 东岳庙

道教，东岳帝，良乡旧店北，无存。

顺天府志711。

### 3168. 东岳庙

道教，东岳帝，良乡福兴村，无考。

顺天府志711。

### 3169. 火神庙

道教，火神，良乡东关，无存。

顺天府志711。

### 3170. 马神庙

道教，马神，良乡固节驿内，无存。

顺天府志711。

### 3171. 玉皇庙

道教，玉皇大帝，良乡东关，无存。

顺天府志711。

### 3172. 玉皇庙

道教，玉皇大帝，良乡交道村，无存。

顺天府志711。

### 3173. 玉皇庙

道教，玉皇大帝，良乡阳合庄，无存。

顺天府志711。

### 3174. 玉皇庙

道教，玉皇大帝，良乡南章客，无存。

顺天府志711。

### 3175. 玉皇庙

道教，玉皇大帝，良乡丁林，无存。

顺天府志711。

**3176. 土地祠**

道教，土地神，良乡衙署外东侧，无存。

顺天府志 711。

**3177. 土地祠**

道教，土地神，良乡城内东北隅，无存。

顺天府志 711。

**3178. 天王寺**

佛教，佛，良乡治所南，无存。

顺天府志 797。

**3179. 有庆寺**

佛教，佛，清代，良乡南劳台西，无存。

顺天府志 798. 日下旧闻考 2147。

**3180. 寿因寺（十方院）**

佛教，佛，明代，良乡北塔湾村，无存。

顺天府志 798。

**3181. 恩惠寺**

佛教，佛，明代，良乡燕谷店西，无存。

顺天府志 798。

**3182. 社稷坛**

祭坛，良乡北门外，无存。

顺天府志 709。

**3183. 先农坛**

祭坛，良乡西门内，无存。

顺天府志 709。

**3184. 风云雷雨山川坛**

祭坛，良乡南门外，无存。

顺天府志 709。

**3185. 厉坛**

祭坛，良乡北门外，无存。

顺天府志 710。

**3186. 关帝庙**

道教，关羽，良乡东门外，无存。

顺天府志 710。

**3187. 兴隆寺**

佛教，明代，卢沟桥宛平城内路西，无考。

顺天府志 535。

**3188. 观音寺**

佛教，观音，明代，卢沟桥宛平城内路东，无考。

顺天府志 535。

**3189. 云居寺（智家寺）**

佛教，佛，隋代，房山南尚乐乡水头村，佛殿经洞佛塔，基本完好。

今日北京 369。北京考古集成五 387 – 六 645 – 十四 333。京华古迹寻踪 147。

**3190. 瑞云寺（百家寺、瑞云观）**

佛教/道教，佛道，辽代，房山史家营乡曹家村，前配殿各三间后殿三配五绿琉璃瓦塔院，部分存区保。

今日北京 381。顺天府志 568。房山县地名志 405。北京考古集成一 654。

**3191. 天开寺**

佛教，佛，东汉，房山岳各庄乡天开村黑龙潭北，存塔部分建筑遗迹。

顺天府志 818。北京考古集成四 1409 – 1506。

**3192. 兜率寺（上方寺）**

佛教，佛，唐代，房山上房山，寺群最大者依山规模大有塔院，基本无存市保。

今日北京 366。北京考古集成五 377。

### 3193. 龙泉大历禅寺（万佛堂、龙泉寺）

佛教，佛，唐代，房山河北云蒙山万佛堂，堂三间无梁歇山顶后山前泉有塔，市保。

今日北京 377。房山县地名志 397。北京考古集成八 468 十四 330。

### 3194. 常乐寺（长乐寺）

佛教，佛，明代，房山崇各庄乡，地一百五十亩前殿三无梁后殿三间配殿五间，部分存区保。

今日北京 408。房山县地名志 226。北京考古集成八 1140。

### 3195. 灵鹫禅寺

佛教，佛，明代，房山陀里乡北车营村，前后殿三间无梁配殿三间古塔古碑，部分存区保。

今日北京 398。北京考古集成八 1201。

### 3196. 关夫子庙

道教，关羽，房山南尚乐，无考。

北京考古集九 1268。

### 3197. 金栗山禅房大寺院

佛教，佛，房山南尚乐，四进殿堂，存古碑古树。

房山县地名志 278。

### 3198. 宏恩寺

佛教，佛，明代，房山良乡南，无考。

顺天府志 797。唐土名胜图会 116。

### 3199. 接待庵

佛教，佛，房山上房山七十二茅庵寺，无考。

今日北京 367。房山县地名志 399。

### 3200. 云梯庵

佛教，佛，房山上房山，无考。

今日北京 367。房山县地名志 399。

### 3201. 观海庵

佛教，佛，房山上房山，无考。

今日北京 367。

### 3202. 大慈悲庵

佛教，佛，房山上房山，无考。

今日北京 367。

### 3203. 胜泉庵

佛教，佛，房山上房山，无考。

今日北京 367。

### 3204. 吕祖阁

道教，吕洞宾，房山上房山，无考。

房山县地名志 400。

### 3205. 十字寺（崇圣院）

佛教/基督，佛，晋唐，房山三盆山，正殿配殿钟鼓楼僧舍，殿基及异物。

今日北京 372。

### 3206. 白水寺（兴隆寺、大佛寺）

佛教，佛，房山旧城西北歇山冈山，南向重檐庑殿顶石砌底正方穹隆，存遗迹市保。

今日北京 400。顺天府志 821。房山县地名志 396。

### 3207. 环秀禅寺

佛教，佛，明代，房山崇各庄乡晓幼营村，300 平方米无梁三间歇山顶有碑，部分存区保。

今日北京 401。房山县地名志 405。

### 3208. 铁瓦寺

佛教，佛，明代，房山河北乡院内，南向 150 平方米正殿圆桶形铁瓦攒尖，保存较好。

今日北京 403。房山县地名 405。

### 3209. 弘恩寺

佛教，佛，明代，房山窦店镇南望楚村，南向 3 万平方米五进南院 50 塔东院百余塔，部分存。

今日北京 403。房山县地名 405。

### 3210. 东峪寺

佛教，佛，房山南尚乐乡东峪寺村，无考。

今日北京 418。

### 3211. 金阁寺

佛教，佛，房山石经山，无考。

顺天府志 564。

### 3212. 法幢庵

佛教，佛，房山石经山东马阑山，无考。

顺天府志 568。

### 3213. 妙庵

佛教，观音大士，房山马阑山东五里，无考。

顺天府志 568。

### 3214. 显光寺

佛教，佛，房山千佛山，有千佛阁，无考。

顺天府志 568。

### 3215. 社稷坛

祭坛，房山城西，无考。

顺天府志 771。

### 3216. 风云雷雨山川坛

祭坛，房山城南，无考。

顺天府志 772。

### 3217. 厉坛

祭坛，房山城北，无考。

顺天府志 772。

### 3218. 关帝庙

道教，关羽，房山城西，无考。

顺天府志 772。

### 3219. 关帝庙

道教，关羽，房山石窝村，无考。

顺天府志 772。

### 3220. 贤良忠义祠

祠堂，敦品立行，房山城东南隅，无考。

顺天府志 772。

### 3221. 三官庙

道教，天地水神，房山西三里留台尖，无考。

顺天府志 773。

### 3222. 东岳庙

道教，东岳泰山，房山东二里，无考。

顺天府志 773。

### 3223. 马神庙

道教，马神，房山县治西侧，无考。

顺天府志 773。

### 3224. 真武庙

道教，真武帝，房山北郊，无考。

顺天府志 773。

### 3225. 黑龙潭庙

道教，龙王，房山大安山，无考。

顺天府志 773。

### 3226. 龙王祠

道教，龙王，房山东郊，无考。

顺天府志 774。

### 3227. 龙王祠

道教，龙王，房山龙门台，无考。

顺天府志 774。

**3228. 药王庙**

道教，药王，房山县儒学东，无存。

日下旧闻考 2130。

**3229. 阎王庙**

道教，阎王，房山县南岳家庙，无考。

顺天府志 774。

**3230. 贾公祠**

祠堂，唐诗人贾岛，房山琉璃河，无考。

顺天府志 774。

**3231. 药王庙**

道教，药王，房山西南鞍子口，无考。

顺天府志 775。

**3232. 万寿寺（天台寺）**

佛教，佛，房山西北苟罗陀，无考。

顺天府志 818。

**3233. 香光寺**

佛教，佛，唐代，房山韩继村，无考。

顺天府志 818。

**3234. 上方寺**

佛教，佛，房山西五十里，无考。

顺天府志 818。

**3235. 半山庵**

佛教，佛，房山石经山，无考。

顺天府志 821。日下旧闻考 2106。

**3236. 永寿寺**

佛教，佛，明代，房山西南七里，无考。

顺天府志 821。

**3237. 金山寺（芦子水院）**

佛教，佛，金代，房山西南二十里，无考。

顺天府志 821。

**3238. 木严寺**

佛教，佛，北魏，房山西南十八里，无存。

北京考古集四 1412。

**3239. 普济寺**

佛教，佛，明代，房山韩济村西孤山口，无考。

日下旧闻考 2096。

**3240. 梦堂庵**

佛教，佛，唐代，房山石经山，无考。

日下旧闻考 2106。

**3241. 龙衔寺**

佛教，佛，金代，房山西大红谷，无考。

日下旧闻考 2120。

**3242. 关庙**

道教，关羽，金代，房山金陵附近，无考。

日下旧闻考 2121。

**3243. 贾岛庵**

佛教，贾岛，房山石口村，无考。

日下旧闻考 2124。

**3244. 隆阳宫**

房山西南五十里，无考。

日下旧闻考 2130。

**3245. 白云寺**

佛教，佛，房山西南斑竹寨，无考。

日下旧闻考 2130。

**3246. 乱塔寺**

佛教，佛，房山县东北栗园寺，无考。

日下旧闻考 2130。

### 3247. 玄元观

道教，房山县治西北，无存。

日下旧闻考 2131。

### 3248. 清和观

道教，房山县西二十五里，无考。

日下旧闻考 2131。

### 3249. 龙王祠

道教，龙王，房山县西二十五里龙门台，无考。

日下旧闻考 2131。

### 3250. 磨碑寺

佛教，佛，明代，房山南尚乐岩上村，南向 300 平方米前后殿磨制刻碑石建筑，部分存。

房山县地名志 405。日下旧闻考 2031。

### 3251. 长春寺

佛教，佛，房山燕山歇息岗村，南向三进院，部分存。

房山县地名志 406。

### 3252. 吕祖庙

道教，吕洞宾，明代，房山陀里乡大南峪，五万平方米依山建有过街楼四进殿，大部存。

房山县地名志 406。

### 3253. 元武屯娘娘庙（三胜庵）

道教/佛教，佛，明代，房山大紫草坞元武屯，面积 200 平方米前殿观音后殿娘娘，部分存。

房山县地名志 406。

### 3254. 良乡文庙

儒教，孔子，明代，房山良乡镇南大街，完好。

房山县地名志 406。

### 3255. 岫云观

道教，明代，房山琉璃河洄城村，南向 300 平方米四进戏楼牌楼钟鼓楼碑楼，完好。

房山县地名志 406。

### 3256. 蟠桃宫

道教，王母、斗母、圣母，明代，房山史家营乡柳林水村，建断涯平台三进一百间院，部分存。

网络上。

### 3257. 圣米洞

佛教，佛，明代，房山史家营乡柳林水村，口南向断崖上深 12 米宽 4 米有佛像及碑，洞碑佛像存。

房山县地名志 407。

### 3258. 南庙

明代，房山，南向四合院正殿配殿各三间有钟鼓楼，钟鼓楼洞完好。

房山县地名志 407。

### 3259. 关帝阁

道教，关羽，明代，房山官道乡鲁村，西向两层楼面三间深 4.7 米，基本完好。

房山县地名志 407。

### 3260. 宝金山玉虚宫（玉虚观）

道教，房山黄山店村宝金山，东向地 5000 平方米二进四合院有碑塔，部分存。

房山县地名志 407。

### 3261. 城隍庙

道教，城隍，房山城内，无存。

房山县地名志 29。顺天府志 772。

**3262. 北大寺（福圣寺、福胜寺）**

佛教，佛，明代，房山城内东北，无存。

房山县地名志29。日下旧闻考2130。

**3263. 文昌宫**

道教，文昌君，房山旧城内，无考。

房山县地名志30。

**3264. 弘业寺**

佛教，佛，房山西三里洪寺村，无考。

房山县地名志34。日下旧闻考2131。

**3265. 云峰寺**

佛教，佛，明代，房山周口店，无考。

房山县地名志67。

**3266. 上寺**

佛教，佛，唐代，房山张坊镇，无考。

房山县地名志141。

**3267. 下寺**

佛教，佛，唐代，房山张坊镇，无考。

房山县地名志141。

**3268. 龙泉寺**

房山张坊镇关上村，无考。

房山县地名志144。

**3269. 观音寺**

佛教，观音，房山陀里乡南观村，无考。

房山县地名志238。

**3270. 龙王庙**

道教，龙王，房山蒲洼乡堆金台村，无考。

房山县地名志288。

**3271. 鱼骨寺（姑子寺）**

佛教，佛，房山霞云岭乡，传梁架用鱼骨搭成，无考。

房山县地名志303。

**3272. 圆明寺**

佛教，佛，房山黄山店乡北下寺，无考。

房山县地名志357。

**3273. 黄元寺**

佛教，佛，房山黄山店乡，无考。

房山县地名志358。

**3274. 玄帝庙**

道教，刘关张，明代，房山南窖乡中心校内，无考。

网上。

**3275. 长春洞**

佛教，佛，明代，房山史家营乡柳林水村，西向天然洞穴深6米宽2.5米雕像，基本完好。

房山县地名志406。

**3276. 庄公院**

佛教/道教，佛，辽代，房山周口店篓子水村，地7000平方米上娘娘下三清殿砖石结构，基本完好。

房山县地名志404。

**3277. 泰山圣母庙**

道教，泰山老母，万寿山北达官屯，无考。

北平庙宇通检西北郊。

**3278. 龙王庙（紫金观）**

道教，龙王，清代，万寿寺街旧甲八号河北岸，地三亩殿一间，2003年新建。

北京寺庙历史资料329。

## 3279. 娘娘庙

道教/佛教，娘娘，清代，海淀区核桃园（复兴路 22 号），殿四十三间，无存。

身边的历史 2。

## 3280. 观音寺

佛教，观音，金代，复兴门外中央电视台位置，殿六楹左伽蓝右祖师方丈钟鼓楼等数十间，无存。

身边的历史 3。

## 3281. 龙王庙

道教，龙王土地关羽青苗等神，清代，海淀区凉果厂北村，房一间，无存。

身边的历史 4。

## 3282. 报音寺

佛教，佛，明代，海淀羊坊店，无存。

身边的历史 4。

## 3283. 广济庵

佛教，佛，明代，海淀吴家场，无存。

身边的历史 4。

## 3284. 弥陀寺

佛教，佛，海淀什坊院，无存。

身边的历史 4。

## 3285. 老君庙

道教，太上老君，清代，海淀苑家村，殿八间，无存。

身边的历史 4。

## 3286. 七圣庙

道教，龙财土马山虫苗等神，清代，海淀苑家村，殿四间，无存。

身边的历史 4。

## 3287. 显佑观

道教，明代，海淀古庙村，房十七间，无存。

身边的历史 5。

## 3288. 药王茶棚

道教，药王，民国，海淀什坊院，房十一间，无存。

身边的历史 5。

## 3289. 关帝庙

道教，关羽，清代，海淀羊坊店，无存。

身边的历史 5。

## 3290. 马沟子庙

道教，民国，海淀马沟子庙，房十三间，无存。

身边的历史 6。

## 3291. 接待寺

佛教，佛，北京西站东北，无存。

身边的历史 6。

## 3292. 三大士庙

佛教，大士，海淀会城门，房四间，无存。

身边的历史 6。

## 3293. 七圣庙

道教，七圣，清代，海淀会城门，房四间，无存。

身边的历史 6。

## 3294. 七圣祠

道教，七圣，海淀北蜂窝，房两间半，无存。

身边的历史 6。

## 3295. 广济寺

佛教，佛，明代，海淀马道村，房二十二间，无存。

身边的历史 5。

### 3296. 天仙圣母祠

道教，天仙圣母，明代，海淀甘家口，无存。

身边的历史 10。

### 3297. 慈应寺

佛教，佛，西山中峰南，无考。

北平庙宇通检西北郊。

### 3298. 老虎庙

道教，龙吕财土山火关等 15 神，清代，海淀老虎庙，房三间，无存。

身边的历史 10。

### 3299. 五圣祠

道教，关羽财神药王鲁班青苗，阜外白堆子，房十间，无存。

身边的历史 11。

### 3300. 马神庙

道教，马神山神土地，清代，阜外马神庙，殿三间群房十一间，无存。

身边的历史 11。

### 3301. 三义庙

道教，刘关张、灵官、五皇，阜外白堆子，房二十一间，无存。

身边的历史 12。

### 3302. 小龙王庙

道教，龙王鲁班关药土青胡等，阜外国宾馆位置，房三间，无存。

身边的历史 12。

### 3303. 重兴寺

佛教，佛，玉渊潭公园位置，无存。
身边的历史 12。

### 3304. 延恩寺

佛教，佛，明代，钓鱼台，无存。
身边的历史 12。

### 3305. 元通观

道教，关周关佛，明代，阜外国宾馆位置，殿十三间，无存。

维持会报告 222。身边的历史 12。

### 3306. 龙王庙

道教，龙王，清代，阜外空军总院南，房一间，无存。

身边的历史 13。

### 3307. 三官庙

道教，天地水官，明代，玉渊潭公园位置，无存。

身边的历史 13。

### 3308. 天仙娘娘庙

道教，天仙，明代，西八里庄亮甲店，无存。

身边的历史 15。

### 3309. 郑福寺（正福寺）

家庙，徐达家庙，明代，西八里庄金庄东南，无存。

身边的历史 15。

### 3310. 关帝庙

道教，关羽，清代，阜外徐庄，无存。

身边的历史 16。

### 3311. 五圣祠

道教，五圣，清代，阜外金庄，泥塑五，无存。

身边的历史 16。

### 3312. 三义观

道教，刘关张，明代，阜外彰化村，房四间，无存。

身边的历史 16。

### 3313. 云惠寺

佛教，佛，明代，阜外彰化村西，

385

无存。

身边的历史 16。

**3314. 元应观**

道教，明代，西八里庄科委宿舍，无存。

身边的历史 16。

**3315. 大胜庵**

佛教，明代，西八里庄摩诃庵西，无存。

身边的历史 16。

**3316. 徐庄小庙**

道教，土地龙王关帝娘娘，蓝靛厂南路西，13 村合建 13 面道旗受皇封，无存。

身边的历史 17。

**3317. 大悲寺**

佛教，佛，明代，西八里庄路北，杜太监建，无考。

身边的历史 17。

**3318. 慈集寺**

佛教/道教，佛关帝，清代，阜外恩济庄小区（原定慧寺村），殿二十五间，无存。

身边的历史 18。

**3319. 关帝庙**

道教/佛教，关周关马龙山菩萨诸佛，西八里庄，房九间，寺无碑存。

身边的历史 19。

**3320. 老爷庙**

道教，关羽，西八里庄科委宿舍，无存。

身边的历史 19。

**3321. 五道庙**

道教，龙王土地山神财神虫王，清

代，阜外恩济庄，无存。

身边的历史 20。

**3322. 兴圣庵**

佛教，佛，明代，紫竹院西南门松树庄附近，风景好，无存。

身边的历史 24。

**3323. 大护国仁王寺**

佛教，佛，元代，西外国家图书馆附近，规模宏大地百顷殿百余皇家管辖，无存。

身边的历史 24。

**3324. 龙王庙**

道教，龙王，明代，白石桥，房一间，无存。

身边的历史 25。

**3325. 西镇寺**

佛教，佛，元代，紫竹院南门偏西北，无存。

身边的历史 25。

**3326. 普觉寺**

佛教，佛，明代，白石桥东，无存。

身边的历史 25。

**3327. 关帝庙**

道教，关羽，清代，西外马瞎子庙，房三间，无存。

身边的历史 26。

**3328. 关帝庙**

道教，关周关，清代，西外法华寺，房五间，无存。

身边的历史 26。

**3329. 关帝庙**

道教，关鲁药龙财土等，西外魏公村，有钟碑，无存。

身边的历史 27。

### 3330. 永寿寺

佛教，佛，明代，西外广源闸人济山庄，无存。

身边的历史 27。

### 3331. 保恩寺

佛教，佛，明代，西外广源闸人济山庄，无存。

身边的历史 27。

### 3332. 永禧寺

佛教，佛，明代，西外广源闸人济山庄，无存。

身边的历史 27。

### 3333. 觅福寺

佛教，佛，民族大学，无存。

身边的历史 28。

### 3334. 近光寺

佛教，佛关羽，清代，西外青塔院，殿三间，无存。

身边的历史 36。

### 3335. 兴隆寺

佛教，佛关王奶奶，交大二附中，殿十五间，无存。

身边的历史 37。

### 3336. 洞真观

道教，元代，北方交大内，无存。

身边的历史 37。

### 3337. 烟霞观

道教，元代，西外净土寺西，无存。

身边的历史 37。

### 3338. 关帝庙和鲁班庙

道教，关羽、鲁班，清代，西外北下关，殿十九间，无存。

身边的历史 37。

### 3339. 松泉寺

佛教，佛，清代，农科院南侧，房三间，无存。

身边的历史 38。

### 3340. 小龙王庙

道教，龙土药青山财，清代，四道口，房一间，无存。

身边的历史 39。

### 3341. 明光寺（神州庙）

佛教，佛，明代，西外明光寺，殿十四间有钟磬鼎，残迹。

身边的历史 42。

### 3342. 安光寺

佛教，佛，小西门福庆寺南，无存。

身边的历史 42。

### 3343. 三圣庵（三圣）

明代，文慧桥东南，庙无存有碑。

身边的历史 42。

### 3344. 打钟庙（五圣庵）

道教，五圣，西外红联村打钟庙小学内，无存。

身边的历史 43。

### 3345. 药王庙

道教，药王，清代，红联村东，无存。

身边的历史 44。

### 3346. 三圣庵

道教，三圣，学院路暂安处，二进院前后殿各三间东西配各三间，无存。

身边的历史 48。

### 3347. 增寿庵

佛教，菩萨关羽娘娘等，明代，北京石油大学西北，房十一间，无存。

身边的历史 48。

**3348. 七圣神祠**

道教，七圣，学院路街道东王庄，房四间，无存。

身边的历史 48。

**3349. 地藏寺**

佛教，地藏菩萨，清代，北京林业大学内，无存。

身边的历史 48。

**3350. 土地祠**

道教，土地神，清代，海淀大泥湾，房一间，无存。

身边的历史 51。

**3351. 关帝庙**

道教，关羽，清代，海淀医院位置，房五间，无存。

身边的历史 53。

**3352. 观音阁**

佛教/道教，观音关帝灵官等 65 尊，明代，今苏州街 1 号育新大厦位置，南向三进，无存。

身边的历史 53。

**3353. 七圣庙**

道教，七圣，清代，海淀镇南，房三间，无存。

身边的历史 54。

**3354. 辛庄小庙（五圣祠）**

道教，土地龙王五道将军等，明代，中关村一桥西南侧，无存。

身边的历史 54。

**3355. 火神庙**

道教，火神，明代，北大西南角，存三间北房。

身边的历史 54。

**3356. 吕祖庙（五圣祠）**

道教，吕洞宾，明代，北大西南角，无存。

身边的历史 54。

**3357. 五道庙**

道教，五道将军龙土财山青等神，清代，海淀科银大厦南部，房一间，无存。

身边的历史 54。

**3358. 通惠寺**

佛教，佛，明代，海淀法院门前，三进院，无存。

身边的历史 57。

**3359. 五道庙**

道教，五道龙财土山青等神，清代，海淀莺房胡同南口，一间房，无存。

身边的历史 55。

**3360. 小龙王庙**

道教，龙王，海淀南路东口路南，南向房一间庙前甜水井，无存。

身边的历史 55。

**3361. 茶神庙**

道教，茶神，海淀医院南部，二进院前殿灵官后殿茶神，无存。

身边的历史 55。

**3362. 老爷庙**

道教/家庙，关羽，清代，海淀港沟油石厂（大河庄苑东南部），无考。

身边的历史 55。

**3363. 山神庙**

道教，山神，清代，海淀彩和坊小学，僧格林沁园内，无存。

身边的历史 56。

### 3364. 丹棱沜古祠

祠堂，海淀大河庄附近，无存。

身边的历史56。

### 3365. 鲁班庙

道教，鲁班关羽财神南海大士等，海淀法院门前之西，房三十九间，无存。

身边的历史55。

### 3366. 关帝庙（柴厂关帝庙）

道教，关羽，清代，海淀通惠寺旁，无存。

身边的历史57。

### 3367. 小龙王庙

道教，龙王，海淀杨家井胡同东口，房一间庙前古井，无存。

身边的历史57。

### 3368. 清真寺（海淀清真寺）

伊斯兰教，真主，海淀镇乐家花园南侧，东向三进院，移苏州街。

身边的历史57。

### 3369. 基督教堂

基督教，耶稣，民国，海淀镇泄水湖，无考。

身边的历史58。

### 3370. 龙王庙

道教，龙王，清代，人民大学内，房一间，无存。

身边的历史59。

### 3371. 五圣祠

道教，五圣，清代，人民大学内，房一间，无存。

身边的历史59。

### 3372. 和尚庙

佛教，清代，民族语言翻译局南，无存。

身边的历史59。

### 3373. 九圣祠

道教，关周关马药龙财虫苗土，海淀水磨村，无存。

身边的历史59。

### 3374. 关帝庙

道教，关羽，清代，海淀大石桥，殿四间，无存。

身边的历史59。

### 3375. 苏公家庙（家庙）

清代，海淀彩和坊李莲英宅东，无存。

身边的历史59。

### 3376. 伏魔庵

道教，关羽，清代，海淀小南庄，殿六间，无存。

身边的历史68。

### 3377. 红庙

道教，关羽，清代，西三环外语大学西院，无存。

身边的历史68。

### 3378. 圣寿观

道教，清代，西三环外语大学一带，地三亩房十六间有石碑，无存。

身边的历史68。

### 3379. 隐修庵（姑子庙）

佛教，佛，民国，青龙桥小学东侧，殿二十间，存残殿。

身边的历史70。

### 3380. 圆通庵

佛教，佛，民国，青龙桥过街桥东南100米处，殿五十二间，无存。

身边的历史70。

**3381. 娘娘庙**

道教，娘娘，明代，青龙桥 15 号，房十三间，小学占。

身边的历史 70。

**3382. 五圣祠**

道教，五圣，清代，青龙桥西北，房一间，无存。

身边的历史 70。

**3383. 娘娘庙**

道教，娘娘、关羽、灵官，青龙桥北上坡，三村合建二十四间，无存。

身边的历史 70。

**3384. 西方庵**

佛教，佛，明代，青龙桥南一里，无存。

身边的历史 71。

**3385. 松林庵**

佛教，佛，明代，青龙桥西北，无存。

身边的历史 71。

**3386. 关帝庙**

道教，关羽，清代，海淀镶红旗营，房十七间，无存。

身边的历史 72。

**3387. 关帝庙**

道教，关羽，明代，海淀大有庄，无存。

身边的历史 72。

**3388. 观音庵**

佛教，观音，明代，海淀大有庄，无存。

身边的历史 72。

**3389. 娘娘庙**

道教，娘娘，海淀大有庄，无存。

身边的历史 72。

**3390. 罔极寺**

佛教，佛、观音、关羽，明代，海淀大有庄，四合院十七间，无存。

身边的历史 72。

**3391. 九圣祠**

道教，九圣，清代，海淀哨子营，房四间，无存。

身边的历史 73。

**3392. 五道庙**

道教，五道将军，清代，海淀安和桥，房一间，无存。

身边的历史 73。

**3393. 清真寺**

伊斯兰教，真主，清代，海淀安和桥，存。

身边的历史 73。

**3394. 三圣庙**

道教，三圣，清代，海淀安和桥正红旗东街，房十一间，无存。

身边的历史 74。

**3395. 关帝庙**

道教，关羽，清代，海淀安和桥原 18 号，公建房九间，无存。

身边的历史 74。

**3396. 关帝庙**

道教，关周关马火土，清代，海淀安和桥正红旗原 6 号，房一间，无存。

身边的历史 74。

**3397. 娘娘庙（天仙庙）**

道教，娘娘，明代，海淀董四墓村陪红小学内，东向四合院，存。

身边的历史 74。

**3398. 真武庙**

道教，真武帝，清代，海淀红山口，房十间，无存。

身边的历史 74。

**3399. 关帝庙**

道教，关羽，海淀镶红旗营，无考。

身边的历史 75。

**3400. 老爷庙**

道教，关羽，海淀东大井东南，六一幼儿园占用。

身边的历史 75。

**3401. 娘娘庙**

道教，娘娘，海淀东大井一带，无考。

身边的历史 75。

**3402. 灶君庙**

道教，灶君，海淀东大井西北，无考。

身边的历史 75。

**3403. 尼姑庵**

佛教，海淀东大井一带，无考。

身边的历史 75。

**3404. 大悲庵**

佛教，佛，清代，海淀四槐居，殿二十九间坟地四十亩，无考。

身边的历史 75。

**3405. 观音庵**

佛教，观音，明代，海淀挂甲屯承泽园内北侧，无考。

身边的历史 75。

**3406. 观音庵**

佛教，观音，海淀挂甲屯丞泽园内北观音庵之南，无存。

身边的历史 75。

**3407. 佑慈宫**

膏药庙，道教，膏药神，清代，成府夹道子路北，房二十一间，无存。

身边的历史 98。

**3408. 紫竹林（羽士居住）**

明代，佑慈宫西墙外，南向殿三楹，无存。

身边的历史 98。

**3409. 五圣祠（南小庙）**

道教，龙王财神青苗五道土地，清代，成府西街大成坊南 14 号，北向一间硬山卷席顶五脊兽，无存。

身边的历史 98。

**3410. 五圣祠**

道教，五圣，成府村北面，无存。

身边的历史 98。

**3411. 五圣祠**

道教，五圣，成府村新宫门，无存。

身边的历史 99。

**3412. 娘娘庙(天仙庙、天仙娘娘庙)**

道教，碧霞元君，明代，北大南门西，南向三进院房五十二间，无存。

身边的历史 99。

**3413. 慈济寺花神庙**

花神，北大未名湖南岸，正殿三间殿东六角双檐亭五面皆墙，存山门。

身边的历史 99。

**3414. 龙王庙**

道教，龙王，清代，北大镜春园入水闸桥东，东向房一间，无存。

身边的历史 99。

**3415. 关帝庙**

道教，关羽，燕东园西门原太平庵

一带，房一间，无存。

身边的历史 99。

### 3416. 观音庵

佛教，观音，清代，海淀挂甲屯承泽大门北，存。

身边的历史 104。

### 3417. 躺碑庙

大钟寺一小南侧，无存。

身边的历史 107。

### 3418. 永清观

道教，清代，人大东门（小泥湾），房十三间，无存。

身边的历史 107。

### 3419. 关帝庙

道教，关羽，清代，大钟寺东南，房十二间，无存。

身边的历史 107。

### 3420. 老虎庙（狼虎庙）

道教，虎神、狼神，大钟寺东北 200 米中关村国际学校，庙前左狼右虎石雕，无存。

身边的历史 108。

### 3421. 玉皇庙

道教，玉皇大帝，明代，大钟寺白塔庵村，房十二间，无存。

身边的历史 108。

### 3422. 三官庙

道教，天地水官，海淀大泥湾（今理想大厦附近），房三十五间，无存。

身边的历史 108。

### 3423. 观音寺

佛教，观音，清代，香山街道道公府原 18 号，房三间，无存。

身边的历史 109。

### 3424. 五道庙

道教，五道将军，清代，香山街道四王府原 49 号，房一间，无存。

身边的历史 109。

### 3425. 十寿寺

佛教，明代，卧佛寺西，无存。

身边的历史 109。

### 3426. 普福寺

佛教，明代，卧佛寺西，无存。

身边的历史 109。

### 3427. 广惠寺

佛教，佛，明代，卧佛寺西南北沟村，房三十六间塔院六亩房十四间，无存。

身边的历史 109。

### 3428. 佛岩寺

佛教，佛，西山，无存。

身边的历史 110。

### 3429. 关帝庙

道教，关羽、药王、马王、五虎，清代，香山街道镶白旗，房十八间，无存。

身边的历史 110。

### 3430. 天仙庵

道教，天仙，清代，香山四王府东北普安塔东，无存。

身边的历史 111。

### 3431. 普济寺

佛教，佛，明代，香山水源头盘山路三里处，寺东有塔，无存。

身边的历史 112。

### 3432. 宏化寺

佛教，佛，香山广惠庵南，无存。

身边的历史 112。

### 3433. 关帝庙

道教，关羽，清代，香山健锐正蓝旗东侧金山下，房十一间，学校占用。

身边的历史 112。

### 3434. 靖安寺

佛教，佛，明代，香山比碧云山，皇帝赐，无存。

身边的历史 112。

### 3435. 关帝庙

道教，关羽，清代，香山岭峪村，无存。

身边的历史 113。

### 3436. 万花娘娘庙

道教，各娘娘观音马王药王关羽，明代，香山街道属地，正殿三间东西配殿，无存。

身边的历史 113。

### 3437. 老爷庙

道教，关羽，明代，香山挂甲塔左，无存。

身边的历史 114。

### 3438. 山神庙

道教，山神，清代，香山挂甲塔，无存。

身边的历史 114。

### 3439. 永安观

道教，关羽，清代，清华大学三教室东侧（原西柳村），前后中殿四十七间，无考。

身边的历史 93。

### 3440. 五道庙

道教，五道青龙财山等，清华大学东部（原西柳村），地二分房一间，无存。

### 3441. 七圣神祠

道教，关药龙山土青马周关，清华东墙外（原西柳村），地一亩瓦房一间，无存。

身边的历史 93。

### 3442. 七圣神祠

道教，七圣，清华游泳馆（原后湾），殿一间，无存。

身边的历史 93。

### 3443. 菩萨庙

佛教/道教，菩萨关帝，清代，清华附中位，殿一间，无存。

身边的历史 93。

### 3444. 关帝庙

道教/佛教，关火马武药菩娘等，清代，海淀蓝旗营，地一亩二分房十二间，无存。

身边的历史 94。

### 3445. 永恩寺

佛教，佛，清代，清华二校门内工子厅东南，南向门三前后殿三层四配殿各三楹，无存。

身边的历史 94。

### 3446. 山神庙

道教，山神，清代，清华后湖北墙内，东向，无存。

身边的历史 94。

### 3447. 关帝庙

道教，关羽，清代，海淀西面柳村，村合建，无存。

身边的历史 95。

### 3448. 茶棚庙

道教，清代，海淀挂甲塔，无存。

身边的历史 114。

### 3449. 龙王庙

道教，龙王，明代，海淀挂甲塔，无存。

身边的历史 114。

### 3450. 药王庙

道教，药王，明代，海淀挂甲塔右，无存。

身边的历史 114。

### 3451. 七圣庙

道教，七圣，清代，海淀过街塔东首，房四间，无存。

身边的历史 114。

### 3452. 石佛寺

佛教，佛，清代，海淀过街塔西，故事，无存。

身边的历史 114。

### 3453. 七圣庙

道教，七圣，明代，海淀北辛村，殿十五间，无存。

身边的历史 114。

### 3454. 关帝庙

道教，关羽，清代，海淀北辛村，房七间，无存。

身边的历史 115。

### 3455. 马连寺

佛教，佛，海淀马连洼，无存。

身边的历史 134。

### 3456. 铁塔庙

清代，香山正黄旗营，无存。

身边的历史 117。

### 3457. 山神庙

道教，山神，海淀香山红旗营，无存。

身边的历史 115。

### 3458. 延寿庵

佛教，佛，西山上，天王殿两庑十三楹，无存。

身边的历史 115。

### 3459. 小碧云寺

佛教，佛，延寿寺西北又向西，无存。

身边的历史 115。

### 3460. 永隆寺

佛教，佛，明代，香山，无存。

身边的历史 116。

### 3461. 关帝庙

道教，关马龙财山土火等，清代，正黄旗营，殿三群房六西配九间，无存。

身边的历史 117。

### 3462. 关帝庙

道教，关羽，清代，香山正红旗上营，房十一间，无存。

身边的历史 117。

### 3463. 观音庙

佛教，观音，清代，香山正红旗营，房九间，无存。

身边的历史 117。

### 3464. 七圣祠

道教/佛教，七圣、佛，花园路十间房（北航东南角），殿三间耳房二间，无存。

身边的历史 131。

### 3465. 涌寿寺（关帝庙）

佛教/道教，关羽，明代，北航印刷厂，无存。

身边的历史 131。

**3466. 关帝庙**

道教，关羽，海淀肖家河正黄旗，无存。

身边的历史 134。

**3467. 关帝庙**

道教，关羽龙王青苗，清代，海淀马连洼，房十三间，无存。

身边的历史 134。

**3468. 五道庙**

道教，五道将军，清代，海淀马连洼，殿一间，无存。

身边的历史 134。

**3469. 关帝庙**

道教，清代，海淀镶黄旗北，无存。

身边的历史 134。

**3470. 关帝庙**

道教，关娘药菩真，圆明园镶黄旗，房二十间半平台五间，无存。

身边的历史 134。

**3471. 关帝庙**

道教，关羽，清代，海淀镶黄旗村北，南向三合院，无存。

身边的历史 135。

**3472. 七神庙**

道教，龙瘟青虫财山土，清代，西郊半壁店，房一间，无存。

身边的历史 136。

**3473. 真武庙**

道教，真武帝弥勒，清代，西郊半壁店，房五间，无存。

身边的历史 136。

**3474. 关帝庙**

道教，关羽，清代，西郊半壁店，房十二间，无存。

**3475. 关帝庙**

身边的历史 136。

道教，关羽，清代，海淀老爷庙村，房六间，无存。

身边的历史 136。

**3476. 三官庙**

道教，天地水官神，明代，西郊田村，无存。

身边的历史 137。

**3477. 关帝庙**

道教，关羽，明代，西郊田村，房三间，无存。

身边的历史 137。

**3478. 五道庙**

道教，五财山土虫龙，清代，西郊田村，房一间，无存。

身边的历史 137。

**3479. 马王庙**

道教，马王神，清代，西郊田村，房三间，无存。

身边的历史 137。

**3480. 关帝庙**

道教，关羽，清代，西郊田村，房五间，无存。

身边的历史 137。

**3481. 静安寺（麻禅寺）**

佛教，佛，明代，玉泉山西北，有宝塔，无存。

身边的历史 141。

**3482. 广润庙**

道教，龙王，清代，四王府南，泉水流经，无考。

身边的历史 141。

### 3483. 大慈庵

佛教，佛，清代，海淀红门村，佛堂三间住房三间，无存。

身边的历史141。

### 3484. 关帝庙

道教，关羽，清代，海淀丰户营，房五间，无存。

身边的历史141。

### 3485. 真武庙

道教，真武帝，清代，四季青丰户营，房一间，无存。

身边的历史142。

### 3486. 观音寺

佛教，观音，清代，四季青丰户营，无存。

身边的历史142。

### 3487. 三圣庙

道教，三圣，明代，四季青黑塔村，无存。

身边的历史142。

### 3488. 天仙庙

道教，天仙娘娘，清代，四季青中坞村，房十八间，无存。

身边的历史142。

### 3489. 九神庙

道教，九神，明代，四季青后窑村，房三间，无存。

身边的历史142。

### 3490. 关帝庙

道教，关羽，清代，四季青小屯村，房十二间，无存。

身边的历史142。

### 3491. 三圣庙

道教，尧舜禹，四季青闽庄，部分散件存。

身边的历史142。

### 3492. 五圣庵

道教，五圣，明代，西郊门头村，无存。

身边的历史143。

### 3493. 曹家庙

家庙，明代，西郊门头村，无存。

身边的历史143。

### 3494. 地藏庵（梵香寺别院）

佛教，地藏菩萨，明代，西郊门头村，无存。

身边的历史143。

### 3495. 延寿寺

佛教，佛，明代，西郊门头村，无存。

身边的历史143。

### 3496. 铁关帝庙

道教，关羽，明代，西郊门头村，房十间，无存。

身边的历史143。

### 3497. 龙王庙

道教，龙王，清代，西郊礼王坟，房一间，无存。

身边的历史143。

### 3498. 五圣神祠

道教，五圣，清代，四季青胆家坟，房一间，无存。

身边的历史143。

### 3499. 关帝庙

道教，关羽，清代，四季青祁家村，房一间，无存。

身边的历史143。

### 3500. 茶棚庙

道教，清代，四季青狮子窝，房十一间，无存。

身边的历史143。

### 3501. 七圣龙王祠

道教，七圣龙王，民国，四季青楼后村，房一间，无存。

身边的历史144。

### 3502. 关帝庙

道教，关羽，清代，四季青镶蓝旗营，房十一间，无存。

身边的历史144。

### 3503. 龙王庙

道教，龙王，清代，四季青魏家村，房一间，无存。

身边的历史144。

### 3504. 关帝庙

道教，关羽，香山镶红旗，无存。

身边的历史144。

### 3505. 真武庙

道教，真武帝，清代，西郊门头村，房十一间，无存。

身边的历史144。

### 3506. 七圣祠

道教，七圣，清代，西郊门头村，房一间，无存。

身边的历史144。

### 3507. 观世音小庙

佛教，观世音菩萨，清代，海淀蓝靛厂横街，房一间，无存。

身边的历史145。

### 3508. 菩萨庙

佛教，菩萨，民国，四季青饶脚湾，房二间，无存。

身边的历史145。

### 3509. 七圣神祠

道教，七圣，民国，四季青饶脚湾，房一间，无存。

身边的历史145。

### 3510. 关帝庙

道教，关羽，清代，蓝靛厂圆明园护军镶蓝旗，房十二间，无存。

身边的历史145。

### 3511. 关帝庙

道教，关羽、桃花姑姑，四季青镶蓝旗，六月二十五祭马王二十四祭关帝，无考。

身边的历史145。

### 3512. 立马关帝庙

道教，关羽，清代，蓝靛厂大街东头路北，六百八十亩房四十间正殿绿琉璃瓦，存。

身边的历史145。

### 3513. 龙王庙

道教，龙王，清代，四季青大影壁胡同，房一间，无存。

身边的历史145。

### 3514. 五圣神祠

道教，五圣，清代，四季青下村，房一间，无存。

身边的历史145。

### 3515. 石佛寺

佛教，佛，明代，四季青石佛寺村，房十四间，存大殿。

身边的历史145。

### 3516. 五圣祠

道教，五圣，清代，四季青高原庄，房一间，无存。

### 3517. 精善寺

佛教，佛，蓝靛厂西横街，无存。

身边的历史 146。

### 3518. 五圣神祠

道教，五圣，清代，四季青正福寺街，房四间，无存。

身边的历史 146。

### 3519. 清真寺

伊斯兰教，真主，明代，蓝靛厂火器营西，东向二进院正殿九间，存。

身边的历史 146。

### 3520. 五圣祠

道教，五圣，清代，四季青云惠寺，房四间，无存。

身边的历史 146。

### 3521. 关帝庙

道教，关羽，清代，四季青善家坟，房三间，无存。

身边的历史 146。

### 3522. 关帝庙

道教，关羽，四季青老营房，无存。

身边的历史 146。

### 3523. 万缘茶栅

佛教，大肚弥陀佛，清代，蓝靛厂大街，无存。

身边的历史 146。

### 3524. 三义庙

道教，刘关张，明代，西郊门头村，无存。

身边的历史 149。

### 3525. 真善寺

佛教，佛，四季青廖公庄，无存。

身边的历史 149。

### 3526. 观音庵

佛教，观音，清代，四季青东冉村，房四间，无存。

身边的历史 149。

### 3527. 关帝庙

道教，关羽，明代，四季青东冉村，房九间，无存。

身边的历史 149。

### 3528. 灵官庙

道教，灵官，明代，四季青东冉村东村，房八间，无存。

身边的历史 149。

### 3529. 七圣庙

道教，七圣，清代，四季青小府村，房一间，无存。

身边的历史 149。

### 3530. 善化寺

佛教，佛，清代，四季青祁家村，房一间，无存。

身边的历史 149。

### 3531. 善化寺

佛教，佛，明代，四季青善化寺，房十间，无存。

身边的历史 148。

### 3532. 三圣庵

道教/佛教，三大士三圣佛龙王等，明代，四季青巨山村，房二十间，无存。

身边的历史 148。

### 3533. 弥陀寺

佛教，弥陀佛，明代，四季青巨山村，殿六间，无存。

身边的历史 148。

### 3534. 七圣神祠

道教，七圣，明代，四季青巨山村，

无存。

身边的历史 148。

### 3535. 关帝庙

道教/佛教，关羽菩萨，清代，四季青巨山村东部，小学用。

身边的历史 148。

### 3536. 娘娘庙

道教，娘娘，明代，四季青巨山村，无存。

身边的历史 148。

### 3537. 玉极庵

道教，关羽七神，清代，四季青巨山村，房五间，无存。

身边的历史 148。

### 3538. 龙王庙

道教，龙王，清代，四季青柴家坟，房一间，无存。

身边的历史 149。

### 3539. 行集寺

佛教，佛，四季青双槐树村西，三进院，存一进院。

身边的历史 149。

### 3540. 关帝庙

道教，关羽，清代，四季青西平庄，房十间，无存。

身边的历史 149。

### 3541. 龙王庙

道教，龙王，清代，四季青南平庄，放一间，无存。

身边的历史 149。

### 3542. 七圣庙

道教，七圣，清代，四季青东平庄，房一间，无存。

身边的历史 149。

### 3543. 观音堂

佛教，观音，清代，四季青篱笆房，房九间，无存。

身边的历史 149。

### 3544. 关帝庙

道教，关羽，四季青冉庄，无存。

身边的历史 149。

### 3545. 三官庙

道教，三官，清代，四季青闵庄东，房九间，无存。

身边的历史 149。

### 3546. 五圣庙

道教，五圣，清代，四季青闵庄，房四间，无存。

身边的历史 149。

### 3547. 崇善寺

佛教，佛，明代，四季青南坞村，无存。

身边的历史 149。

### 3548. 观音庵

佛教，观音，清代，四季青南坞村，房九间，无存。

身边的历史 149。

### 3549. 观音堂

佛教，观音，清代，四季青南坞村，房三间，无存。

身边的历史 149。

### 3550. 感应宫（富延元家庙、先农祠）

家庙，清代，四季青南坞村，无考。

身边的历史 150。

### 3551. 天仙庙（王奶奶殿）

道教，天仙，四季青中坞村，无存。

身边的历史 150。

**3552. 关帝庙**

道教，关羽，明代，四季青后窑村，房四间，无存。

身边的历史150。

**3553. 关帝庙**

道教，关羽，清代，四季青双槐树村，房三间，无存。

身边的历史155。

**3554. 延寿禅林**

佛教，佛，明代，四季青双槐树村，房十四间，无存。

身边的历史155。

**3555. 崇虚观**

道教，四季青双槐树村北，无存。

身边的历史155。

**3556. 五道庙**

道教，五道将军，清代，海淀六郎庄，殿一间，无存。

身边的历史157。

**3557. 观音堂**

佛教，观音，清代，海淀六郎庄慈佑街，地三亩三房十八间，无存。

身边的历史157。

**3558. 保安观音庙**

佛教，观音，清代，海六郎庄张中堂花园，房十八间，无存。

身边的历史157。

**3559. 关帝庙**

道教，关羽等七神，清代，六郎庄荣中堂胡同，房六间，无存。

身边的历史158。

**3560. 双桥老爷庙（护国保安关帝庙）**

道教，关周关鲁等，明代，畅春园大宫门前，房十九间，无存。

身边的历史158。

**3561. 府君庙**

道教，星君吕祖，清代，畅春园双桥东，无存。

身边的历史158。

**3562. 静安院（真武庙）**

道教，真武帝、真武娘娘等，六郎庄静安院，地八亩五房三十九间，部分存。

身边的历史158。

**3563. 梁致和关帝庙**

道教，关羽等二十五神，清代，万泉庄东口北，房十五间，无存。

身边的历史158。

**3564. 五圣庙**

道教，五圣，清代，海淀巴沟村，放一间，无存。

身边的历史158。

**3565. 观音庵**

佛教，观音，清代，海淀巴沟村，地三分七房四间，无存。

身边的历史159。

**3566. 裕华庵**

佛教，佛，清代，海淀巴沟村，房二十一间，无存。

身边的历史159。

**3567. 白龙庙**

道教，龙王，海淀镇西南妇幼保健院西，无存。

身边的历史159。

**3568. 关帝庙**

道教，关羽等，清代，海淀七孔闸，房六间，无存。

身边的历史 159。

### 3569. 关帝庙

道教，关羽等，清代，海淀树村东正白旗，无存。

身边的历史 159。

### 3570. 大寺庙

佛教/道教，佛神三十五尊，海淀树村大寺庙，房四十二间，无考。

身边的历史 159。

### 3571. 清真寺

伊斯兰教，真主，清代，海淀树村西南，东向三进院过厅三楹单檐四角望月亭，存。

身边的历史 159。

### 3572. 七圣神祠

道教，七圣，清代，海淀树村南头，房一间，无存。

身边的历史 160。

### 3573. 三义庙

道教，刘关张，清代，海淀树村北后营，无存。

身边的历史 160。

### 3574. 弥勒院（香岩寺、香粉寺）

佛教，弥勒佛，金代，西北旺永丰屯，东向，永丰中学占用。

身边的历史 167。

### 3575. 小牛房北大庙

西北旺航天城一带，无存。

身边的历史 167。

### 3576. 小牛房古庙

西北旺原村委会，无存。

身边的历史 167。

### 3577. 辛店北庙

西北旺辛店，无存。

身边的历史 167。

### 3578. 冷泉关帝庙

道教，关羽，清代，西北旺冷泉村，南向地 57 平方米三合院正殿东西配殿各三，无考。

身边的历史 167。

### 3579. 神泉寺

道教，清代，西北旺冷泉村，南向四合院，部分存。

身边的历史 167。

### 3580. 观音寺

佛教，观音，西北旺冷泉村南山上，无存。

身边的历史 168。

### 3581. 菩萨庙

佛教，菩萨，西北旺冷泉村南山上，无存。

身边的历史 168。

### 3582. 茶棚庵关帝庙

道教，关帝庙，清代，西北旺冷泉村，东西二十一丈南北十八丈房三十三间，无存。

身边的历史 168。

### 3583. 东北旺七圣庙

道教，七圣，东北旺，无存。

身边的历史 168。

### 3584. 六里屯关帝庙

道教，关羽，西北旺六里屯，无存。

身边的历史 168。

### 3585. 大悲庵（南庙、索新家庙）

佛教，千手佛关羽，明代，西北旺唐家岭中街路东，地三亩，无存。

身边的历史 168。

**3586. 唐家岭北庙（老爷庙）**

道教，关羽，西北旺唐家岭，无存。
身边的历史 168。

**3587. 东北旺菩萨庙**

佛教，菩萨，东北旺，小学占用。
身边的历史 168。

**3588. 福善寺**

佛教，佛，西北旺小山后，东向，存后殿三间小学占用。
身边的历史 168。

**3589. 观音庙**

佛教，观音，西北旺南羊坊，存殿三间古槐。
身边的历史 168。

**3590. 龙王庙**

道教，龙王，西北旺南羊坊，无存。
身边的历史 169。

**3591. 老爷庙**

道教，关羽，清代，西北旺韩家川村南，北房东西房各三间古树，无存。
身边的历史 169。

**3592. 青龙庙**

道教，龙王，清代，西北旺亮甲店村南，无存。
身边的历史 169。

**3593. 菩萨庙**

佛教，菩萨，西北旺韩家川，八十年代存房三间。
身边的历史 169。

**3594. 五圣关帝庙**

道教，五圣关羽等，清代，西北旺妙儿山顶，山上房八间山下地七亩半房三间，老年活动站用。
身边的历史 169。

**3595. 尼姑庵**

佛教，佛，西北旺亮甲店村委会驻地，无考。
身边的历史 169。

**3596. 关帝庙**

道教，关羽，明代，温泉镇白家疃，地一亩房十间，无存。
身边的历史 171。

**3597. 朝阳洞（菩萨洞）**

佛教，佛，明代，温泉镇白家疃村南，高大半山壁人工凿成深 3.5 米，存。
身边的历史 171。

**3598. 仁慈庵**

佛教，佛，万寿山前，无考。
北平庙宇通检西北郊。

**3599. 地藏庵**

佛教，地藏菩萨，西北旺屯佃村，无存。
身边的历史 171。

**3600. 药王庙**

道教，药王，西北旺屯佃村，食品厂占用。
身边的历史 170。

**3601. 老爷庙（田姓家庙）**

道教（家），关羽，西北旺东村，工厂占用。
身边的历史 170。

**3602. 天光寺**

佛教，佛，明代，西北旺马武寨北山环中，无存。
身边的历史 170。

**3603. 关帝庙**

道教，关羽，温泉镇高里掌村，曾村委会占用。

身边的历史 172。

### 3604. 玄通道院

道教，明代，温泉镇辛庄，地十亩楼三层有花园，无存。

身边的历史 172。

### 3605. 关帝庙

道教，关羽，清代，温泉镇大牛坊村，南向正配殿各三间耳房各两间，无存。

身边的历史 172。

### 3606. 关帝庙

道教，关羽，清代，上庄镇北榆河，无存。

身边的历史 177。

### 3607. 关帝庙

道教，关羽，上庄镇梅所屯，存大殿一半。

身边的历史 177。

### 3608. 兴善寺

佛教，佛，明代，北安河乡西阜头村，南向三进院殿阔三间，存大殿古树石碑。

身边的历史 185。

### 3609. 双塔寺

佛教，佛，上庄镇双塔村，存一殿。

身边的历史 177。

### 3610. 搁衣庵

佛教，佛，凤凰岭景区北线，无考。

身边的历史 182。

### 3611. 三教寺

佛教，佛，元代，上庄镇白水洼村，存古树。

身边的历史 177。

### 3612. 关帝庙

道教，关羽，上庄镇辛力屯，无存。

身边的历史 178。

### 3613. 老爷庙

道教，关羽，上庄镇前章村，无存。

身边的历史 178。

### 3614. 关帝庙

道教，关羽，清代，上庄镇北玉河村，西向二进院前后配殿各三间，261 医院占用。

身边的历史 178。

### 3615. 三身佛洞

佛教，佛，苏家陀镇境内，释迦佛三种形象，存。

身边的历史 182。

### 3616. 下方寺

佛教，佛，元代，苏家陀镇聂各庄和台头村之间，无存。

身边的历史 181。

### 3617. 大云寺

佛教，佛，苏家陀镇驻跸山，无存。

身边的历史 181。

### 3618. 宝云寺

佛教，佛，苏家陀镇白虎涧风景区西侧，无存。

身边的历史 181。

### 3619. 石云寺

佛教，佛，苏家陀镇白虎涧风景区西侧，无存。

身边的历史 181。

### 3620. 福胜寺

佛教，佛，明代，苏家陀镇台头村，无存。

身边的历史 181。

## 3621. 天仙圣母庙

道教，天仙圣母，清代，苏家陀镇龙泉寺山门旁，南向四合院山门正殿各三间，无存。

身边的历史181。

## 3622. 三佛洞

佛教，佛，苏家陀龙泉寺北墙外，洞深5.2 高1.8 宽2.8 米有三石雕像，部分存。

身边的历史182。

## 3623. 正通寺

佛教，佛，苏家陀驻跸山，无存。

身边的历史182。

## 3624. 玄元洞

道教，八大仙人，苏家陀境内，八大仙人六男二女，无考。

身边的历史182。

## 3625. 护国佑民观音禅林

佛教，观音，明代，海淀聂各庄村南，存部分建筑。

身边的历史186。

## 3626. 长安岭茶棚

道教，海淀聂各庄村南，无存。

身边的历史186。

## 3627. 磨镰石河茶棚（磨链石河茶棚、牟尼石河茶棚）

道教，碧霞元君观音，苏家陀磨石河，东向房十余间，存迹。

身边的历史186。

## 3628. 双龙岭茶棚

道教，碧霞元君关羽关索，清代，苏家陀磨石河西上五里双龙岭，房十余间，残迹存。

身边的历史186。

## 3629. 花儿洞茶棚（鲜花洞）

道教，天仙王三奶奶喜神，清代，海淀车耳营十五里遥，房七八间，无存。

身边的历史187。

## 3630. 大风口茶棚

道教，碧霞元君观音大士王三奶奶，清代，海淀区与昌平区交界处，三进院东向房三十余间，存残迹。

身边的历史187。

## 3631. 磕头岭茶棚

道教，天仙娘娘王三奶奶，海淀苏家陀大风口西，正殿配殿茶棚可住百人，残迹存。

身边的历史187。

## 3632. 贵子港茶棚（苇子港）

道教，碧霞王三奶奶蟒神，民国，苏家陀镇苇子港，房八间，残迹存。

身边的历史188。

## 3633. 消债寺

道教，北安河鹫峰上，无考。

身边的历史188。

## 3634. 朝阳洞

道教，龙王，北安河鹫风上，封存。

身边的历史188。北平庙宇通检西北郊。

## 3635. 妙高峰茶棚

道教，海淀阳台山脊，无考。

身边的历史190。

## 3636. 长明寺

佛教，佛，清代，海淀北安河，东向，遗迹存。

身边的历史190。

## 3637. 玉皇庙

道教，玉皇大帝，海淀北安河长安

寺北，碑存。

身边的历史 191。

### 3638. 关帝庙（双关帝庙）

道教，关羽，明代，海淀北安河长安寺北，有两尊关帝像，遗迹存。

身边的历史 191。

### 3639. 万福寺

佛教，佛，海淀北安河玉皇庙西，无存。

身边的历史 191。

### 3640. 文昌阁

道教，文昌帝君，清代，海淀北安河村，南向面宽一件深一间，无存。

身边的历史 191。

### 3641. 响福观（响墙茶棚）

道教，明代，海淀北安河西，遗迹存。

身边的历史 192。

### 3642. 仙门青龙洞

道教，老山爷，海淀北安河响福观后，一间，无存。

身边的历史 192。

### 3643. 青龙朝阳茶棚

道教，天仙眼光子孙诸娘娘等，明代，北安河鹫峰北，遗迹存。

身边的历史 192。

### 3644. 龙王爷庙

道教，龙王，海淀金仙庵对面，无存。

身边的历史 193。

### 3645. 刘海神庙

道教，刘海，海淀金仙庵前，无存。

身边的历史 193。

### 3646. 响塘庙

道教，吕祖等，明代，北安河村西秀峰山下，遗迹存。

身边的历史 193。

### 3647. 清福观（赵家庵）

道教，观音大士关帝药王等，清代，北安河街西路南，无考。

身边的历史 193。

### 3648. 金仙寺（金仙庵）

佛教，佛关帝等，金代，北安河西，东向正殿七楹南北配各三楹，无存。

身边的历史 193。

### 3649. 娘娘行宫

道教，娘娘，明代，海淀周家巷村东，南向四合院东西两院东院正殿三配殿各三，存部分建筑。

身边的历史 195。

### 3650. 关帝庙

道教，海淀周家巷村东，无考。

身边的历史 195。

### 3651. 金田寺

佛教，佛，海淀周家巷，无存。

身边的历史 195。

### 3652. 亿善同仁茶棚

道教，清代，海淀徐各庄，北向，无存。

身边的历史 195。

### 3653. 西庙

海淀南安河，存大殿三间及古树。

身边的历史 197。

### 3654. 关帝庙

道教，关羽，明代，海淀南安河，无存。

身边的历史 197。

### 3655. 观音庵

佛教，观音，大觉寺西，北向房三间，遗址存。

身边的历史 198。

### 3656. 回香亭茶棚

道教，大觉寺西观音庵旁边，北向，遗址存。

身边的历史 198。

### 3657. 五圣神祠

道教，清代，海淀南安河，无存。

身边的历史 198。

### 3658. 元通观

道教，清代，海淀南安河，地一亩八分殿六间群房十五间附属三十亩，无考。

维持会报告 222。身边的历史 198。

### 3659. 关帝庙与敬善长茶棚

道教/佛教，关吕药观音等，明代，大觉寺西观音庵上 100 米，南向，遗迹存。

身边的历史 198。

### 3660. 玄同道院（华阳观）

道教，大觉寺西九龙山腰部，有玄同宝塔，无存。

身边的历史 199。

### 3661. 栗子台茶棚

道教，苏家陀镇栗子峪，殿三间，无存。

身边的历史 200。

### 3662. 寨尔峪茶棚

道教，眼光碧霞子孙娘娘，清代，苏家陀镇栗子台西二里，正殿三间药马财各三间灵官一间客房数间，无考。

身边的历史 200。

### 3663. 上平台茶棚

道教，碧关药财鲁观音等，清代，苏家陀镇下平台上行二里，东向殿十五间，遗迹存。

身边的历史 200。

### 3664. 罗卜地兴隆万代茶棚

道教，碧霞山神财等，清代，海淀与门头沟交界处，正殿三间西大殿三间耳房一间东西厢各三，遗迹存。

身边的历史 201。

### 3665. 柳林东庙

海淀苏家陀镇后柳林村，小学占用。

身边的历史 201。

### 3666. 前沙涧古庙

苏家陀镇前沙涧，小学占用古柏三。

身边的历史 201。

### 3667. 后柳林西庙

苏家陀镇后柳林村西，古银杏树存。

身边的历史 201。

### 3668. 苏三村关帝庙

道教，关羽，苏家陀镇苏三村，小学占用。

身边的历史 201。

### 3669. 苏一村观音庵

佛教，观音，苏家陀镇苏一村村，无考。

身边的历史 201。

### 3670. 普济兴隆庵

佛教，佛，苏家陀镇西小营，无考。

身边的历史 201。

### 3671. 城子山娘娘庙

道教，娘娘，苏家陀镇北安河村南城子山顶，无考。

身边的历史 201。

**3672. 玉仙台茶棚（义堂茶棚）**

道教，灵官山神傻大爷土地爷等，清代，北安河瓜打石，遗迹存。

身边的历史 195。

**3673. 妙儿洼茶棚**

道教，娘娘等，海淀与门头沟分界处，房十余间，遗迹存。

身边的历史 195。

**3674. 四王府清真寺**

伊斯兰教，真主，清代，海淀四王府，无考。

北京的宗教 231。

**3675. 文庙**

儒教，孔子，元代，房山旧县城内，无存。

网络。

**3676. 一笑庵**

佛教，玉泉山金山寺旁，无考。

北平庙宇通检西北郊。

**3677. 九华庵**

佛教，佛，西外小泥洼，无存。

北平庙宇通检西北郊。

**3678. 山神庙**

道教，山神，青龙桥东红石山妙应寺后，无考。

北平庙宇通检西北郊。

**3679. 小天宁寺**

佛教，佛，翠微山后，无考。

北平庙宇通检西北郊。

**3680. 大士殿**

佛教，观音，观音山菩萨岩下，无考。

北平庙宇通检西北郊。

**3681. 大佛寺**

佛，明代，西外畏吾村，无考。

北平庙宇通检西北郊。

**3682. 三义庙**

道教，刘关张，广外核桃园，无考。

北平庙宇通检西北郊。

**3683. 三官庙**

道教，天地水官，清代，万寿山北安河桥南，无考。

北平庙宇通检西北郊。

**3684. 日天琳宇**

圆明园汇方书院南，无考。

北平庙宇通检西北郊。

**3685. 方庙**

清代，西山宝相寺西，无考。

北平庙宇通检西北郊。

**3686. 元女庙（百花山姚庵下院）**

道教，西外大汉岭河沿口，无考。

北平庙宇通检西北郊。

**3687. 元君庙**

道教，碧霞元君，明代，石径山，无考。

北平庙宇通检西北郊。

**3688. 白水庵**

佛教，佛，观音山菩萨岩下，无考。

北平庙宇通检西北郊。

**3689. 白衣观音庵**

佛教，佛，清代，静宜园八旗印房西，无考。

北平庙宇通检西北郊。

**3690. 弘法寺**

佛教，佛，元代，西山洪光寺下，无考。

北平庙宇通检西北郊。

**3691. 弘教寺**

佛教，佛，元代，万安山，无考。

北平庙宇通检西北郊。

**3692. 延福禅林**

佛教，佛，明代，西外肖家河桥西，无考。

北平庙宇通检西北郊。

**3693. 多宝阁**

圆明园普福宫前，无存。

北平庙宇通检西北郊。

**3694. 宏化寺**

佛教，佛，聚宝山南，无考。

北平庙宇通检西北郊。

**3695. 宏法寺**

佛教，佛，卧佛寺西南，无考。

北平庙宇通检西北郊。

**3696. 泰山圣母庙**

道教，泰山老母，阜外南路园口，无考。

北平庙宇通检西北郊。

**3697. 廻香殿**

石经山，无考。

北平庙宇通检西北郊。

**3698. 贵织山堂**

道教，蚕神，圆明园映水兰香西南，无存。

北平庙宇通检西北郊。

**3699. 朝元阁**

西直门外真常观旁，无考。

北平庙宇通检西北郊。

**3700. 普济药王庙**

道教，药王，阜外南路园口，无考。

北平庙宇通检西北郊。

**3701. 圣水寺**

佛教，佛，清代，杏子口西，无考。

北平庙宇通检西北郊。

**3702. 狮云庵**

佛教，佛，西山宝珠洞龙王堂南，无考。

北平庙宇通检西北郊。

**3703. 楞严坛（八方亭）**

祭坛，圆明园日日天琳宇东垣内，无考。

北平庙宇通检西北郊。

**3704. 瑞应寺**

龙神，圆明园日日天琳宇东别院，无考。

北平庙宇通检西北郊。

**3705. 慈救寺**

佛教，佛，明代，青龙桥侧，无考。

北平庙宇通检西北郊。

**3706. 圆庙**

清代，香山南宝相寺西，无考。

北平庙宇通检西北郊。

**3707. 广仁寺**

佛教，佛，万安山西，无考。

北平庙宇通检西北郊。

**3708. 灵应万寿宫**

元代，西山，无考。

北平庙宇通检西北郊。

**3709. 碧霞元君庙**

道教，碧霞元君，明代，石经山，无考。

北平庙宇通检西北郊。

**3710. 碧霞元君庙**

道教，碧霞元君，西外万华山，无考。

北平庙宇通检西北郊。

### 3711. 碧霞宫

道教，碧霞元君，西外陈府村，无考。

北平庙宇通检西北郊。

### 3712. 兴胜寺

佛教，佛，明代，西外松林庄，无考。

北平庙宇通检西北郊。

### 3713. 龙广寺

西山宝珠洞西，无考。

北平庙宇通检西北郊。

### 3714. 镇国寺

佛教，佛，元代，白石桥，无考。

北平庙宇通检西北郊。

### 3715. 颜老寺

佛教，佛，颜老山，无考。

北平庙宇通检西北郊。

### 3716. 龙王庙

道教，龙王，西花园就松室东，无考。

北平庙宇通检西北郊。

### 3717. 宝华庵

佛教，佛，阜外田村，无考。

北平庙宇通检西北郊。

### 3718. 宝塔寺（宰塔寺）

佛教，佛，甘家口，无考。

北平庙宇通检西北郊。

### 3719. 显应寺

佛教，佛，清代，香山乡黄村，无考。

北平庙宇通检西北郊。

### 3720. 欢喜佛场

佛教，佛，清代，圆明园内碧桐书院西，无考。

北平庙宇通检西北郊。

### 3721. 药王庙

道教，药王，西三里河，无存。

北平庙宇通检西北郊。

### 3722. 药王庙

道教，药王，天宝山过街塔右，无考。

北平庙宇通检西北郊。

### 3723. 观音寺（海潮庵）

佛教，观音，高粱桥巡河厂，无存。

北平庙宇通检西北郊。

### 3724. 双峰寺

佛教，佛，阜外之北，无考。

北平庙宇通检西北郊。

## 北郊部分

### 3725. 西黄寺（达赖庙）

藏佛，佛，清代，安外黄寺大街路北，南向塔前正配殿钟鼓楼罩楼，基本完好市保。

今日北京 412。北京考古集成九 1222。

### 3726. 东黄寺（普静禅林）

藏佛，佛，清代，安外黄寺大街路北西黄寺东，无存。

今日北京 411。

### 3727. 恪僖公祠

祠堂，恪僖遏必隆，清代，安外里八台，无考。

顺天府志 176。

### 3728. 宏毅公祠

祠堂，宏毅公额亦都，清代，安外里八台，无考。

顺天府志 176。

### 3729. 文襄公祠

祠堂，文襄图海，清代，德胜门外，无考。

顺天府志 176。

### 3730. 慈度寺（黑寺）

伊斯兰教，真主，清代，德外功德林东北，大殿广十六间容五百人，建筑无存余碑一。

今日北京 420。顺天府志 570。日下旧闻考 1774。北京考古集成九 1236。

### 3731. 功德寺（功德林、金石佛禅林）

佛教，佛，清代，德胜门外新德街，金代石佛禅林清代建寺北洋监狱，无存。

今日北京 384。日下旧闻考 1774。顺天府志 570。唐土名胜图会 91。北京考古集成八 1198。

### 3732. 后宏慈寺（兴国禅林）

佛教，佛，清代，德外东北，无存。

日下旧闻考 1769。

### 3733. 长泰寺（火神庙）

佛教/道教，火神，清代，德外宏慈寺北，无考。

日下旧闻考 1770。顺天府志 570。

### 3734. 龙王庙

道教，龙王，明代，德外松林闸附近，无考。

日下旧闻考 1769。顺天府志 570。

### 3735. 多宝佛塔禅院（千佛寺）

佛教，佛，明代，德胜门外，无考。

日下旧闻考 1223。顺天府志 569。唐土名胜图会 91。

### 3736. 前宏恩寺

佛教，佛，元代，德胜门外东北，无考。

日下旧闻考 1769。顺天府志 570。

### 3737. 北极寺

佛教，佛，明代，德胜门外，无考。

日下旧闻考 1773。顺天府志 570。唐土名胜图会 91。

### 3738. 察罕喇嘛庙（后黑寺）

藏佛，佛，清代，德外土城东北，有大钟，无存。

今日北京 411。日下旧闻考 1774。顺天府志 571。北京考古集九 1236。

### 3739. 慈救寺（五圣庙）

佛教，佛，明代，安外曹八里，无存。

日下旧闻考 1775。顺天府志 571。

### 3740. 碧霞元君庙（北顶娘娘庙）

道教，碧霞元君，明代，德外北顶村，房基二十二亩塔院五亩房七十五间有钟鼓楼，部分存。

今日北京 438。顺天府志 571。日下旧闻考 1775。北京考古集成十四 349。北京寺庙历史资料 535。

### 3741. 西红庙（旗纛庙）

道教，旗纛神，明代，德外正黄旗校场北，太监建，无存。

日下旧闻考 1775。顺天府志 571。

### 3742. 镇国寺

佛教，佛，明代，德外清河，无考。

顺天府志 572。

### 3743. 元福宫

德外三十里，无考。

日下旧闻考 1778。

### 3744. 瑞光寺

佛教，佛，德外卧虎桥西，无考。

日下旧闻考 1772。

### 3745. 大寿元忠国寺

佛教，元代，德外豁口外，无考。

日下旧闻考 1773。北平庙宇通检西北郊。

### 3746. 团营关帝庙（忠义庙、东红庙）

道教，关羽，清代，德外西红庙北一里，无考。

日下旧闻考 1775 – 1776。

### 3747. 资福院（十方院）

清代，黄寺西北，无考。

顺天府志 573。

### 3748. 观音庵

佛教，佛，安外东满井旁，无考。

顺天府志 573。

### 3749. 华藏寺

佛教，佛，明代，安外龙道村，无存。

顺天府志 573。北平庙宇通检西北郊。

### 3750. 小千佛寺

佛教，佛，德胜门外，无考。

唐土名胜图会 58。

### 3751. 菩萨殿

佛教，佛，德外北郊菩萨殿，无考。

维持会报告 212。

### 3752. 佛光寺

佛教，佛，明代，安外小关，房基二亩五房十五间，无存。

维持会报告 212。北京寺庙历史资料 464。

### 3753. 大福院

佛教，佛，清代，安外蒋宅口路东，西向一进院地四亩殿十六间土房六间耕地九亩，门前两槐树存。

维持会报告 212。北京寺庙历史资料 459。

### 3754. 华严寺

佛教，佛，清代，德外大街，地六亩九附八分房一百六十六间，无考。

维持会报告 212。北京寺庙历史资料 445。

### 3755. 药王庙

道教，药王，北郊三岔口，无考。

维持会报告 212。

### 3756. 兴隆寺

佛教，佛，清代，安外上龙大院，地一亩四附地三十亩房三十一间，无考。

维持会报告 213。北京寺庙历史资料 357。

### 3757. 弘慈寺

佛教，佛，北郊校场口，无考。

维持会报告 213。

### 3758. 极乐禅林

佛教，佛，安外三道桥北路东，无存。

维持会报告 213。

### 3759. 拈花十方塔院

佛教，佛，德外牤牛桥，无考。

维持会报告 213。

### 3760. 清凉庵

佛教，佛，德外三眼井，无考。

维持会报告 214。

### 3761. 三义庵

佛教，佛，德外大街，无考。

维持会报告 214。

### 3762. 龙王庙

道教/佛教无考，龙王，德外太平营，无考。

维持会报告 214。

### 3763. 观音庵

佛教，观音，安外五里，无存。

北平庙宇通检西北郊。

### 3764. 清真女寺

伊斯兰教，真主，德外马甸，无考。

北京的宗教 271。

### 3765. 石佛寺

佛教，佛，德外石佛寺胡同，无考。

维持会报告 214。

### 3766. 真武庙

道教，真武帝，明代，德胜门瓮城内，存。

维持会报告 223。

### 3767. 真武庙

道教，真武帝，明代，安定门瓮城内，无存。

维持会报告 223。

### 3768. 五龙观

道教，安外小关北祠堂村，无存。

维持会报告 223。

### 3769. 永安观

道教，北郊柳村，无考。

维持会报告 223。

### 3770. 清真寺

伊斯兰教，真主，安外地坛西门对过，无考。

维持会报告 225。

### 3771. 清真寺

伊斯兰教，真主，清代，德外马甸，

东向，完好。

维持会报告 226。北京考古集成九 1237。

### 3772. 清真寺

伊斯兰教，真主，清代，德外大街，无考。

维持会报告 236。

### 3773. 远东宣教会圣洁会福音堂

基督教，基督，德外大街，无考。

维持会报告 233。

### 3774. 地坛

祭坛，地神，明代，安外大街路东，完好。

今日北京 461。

### 3775. 三官庙

道教，天地水神，昌平县城西南部，无考。

昌平县地名志 151。

### 3776. 红庙

道教，昌平县城东部，无考。

昌平县地名志 145。

### 3777. 龙王庙

道教，昌平县城东部，无考。

昌平县地名志 145。

### 3778. 九天庙

道教，昌平县城东北部，无考。

昌平县地名志 147。

### 3779. 侯家庙

家庙，昌平县东南部，无考。

昌平县地名志 144。

### 3780. 相公庙

昌平县城东南部，无考。

昌平县地名志 144。

### 3781. 铁佛庙

佛教，昌平县城东部，无考。

昌平县地名志 146。

### 3782. 文庙（孔子庙）

儒教，孔子，明代，昌平县城东部二中院，存。

昌平县地名志 147－814。

### 3783. 崇虚观

道教，昌平汤山，无考。

日下旧闻考 2182。

### 3784. 后石王庙

昌平县东北部，无考。

昌平县地名志 147。

### 3785. 财神庙

道教，财神，昌平县城东北部，无考。

昌平县地名志 148。

### 3786. 清真寺

伊斯兰教，真主，明代，昌平县西南部五街，存。

昌平县地名志 150。

### 3787. 两庙庵

昌平县城西部中街，无考。

昌平县地名志 153。

### 3788. 关帝庙

道教，关羽，昌平县城西部中街，无考。

昌平县地名志 153。

### 3789. 五道庙

道教，五道将军，昌平县城西部中街，无考。

昌平县地名志 153。

### 3790. 瑞光寺

佛教，佛，明代，昌平县城西部中街，无考。

昌平县地名志 154。

### 3791. 七圣庙

道教，七圣，昌平县城西北部，无考。

昌平县地名志 155。顺天府志 810。

### 3792. 龙王庙

道教，龙王，昌平县城西北部大道胡同，无考。

昌平县地名志 155。

### 3793. 吕祖庙

道教，吕洞宾，昌平县城西北部大道胡同，无考。

昌平县地名志 155。日下旧闻考 2183。

### 3794. 斗姥宫

道教，斗姥，昌平县城西北部，无考。

昌平县地名志 157。

### 3795. 白衣庵

佛教，观音娘娘，昌平城西北部，无考。

昌平县地名志 157。

### 3796. 玉虚观

道教，昌平城西部，无考。

昌平县地名志 159。

### 3797. 观音菩萨庙

佛教，观音，唐代，昌平旧县村，无考。

昌平县地名志 111。

### 3798. 天齐庙（东岳庙）

泰山大帝，昌平凉水河村，存遗址。

昌平县地名志 114。

**3799. 都龙王庙**

道教，龙王，昌平县化庄白浮泉龙泉山上，存市保。

昌平县地名志 115。日下旧闻考 2158。

**3800. 朝凤庵（尼姑庵）**

佛教，佛，昌平城区镇朝凤庵，无考。

昌平县地名志 119。

**3801. 老和尚庙**

佛教，佛，昌平南口镇老和尚庙，无考。

昌平县地名志 169。

**3802. 佛延寺**

佛教，佛，辽代，昌平南口镇湾子，山势陡峭上中下三院古树旁有清泉，存残迹古树古钟。

昌平县地名志 174。

**3803. 九仙庙**

清代，昌平南口镇九仙庙，存残迹古树。

昌平县地名志 176。

**3804. 观音阁**

佛教，观音，昌平南口镇居庸关，无考。

昌平县地名志 179。

**3805. 关公庙**

道教，关羽，昌平南口镇居庸关，无考。

昌平县地名志 179。

**3806. 城隍庙**

道教，城隍，昌平南口镇居庸关，无考。

昌平县地名志 179。

**3807. 娘娘庙**

道教，娘娘，昌平南口镇居庸关，无考。

昌平县地名志 179。

**3808. 斗姥庙**

道教，斗姥神，昌平南口镇居庸关，无考。

昌平县地名志 179。

**3809. 玉皇庙**

道教，玉皇大帝，昌平南口镇居庸关，无考。

昌平县地名志 179。

**3810. 三官庙**

道教，天地水官，昌平南口镇居庸关，无考。

昌平县地名志 179。

**3811. 马神庙**

道教，马神，昌平南口镇居庸关，无考。

昌平县地名志 179。

**3812. 清真寺**

伊斯兰教，真主，昌平道南镇南口村，存。

昌平县地名志 190 – 191。

**3813. 宝林寺**

佛教，佛教，昌平道南镇，无考。

昌平县地名志 190。

**3814. 药王庙**

道教，药王，（辽金），昌平沙河镇，无考。

昌平县地名志 214。

**3815. 辛立屯庙**

昌平沙河镇辛立屯村，无考。

昌平县地名志 220。

**3816. 清真寺**

伊斯兰教，真主，昌平巩华镇南一村，存。

昌平县地名志 225。昌平文物探寻 97。

**3817. 泰清宫（太清宫）**

道教，太上老君，昌平巩华镇，无考。

昌平县地名志 235。

**3818. 菩萨庙**

佛教，佛，昌平巩华城内，无考。

昌平县地名志 235。

**3819. 玉皇庙**

道教，玉皇大帝，昌平巩华城北城东侧，无考。

昌平县地名志 236。互联网。

**3820. 龙王庙**

道教，龙王，昌平巩华城内西二村，无考。

昌平县地名志 238。

**3821. 西五道庙**

道教，五道将军，昌平巩华城内西二村，无考。

昌平县地名志 239。

**3822. 齐圣庙**

道教，昌平巩华城内北二村，无考。

昌平县地名志 241。

**3823. 火神庙**

道教，火神，昌平巩华城南门，无考。

互联网。

**3824. 灶君庙**

道教，灶王，昌平巩华城北门，无考。

互联网。

**3825. 老爷庙（关公庙）**

道教，关羽，昌平巩华城北门，无考。

互联网。

**3826. 娘娘庙**

道教，碧霞元君，昌平巩华城东门，无考。

互联网。

**3827. 城王庙（城隍庙）**

道教，城王爷黄飞虎，昌平巩华城南门，无考。

互联网。

**3828. 药王庙**

道教，药王，昌平巩华城西北角，无考。

互联网。

**3829. 药王庙**

道教，药王子孙眼光娘娘等，清代，昌平阳坊镇阳坊村，存。

昌平县地名志 248。昌平文物探寻 76。

**3830. 九泉寺**

道教，昌平阳坊镇八虎村，无考。

昌平县地名志 250。

**3831. 大云寺**

昌平阳坊镇后白虎涧，无考。

昌平县地名志 253。

**3832. 前白虎涧庙**

昌平阳坊镇前白虎涧，无考。

昌平县地名志 253。

**3833. 老峪沟庙**

道教，昌平老峪沟乡老峪沟村，无考。

昌平县地名志292。

**3834. 关帝庙**

道教，关帝庙，昌平老峪沟乡禾子涧，无考。

昌平县地名志292。

**3835. 长峪城庙**

昌平老峪沟乡长峪城，无考。

昌平县地名志293 – 760。

**3836. 菩萨庙**

佛教，佛，昌平老峪沟乡长峪城，无考。

昌平县地名志293。

**3837. 白瀑寺**

佛教，佛，金代，昌平老峪沟乡和尚庄子（镇边城），无考。

昌平县地名志298。顺天府志811。日下旧闻考2182。

**3838. 关帝庙**

道教，关羽，昌平老峪沟乡马刨泉，无考。

昌平县地名志298 – 760。

**3839. 龙王庙**

道教，龙王，昌平高崖口乡瓦窑，无考。

昌平县地名志308。

**3840. 天仙庙**

道教，天仙娘娘，昌平高崖口乡瓦窑，无考。

昌平县地名志309。

**3841. 漆园庙**

昌平高崖口乡漆园村，无考。

昌平县地名志310。

**3842. 五道庙**

道教，五道将军，清代，昌平高崖

口乡北照台，存。

昌平县地名志313 – 760。

**3843. 和平寺（佛爷庙）**

佛教，佛，清代，昌平流村乡黑寨村，存。

昌平县地名志325 – 760。

**3844. 上店庙（三教寺）**

佛教，佛，昌平流村乡上店村，存大殿耳房。

昌平县地名志329。

**3845. 十里院**

昌平桃洼乡大石坡，无考。

昌平县地名志338。

**3846. 和平寺**

佛教，佛，唐代，昌平桃洼乡花塔村，基本完好南向。

昌平县地名志343。

**3847. 黄泉寺**

佛教，佛，昌平长陵乡黄泉寺村，无考。

昌平县地名志376。

**3848. 南庵庙**

昌平长陵乡上口村，无考。

昌平县地名志372。

**3849. 老爷庙（关帝庙）**

道教，关羽，昌平长陵乡上口村，无考。

昌平县地名志372。

**3850. 老君堂**

道教，太上老君，昌平长陵乡老君堂村，无考。

昌平县地名志377。日下旧闻考2182。

### 3851. 玉虚观

道教，元代，昌平十三陵乡德胜口，无考。

昌平县地名志 392。

### 3852. 圆通寺

佛教，佛，昌平十三陵乡西山口，无考。

昌平县地名志 397。

### 3853. 延寿寺

佛教，佛，明代，昌平黑山寨乡北庄，存。

昌平县地名志 406。昌平文物探寻 92。

### 3854. 白银寺

佛教，佛，昌平黑山寨姓栗辛庄，无考。

昌平县地名志 407。

### 3855. 城峪寺

佛教，佛，昌平黑山寨乡栗辛庄，无考。

昌平县地名志 407。

### 3856. 福庆庵

佛教，佛，清代，昌平黑山寨姓慈悲峪，存南向。

昌平县地名志 408。

### 3857. 清真寺

伊斯兰教，真主，昌平南邵乡何营村，存。

昌平县地名志 418。

### 3858. 张营庙

昌平南邵乡张营村，无考。

昌平县地名志 419。

### 3859. 关帝庙

道教，关羽，昌平南邵姓景文屯，无考。

昌平县地名志 422。

### 3860. 菩萨庙

佛教，佛，明代，昌平南邵乡何营村，存。

昌平县地名志 423 – 759。

### 3861. 上寺

昌平崔村乡八家上寺，无考。

昌平县地名志 428。

### 3862. 西峪庙

昌平崔村乡西峪，无考。

昌平县地名志 433。

### 3863. 菩萨庙

佛教，佛，昌平百善乡上东郭，无考。

昌平县地名志 450。

### 3864. 下东郭庙

昌平百善乡下东郭，无考。

昌平县地名志 451。

### 3865. 大羊山庙

昌平百下庄乡木厂，无考。

昌平县地名志 461。

### 3866. 龙泉寺

佛教，佛，唐代，昌平兴寿乡秦城龙泉，地九亩有塔明建望景轩，存遗址及塔。

昌平县地名志 471。顺天府志 809。

### 3867. 法林寺

佛教，佛，元代，昌平兴寿乡桃林，无考。

昌平县地名志 471。日下旧闻考 2173。

### 3868. 东庄庙

昌平兴寿乡东庄，无考。

昌平县地名志 472。

### 3869. 五道庙

道教，昌平兴寿乡肖村，无考。

昌平县地名志 474。

### 3870. 药王庙

道教，昌平兴寿乡肖村，无考。

昌平县地名志 474。

### 3871. 菩萨庙

佛教，昌平兴寿乡肖村，无考。

昌平县地名志 474。

### 3872. 上庙（佛爷庙）

佛教，佛，昌平兴寿乡肖村，无考。

昌平县地名志 474。

### 3873. 下庙（关帝庙）

道教，关羽，昌平兴寿乡肖村，存。

昌平县地名志 474。

### 3874. 广宁寺

佛教，佛，明代，昌平上苑乡上苑村，无考。

昌平县地名志 480。

### 3875. 庄户庙

昌平上苑乡庄户庙村，无考。

昌平县地名志 481。

### 3876. 观音庙

佛教，观音，昌平上苑乡下苑村，无考。

昌平县地名志 486。

### 3877. 双泉寺（双泉禅院）

佛教，佛，金代，昌平上苑乡西新城，部分存。

昌平县地名志 486－760。

### 3878. 酸枣岭庙（大兴寺）

佛教，佛，清代，昌平大东流乡酸枣岭，无考。

昌平县地名志 501。

### 3879. 普庆寺

佛教，佛，清代，昌平大东流乡土沟，存。

昌平县地名志 502。

### 3880. 真武庙

道教，真武大帝，明代，昌平回龙观镇黄土东村，存南向。

昌平县地名志 533。昌平文物探寻 97。

### 3881. 白庙

清代，昌平西府镇白庙村，存。

昌平县地名志 536。

### 3882. 倒座观音庙

佛教，观音，昌平史各庄乡史各庄村，无考。

昌平县地名志 542。

### 3883. 娘娘庙

道教，娘娘，昌平七里渠乡七里渠村，无考。

昌平县地名志 550。

### 3884. 菩萨庙（观音庙）

佛教，菩萨，明代，昌平七里渠乡七里渠村，无考。

昌平县地名志 550。

### 3885. 海鹃庙

昌平燕丹乡海竟鹃落，无考。

昌平县地名志 563。

### 3886. 歇甲庄庙

昌平燕丹乡歇甲庄，无考。

昌平县地名志 565。

### 3887. 神庙

道教，昌平与延庆交界处神庙山，无考。

昌平县地名志580。

### 3888. 华严寺

佛教，佛，昌平银山塔林，存遗迹。

昌平县地名志590。

### 3889. 崇寿寺

佛教，佛，昌平银山塔林，存遗迹。

日下旧闻考2161。

### 3890. 松棚庵

佛教，佛，昌平银山塔林，存遗迹。

京华古迹寻踪133。日下旧闻考2161。

### 3891. 东下寺

佛教，佛，清代，昌平镇化庄龙山，存遗迹。

昌平县地名志759。

### 3892. 城隍庙

道教，城隍，明代，昌平城内政府西街，存。

昌平县地名志759。

### 3893. 城隍庙

道教，城隍，清代，昌平沙河镇，存。

昌平县地名志759。

### 3894. 永兴寺

佛教，佛，明代，昌平老峪沟乡城西村，存。

昌平县地名志759。

### 3895. 龙神庙

道教，龙王，明代，昌平城内二街龙王庙胡同，存。

昌平县地名志759。昌平文物探寻95。

### 3896. 九圣庙

道教，九圣，明代，昌平高崖口乡

韩台村北，存。

昌平县地名志759。

### 3897. 九圣庙祠

道教，九圣，明代，昌平高崖口乡潘石港村北，存。

昌平县地名志759。

### 3898. 东闸关帝庙

道教，关羽，明代，昌平马池口镇东闸村南，存。

昌平县地名志759。

### 3899. 百泉观音庵

佛教，观音，明代，昌平马池口镇百泉庄，存。

昌平县地名志759。

### 3900. 关帝庙

道教，关羽，清代，昌平镇南郝庄，存。

昌平县地名志760。

### 3901. 关帝庙

道教，关羽，清代，昌平桃洼乡兴隆口，存。

昌平县地名志760。

### 3902. 药王庙

道教，药王，清代，昌平沙河镇西沙屯，存。

昌平县地名志760。

### 3903. 圣人祠

道教，圣人，清代，昌平沙河镇西沙屯，存。

昌平县地名志760。

### 3904. 石佛寺

佛教，佛，清代，昌平上苑乡上西市村南，存。

昌平县地名志760。

### 3905. 关帝庙

道教，关羽，清代，昌平沙河镇小寨村，存。

昌平县地名志760。

### 3906. 观音阁

佛教，观音，清代，昌平上苑乡半壁店村，存。

昌平县地名志760。

### 3907. 真武庙

道教，真武帝，清代，昌平上苑乡真武庙村，存。

昌平县地名志760。

### 3908. 菩萨庙

佛教，菩萨，清代，昌平高崖口乡韩台村水泉沟，存。

昌平县地名志760。

### 3909. 菩萨庙

佛教，菩萨，清代，昌平流村乡南流村，存。

昌平县地名志761。

### 3910. 双观音寺

佛教，观音，清代，昌平大东流乡小东流村，存。

昌平县地名志761。

### 3911. 财神庙

道教，财神，清代，昌平老沟峪乡马刨泉村，存。

昌平县地名志760。

### 3912. 关帝庙

道教，关羽，清代，昌平大东流乡南官庄，存。

昌平县地名志761。

### 3913. 龙王庙

道教，龙王，清代，昌平大东流乡赖马庄，存。

昌平县地名志761。

### 3914. 兴隆寺

佛教，佛，清代，昌平大东流乡赖马庄，存。

昌平县地名志761。

### 3915. 药王庙

道教，药王，清代，昌平大东流乡大赴任庄，存。

昌平县地名志761。

### 3916. 老爷庙

道教，关羽，清代，昌平小汤山镇阿苏卫，存。

昌平县地名志761。昌平文物探寻96。

### 3917. 药王庙

道教，药王，清代，昌平小汤山镇马坊村，存。

昌平县地名志761。

### 3918. 关帝庙

道教，关羽，清代，昌平小汤山镇马坊村，存。

昌平县地名志761。

### 3919. 西关帝庙

道教，关羽，清代，昌平小汤山镇马坊村，存。

昌平县地名志761。

### 3920. 娘娘庙

道教，娘娘，清代，昌平小汤山镇讲礼村，存。

昌平县地名志761。

### 3921. 沟头子庙

清代，昌平北七家乡沟头子，存。

昌平县地名志761。

### 3922. 老爷庙

道教，关羽，清代，昌平百善乡半壁店村，存。

昌平县地名志761。

### 3923. 老爷庙

道教，关羽，清代，昌平百善乡牛坊圈村，存。

昌平县地名志761。

### 3924. 关帝庙

道教，关羽，清代，昌平下庄乡下庄村，存。

昌平县地名志761。

### 3925. 九圣庙

道教，九圣，清代，昌平下庄乡海子村，存。

昌平县地名志761。

### 3926. 真武庙

道教，真武，清代，昌平黑山寨乡望宝川，存。

昌平县地名志761。

### 3927. 关帝庙

道教，关羽，清代，昌平马池口镇马池口村，存。

昌平县地名志761。

### 3928. 娘娘庙

道教，娘娘，清代，昌平马池口镇楼子庄，存。

昌平县地名志761。

### 3929. 玉光寺

佛教，佛，清代，昌平回龙观镇回龙观村，东向，存。

昌平县地名志761。

### 3930. 菩萨庙

佛教，菩萨，清代，昌平回龙观镇回龙观村，存。

昌平县地名志761。

### 3931. 景祥寺

佛教，佛，清代，昌平史各庄乡定福黄庄，存。

昌平县地名志761。

### 3932. 庆善寺

佛教，佛，清代，昌平霍营乡半截塔村，存。

昌平县地名志761。

### 3933. 菩萨庙

佛教，菩萨，清代，昌平平西府镇平坊，存。

昌平县地名志762。

### 3934. 清真寺

伊斯兰教，真主，清代，昌平平西府镇白各庄，存。

昌平县地名志762。

### 3935. 娘娘庙

道教，娘娘，清代，昌平燕丹乡燕丹村，存。

昌平县地名志762。

### 3936. 老爷庙

道教，关羽，清代，昌平燕丹乡南七家村，存。

昌平县地名志762。

### 3937. 菩萨庙

佛教，菩萨，清代，昌平东小口乡单村，存。

昌平县地名志762。

### 3938. 娘娘庙

道教，娘娘，清代，昌平阳坊镇马坊村，存。

昌平县地名志762。

**3939. 宝林寺**

佛教，民国，昌平南口镇兴隆街，东南向，存。

昌平县地名志762。

**3940. 瑞峰庵（下庙）**

佛教，佛，明代，昌平西北沟崖谷中部，住过道姑，存。

昌平文物探寻91。

**3941. 盘道庵（岫峰庵）**

道教，娘娘，昌平沟崖谷中段，无考。

昌平文物探寻91。

**3942. 碧霞宫**

道教，碧霞元君，昌平沟崖谷，无考。

昌平文物探寻92。

**3943. 斗姥宫**

道教/佛教，斗姥，昌平沟崖谷碧霞元君庙左边，宫门倒座，无考。

昌平文物探寻92。

**3944. 摩尼庵**

佛教，佛，清代，昌平沟崖，无考。

日下旧闻考2162。

**3945. 佛祖庙**

佛教，佛，昌平兴寿乡大羊山顶，无考。

昌平文物探寻92。

**3946. 娘娘庙**

道教，娘娘，昌平兴寿乡大羊山顶，无考。

昌平文物探寻93。

**3947. 龙潭寺**

道教，龙王，昌平兴寿乡大羊山顶，无考。

昌平文物探寻93。

**3948. 山神庙**

道教，山神，昌平兴寿乡大羊山顶，无考。

昌平文物探寻93。

**3949. 圣恩禅寺**

佛教，明代，昌平崔村镇香堂村东，无考。

昌平文物探寻95。

**3950. 关帝庙**

道教，关羽，清代，昌平沙河镇工商街，存。

昌平文物探寻95。

**3951. 关帝庙**

道教，关羽，晴代，昌平长陵镇昭陵村，无考。

昌平文物探寻95。

**3952. 九圣庙**

道教，九圣，清代，昌平马池口乡上念头，南向，存。

昌平文物探寻96。

**3953. 东岳庙**

道教，泰山帝，清代，昌平兴寿乡桃林村，西向，存。

昌平文物探寻96。

**3954. 九圣庙**

道教，九圣，清代，昌平兴寿乡海子村，东南向有戏楼，存区保。网。

**3955. 曹公祠**

祠堂，昌平西瓮城内，无存。

顺天府志748。

**3956. 二贤祠**

祠堂，狄梁、刘蕡，明代，昌平学

宫内，无存。

顺天府志750。

### 3957. 许公祠

祠堂，昌平南门内，无考。

顺天府志750。

### 3958. 白马山神庙

道教，白马山神，金代，昌平州治西北，无考。

顺天府志750。

### 3959. 昭圣寺

佛教，唐代，昌平西北，无考。

顺天府志809。日下旧闻考2181。

### 3960. 圣寿教寺

佛教，唐代，昌平东北，无考。

顺天府志809。

### 3961. 九圣寺

辽代，昌平州治东，无考。

顺天府志809。

### 3962. 大万圣寺（张开寺）

佛教，昌平银山塔林，无考。

顺天府志810。日下旧闻考2161。

### 3963. 奉福寺

佛教，金代，昌平西北汤峪山，无考。

顺天府志810。

### 3964. 流沙寺

佛教，元代，昌平巩华城北门外，无考。

顺天府志810。

### 3965. 元福观（回龙观、玄福宫）

道教，明代，昌平回龙观，无考。

顺天府志810。今日北京429。北京考古集成十四351。昌平县地名志529

－816。

### 3966. 吕真人祠

祠堂，明代，昌平沟崖紫极峰，无考。

日下旧闻考2163。

### 3967. 上方寺

佛教，佛，昌平驻跸山，无考。

顺天府志811。

### 3968. 上方寺

佛教，佛，昌平南口，无考。

顺天府志811。

### 3969. 德圣寺

佛教，佛，唐代，昌平德胜泉，无考。

顺天府志811。

### 3970. 香岩寺（弥勒院）

佛教，佛，昌平永丰镇，无考。

顺天府志811。日下旧闻考2182。

### 3971. 白塔寺

佛教，佛，昌平南口镇东山坡，无考。

昌平县地名志774。

### 3972. 曹房庵（刘谏议读书处）

祠堂，刘谏义，昌平治所东八里，无考。

日下旧闻考2182。

### 3973. 雅克特穆尔生祠

祠堂，元代，昌平西南二十里红桥，无考。

顺天府志746。日下旧闻考2171。

### 3974. 狄梁公祠堂

祠堂，狄仁杰，唐代，昌平西八里，仅存元明碑区保。

顺天府志746。昌平县地名志815。

唐土名胜图会113。

### 3975. 白公祠

祠堂，昌平南门外三义庙西，无考。

顺天府志747。

### 3976. 尤公祠

祠堂，昌平南门内街东，无考。

顺天府志748。

### 3977. 陈公维新祠

祠堂，昌平南门内，无考。

顺天府志749。

### 3978. 刘谏议祠（刘司户祠）

祠堂，唐谏义大夫刘蕡，元代，昌平旧县东学宫大成门西，无考。

顺天府志750。今日北京445。

### 3979. 法华寺（大延圣寺）

佛教，佛，金代，昌平银山塔林，存遗迹。

顺天府志809。京华古迹寻踪132。昌平县地名志590。

### 3980. 铁壁寺

佛教，佛，昌平银山塔林，无考。

顺天府志810。京华古迹寻踪132。

### 3981. 社稷坛

祭坛，社稷神，昌平西门外，无考。

顺天府志744。

### 3982. 风雨雷神山川城隍坛

祭坛，昌平南门外，无考。

顺天府志744。

### 3983. 先农坛

祭坛，农神，昌平北门外，无考。

顺天府志744。

### 3984. 厉坛

祭坛，昌平东门外，无考。

顺天府志744。

### 3985. 龙王庙

祭坛，龙王，昌平龙岭口，无考。

顺天府志744。

### 3986. 龙王庙

道教，龙王，昌平凤凰山，无考。

顺天府志744。

### 3987. 龙王庙

道教，龙王，昌平大峪山，无考。

顺天府志744。

### 3988. 关侯庙

道教，关羽，昌平治所西南，无考。

顺天府志744。

### 3989. 关侯庙

道教，关羽，昌平东门外，无考。

顺天府志744。

### 3990. 马神庙

道教，马神，昌平东门外，无考。

顺天府志745。

### 3991. 土地祠

道教，土地，昌平州署内，无考。

顺天府志745。

### 3992. 银山寺

佛教，佛，昌平银山塔林，无考。

京华古迹寻踪132。

### 3993. 净业堂

昌平山塔林，无考。

京华古迹寻踪132。

### 3994. 火神庙

道教，火神，昌平城内东南隅，无考。

顺天府志745。

### 3995. 东岳庙

道教，泰山帝，昌平东门外，无考。

顺天府志745。

**3996. 英济侯庙**

祠堂，明代，昌平大街东巷内，无考。

顺天府志745。

**3997. 八腊庙**

道教，先蔷等八神，昌平南门外，无考。

顺天府志745。日下旧闻考2171。

**3998. 奎星阁**

道教，魁星，昌平关沟东园站北，无考。

昌平县地名志774。

**3999. 荫凉庵**

佛教，佛，昌平关沟四桥北河套内，无考。

昌平县地名志774。

**4000. 五鬼神祠**

道教，五鬼，昌平关沟弹琴峡北，无考。

昌平县地名志775。

**4001. 玉峰寺**

佛教，佛，昌平南口镇居庸关城北，无考。

昌平县地名志776。

**4002. 天仙宫**

道教，天仙，昌平旧城北门内，无考。

昌平县地名志776。

**4003. 火神庙**

道教，火神，昌平旧城北门东，无考。

昌平县地名志874图。

**4004. 药王庙**

道教，药王，昌平旧城西北角，无考。

昌平县地名志874。

**4005. 马神庙**

道教，马神，昌平东门内路南，无考。

昌平县地名志874。

**4006. 城隍庙**

道教，城隍，昌平旧城南门内之南，无考。

昌平县地名志874。

**4007. 神寿寺**

昌平旧城东南部，无考。

昌平县地名志874。

**4008. 清真寺**

伊斯兰教，真主，明代，昌平阳坊贯市，存。

北京考古集成九1255。

**4009. 弥勒院**

佛教，弥勒佛，昌平银山塔林，无考。

京华古迹寻踪132。

**4010. 宝岩寺**

佛教，佛，辽代，昌平银山塔林，无考。

京华古迹寻踪132。

**4011. 大寺**

唐代，怀柔镇唐自口，无存。

怀柔县地名志49。

**4012. 大庙**

明代，怀柔长哨营乡大庙村，无考。

怀柔县地名志103。

**4013. 关帝庙**

道教，关羽，明代，怀柔汤河口镇汤河口，无考。

怀柔县地名志 136。

### 4014. 老爷庙

道教，关羽，明代，怀柔汤河口镇小梁前村，无考。

怀柔县地名志 137。

### 4015. 龙王庙

道教，龙王，明代，怀柔汤河口镇龙潭，无考。

怀柔县地名志 138。

### 4016. 马神庙

道教，马神，明代，怀柔旧城西北部，无考。

怀柔县地名志 18。图 33。顺天府志 761。

### 4017. 玄帝庙

道教，明代，怀柔旧城东门，无考。

怀柔县地名志 18。图 33。

### 4018. 红螺寺（唐大明寺、资福寺）

佛教，佛，唐代，怀柔城北红螺山南簏卢庄村北，南向规模宏大依山而建，存市保。

怀柔县地名志 39。北京考古集成 1215。唐土名胜图会 120。今日北京 378。

### 4019. 土地庙

道教，土地，明代，怀柔旧城东门内，无考。

怀柔县地名志 33。

### 4020. 文庙

道教，孔子，明代，怀柔旧城府前街，地二十亩大成殿三间有配套建筑，学校占存古树。

怀柔县地名志 18 图。

### 4021. 文昌祠

道教，文昌君，明代，怀柔旧城东门内，无考。

怀柔县地名志 18 图。顺天府志 759。

### 4022. 八腊庙

道教，先蔷等八神，明代，怀柔旧城东门内，无考。

怀柔县地名志 18 图。顺天府志 760。

### 4023. 朝阳庵

佛教，佛，明代，怀柔旧城东门内，无考。

怀柔县地名志 18 图。

### 4024. 城隍庙

道教，城隍，明代，怀柔旧城西南隅，牌坊戏台钟鼓楼大殿三间，无考。

怀柔县地名志 18 图。顺天府志 760。

### 4025. 白公生祠

祠堂，明兵备道白拣，明代，怀柔旧城西南城外，无考。

怀柔县地名志 18 图。顺天府志 763。

### 4026. 关帝庙

道教，关羽，明代，怀柔旧城东南城外，无考。

怀柔县地名志 18 图。

### 4027. 东岳庙

道教，泰山大帝，明代，怀柔旧城东南城外，无考。

怀柔县地名志 18 图。

### 4028. 凤翔寺（仙圣传院）

佛教，佛，唐代，怀柔宋镇仙台村，南向规模宏大寺台高十丈古槐古柏有碑，存大殿碑钟区保。

怀柔县地名志 569 – 406。北京考古集成十四 322 – 340。

**4029. 火神庙**

道教，火神，明代，怀柔旧城东南城外中部，无考。

怀柔县地名志 18 图。

**4030. 玉皇庙**

道教，玉皇大帝，明代，怀柔旧城东门外，无考。

怀柔县地名志 18 图。

**4031. 清修寺**

佛教，佛，明代，怀柔旧城西北城外，无考。

怀柔县地名志 18 图。

**4032. 真武庙**

道教，真武帝，怀柔旧城北门，无考。

怀柔县地名志 18 清图。

**4033. 廒神祠**

道教，仓神，怀柔旧城东门，无考。

怀柔县地名志 18 清图。顺天府志 760。

**4034. 观音堂**

佛教，观音，怀柔府东二街，无考。

怀柔县地名志 27。

**4035. 祇园寺（原址三教堂）**

佛教，佛，清代，怀柔县南门外，无存。

怀柔县地名志 35 – 609。顺天府志 815。日下旧闻考 2240。

**4036. 娘娘庙**

道教，娘娘，怀柔县东关，无考。

怀柔县地名志 35。

**4037. 药王庙**

道教，药王，怀柔县东关，无考。

怀柔县地名志 35。

**4038. 陕西庵**

佛教，佛，怀柔镇甘涧峪，无考。

怀柔县地名志 57。

**4039. 德胜庵**

佛教，佛，怀柔镇甘涧峪，无考。

怀柔县地名志 57。

**4040. 华严庵**

佛教，佛，怀柔镇甘涧峪，无考。

怀柔县地名志 57。

**4041. 三官庙**

道教，天地水官，怀柔镇郭家坞，无考。

怀柔县地名志 43。

**4042. 金胜寺**

佛教，佛，怀柔镇于家庄，无考。

怀柔县地名志 47。

**4043. 孤台寺**

佛教，佛，怀柔镇于家庄，无存。

怀柔县地名志 47 – 609。

**4044. 石佛寺**

佛教，佛，怀柔镇大屯，无考。

怀柔县地名志 48。

**4045. 臊达庙**

明代，怀柔汤河口镇尤村，无考。

怀柔县地名志 156。

**4046. 宝山寺**

佛教，佛，明代，怀柔宝山寺乡宝山寺村。

怀柔县地名志 193 – 441。

**4047. 朝阳洞（洞沟庙、楼岩观）**

道教，金代，怀柔碾子乡伙房，存山洞水池。

怀柔县地名志 173。

**4048. 小庙**

怀柔宝山寺乡小庙村。

怀柔县地名志205。

**4049. 琉璃庙**

道教，关羽，清代，怀柔琉璃庙乡琉璃庙，改学校。

怀柔县地名志222。

**4050. 龙王庙**

道教，龙王，怀柔琉璃庙乡黄泉峪，无考。

怀柔县地名志240。

**4051. 山神庙**

道教，山神，怀柔崎峰茶乡辛坎村，无考。

怀柔县地名志258。

**4052. 山沟洞庙**

道教，怀柔琉璃庙乡山沟洞，洞里供神仙，无考。

怀柔县地名志233。

**4053. 娘娘庙**

道教，娘娘，怀柔琉璃庙乡琉璃庙，无考。

怀柔县地名志222。

**4054. 关帝庙**

道教，关羽，怀柔崎峰茶乡二台子，无考。

怀柔县地名志258。

**4055. 普照寺**

佛教，佛，明代，怀柔怀北镇西庄，存古树石件。

怀柔县地名志281。

**4056. 金灯庙**

佛教，唐代，怀柔怀北镇西庄，存古树。

怀柔县地名志281。日下旧闻考2244。

**4057. 山神庙**

道教，山神，怀柔黄花城乡庙上，无考。

怀柔县地名志294。

**4058. 娘娘庙**

道教，娘娘，怀柔黄花城乡黄花镇，存遗迹。

怀柔县地名志301。

**4059. 龙王庙**

道教，龙王，怀柔黄坎乡吉寺村，存古树。

怀柔县地名志306。

**4060. 关帝庙**

道教，关羽，怀柔黄坎乡吉寺村，存古树。

怀柔县地名志306。

**4061. 菩萨庙**

佛教，菩萨，怀柔黄坎乡吉寺村，存古树。

怀柔县地名志306。

**4062. 九神庙**

道教，土关火观龙虫山等九，怀柔黄坎乡九渡河，无考。

怀柔县地名志307。

**4063. 老爷庙**

道教，关羽，怀柔黄坎乡局里，存古柏。

怀柔县地名志308。

**4064. 游觉寺**

佛教，佛，怀柔黄坎乡九渡河，存两殿。

怀柔县地名志307。

### 4065. 东庵庙

怀柔黄坎乡九渡河，无考。

怀柔县地名志307。

### 4066. 齐天庙

道教，泰山大帝，怀柔黄坎乡九渡河，无考。

怀柔县地名志307。

### 4067. 白云寺

佛教/道教，释伽、孙思邈，怀柔黄坎乡九渡河，无考。

怀柔县地名志307。

### 4068. 药王庙

道教，孙思邈，明代，怀柔黄坎乡花木村，存古松。

怀柔县地名志307。

### 4069. 菩萨庙

佛教，菩萨，怀柔黄坎乡局里，存古柏。

怀柔县地名志308。

### 4070. 文殊庙

佛教，文殊菩萨，唐代，怀柔黄坎乡团泉村西，东向正殿三间南北配房各二，仅存古槐。

怀柔县地名志610。

### 4071. 马王庙

道教，马王神，怀柔沙峪乡，无考。

怀柔县地名志320。

### 4072. 井峪庙

怀柔沙峪乡井峪村，无考。

怀柔县地名志327。

### 4073. 三渡河庙

清代，怀柔三渡河乡三渡河村，存古树。

怀柔县地名志339。

### 4074. 定慧寺（定慧禅寺）

佛教，佛，明代，怀柔范各庄乡下辛庄村，有万寿、齐天二塔，存遗迹。

怀柔县地名志350。

### 4075. 莲花池庙

怀柔县范各庄乡莲花池，无考。

怀柔县地名志343。

### 4076. 观音寺（口头北寺）

佛教，观音，明代，怀柔北宅乡口头庄北，地2000平方米前后殿有碑和井，有遗迹区保。

怀柔县地名志360－569。

### 4077. 圣泉寺

佛，明代，怀柔北宅乡口头村，无考。

怀柔县地名志360。

### 4078. 元天寺

佛教，佛，明代，怀柔北宅乡口头村，无考。

怀柔县地名志360。

### 4079. 能仁寺

佛教，佛，明代，怀柔县治西北，无考。

日下旧闻考2246。

### 4080. 玄云寺

佛教，佛，清代，怀柔宝山乡对石村，存古树。

怀柔县地名志611。

### 4081. 娘娘庙（碧霞元君庙）

道教，碧霞元君，明代，怀柔北房镇驸马庄，有碑和井，无考。

怀柔县地名志369。

### 4082. 西阳观

道教，怀柔黄坎乡四渡河村西南，

无存。

怀柔文保所提供。

### 4083. 慈悲庵

佛教，千手千眼佛，明代，怀柔北房镇大周各庄村西，无存。

怀柔文保所提供。

### 4084. 龙王庙

道教，龙王，怀柔沙峪乡井峪村，无存。

怀柔县地名志 327。

### 4085. 罗山寺（净业堂）

佛教，佛，怀柔北房镇小罗山，无考。

怀柔县地名志 375。

### 4086. 五楸观

怀柔桥梓镇前桥梓，无考。

怀柔县地名志 378。

### 4087. 神仙洞

道教，神仙，怀柔桥梓镇红村，无考。

怀柔县地名志 380。

### 4088. 安云观（清五品代金德家庙）

道教，清代，怀柔桥梓镇东凤山，无考。

怀柔县地名志 381。

### 4089. 关帝庙

道教，关羽，怀柔长哨营乡长哨营村，无存。

怀柔文保所提供。

### 4090. 黄宝峪古刹（广济寺下院）

佛教，佛，怀柔桥梓镇上王峪，无考。

怀柔县地名志 383。

### 4091. 天仙宫

道教，天仙，怀柔桥梓镇西茶坞西，无考。

怀柔县地名志 384。

### 4092. 娘娘庙（水母娘娘宫）

道教，水母菩萨天妃，明代，怀柔桥梓镇西茶坞西，存。

怀柔县地名志 385。

### 4093. 平义分庙

怀柔桥梓镇平义分，无考。

怀柔县地名志 387。

### 4094. 萧太后家庙

家庙，辽代，怀柔庙城乡庙城村，无考。

怀柔县地名志 391。

### 4095. 普济寺

佛教，佛，明代，怀柔庙城乡桃山村，存遗迹。

怀柔县地名志 398 - 609。

### 4096. 霍各庄庙

清代，怀柔庙城乡霍各庄，无考。

怀柔县地名志 400。

### 4097. 龙王庙

道教，龙王，怀柔喇叭沟门乡龙王庙沟，无考。

怀柔县地名志 417。

### 4098. 红庙

道教，关羽，怀柔黄花城乡红庙，红墙，无考。

怀柔县地名志 302。

### 4099. 大羊山庙

怀柔西南大羊山，无考。

怀柔县地名志 459。

**4100. 龙王庙**

道教，龙王，怀柔西南龙山，无考。

怀柔县地名志 460。

**4101. 社稷坛**

祭坛，社稷神，怀柔西门外，无存。

顺天府志 759。

**4102. 圣奉寺**

佛教，佛，明代，怀柔西南五里，无考。

怀柔县地名志 565。日下旧闻考 2246。

**4103. 昙云寺（朝阳洞）**

佛/道/儒，中佛左道右儒，东汉，怀柔喇叭沟门乡北辛店北山，无考。

怀柔县地名志 568。北京考古集成四 1409。

**4104. 通明寺**

佛/道/儒，佛祖太上孔三教，明代，怀柔庙城乡刘两河村东，无考。

怀柔县地名志 610。

**4105. 山川坛**

祭坛，山川神，怀柔南门外，无存。

顺天府志 759。

**4106. 风云雷神坛**

祭坛，风云雷神，怀柔南门外，无存。

顺天府志 759。

**4107. 邑厉坛**

祭坛，厉神，怀柔西门外，无存。

顺天府志 759。

**4108. 关帝庙**

道教，关羽，怀柔东门内城隅，无存。

顺天府志 759。

**4109. 关帝庙**

道教，关羽，怀柔南房，无存。

顺天府志 759。

**4110. 魁星楼**

道教，魁星，怀柔南城上，无考。

顺天府志 759。

**4111. 东岳庙**

道教，泰山大帝，明代，怀柔卸甲山，无考。

顺天府志 761。

**4112. 龙王庙**

道教，龙王，怀柔东岳庙土丘下，无考。

顺天府志 761。

**4113. 邹衍庙**

祠堂，邹衍，怀柔黍谷山，无考。

顺天府志 761。

**4114. 张公祠**

祠堂，邑令张善略，怀柔东门外，无考。

顺天府志 761。

**4115. 药王庙**

道教，药王，怀柔喇叭沟门乡北辛店北山，无考。

怀柔县地名志 568。

**4116. 灵官庙**

道教，灵官庙，怀柔喇叭沟门乡北辛店北山，无考。

怀柔县地名志 568。

**4117. 宏善寺**

佛教，佛，明代，密云，无考。

顺天府志 816。

**4118. 云岩寺**

佛教，佛，金代，平谷，无考。

顺天府志 816。

### 4119. 真武庙

道教，真武帝，怀柔东峰山，无考。

日下旧闻考 2241。

### 4120. 山神庙

道教，山神，延庆西二道河乡冯家庙村南红龙庙北，雕梁画栋琉璃碧瓦壁画美观，无存。

延庆县地名志 398。

### 4121. 神仙院

道教，明代，延庆龙庆峡神仙山，存遗迹。

延庆县地名志 486。北京考古集成九 1221。

### 4122. 龙王庙（高庙）

道教，龙王，明代，延庆镇北关，庙台高 4 米面积 436 平方米正配殿各三，基本存。

怀柔县地名志 15－487。

### 4123. 泰山天仙圣母行祠

道教，泰山母，明代，延庆民主街，无考。

延庆县地名志 16。

### 4124. 灵照寺（观音庵）

佛教，佛，金代，延庆解放街，南向二进院三层殿，存区县保。

延庆县地名志 17－50－685。今日北京 383。

### 4125. 真武庙

道教，真武帝，明代，延庆镇李四官庄，存碑。

延庆县地名志 19。

### 4126. 龙王庙

道教，龙王，清代，延庆镇司家营，

南向地 160 平方米，完好。

延庆县地名志 21。

### 4127. 玉皇寨庙

道教，玉皇大帝，延庆镇蒋家堡，砖砌筑圆寨上有庙，存遗迹。

延庆县地名志 22。

### 4128. 龙王庙

道教，龙王，延庆镇米家堡，面积 60 平方米，无考。

延庆县地名志 30。

### 4129. 白庙（白龙庙）

道教，龙王，延庆镇西白庙，无考。

延庆县地名志 32。

### 4130. 莲花池庙

延庆镇莲花池，无考。

延庆县地名志 37。

### 4131. 药王庙

道教，药王，延庆旧城内东北隅，成民居。

延庆县地名志 47。

### 4132. 延寿寺

佛教，佛，延庆旧城内西部，无考。

延庆县地名志 42。

### 4133. 三义庙

道教，刘关张，延庆旧城内东北部，无考。

延庆县地名志 48。

### 4134. 观音庵

佛教，观音，延庆旧城内东南隅，无考。

延庆县地名志 48。

### 4135. 三清观

道教，三清神，延庆旧城内西北隅，无考。

延庆县地名志 46。

### 4136. 皂君庙

道教，灶王爷，延庆旧城内西部，无考。

延庆县地名志 43。

### 4137. 城隍庙

道教，城隍爷，延庆旧城内西南隅，无存。

延庆县地名志 49。

### 4138. 八腊庙

道教，先蔷等八神，延庆城妫水街南，存石件。

延庆县地名志 45。

### 4139. 天然寺

佛教，佛，延庆城妫水街南，存石件。

延庆县地名志 45。

### 4140. 财神庙

道教，财神，延庆城内三清观街，无考。

延庆县地名志 46。

### 4141. 城隍庙

道教，城隍爷，延庆康庄镇榆林堡，存古树。

延庆县地名志 94。

### 4142. 奇泉寺

佛教，佛，明代，延庆康庄镇养鹅池，佛像下有 6 泉眼水旺，无存。

延庆县地名志 96。

### 4143. 西桑园庙

延庆康庄镇西桑园，遗址有古榆。

延庆县地名志 97。

### 4144. 红寺（风云寺）

佛教，佛，明代，延庆西红寺，因仅

剩红墙称红寺，无存。

延庆县地名志 97。

### 4145. 耶稣教堂

天主教，耶稣，延庆康庄站北街，无存。

延庆县地名志 102。

### 4146. 玉皇庙

道教，玉皇大帝，明代，延庆靳家堡乡玉皇庙村，规模宏伟，存遗址。

延庆县地名志 183 – 187。

### 4147. 清音寺

佛教，佛，延庆张山营乡上阪泉，山涧葱郁，无考。

延庆县地名志 111。

### 4148. 龙王庙

道教，龙王，延庆张山营乡上阪泉，无考。

延庆县地名志 111。

### 4149. 白塔寺

佛教，佛，延庆张山营乡佛峪口，存遗址。

延庆县地名志 113。

### 4150. 张山营庙

延庆张山营村，存古树。

延庆县地名志 114。

### 4151. 姚家营庙

延庆张山营乡姚家营，无考。

延庆县地名志 117。

### 4152. 阎王庙

道教，阎王爷，延庆张山营乡东门营，无考。

延庆县地名志 118。

### 4153. 泰山庙

道教，泰山大帝，延庆张山营乡东门

营，无考。

延庆县地名志118。

### 4154. 老君堂

道教，太上老君，延庆沈家营乡内，无存。

延庆县地名志264－271。

### 4155. 真武庙

道教，真武帝，延庆张山营乡东门营，无考。

延庆县地名志118。

### 4156. 龙王庙

道教，龙王，清代，延庆张山营乡西五里营，南向正殿三间56平方米戏楼北向60平方米，存。

延庆县地名志119－462。

### 4157. 黑龙庙

道教，龙王，明代，延庆张山营乡黑龙庙，无考。

延庆县地名志120。

### 4158. 泰山庙

道教，泰山大帝，延庆花盆乡花盆村，有戏楼，存古树。

延庆县地名志133。

### 4159. 关帝庙

道教，关羽，明代，延庆花盆乡花盆村，地814平方米有戏楼北向，存古树。

延庆县地名志139。

### 4160. 兴福寺

佛教，佛，延庆张山营乡前平房村，大钟高1.2米直径0.7米重250斤钟鼓楼，建筑无存钟存上卢凤营村。

北京考古集成十四362。

### 4161. 财神庙

道教，财神，延庆三清观街西端，

无存。

延庆县地名志46。

### 4162. 土地庙

道教，土地，延庆城风水街，无考。

延庆县地名志46。

### 4163. 东岳庙

道教，泰山大帝，延庆城内东北隅，无存。

延庆县地名志48。

### 6164. 吕祖庙

道教，吕洞宾，延庆城内东岳庙街，无存。

延庆县地名志48－65。

### 4165. 火神庙

道教，火神，延庆城内东岳庙街，无存。

延庆县地名志48。

### 4166. 上帝庙

延庆城内西北隅（利民街），无考。

延庆县地名志54明代图65。

### 4167. 关王庙

道教，关羽，延庆旧城东门内，无考。

延庆县地名志54明代图65。

### 4168. 文庙（孔庙）

儒教，孔子，元代，延庆旧城东南隅（利民街），无考。

延庆县地名志54明代图－65。网。

### 4169. 娘娘庙

道教，碧霞元君，延庆旧城西南隅，无考。

延庆县地名志65。

### 4170. 庆延寺

佛教，佛，延庆旧城西门内，无考。

延庆县地名志54明代图。

### 4171. 玉皇阁

道教，玉皇大帝，延庆旧城中心，无存。

延庆县地名志54。

### 4172. 北龙王庙（高庙）

道教，龙王庙，延庆旧城北部，存。

延庆县地名志55。

### 4173. 龙王庙

道教，龙王庙，明代，延庆永宁镇上磨村，东向建面750平方米有戏台甘泉，存正殿三间。

延庆县地名志60－462。

### 4174. 关帝庙（黄龙潭龙王庙）

道教，关羽，清代，延庆永宁镇南关，南向三间，存。

延庆县地名志64。

### 4175. 真武庙

道教，真武，延庆永宁镇南关，无考。

延庆县地名志64。

### 4176. 天主教堂

天主教，耶稣，清代，延庆永宁镇阜民街，无考。

延庆县地名志66。

### 4177. 孔庙

儒教，孔子，明代，延庆永宁城内，无考。

延庆县地名志65。网上。

### 4178. 吕祖庙

道教，吕洞宾，延庆永宁镇，无考。

延庆县地名志65。

### 4179. 上帝庙（真武庙）

道教，真武大帝，延庆永宁镇，

无考。

延庆县地名志65。

### 4180. 城隍庙

道教，城隍爷，延庆永宁镇，无考。

延庆县地名志65。

### 4181. 三义庙

道教，刘关张，延庆永宁镇，无考。

延庆县地名志65。

### 4182. 朝阳洞

佛教，佛，延庆永宁镇新华营九龙山上，洞存佛无。

延庆县地名志67。

### 4183. 天主教堂

天主教，耶稣，清代，延庆永宁镇孔化营，南向建面338平方米南北长方形配房七间，主建筑存。

延庆县地名志69－488。

### 4184. 菩萨庙

佛教，菩萨，明代，延庆永宁镇孔化营，南向建面1050平方米，存。

延庆县地名志69。

### 4185. 广生庙

佛教，佛，明代，延庆永宁镇东灰岭，东向建面50平方米，无考。

延庆县地名志72。

### 4186. 龙王庙

道教，龙王，清代，延庆永宁镇西灰岭，南向凶横殿三间有配殿，存县保。

延庆县地名志73。

### 4187. 龙王庙

道教，龙王，延庆永宁镇四司村，无存。

延庆县地名志74。

**4188. 显化寺（西大寺）**

佛教，佛，延庆永宁镇西街，地24000平方米三进院，无存。

延庆县地名志76。

**4189. 千佛寺**

佛教，佛，延庆永宁镇千佛寺胡同，无考。

延庆县地名志81。

**4190. 马神庙**

道教，马神，延庆永宁旧城西北部，无考。

延庆县地名志82图。

**4191. 旗纛庙**

道教，旗纛神，延庆永宁旧城北门内，无考。

延庆县地名志82图。

**4192. 火神庙**

道教，火神，延庆康庄镇火烧营，无考。

延庆县地名志89。

**4193. 龙王庙**

道教，龙王，延庆康庄恨大王庄，无考。

延庆县地名志92。

**4194. 土地庙**

道教，土地爷，延庆康庄镇大王庄，无考。

延庆县地名志92。

**4195. 榆林灯山楼**

道教，财神、关羽、观音等，延庆康庄镇榆林堡，无考。

延庆县地名志94。

**4196. 城隍庙**

道教，城隍爷，延庆糠庄镇榆林堡，无考。

延庆县地名志94。

**4197. 朝阳寺**

佛教，佛，延庆千家店乡西店之西，无存。

延庆县地名志144。

**4198. 龙王庙**

道教，龙王，明代，延庆千家店乡石槽村，存。

延庆县地名志158。

**4199. 黑龙庙**

道教，龙王，清代，延庆沙梁子乡沙梁子村，存正殿三间配殿三间。

延庆县地名志164－398。

**4200. 龙王庙**

道教，延庆白河堡乡茨沟，无存。

延庆县地名志180。

**4201. 黄柏寺**

佛教，延庆靳家堡乡黄柏寺，存遗迹古树。

延庆县地名志37－187。

**4202. 应梦寺**

佛教，佛，辽代，延庆靳家堡乡靳家堡村，传萧太后因梦而建，存古树。

延庆县地名志190－379。

**4203. 关帝庙**

道教，关羽，清代，延庆靳家堡乡中羊坊，殿南向戏楼北向建面50平方米，存。

延庆县地名志192－462。

**4204. 真武庙**

道教，清代，延庆靳家堡乡田宋营，南向正殿三间，存。

延庆县地名志192。

**4205. 龙王庙**

道教，龙王，清代，延庆靳家堡乡田宋营，南向正殿三东西配殿各二间，存。

延庆县地名志 192。

**4206. 龙王庙**

道教，龙王，民国，延庆靳家堡乡吴庄，南向建筑面积 20 平方米，遗址存。

延庆县地名志 193。

**4207. 龙王庙**

道教，龙王，清代，延庆靳家堡乡韩郝庄，南向，存。

延庆县地名志 194。

**4208. 城隍庙**

道教，城隍爷，清代，延庆旧县村，无考。

延庆县地名志 211。

**4209. 沙神庙**

道教，沙神，民国，延庆旧县村，无考。

延庆县地名志 211。

**4210. 真武庙**

道教，真武帝，清代，延庆香营寺乡香营寺村，建筑面积 240 平方米正殿三间东西配各三间，建筑存。

延庆县地名志 216。

**4211. 缙阳寺（小寺、龙安寺）**

佛教，佛，辽代，延庆香营寺乡小堡村北佛爷顶，寺毁碑存。

延庆县地名志 217 - 380。

**4212. 九神庙**

道教，清代，延庆香营乡辛庄堡，建筑面积 45 平方米正殿三间，建筑存。

延庆县地名志 218。

**4213. 白龙庙**

道教，白龙，明代，延庆香营寺东白庙，面积 22500 平方米，存东西土城城墙。

延庆县地名志 216。

**4214. 缙阳观（缙阳左寺）**

道教，辽代，延庆香营寺乡香营寺村北佛爷顶，传萧太后养鹅池，无存。

延庆县地名志 380。

**4215. 山神庙**

道教，山神，延庆刘斌堡乡山西沟，无考。

延庆县地名志 225。

**4216. 红罗寺**

佛教，佛，清代，延庆刘斌堡乡红果寺，无存。

延庆县地名志 229。

**4217. 龙王庙**

道教，龙王，延庆黑汉岭乡河山沟，无存。

延庆县地名志 235。

**4218. 天门关庙**

佛教，明代，延庆黑汉岭乡天门关，故事，无存。

延庆县地名志 240。

**4219. 宝泉寺**

道教，金蟾、珍珠女，延庆珍珠泉村，故事，存石碑。

延庆县地名志 244 - 393。

**4220. 龙王庙**

道教，龙王，清代，延庆沈家营乡马匹营村，殿三间，仓库占用。

延庆县地名志 270。

**4221. 庙梁庙**

延庆珍珠泉乡庙梁村，无考。

延庆县地名志245。

### 4222. 金刚庙

佛教，金刚佛，延庆沈家营乡内，乡内曾有八十三座庙宇，无存。

延庆县地名志264。

### 4223. 岱王庙（大王庙、东岳庙）

道教，泰山大帝，延庆沈家营乡内，无存。

延庆县地名志264。

### 4224. 二郎庙

道教，二郎神，延庆沈家营乡内，无存。

延庆县地名志264。

### 4225. 三圣祠

道教，三圣，延庆沈家营乡内。

延庆县地名志264。

### 4226. 菩萨庙

佛教，菩萨，清代，延庆沈家营乡马匹营村，殿一间，无考。

延庆县地名志270。

### 4227. 土地庙

道教，土地爷，延庆沈家营乡临河村，存。

延庆县地名志272。

### 4228. 三教寺

佛教，佛，延庆井家庄乡内，乡内曾有五十三座庙宇，无考。

延庆县地名志276。

### 4229. 祥云寺

佛教，佛，延庆井家庄乡内，无考。

延庆县地名志276。

### 4230. 宝林寺

佛教，佛，元代，延庆井家庄乡宝林寺，存石碑石龟。

延庆县地名志277。

### 4231. 南合庙

延庆井家庄乡宝林寺，无考。

延庆县地名志276。

### 4232. 水母娘娘庙

道教，水母娘娘，延庆刘斌堡乡西南山中，无存。

延庆县地名志393。

### 4233. 城隍庙

道教，城隍爷，延庆井家庄乡柳沟，无存。

延庆县地名志281。

### 4234. 关帝庙

道教，关羽，明代，延庆老君堂乡老君村，建筑面积25平方米，无考。

延庆县地名志279。

### 4235. 龙王庙

道教，延庆井家庄乡果树园，无考。

延庆县地名志283。

### 4236. 会仙台

佛教，延庆大庄科乡莲花山，正殿配殿，无考。

延庆县地名志301。

### 4237. 佛爷庙

佛教，清代，延庆大庄科乡董家沟，建筑面积60平方米，仓库占用。

延庆县地名志310。

### 4238. 龙王庙

道教，明代，延庆大庄科龙庙沟，无考。

延庆县地名志313。

### 4239. 大庙

延庆大庄科乡瓦庙村，顶用小蓝瓦

和琉璃瓦，无考。

延庆县地名志318。

### 4240. 关帝庙

道教，明代，延庆下屯乡东红寺，有戏楼铁钟，县保。

延庆县地名志327。

### 4241. 顺岩寺（原金代风云寺）

道教，明代，延庆下屯乡东红寺，南向面积19平方米戏楼清建北向64平方米，一间正殿和戏楼存。

延庆县地名志330－462。

### 4242. 龙王庙

道教，明代，延庆下屯乡东红寺，正配殿各三间有戏楼，存部分县保。

延庆县地名志330。

### 4243. 地藏寺

佛教，延庆大榆树乡内，共52处庙宇，部分存文保。

延庆县地名志337。

### 4244. 柏树庙

延庆大榆树乡内，无考。

延庆县地名志337。

### 4245. 龙王庙

道教，龙王，延庆大榆树乡内，无考。

延庆县地名志337。

### 4246. 玉皇庙

道教，玉皇大帝，延庆大榆树乡上辛庄，殿三十五间，存遗址。

延庆县地名志342。

### 4247. 山神庙

道教，山神，延庆大榆树乡高庙屯，无存。

延庆县地名志344。

### 4248. 冯家庙

延庆西二道河乡冯家庙村，存石狮子。

延庆县地名志353。

### 4249. 三观庙

道教，清代，延庆西拨子乡大呼沱，无考。

延庆县地名志361。

### 4250. 马神庙

道教，马神，清代，延庆西拨子乡大呼沱，无存。

延庆县地名志361。

### 4251. 泰山庙

道教，泰山大帝，清代，延庆西拨子乡大呼沱，无存。

延庆县地名志361。

### 4252. 龙王庙

道教，龙王，清代，延庆西拨子乡南园，无考。

延庆县地名志365。

### 4253. 佛爷洞（石佛洞）

佛教，佛，元代，延庆西拨子乡南东沟，洞高2米阔4.7米深5米佛2.85米，完好县保。

延庆县地名志365－463。

### 4254. 清真寺（伊斯兰教）

真主，延庆西拨子乡岔道村，正殿三间，存。

延庆县地名志366。

### 4255. 石佛寺

佛教，佛，明代，延庆西拨子乡石佛寺，无存。

延庆县地名志366－463。

**4256. 观音洞**

佛教，观音，延庆西拨子乡三堡村，洞上层观音，洞存。

延庆县地名志 367。

**4257. 关帝庙**

道教，关羽，延庆西拨子乡三堡村，洞下层关羽，洞存。

延庆县地名志 367。

**4258. 泰山庙**

道教，泰山大帝，延庆西拨子乡帮水峪，地 280 平方米砖拱无梁，无考。

延庆县地名志 369。

**4259. 龙王庙**

道教，龙王，延庆刘斌堡乡西南山中，无存。

延庆县地名志 393。

**4260. 道武帝庙**

道教，延庆永宁镇金牛山上，无存。

延庆县地名志 381。

**4261. 钟离庙(会仙堂、莲花古庙)**

道教，汉钟离，清代，延庆大庄科乡莲花山上，三合院，无考。

延庆县地名志 384。

**4262. 八仙洞庙**

道教，八仙，延庆西北松山保护区，天然石洞，洞存。

延庆县地名志 485。

**4263. 五桂头庙(五鬼头庙、五贵头庙、五显财神庙)**

道教，财神，延庆西拨子乡三堡村，传元明际霍氏五兄弟被明军砍头，无考。

延庆县地名志 385。

**4264. 山神庙**

道教，山神，延庆刘斌堡乡西南山中，无存。

延庆县地名志 393。

**4265. 龙王庙**

道教，龙王，延庆刘斌堡乡西南山中，无存。

延庆县地名志 393。

**4266. 红龙庙**

道教，清代，延庆二道河乡孟家窑，东向正殿三间南北配房四间，无存。

延庆县地名志 398。

**4267. 青顶寺**

佛教，延庆靳家堡乡，无考。

延庆县地名志 399。

**4268. 狐仙庙**

道教，狐仙，延庆小川乡东北烟筒沟梁山上，存遗迹。

延庆县地名志 401。

**4269. 七圣庙**

道教/佛教，七圣，延庆小川乡东北烟筒沟梁山上，存遗迹。

延庆县地名志 401。

**4270. 金刚寺**

佛教，金刚佛，元代，延庆龙庆峡，正殿五间配殿各三间有石佛，存。

延庆县地名志 460－486。

**4271. 关帝庙**

道教，关羽，清代，延庆镇赵庄村，南向建筑面积 53 平方米正殿 4 间，存。

延庆县地名志 462。

**4272. 清真寺**

伊斯兰教，真主，清代，清河镇二街，十字重檐六角望月型，存。

身边的历史 89。

### 4273. 老爷庙

道教，前殿关羽后殿娘娘，清代，清河安宁庄西，存古树。

身边的历史 90。

### 4274. 斜音背庵

佛教，佛，唐代，怀柔雁栖镇长园村南，无存。

怀柔文保所提供。怀柔县地名志 344。

### 4275. 天帝庙

道教，天地神，怀柔沙峪乡沙峪村，无存。

怀柔文保所提供。

### 4276. 白云川道观

道教，老子，怀柔黄花城乡二道关村，无存。

怀柔文保所提供。

### 4277. 碧霞元君庙

道教，碧霞元君，怀柔黄花城乡长城村，无存。

昌平山水志。

### 4278. 双龙祠

道教，龙王，怀柔黄坎乡局里村，无存。

光绪昌平州志。

### 4279. 龙王庙

道教，龙王，太阳宫西坝河村坝河北岸，二进院，无存。

当地人提供。

### 4280. 龙王庙

道教，龙王，太阳宫肖君庙南坝河北岸四元桥东北，无存。

当地人提供。

### 4281. 护国天仙庙

道教，天仙，朝阳区大屯村北，无存。

朝阳区地名志 397。

### 4282. 关帝庙（老爷庙）

道教，关羽，德外二里庄，无存。

身边的历史 47。

### 4283. 关帝庙

道教，关羽，明代，德外双泉堡，有碑，无存。

身边的历史 47。

### 4284. 关帝庙

道教，关羽，德外二里庄，有清重修碑，无考。

身边的历史 48。

### 4285. 五道庙

道教，五道将军，清代，花园路北口，无存。

身边的历史 47。

### 4286. 狗房庙

道教，狗神，德外奥运村之西，无存。

身边的历史 48。北京历史地图集。

### 4287. 关帝庙

道教，关羽菩萨财神药王，清代，德外狗房村，房八间半有碑，无存。

身边的历史 47。

### 4288. 菩萨庙

佛教，菩萨，明代，清河桥北路东，无存。

身边的历史 89。

### 4289. 娘娘庙

道教，娘娘、灵官、关帝，清河大街原 1 号，瓦房十六间，无存。

身边的历史 89。

**4290. 药王庙**

道教，药王，清代，清河街原 14 号，正殿三间其他房十一间，无存。

身边的历史 89。

**4291. 关帝庙**

道教，关羽，清河后街 1 号，合村公建一间，无存。

身边的历史 89。

**4292. 观音庵**

佛教，观音，清河镇，无存。

身边的历史 89。

**4293. 石佛禅林**

佛教，佛，金代，德外新德街，后改建为功德林，无存。

今日北京 384。

**4294. 七圣庙**

道教，七圣，清代，西三旗北小营村，房九间，无存。

身边的历史 133。

**4295. 大寿元忠寺**

佛教，佛，元代，大都健德门外西小关，无存。

身边的历史 131。

**4296. 海云寺**

佛教，佛，明代，德外祁家豁子附近，无存。

身边的历史 126。

**4297. 大胜寺**

佛教，佛，明代，德外祁家豁子附近，无存。

身边的历史 126。

**4298. 延寿寺**

佛教，弥勒十八罗汉三大士真药土

五等，海淀东升乡后八家，房二十一间，小学占用。

身边的历史 165。

**4299. 小菩萨庙**

佛教，菩萨，清代，海淀东升乡后八家，房一间，无存。

身边的历史 165。

**4300. 七圣神祠**

道教，七圣，海淀东升乡后八家，殿三东房西房各三间其他三间，残存。

身边的历史 165。

**4301. 七圣神祠**

道教，关药龙山土青马周关等，海淀东升乡东柳树村，房一间，无存。

身边的历史 165。

**4302. 关帝庙**

道教，关龙二财五土等，清代，海淀东升乡西王庄，房五间，无存。

身边的历史 165。

**4303. 马王庙**

道教，马神，清代，北三环路南安华西里北部，殿三间东厢房五间，区保。

朝阳区地名志 33。居民提供。

**4304. 慧忠庵（尼姑庵）**

佛教，佛，清代，太阳宫乡今对外经贸大学南门内，三进院，无存。

朝阳区地名志 33447。北京市历史地图集 67。居民提供。

**4305. 慧忠寺（和尚庙）**

佛教，佛，大屯乡今鸟巢东侧居民区内，规模不大，存古柏。

朝阳区地名志 393。撰者探访得之。

**4306. 龙王堂（龙王庵、龙王庙）**

道教，龙王，明代，洼里乡今奥运

公园西部，奥运重修后二进院。

朝阳区地名志 370－378。撰者探访得之。

### 4307. 药王庙

道教，药王，今新西街中段路西商场位置，四合院布局，无存。

朝阳区地名志 44。居民提供。

### 4308. 弥陀古寺

佛教，佛，清代，洼里乡羊房村，存前后配殿各三间区保。

朝阳区地名志 372。

### 4309. 关帝庙

道教，关羽，清代，洼里乡关西村东，无存。

朝阳区地名志 374。

### 4310. 金大定寺

佛教，佛，金代，洼里乡仰山村，无存。

朝阳区地名志 375。

### 4311. 老虎庙

道教，虎神，洼里乡南泥沟河，无存。

朝阳区地名志 377。

### 4312. 白庙

佛教，白衣大士，洼里乡白辛庄，无存。

朝阳区地名志 378。

### 4313. 白庙

佛教，白衣大士，大屯乡白庙村，白色围墙，无存。

朝阳区地名志 399。

### 4314. 真武庙（太清观）

道教，真武帝，明代，朝阳区大屯村，存正后东西耳房各三间区保。

朝阳区地名志 397。

### 4315. 香水寺

佛教，佛，东汉，昌平城西南，无存，北京考古集成四 1409。

# 撰后絮语

　　阳光、空气和水是维持生命的三大基本要素。阳光和空气是人类无法选择的，只有水是和人类可以互动的，在一定程度上人们可以掌控它，只要抓住了水，就等于抓住了人类社会的根本。我的《水乡北京》出版后，自以为我基本上了解了"世界"的根本意义，但当接触到大量社会现实时，我发现自己太幼稚了。阳光、空气和水只是客观世界里几项基本内容，存在于客观世界里的不仅有这些无声的物质，更有活生生的人和动物，也有鲜灵灵的植物。长期以来，人类与大自然互为依存、互相关联，人们受客观世界制约，大自然也受人类的影响，人们如何认识客观世界、如何对待大自然，就产生了一个主观意识问题，这个主观意识实际上也是客观世界在人们头脑中的"再版"，这个再版不是简单的再现，是经过了消化、吸收和修改后的全新作品，这大概就是所谓的"主观世界"。主观世界的主导体是欲望，欲望产生信仰，信仰又发展成常言的理想。人们的最初信仰是简单幼稚的，是最"唯物"的，在巫师和形形色色"骗子"的"发展"后，唯物又蜕变为"唯心"。宗教是人类社会里最早最有诱惑力的社会形态，寺庙是宗教信仰的外在形体，是人与神交流对话的场地，是神与人交换位置的最佳处所。于是我后来觉得要想了解主观世界不妨从了解寺庙着手，于是产生了写一本关于寺庙的书的想法。宗教文化博大精深，宗教教义深邃难懂，本人决不敢触及，只能从相对表浅的宗教建筑入手，将看得见、摸得着的寺庙整理出来，供有识之士作为深入研究的入门砖。寺庙本身所含的历史、建筑、文化、艺术等学问也十分深远，本人又是门外汉，所以本书没有定名为《北京寺庙》，而定名为《寺庙北京》，承蒙文物出版社抬爱，本书得以与广大读者见面。

　　寺庙是有形文物，更是传统文化，北京因其特殊的历史地位，曾经有过大量寺庙及其它宗教建筑，但在历史风云的涤荡下，绝大多数寺庙消失无存，仅凭热情是无论如何也无法完成这样的浩繁工程的，如果不花几年苦力气、笨功夫是无法掌握这些庞大、繁杂的历史事实的。三年来翻阅过的资料书籍数以百计，请教、求助的专家、朋友、"老北京"不下百人，各郊区县文物部门的专家、领导为我提供、修订了许多寺庙历史和存废情况，中国文化遗产研究院的刘志雄、故宫博物院的黄希明、国家图书馆的王铭珍、北京市社科院的苏天钧、老朋友张有信和段忠谦先生为我提供珍贵的参考资料，北京市文物保护协会也为我提供了很大方便，以上所有帮助和支持为本书出版奠定了厚实的基础。在出书的关键时刻，北京市宗教局二处和北京市佛教协会为本书把关并予以积极支持，使得本书很快能与广大读者见面。

需要声明的是，这本书所列寺庙目录不是什么"大全"，因能力所限尚有许多遗漏，重复统计在所难免，所述年代、宗教类别或许也并非十分准确。因历史上北京行政区划多变，所划分区域不一定十分科学，只能按照内城和外城东、西两部分，城外东、西、南、北四部分分别罗列，因历史久远，资料记载简单，有些寺庙难以准确定位，例如辽金时代部分寺庙只能放在外城西部，因中南海多数宗教建筑偏于中轴线西部，所以将中南海、北海、故宫、景山几个特殊历史院落的寺庙归入内城西部。

喜欢这本书的朋友是对我的信任和鼓励，我并代表出版社向你们深表谢意，不喜欢这本书的朋友是对我的关爱和严格要求，我向你们致敬，并希望提出宝贵意见。无论喜欢与否，我恳请你们与我一起向出版社、为我提供帮助的专家、朋友、各级领导表示深深的谢意。

本书所参考的书籍资料（包括网友文章），因匆忙而忽略未提及目录和名字的也请见谅，如有误抄错引的敬请通过出版社向我提出修正意见。

作者

2009 年 7 月